suhrkamp taschenbuch
wissenschaft 900

»Kultur als Gedächtnis«, »soziales Gedächtnis«, »das Gedächtnis als unser wichtigstes Wahrnehmungsorgan« sind einige der wichtigsten Schlagworte der interdisziplinär und international geführten Debatte in der Gedächtnisforschung. Zu den zentralen Aspekten dieser Forschung gehören Themen wie »Gedächtnis und Bewußtsein«, »Gedächtnis und Identität«, »Gedächtnis und Kultur«. Was aber wissen wir – in einem erfahrungswissenschaftlich strengeren Sinne – bis heute über Architektur und Funktion des Gedächtnisses? Stellt man diese Frage Neurobiologen und Psychologen, so ist die Antwort eher ernüchternd; befragt man Philosophen und Kulturhistoriker, fällt die Antwort weitgehend spekulativ aus.

Aus der Sicht der in diesem Band enthaltenen interdisziplinären Beiträge haben informationstechnische Gedächtnismodelle sowie Gedächtnismodelle auf der Grundlage von Engramm- oder Repräsentationsvorstellungen an Plausibilität eingebüßt. Vielmehr werden Modelle favorisiert, die Gedächtnistätigkeit nicht mehr als Aufbewahrungs-, sondern als *Konstruktionsarbeit* konzeptualisieren.

Gedächtnis

Probleme und Perspektiven
der interdisziplinären
Gedächtnisforschung

Herausgegeben von
Siegfried J. Schmidt

Suhrkamp

CIP-Titelaufnahme der Deutschen Bibliothek
Gedächtnis : Probleme und Perspektiven
der interdisziplinären Gedächtnisforschung /
hrsg. von Siegfried J. Schmidt. –
1. Aufl. –
Frankfurt am Main : Suhrkamp, 1991
(Suhrkamp-Taschenbuch Wissenschaft ; 900)
ISBN 3-518-28500-9
NE: Schmidt, Siegfried J. [Hrsg.]; GT

suhrkamp taschenbuch wissenschaft 900
Erste Auflage 1991
© Suhrkamp Verlag Frankfurt am Main 1991
Suhrkamp Taschenbuch Verlag
Satz und Druck: Wagner GmbH, Nördlingen
Printed in Germany
Umschlag nach Entwürfen von
Willy Fleckhaus und Rolf Staudt

1 2 3 4 5 6 – 96 95 94 93 92 91

Inhalt

Siegfried J. Schmidt
Gedächtnisforschungen: Positionen, Probleme,
Perspektiven   9

Heinz von Foerster
Was ist Gedächtnis, daß es Rückschau *und* Vorschau
ermöglicht?.   56

Wolf Singer
Die Entwicklung kognitiver Strukturen – ein
selbstreferentieller Lernprozeß   96

Gerhard Roth
Neuronale Grundlagen des Lernens und des Gedächtnisses   127

Francisco J. Varela
Allgemeine Prinzipien des Lernens im Rahmen der
Theorie biologischer Netzwerke   159

Ernst Florey
Gehirn und Zeit   170

Hermann Haken
Konzepte und Modellvorstellungen der Synergetik zum
Gedächtnis   190

Ashgar Iran-Nejad/Abdollah Homaifar
Assoziative und nicht-assoziative Theorien des verteilten
Lernens und Erinnerns.   206

Michael Stadler/Peter Kruse
Visuelles Gedächtnis für Formen und das Problem der
Bedeutungszuweisung in kognitiven Systemen   250

Gebhard Rusch
Erinnerungen aus der Gegenwart   267

Peter M. Hejl
Wie Gesellschaften Erfahrungen machen oder:
Was Gesellschaftstheorie zum Verständnis des
Gedächtnisproblems beitragen kann   293

Dirk Baecker
Überlegungen zur Form des Gedächtnisses 337

Anhang
Gerhard Roth
Die Konstitution von Bedeutung im Gehirn 360

»You have to begin to lose your memory, if only in bits and pieces, to realize that memory is what makes our lives. Life without memory is no life at all. [...] Our memory is our coherence, our reason, our feeling, even our action. Without it, we are nothing...«

Luis Buñuel

Siegfried J. Schmidt
Gedächtnisforschungen: Positionen, Probleme, Perspektiven

1. Vorbemerkung

Bei den folgenden Überlegungen geht es darum, ein grob gezeich-
netes Panorama von Positionen, Problemen und Perspektiven (eines bestimmten Ausschnitts) heutiger Gedächtnisforschung zu
entwerfen, in dem die in diesem Band versammelten Beiträge
aufeinander bezogen werden können. Als ein Panorama verzichtet dieser Beitrag auf die Details, die in den einzelnen Studien
behandelt werden, und konzentriert sich auf Aspekte, die auch in
einem breiteren interdisziplinären Diskussionszusammenhang
von Interesse sein dürften.

Dabei wird deutlich, daß trotz rund hundertjähriger experimen-
teller Forschung zum Gedächtnis eine *Theorie* des Gedächtnisses
noch aussteht, und zwar in den Neurowissenschaften ebenso wie
in der Psychologie oder der Philosophie – eine Situation, die man
(je nach wissenschaftlichem »Temperament«) als entmutigend
oder aber als stimulierend einschätzen kann. U. Neisser hatte
noch 1978 der Gedächtnispsychologie gehörig die Leviten gelesen
und für hundert Jahre Forschungsarbeit die Quittung präsentiert:
»If X is an interesting or socially significant aspect of memory,
the psychologists have hardly ever studied X« (1978, S. 4). Hat
sich die Situation nach gut einem Jahrzehnt wesentlich verändert?

2. Gedächtnis: Anmerkungen zum Forschungsstand

Gedächtnisforschung hat Konjunktur. Eine neue Zeitschrift *Memory and History* (hg. von Saul Friedländer) ist gegründet worden; Sammelbände werden vorgelegt, die sowohl die philoso-
phisch-kulturgeschichtlichen als auch die biologisch-physiologi-
schen Erträge der neueren Gedächtnisforschung vorstellen (Lachmann 1990; Klix/Hagendorf, Hg., 1986; Solomon et al., Hg.,
1989). »Kultur als Gedächtnis«, »soziales Gedächtnis«, »das Ge-

dächtnis als unser wichtigstes Wahrnehmungsorgan« und ähnlich lauten wichtige Schlagworte in der interdisziplinär und international geführten Debatte.

Für den Bereich der Kulturwissenschaften kann man dabei mit A. Assmann wohl zu Recht die Frage stellen, ob wir es hier mit einem typischen Fin-de-siècle-Phänomen zu tun haben: »Wendet der Respekt vor der sich nähernden Jahrtausendschwelle den Blick rückwärts? Hat die berühmte Wende, genauer: das Ende von Geschichtsphilosophie und Fortschrittsutopien, dazu geführt, daß anstelle der Zukunft die Vergangenheit zu einem dringenden Anliegen wurde?« (1988, S. 1).

Für den Bereich der Kognitionswissenschaften im weiteren Sinne wird man gegenwärtig wohl eher von einer intensivierten Forschungsphase aufgrund neuer theoretischer Impulse sowie verfeinerter Experimentalmöglichkeiten (z. B. von Scanning-Methoden) sprechen müssen; denn die Gedächtnisproblematik durchzieht die physiologische wie die psychologische Forschung seit einem Jahrhundert wie ein roter Faden. Und diese experimentell orientierte Forschung hat deutlich gemacht, daß (empirische) Gedächtnisforschung ein hohes systemorientiertes Komplexitätsniveau erreichen muß, will sie plausible Gedächtnistheorien entwerfen. Wer über Gedächtnis spricht, ist gezwungen, auch über Wahrnehmen und Lernen, über Wissen und Wiedererkennen, über Zeit und Erinnern zu sprechen – von Aufmerksamkeit, Emotion und Vergessen ganz zu schweigen. Dabei ist überdies noch vorausgesetzt, daß man über die (meist impliziten) Modelle von Architektur und Funktion des Gehirns Auskunft geben muß, womit man sich automatisch die notorische Frage nach dem Verhältnis von Gehirn und Bewußtsein oder Leib und Seele einhandelt – je nach Standort. Auch wenn man gelegentlich den Eindruck gewinnt, Gedächtnisforschung funktioniere nach dem Prinzip der russischen Puppen, kann man sich eine Kapitulation vor den Forschungsproblemen nicht leisten. Zu wichtig ist das, was wir ›Gedächtnis‹ nennen, für das Individuum wie für soziale Gruppen, Gesellschaften und die internationale Völkergemeinschaft, um es bei Alltagsmeinungen oder Spekulationen zu belassen. Schon Nietzsche bestimmte den Menschen als das Tier, das sich erinnern kann; Lotman deutete Kultur als das nicht vererbbare Gedächtnis eines Kollektivs, und Florey faßt den heutigen Forschungsstand lapidar so zusammen: »Im übrigen ist längst bekannt, daß bewußtes wie unbewußtes Erkennen an eine Gedächtnisleistung gebunden ist: Erkennen tritt erst ein, wenn die ›Sinneseindrücke‹ mit Gedächtnisinhalten gekoppelt werden. Dem Bewußtwerden gehen komplizierte Gehirnprozesse voraus« (in diesem Band, S. 170 f.; eine philosophische Explikation dieser Einsichten findet sich in Dirk Baeckers Beitrag in diesem Band).

Gedächtnis und Bewußtsein; Gedächtnis und Identität; Gedächtnis und Kultur: das sind nur einige zentrale Aspekte der Relevanz des Gedächtnisthemas. Was aber wissen wir – in einem erfahrungswissenschaftlich strengeren Sinne – bis heute über Architektur und Funktion des Gedächtnisses?

Stellt man diese Frage Neurobiologen und Psychologen, so ist die Antwort eher ernüchternd (vgl. etwa die Beiträge dieses Bandes); befragt man Philosophen und Kulturhistoriker, fällt die Antwort weitgehend spekulativ aus (vgl. etwa die Übersicht bei Assmann/ Assmann 1990).

Einig ist man sich im kognitionswissenschaftlichen Lager heute weitgehend darüber, daß informationstechnische Gedächtnismodelle von »storage and retrieval« sowie Gedächtnismodelle auf der Grundlage von Engramm- oder Repräsentationsvorstellungen so viele Probleme aufwerfen, daß ihre Plausibilität in Frage steht (vgl. unter anderem von Foerster 1985; Malcolm 1977; Iran-Nejad 1987; Rusch 1987; Brewer/Pani 1983; Roth 1975; Hejl, in diesem Band). Demgegenüber werden heute Modelle favorisiert, die Gedächtnistätigkeit nicht mehr als Aufbewahrungs-, sondern als *Konstruktionsarbeit* konzeptualisieren (vgl. unter anderem: von Foerster 1985; Maturana 1982; Luhmann 1990; Rusch 1987; Hejl 1988 f. sowie die meisten Beiträger dieses Bandes) und damit an Vorstellungen von G. E. Müller über die kreative Rolle des Gedächtnisses (1911-1917) sowie F. C. Bartletts Hypothesen (1932) über den dynamischen Charakter auch der Prozesse des Konservierens *(retention)* und Aktualisierens *(recall)* anknüpfen.[1]

Modelle der Konstruktivität von Gedächtnisleistungen basieren

1 Vgl. G. J. Whitrow: »The main conclusion of Bartlett's accued psychological analysis of memory was that the memory ›trace‹ elicited by normal recall, i.e. by conscious remembering without hypnothic or other abnormal aid, is not a ›static engramm‹ but is influenced dynamically by the changing framework of associations determined by the evolution of our interests and by our powers of reason and imagination.

auf der Annahme, daß diese nicht ohne entsprechende neuronale Grundlage ablaufen können; d. h. eine konstruktivistisch orientierte Gedächtniskonzeption erfordert explizite Annahmen über Bau und Funktionsweise des (menschlichen) Gehirns. Auch wenn wir bis heute nur sehr wenig wissen über die Zusammenhänge zwischen Gehirn und Bewußtsein (oder vielleicht gerade deshalb), sind die in Gedächtnistheorien vorausgesetzten Gehirnmodelle aus erkenntnistheoretischen Gründen außerordentlich wichtig (vgl. Schmidt, Hg., 1987).

3. Das Gehirn

In einer Reihe von grundlegenden Aufsätzen hat Gerhard Roth ein konstruktivistisches Modell des Gehirns als eines neuronalen dynamischen Netzwerksystems entworfen (1985a, 1985b, 1986a, 1986b, 1990). Einige Grundzüge dieses Modells fasse ich im folgenden in aller Kürze zusammen, wobei ich Roth mit seinen präzisen Formulierungen möglichst selbst zu Wort kommen lasse, statt ihn zu paraphrasieren.

»Das menschliche Gehirn besteht aus etwa einer Billion (10^{12}) Nervenzellen, die untereinander mindestens eine Trillion (10^{15}) Verknüpfungspunkte, Synapsen, haben. Jede dieser Synapsen hat sehr viele, vielleicht 100 Freiheitsgrade. Das bedeutet, daß die Kapazität des Gehirns als eines Netzwerks praktisch unbegrenzt ist. Das Gehirn besteht aber nicht einfach aus einem riesigen Netzwerk von einer Billion Nervenzellen, sondern diese Nervenzellen sind in den unterschiedlichen Teilen des Gehirns in sehr unterschiedlicher Weise in Areale, Schichten, Kerne, Unterkerne, Kolumnen usw. geordnet. Dazu kommt, daß es ca. hundert verschiedene morphologische Typen von Nervenzellen besitzt, die zudem alle eine spezifische Kombination von Stoffen zur Erregungsübertragung und Aktivitätsmodulation, nämlich Transmitter und Neuropeptide, besitzen und mit anderen Nervenzellen in spezifischer Weise verknüpft sind. Das Gehirn ist überwältigend komplex, aber zugleich überwältigend geordnet« (1990, S. 167 f.).

In other words, recall is a constructive process which never literally repeats a past experience or activity« (^{2}1980, S. 90).

Besondere Probleme bereitet die Antwort auf die Frage, wie die *Ordnung* dieses ungeheuer komplexen Systems entsteht. Roth setzt bei seinem Antwortversuch an drei Typen von Struktur- und Funktionsdeterminationen im Gehirn (wie im Organismus) an: (1) strikt genetische Determination, (2) epigenetische Determination und (3) Determination durch die Umwelt. Zwar verbinden sich diese Determinationstypen meist in unauflöslicher und charakteristischer Weise; aber Roth weist darauf hin, daß epigenetische Determination Prozesse steuert, die weder genetisch kontrolliert noch umweltabhängig sind: »Diese scheinen die bei weitem wichtigsten Determinationsprozesse während der Gehirnentwicklung zu sein, und an ihnen sieht man, wie unsinnig heute die alte Anlage-Umwelt-Dichotomie erscheint. Epigenetische Determination ist der eigentliche Typ von Selbstorganisation im sich entwickelnden Gehirn« (ebd., S. 169).

Selbstorganisiert[2] sind nach Roth solche Prozesse und Merkmale des Gehirns, die nicht direkt von den Genen determiniert werden. Selbstorganisation steht dabei nicht im Gegensatz zu Umwelteinflüssen; diese werden vielmehr vom Gehirn zur Selbstorganisation benutzt. Beispiele solcher Selbstorganisationsprozesse sind etwa die topische Abbildung der visuellen Umwelt in verschiedenen Teilen des visuellen Systems (retino-tectale Verknüpfung), die okulare Dominanz oder die Ausbildung des visuellen Tiefenwahrnehmungssystems.

Anhand dieser Beispiele verdeutlicht Roth, daß – entsprechend dem Prinzip der Hebb-Synapse – »sensorische Erregung allein keine plastischen Netzwerkveränderungen hervorruft, sondern dies nur tut, wenn Modulatorsysteme bezüglich Wachheit, Aufmerksamkeit, Neuigkeit und Wichtigkeit die Veränderungen induzieren« (ebd., S. 177).

Die Ontogenese des Gehirns (zumindest der Wirbeltiere einschließlich des Menschen) folgt keinem vorab – etwa im Genom –

---

2 »Selbstorganisierende Prozesse sind solche physikalisch-chemischen Prozesse, die innerhalb eines mehr oder weniger breiten Bereichs von Anfangs- und Randbedingungen einen geordneten Zustand oder eine geordnete Zustandsfolge (Grenzzyklus) einnehmen. Das Erreichen des Ordnungszustands wird dabei nicht oder nicht wesentlich von außen aufgezwungen, sondern resultiert aus den spezifischen Eigenschaften der an dem Prozeß beteiligten Komponenten. Der Ordnungszustand wird ›spontan‹ erreicht.« (Roth 1990, S. 169).

festgelegten präzisen Bauplan (Gene schränken in aller Regel nur Freiheitsgrade der Entwicklung ein.) Vielmehr ist davon auszugehen, daß sich die Ordnung des Gehirns entwickelt über eine »Kaskade von Selbstorganisations- und Selbstdifferenzierungsschritten nach meist sehr einfachen Regeln wie der Wahrung nachbarschaftlicher Beziehungen, der Kopplung kurzreichweitiger Kooperation und langreichweitiger Inhibition, der Kompetition um Signalstoffe, der aktivitätsabhängigen Stabilisierung von Nervenkontakten und schließlich der Präzisierung von Nervennetzen über sensomotorische Rückkopplung. Das entscheidende ist dabei, daß die Bewertungsmaßstäbe für Stabilisierung und Veränderung im Gehirn aus dem Gehirn selbst kommen, etwa bei der Frage, welche kognitiven Netze mit welchen anderen gekoppelt werden müssen, um eine bestimmte Wahrnehmungsleistung zu vollbringen. Es gibt im Gehirn keine höchste Entscheidungs- und Kontrollebene außer der der Selbsterfahrung. Die Frage, in welcher Weise die Aktivität der Nervennetze gesteuert und gekoppelt werden soll, wird vom Gehirn anhand der Resultate *früherer Aktivitäten* entschieden. Das heißt, das Gehirn organisiert sich auf der Basis seiner eigenen Geschichte. Dies ist das, was man ›Selbstreferentialität‹ des Gehirns nennt. Selbstorganisationsprozesse sind daher eine notwendige Voraussetzung für die Selbstreferentialität« (ebd., S. 178). Operationale Abgeschlossenheit und Selbstreferentialität des Gehirns haben also ihre Ursache darin, daß das Gehirn seine eigenen Eingänge auf der Grundlage selbst gemachter Erfahrungen kontrolliert. Unser Gedächtnis ist deshalb, wie Roth pointiert formuliert, unser wichtigstes Sinnesorgan (ebd., S. 178; vgl. auch 1985, S. 12, sowie von Foerster, in diesem Band).[3]

Wahrnehmungsinhalte müssen durch spezielle Detektoren auf ihren Neuigkeitsgrad und auf ihre Wichtigkeit hin überprüft werden, ehe das Gedächtnissystem in Kraft tritt. Neuigkeit und Wichtigkeit können aber immer nur im Bezug auf *frühere* Erfahrungen beurteilt werden, d. h. nach Kriterien, die aus dem Gedächtnissystem kommen: »Hiermit geraten wir in einen scheinbaren Zirkel, der das grundlegende Organisationsprinzip des Ge-

---

3 Zu den erkenntnistheoretischen Implikaten der These von der operationalen Geschlossenheit vgl. Roth 1990 sowie den Anhang zu diesem Band.

hirns als eines kognitiven Systems, das der *Selbstreferentialität*, charakterisiert. Dieses Prinzip besagt, daß das Gehirn die Kriterien, nach denen es seine eigene Aktivität bewertet, selbst entwickeln muß, und zwar aufgrund früherer interner Bewertungen der Eigenaktivität. Lernen ist für das Gehirn (und damit den Gesamtorganismus) stets Lernen am Erfolg oder Mißerfolg eigenen Handelns, wobei die Kriterien für die Feststellung von Erfolg selbst wieder dem Lernen am Erfolg unterliegen. Diese Selbstreferentialität unterscheidet das Gehirn des Menschen und der Tiere bisher grundsätzlich von allen bisherigen ›lernenden‹ Computern, denen die Regeln, nach denen sie zu lernen haben, vorgegeben werden, und dies beschränkt ihre Lernfähigkeit außerordentlich. Freilich ist es technisch nicht unmöglich, selbstreferentielle Computer zu bauen. Diese werden aber, wenn sie begonnen haben, die Kriterien der Beurteilung eigenen Handelns selbst zu entwickeln, ein ähnliches Maß an Autonomie und Unvorhersagbarkeit entwickeln wie Menschen und Tiere« (in diesem Band S. 148).

Wie unter anderen Florey (in diesem Band, S. 170) betont, sind Wahrnehmen, Lernen und Gedächtnis, wenn sie als Gehirnleistungen betrachtet werden, nicht notwendig von Bewußtsein begleitet. Wie viele Ergebnisse der psychologischen Forschung zeigen, können selbst die komplexesten Hirnfunktionen ohne begleitendes Bewußtsein ablaufen. Bewußtseinstätigkeiten dagegen sind ohne Gehirntätigkeiten nicht möglich.

4. Konnektivität – Distributivität – Funktion

In seinem Beitrag in diesem Band betont Roth, daß ein wesentliches Merkmal des neuronalen Wahrnehmungssystems seine Distributivität ist. Was wir etwa im Sehen als sinnvollen Sinneseindruck wahrnehmen, wird im Gehirn in zahllosen Einzelaspekten verarbeitet (z. B. hinsichtlich des Orts, der Bewegungsrichtung, der Farbe, des Kontrasts). Dies geschieht in verschiedenen corticalen und subcorticalen Zentren gleichzeitig aufgrund einer Kombination paralleler, kon- und divergenter Verschaltungen in Zentren, die – räumlich oft weit auseinanderliegend – über das ganze Gehirn verstreut sind. Eine momentane Verknüpfung auch weit auseinanderliegender Verarbeitungszentren, also ein distinktes raumzeitliches Muster, wird im Cortex durch ein System

weitreichender tangentialer Fasern der Pyramidenzellen hergestellt. »Wenn nun bestimmte kohärente Erregungsmuster aufgrund von Kombinationen bestimmter Merkmale zur selben Zeit
und am selben Ort immer wieder auftreten, so verstärken sich im
genannten Sinne bestimmte Verknüpfungen, die dann mit bestimmten Korrelationen visueller Objekte korrespondieren. Das
visuelle System lernt auf diese Weise die Strukturierung der visuellen Welt in Objekte und kohärente Prozesse. Es antwortet dann
mit erhöhter Bereitschaft auf Strukturen und Ereignisfolgen, die
sich in früheren Erlebnissen als *geordnet* und *kohärent* erwiesen
haben. Dies zeigt, daß Wahrnehmung und Gedächtnis untrennbar miteinander verbunden sind. Wir nehmen stets durch die
›Brille‹ unseres Gedächtnisses wahr; denn das, was wir wahrnehmen, ist durch frühere Wahrnehmungen entscheidend mitbestimmt« (in diesem Band, S. 147).
Distributivität und Konnektivität spielen auch in anderen Theo-
rieansätzen eine bedeutsame – wenn auch sehr unterschiedliche –
Rolle: so in von Foersters Theorie integrierter Funktionskreise
der Kognition (in diesem Band); im (Neo-)Konnektionismus; in
der Theorie des »parallel distributed processing« (PDP) sowie in
der Theorie biofunktional verteilten Lernens und Erinnerns (cf.
den Beitrag von Iran-Nejad und Homaifar in diesem Band).
Hejl (1988 f.) zum Beispiel operiert im Hinblick auf den (phylogenetisch und ontogenetisch entstandenen) Funktionstyp unseres
gesamten neuronalen Apparats mit dem Konzept der Konnektivität. Er unterscheidet in seiner Modellierung der Gehirntätigkeit
zwei Funktionskreise (im Sinne von dynamischen Systemen intern gerichteter Reizübertragung): Funktionskreise erster Ordnung produzieren Wahrnehmungen, Funktionskreise zweiter
Ordnung bestimmen die Wirkung bzw. Bedeutung dieser Wahrnehmungen durch Eigentätigkeit der Kognition. Funktionskreise
zweiter Ordnung verknüpfen (d. h. vergleichen, integrieren und
überprüfen) Funktionskreise erster Ordnung. »Das Verhalten eines Funktionszusammenhanges erster Ordnung ist vollständig
durch seine Konnektivität und die Eigenschaften seiner Komponenten determiniert. Ein derartiges Subsystem würde jedes reiz-
auslösende Ereignis in der Umwelt mit seinem Eigenverhalten
beantworten. Obwohl es also *in diesem Sinne* autonom ist, wird
es doch heteronom aktiviert. Funktionszusammenhänge erster
Ordnung sind ausschließlich über die Umwelt geschlossen, besit-

zen also im systemtheoretischen Sinne keine operationale Schließung. Zur Eigenschaft von Subsystemen gehört jedoch, daß die in ihnen erzeugten basalen Wahrnehmungen und Bedeutungen vom System ausgelöst und verändert werden können. Dies bewirken Funktionszusammenhänge zweiter Ordnung. Sie bilden die Organisation, durch die das System sein Verhalten erzeugt« (Hejl, ebd., S. 60). Mit Hilfe dieses basalen Mechanismus autonomisiert sich das kognitive System von seiner Umwelt, ».. . indem es den Reiz von der Wirkung, die Wahrnehmung von der Bedeutung abkoppelt und seinem eigenen Geschehen unterstellt« (ebd., S. 61).

Das Verhalten von Nervenzellen (als Komponenten funktionaler Subsysteme) ist also generell durch Konnektivität beschreibbar. Diese Konnektivität ist einerseits durch die genomischen Festlegungen bestimmt, zwischen welchen Zell*kategorien* überhaupt Verbindungen bestehen können; andererseits beeinflussen die Aktivitäten im neuronalen System dessen Konnektivität (mit). Genom und Erfahrung determinieren also zusammen die Konnektivität der Bestandteile des neuronalen Systems. Erfahrungen modifizieren die Konnektivität aufgrund von Aktivitäten, die sowohl auf Inputs aus der System-Umwelt als auch auf systeminterne Prozesse zurückgehen können.

Die zu Netzwerken zusammengeschlossenen Neuronen befinden sich in ständiger Aktivität,[4] die zwar sensori-motorisch modifiziert, aber nicht etwa in Gang gesetzt wird. Komplexere Nervensysteme vernetzen cortikale, sensorische und motorische Prozesse und können auf diese Weise *dauerhaft angelegte Wege für Erregungsverläufe und Erregungsausbreitungen* in den Nervennetzen »bahnen«.[5] Solche durch *Lernprozesse* gebahn-

4 »Jede Nervenzelle empfängt von vielen Nachbarzellen Informationen, integriert diese zu einem einzigen Muster von Aktionspotentialen und gibt dieses Muster gleichzeitig an viele andere Nervenzellen ab« (Roth 1975, S. 12).

5 »Als Bahnungsvorgang bezeichnet man ein für viele Synapsen typisches Ansteigen der Größe aufeinanderfolgender postsynaptischer Antworten [. . .] innerhalb einer Serie von ankommenden präsynaptischen Nervenimpulsen. Das Wort Bahnung impliziert, daß die Übertragung der Erregung (Impuls) vom prä- auf das postsynaptische Element erleichtert, der Übertragungsweg gleichsam gebahnt wird.« (Florey, in diesem Band, S. 173, Anm. 12).

ten Wege bestehen als dauerhafte Eigenschaften eines kognitiven Systems weiter; sie stabilisieren nachfolgende cortikale Prozesse.[6]

Gegenüber diesem neurologisch orientierten (Neo-)Konnektionismus operiert das von Rumelhart und seinen Mitarbeitern entwickelte Modell des »parallel distributive processing« (PDP; vgl. unter anderem McClelland, Rumelhart und Hinton 1986) mit Netzwerken, die weder auf der neuronalen noch auf der mentalen Ebene von Begriffen und Vorstellungen, sondern auf einer sogenannten subsymbolischen Ebene angesiedelt werden. Auf dieser Ebene soll symbolisches Wissen in Form subsymbolischer Repräsentationen gespeichert sein, und zwar in den Verknüpfungen zwischen spezifischen lokalisierten Einheiten. Kognitive Operationen bestehen dann in der Aktivierung diskreter Knoten und Verknüpfungen in einem assoziativen Netzwerk, wobei diese Aktivierung zu autonomen mentalen Produkten führt.

In der Auseinandersetzung mit dem PDP-Modell haben Iran-Nejad und seine Mitarbeiter ein alternatives Modell entwickelt, das Modell des »biofunctional distributed learning and remembering« (BDLR; vgl. unter anderem Iran-Nejad 1989). Nach Iran-Nejad und anderen ist der PDP-Konnektionismus im Kern noch immer assoziationistisch, ja zum Teil sogar behavioristisch, und führt keineswegs über den Kognitivismus der siebziger Jahre hinaus. Der entscheidende Einwand der Autoren besteht aber meines Erachtens darin, daß sich die PDP-Vertreter nach ihrer Auffassung ausschließlich mit der Mikrostruktur der Kognition beschäftigen, ohne dabei die funktionalen Eigenschaften des *Gehirns* zu berücksichtigen. Damit wird das Problem der Analyseebenen aufgeworfen: Auf welcher Ebene kann man von einer

6 Hejl verwendet den Begriff der Konnektivität auch im Zusammenhang mit sozialen Systemen (in diesem Band, S. 320). Dabei unterscheidet er Konnektivitäten erster und zweiter Ordnung. Konnektivitäten erster Ordnung verbinden Komponenten miteinander und bilden mehr oder weniger komplexe Ketten der Weiterleitung von Ereignissen (Aktivitäten) wie der Berichte über Ereignisse. Konnektivitäten zweiter Ordnung sind Wirkungszusammenhänge, durch die verschiedene Konnektivitäten so verknüpft werden, daß externe Ereignisse auf die Ziele und Bedürfnisse eines Systems abgestellt und damit die organisatorische Grundlage der Autonomisierung des Systems gegenüber seiner Umwelt geschaffen wird.

»Verteilung« von Lernen und Gedächtnis sprechen, auf einer physiologischen oder auf einer psychologischen? Mit Broadbent (1985) vertreten die Autoren die Auffassung, daß Daten zur Stützung des Arguments des verteilten Gedächtnisses und Lernens von der physiologischen Ebene kommen müssen, nicht wie bei PDP von der psychologischen. Neuronen und Synapsen sind im dreidimensionalen Raum lokalisiert, während die Einheiten und Verknüpfungen der PDP gar keine örtliche Lokalisierung kennen.

Die PDP-Vorstellung, man könne Psychologie ohne die Berücksichtigung physiologischer Gegebenheiten betreiben (= Annahme der Autonomie mentaler Produkte), weisen die Autoren als »ebenenbezogen« zurück und stellen ihr eine auf Lashley zurückgehende »ebenenverbindende« Konzeption gegenüber, bei der kognitive Phänomene (wie Erinnern und Lernen) mit Hilfe relevanter funktionaler Eigenschaften des Gehirns erklärt werden sollen. Andernfalls befürchten die Autoren einen Reduktionismus, der komplexe Phänomene durch einfachere Entitäten der *gleichen* Ebene zu erklären versucht, damit aber nie das gestalttheoretische Problem einholen könne, daß das Ganze mehr ist als die Summe seiner Teile.

In dieser Argumentation treffen sich die Autoren meines Erachtens mit Roth (Anhang zu diesem Band). Nach seiner Ansicht ist eine parallele neurobiologische und mentalistische Argumentation aus folgenden Gründen unvermeidlich: Einerseits läßt sich nach heutigem Wissen der experimentellen und klinischen Neurobiologie zeigen, daß der Zusammenhang zwischen neuronalen und mentalen Prozessen unauflöslich ist. Jedem mentalen Prozeß läßt sich ein neuronaler zuordnen (wenn auch nicht umgekehrt, da – wie schon erwähnt – viele neuronale Prozesse nicht bewußt werden). Andererseits lassen sich Prozesse der Erregungsverarbeitung im Gehirn ohne Gebrauch mentaler/psychologischer Begriffe (wie ›Bedeutung‹, ›Bewertung‹, ›Repräsentation‹) nicht hinreichend bestimmen. Der Grund liegt nach Roth darin, daß Begriffe wie ›Bedeutungszuweisung‹ und ›(Selbst-)Bewertung‹ für eine neurobiologische Gehirntheorie deshalb nötig sind, weil das Gehirn in sich bedeutungsneutrale neuronale Erregungen zu visuellen oder auditorischen Wahrnehmungen verarbeiten muß. Entsprechend der hochgradigen Distributivität des Gehirns hat aber nichts für sich eine Bedeutung, sondern immer nur im Gesamtkontext: »Eine sensorische Erregung hat demnach eine bestimmte Bedeutung dadurch, daß sie an einem bestimmten Ort stattfindet, während an anderen Orten andere Erregungen stattfinden; das heißt, jede Erregung hat eine Bedeutung nur relativ zu anderen Erregungen; die Bedeutung hängt weiterhin davon ab, welche sensomotorischen Rückmeldungen zugleich ankommen; und schließlich hängt die Bedeutung davon ab, welches die früheren Aktivitäten und deren Folgen an diesem bestimmten Ort im Gehirn waren (und natürlich an anderen Orten). Da die früheren Bedeutungen wiederum von noch früheren abhängen, besteht die Ontogenese des Wahrnehmungssystems aus einer kontinuierlichen Sequenz von Bedeutungszuweisungen« (in diesem Band, S. 368; vgl. auch vergleichbare Argumente bei Stadler und Kruse, in diesem Band). Roth zieht daraus den Schluß, daß Bedeutungen ebenso wie neuronale Erregungen konstitutive Bestandteile des Gehirns als eines kognitiven und verhaltenssteuernden Systems sind. Dahinter steht die Einsicht, daß es einen grundlegenden (wie Roth annimmt: einen ontologischen) Unterschied gibt zwischen dem Gehirn als neuronaler Maschine und Zuständen wie Bewußtsein oder Erinnerung, die nur dem *kognitiven* Gehirn als einem sich selbst erlebenden und beschreibenden System zugänglich sind. »Der von vielen Philosophen beschworene ontologische Sprung zwischen der neuronalen Maschine Gehirn und dem Bereich der bewußten Wahrnehmung wäre nur dann in der Tat ein ontologischer Sprung, wenn sich (i) das Gehirn als eine rein neuronale Maschine beschreiben ließe, was nicht möglich ist, und wenn (ii) diese neuronale Maschine in einer bewußtseinsunabhängigen Welt existierte, die in der Tat dann ontologisch von der Bewußtseinswelt getrennt wäre. Jeder Philosoph weiß aber, daß das Gehirn, so wie es dem Neurobiologen (und jedem anderen) zugänglich ist, ein Teil der kognitiven Welt, der Bewußtseinswelt ist und damit nicht ontologisch von ihr verschieden. Einen ontologischen Sprung bekommen wir nur, wenn wir die Aussagen der Wissenschaft als Aussagen über eine bewußtseinsunabhängige Welt mißverstehen« (in diesem Band, S. 369 f.; vgl. dazu auch die Argumentation von Roth und Schwegler 1990).[7] Der ebenenver-

7 »Das unmittelbare Ziel des biofunktionalen Ansatzes bestand darin, mentalistische Begriffe wie Schemata, Lernen, Bewußtsein, Aufmerksamkeit und Erinnern im Sinne funktionaler Eigenschaften des Gehirns zu untersuchen [...], ohne aber diese Begriffe auf nichtmentalistische

bindende Versuch einer biofunktionalen Gehirntheorie läßt sich kurz so zusammenfassen: Ausgangspunkt ist ein Konzept, das zum Schlüsselbegriff der Kognitionswissenschaften der siebziger Jahre geworden ist: ›Schema‹. Während Rumelhart Schemata als elementare, im Langzeitgedächtnis gespeicherte, statische Bausteine der Kognition auffaßt, entwickelt Iran-Nejad (1980) – in Anlehnung an Bartlett – eine Vorstellung von Schemata als vorübergehenden funktionalen Mustern, die durch Gehirntätigkeit immer wieder erzeugt werden (»transient functional pattern«). Als Beispiel arbeitet er dabei mit einer »light-constellation-analogy«: »The problem is how to conceptualize an actual system that generates ›functional-phenomenal‹ patterns without postulating long-term frame-like entities. Imagine a room containing a few hundred color-coded light bulbs. In this simple system, every time a subset or a constellation of the light bulbs goes on, it generates what might be called a transient functional pattern. Here *transient* means when the light bulbs go off the pattern of light no longer exists, and the constellation maintains no corresponding frame-like form; *functional* means generative – some kind of apparatus functions and this leads to some emergent phenomenon (light). Now, when a given cluster of lights goes off, some of its component lights can participate in some other cluster to generate another unique functional pattern. Thus, between two patterns that must share elements, when one is functional the other cannot exist.

If, on the other hand, one assumes that the cluster-like aspect of the system is structurally based and long-term, the only way that the system could be actually possible would be by introducing a new long-term cluster for every different pattern that must emerge. This would mean, of course, that multiple copies of the same structural entities (light bulbs) would be required which would, in turn, require storage and working space accomodation for an infinite number of long-term clusters« (1980, S. 116).

Diese Metapher soll dreierlei demonstrieren: (1) Eine unbegrenzte Menge von funktional-phänomenalen Mustern kann mit Hilfe einer begrenzten Zahl von Elementen erzeugt werden. (2)

Hirnmerkmale wie etwa Aktivierung, Hemmung und Verknüpfungsgewichte zu reduzieren...« (Iran-Nejad und Homaifar, in diesem Band, S. 228).

In diesem Modell besteht keine Notwendigkeit für einen unabhängigen Speichermechanismus, genauer: man braucht kein unabhängiges strukturelles Langzeit-Gedächtnismuster, das jedem einzelnen funktional-phänomenalen Muster korrespondiert. (3) Für jedes emergierende phänomenale Muster gilt, daß das Ganze mehr ist als die Summe der Komponenten.

Der meines Erachtens entscheidende Gedanke Iran-Nejads liegt in der bewußten Hinwendung zur *Funktion* und damit in der Überwindung der Annahme einer Eins-zu-eins-Beziehung zwischen (komplexen) mentalen Mustern (z. B. Begriffen) und lokalisierbaren physiologischen Strukturen (oder Substraten). So macht es zwar Sinn, von neuronalen Netzwerken zu reden, nicht aber, von konzeptionellen Netzwerken zu reden. Konzeptionelle Netzwerke werden ständig neu hergestellt, aber sie »bestehen« nicht als ganze.[8]

In ihrem Beitrag zu diesem Band entwerfen Iran-Nejad und Homaifar ein Modell des Gehirns als eines Netzwerks funktional autonomer Mikrosysteme (Neuronen), die darauf spezialisiert sind, qualitativ verschiedene Erfahrungen zu erzeugen (= heterogene Spezialisierung). Diese Mikrosysteme bilden ihrerseits wieder Subsysteme, in denen sie in homogener Weise spezialisiert sind. »Bedeutsame mentale Entitäten werden durch weitverteilte Konstellationen von Mikrosystemen des Gehirns erzeugt und erhalten, deren Bestandteile physikalisch in vielen verschiedenen Subsystemen lokalisiert sind. Das Gehirn erzeugt zum Beispiel den Begriff ›Hund‹ mit Hilfe einer verteilten Konstellation von Mikrosystemen, deren Elemente über die visuellen, auditorischen, affektiven und viele andere Subsysteme verteilt sind« (in diesem Band, S. 232).

Während McClelland und Rumelhart (1986, S. 175) davon ausge-

---

8 »The functional approach assumes that knowledge, as a product, ›is created‹ by the neuronal elements functioning in unison. When the functioning of a set of elements creating a particular phenomenal experience ceases or when the elements participate in some other combination, the previous pattern is no longer in existence; though it can, of course, be recreated. In short, based on the functional assumption, the mind is a functional-phenomenal reality and as such the conceptual network as a whole remains an abstraction – only portions of it can be said to actually exist at different times but never the network as a whole« (Iran-Nejad 1980, S. 118).

hen, daß Aktivitätsmuster nur dann gleich sind, wenn die gleichen Einheiten daran beteiligt sind – weil das zur Mustererzeugung benötigte Wissen in die Elementverknüpfungen eingebaut ist –, geht der biofunktionale Ansatz zwar von bestimmten festgelegten strukturellen Mustern aus, bindet funktionale Muster aber keineswegs in einer Eins-zu-eins-Beziehung daran. In Anlehnung an Lashleys (1929) Theorie der Äquipotentialität neuronaler Bahnen konzeptualisiert der Biofunktionalismus das neuronale Netzwerk als ein »Allzweckverbindungsnetzwerk« (in diesem Band, S. 237). Lernen besteht in diesem Modell nicht in der Herstellung spezifischer Verknüpfungen, in der Veränderung der Stärke spezifischer Synapsen oder in der Speicherung spezifischer Strukturen. »Vielmehr verlangt auch die einfachste sinnvolle Lernhandlung die Mitwirkung vieler Subsysteme des Gehirns und vieler Faktoren« (ebd.). Je mehr Subsysteme beteiligt sind, desto komplexer ist die resultierende Bedeutung.

Distributivität bezieht sich also zum einen auf die Verteilung der funktionserzeugenden Subsysteme im Gehirn, zum anderen auf die Verteilung der Faktoren, die zum Lernen und Erinnern beitragen. »Information« von außen ist dabei nur ein Faktor, der wahrscheinlich von organismusinternen Quellen des Lernens überwogen wird. Lernen und Erinnern erfolgen nicht etwa primär aufgrund externer Steuerungen. Vielmehr müssen überwachungsfreie interessenvermittelte (dynamische) sowie arbeitsvermittelte systeminterne Steuerungen interagieren; d. h. Steuerungen, die von den biofunktionalen Eigenschaften der Komponentensysteme bestimmt werden, sowie intentionale Steuerungen der Komponenten durch das Gesamtsystem müssen zusammenwirken. »In diesem Sinne sind Lernen und Erinnern Phänomene vielfachen Ursprungs« (in diesem Band, S. 243).

5. Lokalisationsprobleme – wo »sitzt« das Gedächtnis?

Funktions- und systemorientierte Gehirnmodelle operieren, wie ich zu zeigen versucht habe, nicht länger mit Vorstellungen von material lokalisierbaren Informationsspeichern, Engrammen oder Eins-zu-eins-Korrelationen zwischen mentalen Konzepten (bzw. Netzwerken) und neuronalen Verdrahtungen. Im Vordergrund stehen vielmehr Vorstellungen von der funktionalen Plastizität des Gehirns, von epigenetischer Selbstorganisation im Laufe der Gehirnentwicklung, von der Distributivität der Verarbeitungszentren, von »integrierten Funktionskreisen der Kognition« (im Sinne von Foersters), in denen Wahrnehmen, Erinnern und Schlußfolgern in der Gesamtheit des kognitiven Prozesses betrachtet werden sollten.

Maturana hat aus solchen Überlegungen den Schluß gezogen, »das Gedächtnis« nicht als Speicher an einem lokalisierbaren Ort im Gehirn zu konzeptualisieren, sondern als die Etablierung verhaltenssynthetisch relevanter dauerhafter Kognitionsstrukturen, die für weitere Kognitionen zur Verfügung stehen. Solche Strukturen haben mit »Vergangenheit« nur so viel zu tun, daß sie zu einem Zeitpunkt *vor* der jeweils ablaufenden Verhaltenssynthese entstanden sind. »Ein Gedächtnis als einen Speicher von Repräsentationen der Umwelt, die für verschiedene Gelegenheiten abgerufen werden können, gibt es als neurophysiologische Funktion nicht« (Maturana 1982, S. 62). Mit anderen Worten: Dauerhafte kognitive Strukturen stehen dem kognitiven System als Elemente seines Repertoires verhaltenssynthetischer Potentiale zur Verfügung, nicht als Erinnerungen. Die Funktion des Gedächtnisses liegt entsprechend diesen Überlegungen nicht in der Bewahrung von »Vergangenem«, sondern in dem jeweils aktuell erbrachten Anteil an der Synthese autopoietisch kohärenten Verhaltens. Anders gewendet: Das Gedächtnis leistet für ein kognitives System die Synthese eines spezifischen Typs von Wahrnehmung, die wir gewöhnlich als »Erinnerung« bezeichnen. Als gewichtiger Einwand gegen Speichermodelle des Gedächtnisses (die Hejl in diesem Band einer gründlichen Kritik unterzieht) kann angeführt werden, daß es bis heute nicht gelungen ist, das Gedächtnis im Gehirn topologisch genau zu lokalisieren (vgl. unter anderem Rosenfield 1988 und Roth, in diesem Band).

Schon Lashleys berühmte Untersuchungen (1929) verweisen vielmehr auf die komplexe Aktivität ganz unterschiedlicher Hirnregionen, so daß Roth annimmt, daß wegen der Funktionsflexibilität prinzipiell alle Hirnregionen als gedächtnisrelevant betrachtet werden können: »Der Streit um die ›Zentrenlehre‹ ist aufgrund der neurophysiologischen Forschung der letzten beiden Jahrzehnte weitgehend gegenstandslos geworden. Denn es hat sich gezeigt, daß viele Funktionen des Gehirns das Resultat eines Netzwerks vieler ›Zentren‹ mit sehr komplexen Steuerungsmechanismen und Ersatzschaltungen sind, aus denen sich die besonders bei höheren Säugetieren überraschende Plastizität der Hirnfunktion ergibt. [...] Entsprechendes gilt auch für das Gedächtnis. Man weiß heute, daß es je nach Sinnesmodalität und Lerntyp verschiedene Gedächtnisse gibt, die zum Teil von unterschiedlichen Hirnpartien konstituiert werden, und daß ›das Gedächtnis‹ die Aktivität fast aller Hirnteile mit einbezieht« (Roth 1975, S. 32).

Wie Roth (in diesem Band) an einer Übersicht über bisherige experimentelle Befunde zeigt, sind viele Hirnstrukturen in den Gedächtnisprozeß involviert, ohne daß sie deshalb als »Sitz« des Gedächtnisses oder von Gedächtnisengrammen angesehen werden können. Wohl sind sie an der Auswahl und Bewertung sensorischer Erregungen in bezug auf Gedächtnisleistungen beteiligt, wobei vor allem auch emotionale »Einfärbungen« von Prozessen eine Rolle spielen. Von einem Sitz des Gedächtnisses kann aber heute ebensowenig die Rede sein wie von einem einheitlichen Gedächtnissystem. Eine Ausnahme scheint lediglich die Sprach- und Gesichtererkennung zu sein. Wie Singer betont, können umschriebene Verletzungen im Temporallappen selektive Amnesien für Gesichter und Worte nach sich ziehen (in diesem Band, S. 123).

Auch Neuropsychologen, die noch repräsentationistische Aspekte in ihren Memory-Modellen festhalten, stimmen im Prinzip dieser Ansicht zu. So heißt es bei Squire: »Thus, memory is localized in the sense that particular brain systems represent specific aspects of each event, and it is distributed in the sense that many neural systems participate in representing a whole system« (1986, S. 1613; vgl. dazu auch Fischer 1987).

Roth führt darüber hinaus (unter Berufung auf Arbeiten von John 1971) das Argument ins Feld, daß aufgrund der bisherigen empirischen Gehirnforschung einzelne Neuronen wohl kaum als zuverlässige Speicherelemente in Frage kommen. Plausibler erscheint vielmehr die Annahme, daß Gedächtnis»inhalte« durch das geordnete Verhalten von ganzen Nervenzellen*verbänden* repräsentiert werden. Singer wendet sich gegen eine genaue Lokalisierbarkeit von Speicherfunktionen mit einem ähnlichen Argument, daß nämlich »Gedächtnisengramme« auf der gleichzeitigen Veränderung der Wirksamkeit von Verbindungen zwischen sehr vielen und weit verstreut liegenden Nervenzellen beruhen (in diesem Band, S. 123). Hinzu kommt, daß »Gedächtnis« wohl nicht als eine feste Größe angesehen werden kann: »Memory is not fixed at the moment of learning but continues to stabilize (or consolidate) with the passage of time. [...] memory consolidation is neither an automatic process with a fixed lifetime nor a process that is determined entirely at the time of learning« (Squire 1982, S. 1615 f.).

Zu den allgemein akzeptierten Hypothesen in der Gedächtnisforschung zählt die Unterscheidung zwischen *Kurzzeitgedächtnis* und *Langzeitgedächtnis*.

Problematisch sind dagegen *Gedächtnistypologien*,[9] wie sie etwa von Brewer und Pani (1983) oder von Squire (1986, S. 1615) entworfen worden sind:

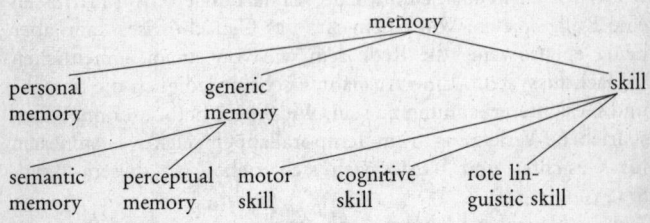

Modell Brewer und Pani

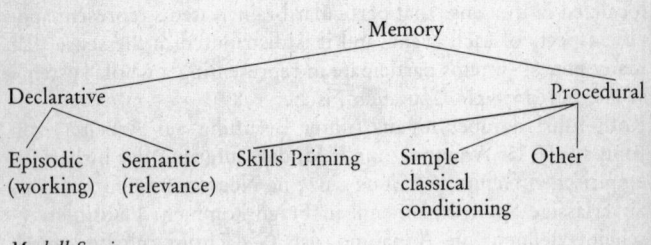

Modell Squire

9 Den gegenwärtigen Diskussionsstand in der Kognitionswissenschaft faßt Kellermann (1985) übersichtlich zusammen.

6. Lernen und Gedächtnis

Lernen und Gedächtnis sind offenbar so eng miteinander verbunden, daß einige Autoren dazu neigen, beide fast miteinander gleichzusetzen.

In seinem Beitrag zu diesem Band erläutert Singer die Annahme, daß Lernprozesse auf aktivitätsabhängigen Veränderungen neuronaler Wechselwirkungen beruhen, die entweder verstärkt oder abgeschwächt werden. Regeln und molekulare Mechanismen lernbedingter Änderungen neuronaler Wechselwirkungen ähneln nach Singers Auffassungen den Regeln und Mechanismen, die auch bei der *Entwicklung* von Nervennetzen wirksam sind. Diese Auffassung wird unter anderem geteilt von Roth (in diesem Band) und Varela, der in seinem Beitrag zu diesem Band versucht, die Gemeinsamkeiten zwischen individuellem Lernen und Evolution formal präzise darzustellen.

»Allen Lernvorgängen im Gehirn ist gemeinsam, daß neuronale Aktivität zu lang andauernden Veränderungen im System führt, die ihrerseits Modifikationen des Verhaltens bewirken. *Lernen* kann demnach als eine nachhaltige aktivitätsabhängige *Veränderung von Funktionsabläufen* im Gehirn gesehen werden. Das Programm, nach welchem Funktionsabläufe im Gehirn koordiniert werden, beruht auf den spezifischen Wechselwirkungen zwischen einzelnen Nervenzellen. Diese Wechselwirkungen wiederum sind bestimmt vom *Verschaltungsmuster* und von der jeweiligen *Wirksamkeit der einzelnen Verbindungen*. Anders als in technischen Systemen läßt sich demnach im Gehirn nicht zwischen Hard- und Software unterscheiden. Das *Programm liegt in der Architektur* des Gesamtsystems. Hieraus folgt, daß jede Programmänderung, jeder Lernvorgang, auf einer *Modifikation der Wechselwirkungen zwischen Nervenzellen* beruhen muß. Im erwachsenen Gehirn kann die Kopplung von Nervenzellen nur dadurch verstärkt bzw. abgeschwächt werden, indem bestehende Verbindungen in ihrer Wirksamkeit verändert werden« (1990, S. 15).

Optimierungen neuronaler Verschaltungen werden – während der Entwicklung wie im ausgereiften Gehirn – von Kontrollsystemen (Wachheit, Aufmerksamkeit, Motivation) überwacht, die ihre Informationen aus Strukturen des limbischen Systems beziehen. Nur wenn einem Inhalt Aufmerksamkeit geschenkt wird und er als verhaltensrelevant identifiziert wird, wird er gespeichert (vgl. auch Haken, in diesem Band).

Bleibende Veränderungen synaptischer Übertragungseigenschaften resultieren nicht aus jeder Aktivierung neuronaler Verbindungen, sondern nur aus solchen, für die vom Gehirn selbst erzeugte Steuerungssignale verfügbar sind. Hierbei spielen Zentren des limbischen Systems (Amygdala und Hippocampus) eine große Rolle, da sie aufgrund ihrer vielfältigen Verbindungen mit anderen Hirnregionen die *Bedeutung* der verarbeiteten Signale bewerten können.

Offenbar gibt es unterschiedliche Formen des Lebens (und auch von Gedächtnisprozessen), die in unterschiedlichen Teilen des Gehirns ablaufen und verschiedene neuronale Mechanismen zur Grundlage haben (zu Einzelheiten vgl. Roth, in diesem Band) ebenso wie es unterschiedliche *Phasen* des Lernens und Gedächtnisses gibt. Wie Roth (ebd.) ausführlich darstellt, wird allgemein zwischen assoziativem und nicht-assoziativem Lernen unterschieden. Zum nicht-assoziativen Typ gehören Habituation und Sensitivierung; zum assoziativen Typ der klassischen Konditionierung (nach Pawlow) die operante und instrumentale Konditionierung, das Vermeidungslernen sowie deklaratives und nicht-deklaratives Lernen. Als Phasen des Gedächtnisses werden das Kurzzeitgedächtnis und das Langzeitgedächtnis voneinander unterschieden.

Roth weist in seiner Einschätzung der experimentellen Erforschung zellulärer und molekularer Mechanismen, die Lern- und Gedächtnisprozessen möglicherweise zugrunde liegen, darauf hin, daß solche Mechanismen den Prozeß des Lernens und des Gedächtnisses wohl ermöglichen, ihn aber nicht *steuern* können. Diese Steuerung erfolgt – wie auch Singer betont – durch zentrale Bewertungszentren im Hirnstamm, die – wie oben bereits erwähnt – mit Wachheit, Aufmerksamkeit und Motivation zu tun haben und die Neuheit und Wichtigkeit bewerten: »Jeder Wahrnehmungsinhalt muß also im ersten Schritt durch ›Neuheitsdetektoren‹ auf seinen Neuigkeitsgrad und dann durch ›Relevanzdetektoren‹ auf seine Wichtigkeit hin überprüft werden, ehe das Gedächtnissystem in Aktion tritt. Beide Systeme arbeiten im menschlichen Gehirn außerordentlich schnell (z. B. im Kontext der Gesichtererkennung) und umfassen viele Milliarden Nervenzellen im Cortex. Was aber neu und wichtig ist, ist neu und wichtig stets nur *in bezug auf frühere Erfahrungen.* Die ›Neuheits-‹ und ›Relevanzdetektoren‹ müssen daher das aktuell Wahrgenommene mit dem früher für wichtig Erachteten und ›Abgespeicherten‹ vergleichen. Das heißt sie arbeiten nach Kriterien, die wiederum aus dem Gedächtnissystem kommen« (Roth, in diesem Band, S. 148).

Die Frage, ob Lernen und Gedächtnis entweder durch strukturelle oder durch funktionale Veränderungen im Gehirn gekennzeichnet sind, ist in dieser Dichotomisierung wohl kaum zu beantworten. Beispiele für lernbedingte plastische Veränderungen der Übertragungseigenschaften von Synapsen (Hebb-Synapse) und Langzeitpotenzierung im Hippocampus sprechen für strukturelle Veränderungen im Verlauf aktivitätsabhängiger Selektionen, wie Singer am Beispiel der Genese des visuellen Systems zeigt. Selektionskriterium für die Konsolidierung neuronaler Verbindungen ist dabei die Ähnlichkeit bzw. die zeitliche Korrelation der vermittelten Aktivitäten.

Andererseits stellt Roth wohl zu Recht die Frage, ob strukturelle Veränderungen konstitutiv oder nur begleitend sind und weist – wie oben bereits erwähnt – darauf hin, daß sie Lern- und Gedächtnisprozesse wohl ermöglichen, aber nicht steuern können.

Offenbar sind materielle »Verschaltungen« von Neuronen und Hirnarealen die neuronale Grundlage bzw. die Voraussetzung für Lern- und Gedächtnisprozesse, nicht aber deren genau lokalisierbarer Ort. Erst das überaus komplexe funktionale Zusammenwirken verschalteter Areale, das offenbar vom limbischen System gesteuert wird, läßt einen vom Gehirn selbst organisierten Funktionszusammenhang entstehen, den wir als Gedächtnis bzw. als Lernen bezeichnen. Das belegen auch Studien bei Läsionen und Amnesien (etwa bei der Korsakowschen oder der Alzheimerschen Erkrankung), die erkennen lassen, daß solche Erkrankungen mit Defekten in den limbischen Kontrollsystemen einhergehen. Solche Gedächtnisstörungen beruhen »... nicht primär auf einer Störung jener Hirnareale, in welchen die Engramme niedergelegt werden, sondern auf einer Unterbrechung der Schaltkreise, die aktivitätsabhängige Veränderungen der synaptischen Übertragung in der Großhirnrinde ermöglichen« (Singer, in diesem Band, S. 125).

7. Kognition und Gedächtnis

Wie neuronale Prozesse und Bewußtseinszustände – die beiden Hauptkomponenten kognitiver Systeme – miteinander zusammenhängen, ist bis heute erst in Ansätzen erkennbar. Stadler und Kruse (in diesem Band) nehmen an, daß lokale Stabilitäten des Zentralnervensystems die Grundlage geordneter semantischer Zusammenhänge in Bewußtseinszuständen bilden. »Die Bewußtseinszustände bilden gewissermaßen die höchste Integrationsstufe der Gehirnprozesse. Da sie eigenen nicht kausal-deterministischen Gesetzmäßigkeiten gehorchen, können sie, obwohl selbst auf Gehirnprozessen beruhend, diese beeinflussen und dort selbst neue Stabilitäten erzeugen« (ebd., S. 251). Das Zusammenwirken der beiden Komponenten, das etwa in Hakens Synergetik untersucht wird, erzeugt einen Organisationszusammenhang zwischen hochkomplexen deterministischen neuronalen Prozessen und weniger komplexen, teleonomen und intentionalen Bewußtseinsprozessen, in denen Gehirnprozessen von Bewußtseinsprozessen Bedeutungen zugewiesen werden. In ihrer Attraktorentheorie des Gedächtnisses, die auf konstruktivistische und synergetische Vorstellungen zurückgeht, formulieren die Autoren das Problem des Gedächtnisses eines kognitiven Systems folgendermaßen: Wenn das kognitive System aufgrund energetischer Inputs den dadurch ausgelösten Modifikationen seiner internen Prozesse Bedeutungen allererst zuweisen muß, die dem Lebewesen erfolgreiches Handeln in der Umwelt ermöglichen, dann stellt sich die Frage, wie einer gegebenen Prozeßstruktur zu einem späteren Zeitpunkt die gleiche Bedeutung zugewiesen wird bzw. wie die zu einer gegebenen Bedeutung passende Prozeßstruktur wiedergefunden wird.

Erklärt man nun – wie in konstruktivistischen Wahrnehmungs- und Bewußtseinstheorien – die Entstehung von Bedeutung in relationalen Netzwerken aus ihren Beziehungen zu allen anderen Bedeutungen des Netzwerks (oder Subsystems), dann kann die Frage nach dem Wiederauffinden von Bedeutungen im Gedächtnis im Prinzip auf die Frage reduziert werden, was *Attraktoren* für Bedeutungen sind und wie sie im kognitiven System aktiviert werden. Nach Stadler und Kruse sind Attraktoren relativ stabile, lokal begrenzte Zustände in einem chaotischen System, die auch weit voneinander entfernt liegende Zellgruppen synchronisieren.

Sie entwickeln sich »im freien Spiel der Kräfte«, d. h. sie müssen einem Prozeß nicht aufgezwungen werden, sondern finden sozusagen von sich aus das Optimum eines Prozesses mit dem geringsten Energieverbrauch (vgl. auch Hakens Beitrag in diesem Band). Attraktoren entstehen aus der inneren Dynamik eines Prozesses; sie sind Ordnungen ohne Ordner, die über einen bestimmten Zeitraum hinweg relativ stabil sind. (Wie diese Kurzcharakterisierung nahelegt, dürften die Konzepte ›Attraktor‹ und ›Schema‹ dieselbe Referenz haben.)

Mit Hilfe des Attraktor-Konzepts lassen sich – nach Stadler und Kruse – wichtige Ergebnisse gestaltpsychologischer Forschung erklären, und zwar vor allem die Befunde, daß »Gedächtnisinhalte« sich im Laufe der Zeit verändern; daß (etwa visuelles) Ausgangsmaterial gesetzmäßigen Veränderungen in Richtung auf Regelmäßigkeit und Prägnanz unterworfen wird; und schließlich der Befund, daß »Gedächtnisinhalte« in den Lebenskontext miteingebaut werden.

Solche Befunde, die auf eine Tendenz zur Ordnung und Stabilität in der Organisation des Gedächtnisses hinweisen, erklären die Autoren als Attraktorbildung. Das Ausgangsmaterial wird so geordnet, daß es im Gedächtnis einen Attraktor findet; das heißt, ein stabiler Zustand wird erzeugt, der optimale Voraussetzungen für Bedeutungszuweisungen bietet. Suchen im Gedächtnis entspricht in dieser Konzeption dem zielgerichteten Zulaufen auf einen Attraktor.

Wie etwa die Multistabilität visueller Strukturen zeigt (vgl. etwa den Enten-Hasen-Kopf von Jastrow), beziehen sich Ordnungsbildungen im Gehirn nicht nur auf formale, sondern auch auf semantische Prozesse. Sehen und Deuten sind hier nicht unterscheidbar.

Das Gedächtnis hat offenbar auch die Fähigkeit zu *assoziieren*, wie Haken (in diesem Band) am Beispiel des Gedächtnisses für Gesichter demonstriert. Es genügt die Präsentation eines Teils des Gesichtes, um das Gesamtgesicht und (meist auch) den Namen zu erinnern. Damit rücken Gedächtnisleistungen nahe an Intelligenzleistungen heran. Haken betont, »daß das assoziative Gedächtnis hier nicht wie das Aufrufen eines einzigen Zusammenhangs erscheint, sondern eher wie das Herausgraben einer Wurzel mit ihren immerwährenden Verzweigungen, die nie ein Ende zu nehmen scheinen« (in diesem Band, S. 194). Auch Haken weist darauf hin, daß Gedächtnisleistungen in besonderer Weise von einem (nicht vollständig bewußt kontrollierbaren) Aufmerksamkeitsparameter gesteuert werden, wobei der Parameter vom Gedächtnisinhalt selbst abhängen kann. »Diese intime Verknüpfung von Gedächtnis und Aufmerksamkeitsparametern erlaubt eine ungeheure Flexibilität unseres Gedächtnisses, macht aber auch eine gezielte Gehirnforschung, die insbesondere nach den materiellen Substraten des Gedächtnisses sucht, äußerst schwierig« (ebd., S. 203).

8. Gedächtnis: Perspektiven

Bei aller Offenheit der Forschungssituation deuten doch viele Ergebnisse sowie die gewichtigen Einwände gegen Vorstellungen vom Gedächtnis als lokalisierbarem Speicher darauf hin, das Gedächtnis als eine im gesamten Gehirn verteilte *Funktion* zu konzeptualisieren, die aus aktivitätsbedingten Veränderungen neuronaler Wechselwirkungen resultiert. Wie von Foerster zu zeigen versucht, wird Gedächtnis »durch den besonderen *modus operandi* des Zentralrechners abgebildet, dessen gesamte funktionale Organisation durch die Bewertung von Eigenzuständen oder Relationen mitbestimmt und neubestimmt wird« (in diesem Band, S. 81). Nach seiner Auffassung ist Gedächtnis notwendigerweise mit Wahrnehmen und Schlußfolgern in einem integrierten Funktionskreis verbunden – andernfalls wäre es ein unzugänglicher Mülleimer ohne Inhalt.

Das Gedächtnis repräsentiert in seiner neuronalen Architektur und den dadurch ermöglichten Funktionsabläufen sozusagen den jeweiligen Stand der Wahrnehmungsgeschichte eines kognitiven Systems und steuert die Bedeutungszuweisungen an aktuelle Wahrnehmungen durch Schemata bzw. Attraktoren, wobei Sprache eine wichtige Rolle spielen dürfte. Damit erfüllt es eine zentrale Funktion bei der Wahrnehmungs- und Verhaltenssynthese und bildet die Grundlage der selbstorganisierenden Autonomie des kognitiven Systems, das völlig überfordert wäre, müßte es in jedem Wahrnehmungsvorgang gleichsam als *tabula rasa* immer wieder von neuem beginnen.

Das Gedächtnis wird gesteuert von Wachheit und Aufmerksamkeit; »gespeichert« wird nur, was neu und relevant ist, wobei das

Gedächtnis wiederum die Vergleichsparameter für Neuheit und Relevanz aus sich selbst liefert.

Da das Gedächtnis nicht in allen Bereichen bewußtseinsfähig oder gar bewußtseinspflichtig ist (was sich etwa bei unwillkürlichen Erinnerungen zeigt), dürfte Gedächtnis als neuronale Funktion »größer sein« als bewußte Erinnerung.

Gedächtnis und Erinnerung müssen daher deutlich voneinander unterschieden werden. Gedächtnis ist eine neurophysiologische Funktion, Erinnerung eine kognitive Konstruktion, die bewußt werden muß und dann formuliert werden kann.

Berücksichtigt man den engen Zusammenhang von Gedächtnis, Wissen, Lernen und Intelligenz, sowie die enorme Rolle des Gedächtnisses bei der Abstimmung kognitiver Operationen auf kontextspezifische Anforderungen, dann wird deutlich, wie genau Luis Buñuel in seinem Zitat am Beginn dieses Bandes die Bedeutung des Gedächtnisses eingeschätzt hat.

Mit erheblicher Vereinfachung könnte man vielleicht formulieren, das lebende System *sei* sein Gedächtnis. Daraus ergeben sich Möglichkeiten weitreichender philosophischer Spekulationen, die Baecker in seinem Beitrag zu diesem Band unternimmt, um den Zusammenhang zwischen Selbstbeobachtung, Differenz, Zeit und Gedächtnis zu präzisieren und in den philosophischen Diskurs zwischen Maturana, Luhmann und Derrida einzupassen.

9. Erinnern

Aus den bisherigen Überlegungen sollte klargeworden sein, daß Erinnern nicht als Zugriff auf Gedächtnisinhalte zu sehen ist. Erinnern kann zunächst ganz allgemein als eine kognitive Operation bestimmt werden, in der bestimmten komplexen neuronalen Prozessen bewußtwerdende Bedeutungen zugewiesen werden. Für diese Operation ist das kognitive System ebenso auf Gedächtnis angewiesen wie für Wahrnehmungen, Vorstellungen oder Schlußfolgerungen. Mit anderen Worten: Der im Alltagsverständnis scheinbar privilegierte Zusammenhang zwischen Erinnern und Gedächtnis ist wissenschaftlich keineswegs evident.

Was aber unterscheidet nun Erinnerungen von Wahrnehmungen und Vorstellungen? Rusch hat in seinem Beitrag zu diesem Band darauf eine Antwort gesucht. Seine erste These besagt, daß Erinnerungen offenbar von Wissen dadurch unterschieden sind, daß sie sich auf persönliche Erlebnisse und Erfahrungen beziehen und außerhalb jeweils aktueller Handlungszusammenhänge als »sinnliche Anmutungen« bewußt werden.

Unser tägliches Leben bietet genügend Beispiele dafür, daß wir zur Ausführung von Handlungsplänen »Inhalte« gleichzeitig im Bewußtsein haben müssen, die als präsent, vergangen oder zukünftig qualifiziert werden. Damit kommt Rusch zu seiner zweiten These, die besagt: »Erinnerungen sind Bewußtseinsphänomene, die deshalb mit der Vergangenheit assoziiert gedacht werden, weil sie von prinzipiell gleicher Art sind wie Bewußtseinsinhalte, in denen vollendete Handlungselemente bewußt sind« (in diesem Band, S. 275). Trifft diese These zu, dann kehrt sich das gewöhnlich angenommene Verhältnis zwischen Vergangenheit und Erinnerung um: Nicht die Erinnerungen stammen aus der Vergangenheit, sondern Vergangenheit resultiert aus Erinnerungen.

Um das Verhältnis zwischen Erinnern und Wahrnehmen zu bestimmen, greift Rusch auf die Hypothese der ständigen Aktivität neuronaler Netzwerke zurück, die entweder von sensorischen Stimulanzien abhängen oder – vermutlich in größerem Maße – autostimulativ sind. Eben dieser Autostimulation, der assoziativen Aktivierung kognitiver Strukturen im Rahmen der Selbstreferentialität des kognitiven Systems ordnet Rusch nun die Klasse kognitiver Operationen zu, die ›Erinnerungen‹ genannt werden können. »Erinnerungen sind eine Art von Wahrnehmungen, deren Synthese nicht umstandslos mit sensorischen Stimulationen verrechnet werden kann. Sie ähneln dem ›Wiedererkennen‹ mit der Einschränkung, daß bestimmte charakteristische Kontexte sinnlicher Wahrnehmung fehlen. Sie ähneln Vorstellungen mit der Einschränkung, daß sie stets im Modus des Vergangenen bewußt werden« (ebd. S. 278 f.).

Durch den Prozeß, den wir ›Erinnern‹ nennen, wird eine Teilmenge der im Nervensystem dauerhaft angelegten kognitiven Strukturen (= Gedächtnis) »prozessualisiert«. Das bedeutet, daß Erinnerungen sich nicht *im* Gedächtnis befinden; Erinnern kann nicht sinnvoll als Zugriff auf eine Datei oder ein Lexikon erklärt werden. Der Erinnerungsprozeß scheint vielmehr strukturell der *Wahrnehmungssynthese* zu entsprechen. Im Erinnerungsprozeß wird – durch einen gegebenen Anlaß – so viel Potential in Nervensystemen aktiviert, daß ein »gebahntes« Erregungsmuster aktiviert wird, das andere Muster hemmt oder ausschließt. Die Resultate werden dann damit verrechnet, ob und wie sie kohärente Makro-Strukturen bilden und mit dem Ausgangsmuster verknüpft werden können. Dabei muß die Differenz von Gedächtnis und Erinnerung im Auge behalten werden. »Erinnerungen sind (in der Form, in der sie im Bewußtsein auftreten) nicht Elemente des Gedächtnisses als einer neurophysiologischen und psychologischen Funktion. Sie werden vielmehr ebenso wie Wahrnehmungen und Vorstellungen in einem komplizierten Zusammenspiel kognitiver Strukturen und Prozesse als ein spezifischer Typ von Bewußtseinsphänomenen *synthetisiert*. Die zeitliche Stabilität jener, mit solchen Bewußtseinsphänomenen korrelierten kognitiven Strukturen (als andauernde Aktivität oder als andauernde Reaktivierbarkeit) ist dafür eine notwendige, jedoch keineswegs eine hinreichende Bedingung. Die Gedächtnisleistungen eines Organismus gehen weit über dessen Erinnerungsleistungen hinaus« (ebd., S. 284).

Erinnerungen existieren an keinem anderen Ort und zu keiner anderen Zeit als *jetzt* im kognitiven System. Das bedeutet: Erinnern wird von Rusch nicht als Restitution, sondern als Konstitution eines Erlebnisbereichs eigener Art gesehen, wodurch der kognitive Bereich erweitert wird – eben um diejenige Prozeßsorte und diejenigen Prozeßresultate, die wir ›Erinnerung‹ nennen.

Erinnerungen haben mit der Ausbildung stabiler Muster anläßlich von Erlebnissen zu tun, aber sie konservieren nicht etwa das Erlebnis. Darum muß von einer prinzipiellen *Differenz zwischen Erlebnis und Erinnerung* ausgegangen werden. Wie Rusch betont, ähneln Erinnerungen dem Wiedererkennen, nur daß sie ein Wiedererkennen ohne Objekt sind (vgl. auch Baecker, in diesem Band), da sensorische Stimulationen und die charakteristischen Kontexte sinnlicher Wahrnehmung fehlen: »Mit anderen Worten, unsere Erinnerungen sagen uns nicht, daß und was wir erlebt haben, sondern machen uns – in den Begriffen unserer Empfindungs- und Bewußtseinsfähigkeit – solche kognitiven Strukturen ›zugänglich‹, die im Verlaufe unserer Interaktionsgeschichten in unseren Nervensystemen entstanden sind. [...] Aus dieser Überlegung aber ergibt sich dann weiterhin, daß die Geschichten, die wir aus der Erinnerung über unser eigenes Leben erzählen, zwar

Geschichten zu einem unverwechselbar individuellen Leben, nicht aber die Lebensgeschichten sein können, für die sie gehalten werden« (Rusch 1987, S. 346).

Gerade weil Bewußtseinsinhalte ihr Auftreten einem Prozeß der Erregungsausbreitung verdanken und die Verläufe der Aktivierung kognitiver Strukturen neuronal determiniert zu sein scheinen, können Bewußtseinsphänomene wie Erinnern – wenigstens teilweise – scheinbar gezielt dadurch hervorgerufen werden, daß man zentrale assoziative Konzepte, Gedanken, Bilder usw. durch *Autostimulation* bewußtzumachen versucht (vgl. die bekannten Mnemotechniken).

Wenn man Erinnern nicht als Zugriff auf gespeicherte Daten, sondern als eine konstruktive kognitive Verhaltenssynthese auf der Grundlage aktivierter, relativ dauerhafter neuronaler Strukturmuster konzipiert, dann wird es auch leichter, Strategien zu erkennen, die zur *Elaboration von Erinnerungen* führen, also zum Beispiel Strategien wie Komplettierung und Kontextualisierung. Zur Erläuterung dieser Strategien greift Rusch auf die Annahme zurück, Elaborationen kognitiver Strukturen könnten als Kompensationsleistungen verstanden werden, die zum Abbau dissonanter und inkonsistenter Strukturen im Bewußtsein führen. Je nach Emotionalität, Situation, Partnerbezug und Konsonanz des Selbst-Konzepts wird dieses Dissonanz- und Konfliktmanagement so betrieben, daß ein wahrnehmungsordnendes FACT-Schema[10] komplettiert und in makro-strukturelle Zusammenhänge eingeordnet (kontextualisiert) wird.

»Wie wohl jede aus eigener Erfahrung weiß, können in der Elaboration« von Erinnerungen aber auch mehrere jeweils in sich konsistente, konkurrierende Elaborationsvarianten nacheinander mit dem Resultat neuer Dissonanzen zustandekommen. Es ist bezeichnend für die Bedingungen und Modalitäten der Gedächtnistätigkeit, daß sich solche Ambiguitäten oft gar nicht anders als pragmatisch lösen lassen, zum Beispiel indem man Doppellösungen toleriert, eine von der Sache oft unmotivierte Entscheidung für die eine oder die andere Variante trifft oder darüber mit ande-

---

10 FACT-Schemata sind nach van Dijk (1980) kognitive Repräsentationen von Zuständen, Situationen, Ereignissen, Vorgängen und Handlungen. Rusch vertritt die These, daß FACTs Resultate der Wahrnehmungssynthese sind, und das heißt für ihn: ausgedehnte cortikale Erregungsmuster mit Bewußtseinsqualität (ebd., S. 318).

ren Personen, von denen man erwartet, daß man sich mit ihnen auf eine Lösung einigen kann, in ein Gespräch eintritt. Bezeichnend ist dies insofern, als es klarmacht, daß es hier neben Konsistenz und Bekanntschaft keine weiteren internen Kriterien gibt, und weil es zeigt, daß in die Elaboration von Erinnerungen das gesamte Vermögen eines kognitiven Systems zur Erzeugung konsistenter Strukturen investiert wird, so daß Lösungen mit mehreren in sich konsistenten Varianten entsprechend ›entwaffnend‹ erscheinen müssen« (Rusch 1987, S. 362).

Fassen wir zusammen: Erinnerungen können konzeptualisiert werden als jeweils aktuell erbrachte Leistungen eines kognitiven Systems in einem bestimmten Handlungszusammenhang. Diese Leistungen sind (mit)bestimmt durch vergangene Erfahrungen und Lernprozesse, die die Konnektivität neuronaler »Verschaltungen« material verändert haben.

Eine Konzeption von Erinnern als aktuelle Produktion von Wahrnehmungsketten, die bei früheren Erfahrungen ausgebildet worden sind und sich dabei als hinreichend erfolgreich erwiesen haben, koppelt Erinnern vom Wahrheitspostulat ab: Erinnern ist aktuelle Sinnproduktion im Zusammenhang jetzt wahrgenommener oder empfundener *Handlungsnotwendigkeiten*.

10. Erinnern und Erzählen

In Abschnitt 7 hatte ich schon auf Hypothesen verwiesen, die Gedächtnisbildung als konstruktiven Prozeß modellieren, der Gestaltungsprinzipien (im Sinne von Attraktoren) folgt. Auch Erinnerung muß nun offenbar als ein Prozeß gedacht werden, der wenig mit Archivausgabe, erheblich mehr aber mit gestaltendem Erzählen zu tun hat.

Wie aus der Erzählforschung (zum literarischen wie zum nichtliterarischen Erzählen) bekannt, gibt es relativ stereotype Konversationsmaximen (*sensu* H. P. Grice) und Erzählschemata, die – zumindest in westlichen Kulturen – die Kohärenz von Erzählungen regeln (vgl. unter anderem Labov 1980; Mandler und Johnson 1977; Bower 1976; van Dijk 1980; 1980a; Gülich 1976). Kognitionspsychologen vertreten die Auffassung, daß solche Erzählschemata schon die kognitive Elaboration und nicht erst die Verbalisation von Erinnerungen organisieren, wobei kognitive und kommunikative Bedürfnisse die Konstruktion *kohärenter* Elaborationen favorisieren.[11] Rusch nimmt sogar an, daß die Organisation des Erlebens, die Koordination von Wahrnehmungen durch handlungsschematische Strukturen und die Organisationsmuster des Erinnerns mit den Schemata kohärenter Erzählungen (Geschichte) strukturell vergleichbar sind. Erinnern und Erzählen folgen nach dieser These denselben Mustern kohärenter Konstruktion von Zusammenhängen zwischen Handlung und Handlungsresultat, Vorgang und Folge, Ursache und Wirkung, wobei ein Hauptgewicht auf der Klärung kausaler und temporaler Relationen liegt. Anders gesagt, Erinnern und Erzählen koordinieren sich gegenseitig: »In diesem Sinne erzwingt das Erzähl-Schema den konsistenten *Entwurf einer Geschichte,* der jedoch in dem Maße, wie ihm Konsistenz und Schlüssigkeit, Wahrscheinlichkeit und Anschaulichkeit und schließlich Interesse und Zustimmung anderer zukommt, seinen Entwurfscharakter immer mehr verliert, weil es immer schwieriger wird, gegen die Überzeugungskraft eines komplexen konsistenten Systems zu denken, und weil es eine immer größere Anstrengung und schließlich eine Unmöglichkeit bedeuten würde, die durch ein solches System einmal gewonnene Konsonanz, die Sicherheit und das Vergnügen ohne Not preiszugeben. Damit wird das kognitive System gewissermaßen ein Opfer seiner eigenen Verführungskünste; es kann die Kohärenz, die es erzeugt, nicht leugnen, und erliegt dadurch selbst der Überzeugungskraft, auf die hin seine Konstruktionen angelegt sind« (Rusch 1987, S. 374).

Bei der Konstruktion von Geschichten investieren wir unifizierende kohärenzstiftende Konzepte wie ›Kindheit‹ oder ›Lebenslauf‹. Mit anderen Worten: Die Ordnung des erzählten Geschehens ist weitgehend eine Funktion des Erzählens, nicht der Ordnung des erzählten Geschehens. Im und durch Erzählen konstruieren wir die Identität der Prototypen wie die Identität des Erzählers.

Fassen wir zusammen: Für den Bereich des Bewußtseins eines individuellen Organismus ergibt sich »eine vollständige *Koinzidenz von Vergangenheit* (als Objekt) *und elaborierter Erinnerung.* Das Konzept der Vergangenheit, das Phänomen der Erin-

---

11 Zum Zusammenhang zwischen Kohärenzerwartung als allgemeiner Rezeptionsstrategie in unserer Gesellschaft und literarischen Texten, die nicht auf Kohärenz abgestellte Produktionsstrategien verfolgen; vgl. ausführlich Schmidt (1989a und 1989b).

nerung und das Schema der Erzählung verhalten sich dabei komplementär zueinander, stützen sich gegenseitig und stellen gemeinsam – in ihrem Zusammenspiel und in dessen Resultaten – ein innerhalb des Bereichs der individuellen Kognition ausgebildetes logisches System dar, das, wie man es auch drehen und wenden mag, für das Subjekt immer wieder nur Evidenz für seine Komponenten zu erzeugen vermag. Erst die *interindividuellen Unterschiede* in der Erinnerung und erst die Reflexion auf den Zusammenhang von Vergangenheit und Erzählung führt hier zu einer begründeten Skepsis« (ebd., S. 399).

Intersubjektivität erreichen Erzählungen durch Ko-Konstruktivität zwischen Erzähler(n) und Zuhörer(n) bzw. Leser(n), die bedingt ist durch kognitive Parallelität der Bewußtseinsleistungen von Mitgliedern homogener sozialer Gruppen, wobei diese Homogenität aus Sozialisation und dem gemeinsamen Umgang mit Massenmedien resultiert. Ko-Konstruktivität konzentriert sich auf *Makro-Strukturen* und erlaubt so durchaus Kontroversen über Details. (Entsprechend richtet sich die Konsensfähigkeit der Erzählung von Erinnerungen danach, ob Makro- oder Mikroaspekte dominant sind, sowie danach, wie stark sie affektiv und normativ besetzt sind.) Kognitive Parallelität und Homogenität, die zum Aufbau eines vergleichbaren Wirklichkeitsmodells und zur Verpflichtung aller Handlungen und Erlebnisse auf dieses Modell führen (vgl. Hejl 1987), erlauben intersubjektiv die Konstruktion von »*Erzählfamilien*«, die als Äquivalent des Ausdrucks ›*kollektives Gedächtnis*‹ angesehen werden könnten. Erzählfamilien werden zur Begründung, Bewertung und Legitimation gegenwärtigen Verhaltens herangezogen. Das heißt, sie dienen zur Kohärenzbildung auf der sozialen Ebene der *Kommunikation* und sind deshalb von den pragmatischen Funktionen der sozialen Kommunikation geprägt.

Als Indizien für die *Plausibilität* von Erinnerungen bzw. Erzählungen werden oft Objekte herangezogen, die mit Erzählungen so verbunden werden können, daß sie scheinbar zwangsläufig auf die Existenz bestimmter Ereignisse in »der Vergangenheit« verweisen. Welche Plausibilitäten man aber auch immer erzeugen mag, sie verwandeln Erinnerungen nicht in objektive Reportagen vergangener Ereignisse, sondern modifizieren lediglich die notwendig stets subjektabhängigen Vergangenheitskonstruktionen, die *jetzt*, immer in der Gegenwart, produziert werden.

Sobald von Gedächtnis und Erinnerung gesprochen wird, denken wir automatisch an Zeitverhältnisse, besonders natürlich an »Vergangenheit«. Der wissenschaftliche Diskurs darüber, wie ›Zeit‹ theoretisch zu konzeptualisieren ist, hat bekanntermaßen eine lange und kontroverse Tradition; und auch heute sind wir von einer Klärung dieser Problematik weit entfernt (vgl. dazu etwa Mohler und Peisl, Hg., 1983; Bieri 1972; Strohmeyer 1980; Whitrow [2]1980; Burger, Hg., 1986). Schon Aristoteles fragte sich, »ob die Zeit existieren würde, wenn es kein Bewußtsein gäbe«, und deutete damit die Beobachterabhängigkeit von Zeit an (*Physik* IV, XIV. 23/24). Dieser Gedanke ist bei Piaget im Rahmen seiner Kognitionspsychologie ausgearbeitet worden (1974). Piaget betont, daß Konzepte nicht als Repräsentationen zu denken sind, daß es also kein fertiges Zeit*schema* im kognitiven Bereich gibt. Schemata als bevorzugte und vorgebahnte, d. h. potentielle Funktionsabläufe (die als neuronale Äquivalente Assoziationswege voraussetzen) drücken aus, was ein Individuum *tun* kann, nicht was es *denkt*. Nach Piaget sind Raum und Zeit Erfahrungen und entsprechend sind Raum- und Zeit-Begriffe abhängig von Ereignissen (also gelernt) und voneinander abhängig (was ja auch die Formel $t = s/v$ ausdrückt). Durch Invariantenbildung, Stabilisierung und operative Kopplung werden zunächst nur Konzepte von Eigenraum und Eigenzeit beim Kind ausgebildet, die erst allmählich und recht mühsam durch Sozialisation zu allgemeinen Raum- und Zeitbegriffen weiterentwickelt werden. Erst unter dem Druck sozialer Notwendigkeiten (wie der Synchronisation konkreter Ereignisfolgen, der Koordination von Eigenzeiten verschiedener Systeme im Zivilisationsprozeß, der Erhöhung sozialer Mobilität und der Kommunikationsgeschwindigkeit) bilden sich »objektive« Raum-Zeit-Systematisierungen heraus, die ein dynamisches Zusammenwirken synchroner und diachroner Systeme erlauben und damit Gegenwart und Realität an die Relationierung von Raum- und Zeitsystemen (qua Wirklichkeitskriterien) binden.
Wie immer man aber Zeitlichkeit konzeptualisiert: ob als »starke Zeitlichkeit« (Ursprung des Lebens, Phylogenie und Ontogenie, Metabolismus, Instabilität des menschlichen Bewußtseins) oder als »schwache Zeit« (Entropie, Dissipation); ob als System von

Systemzeiten (kosmologische, geologische, atomare oder biologische »Zeit«) oder als Bio- oder Soziorhythmen: Zeit erweist sich als ein (affektiv besetztes) Beobachter- und Relationskonzept. Berücksichtigt man weiterhin, daß Menschen als autopoietische Systeme nur in der Gegenwart leben und erleben können, dann macht es Sinn, Zeitregulative wie Vergangenheit, Gegenwart und Zukunft an Wahrnehmbarkeit zu knüpfen.[12] Wie Piaget betont, nimmt jede Bewußtseinseinheit und jede Handlung im Erleben, der Handlungsplanung und der Handlungsausführung eine Position in einem Kontext ein, kommt an einer Stelle in einer Reihenfolge vor, die handlungsschematisch koordiniert wird. Irreversible Reihenfolgen, Ereignisse oder Aktivitäten stellen die Beziehungen dar, die als Varianten des Themas *Dauer* erscheinen und mit Zeit als Relationierungsmuster kognitiv geordnet werden.

Der »Gegenwart« kommt dabei die Sonderrolle zu, an die Wahrnehmbarkeit von sensorischen Impulsen gebunden werden zu können; wo Wahrnehmung fehlt, operieren wir mit ›Vergangenheit‹ und ›Zukunft‹, wobei wir aber auch vergangene Ereignisse als Ereignisse vorstellen, die von ihrem Typ her der »Außenwelt« zugerechnet werden.

In dem Maße also, »wie aus der Koordination von Dauern, aus der Koordination von Bewegungen, Vorgängen und Geschwindigkeiten das Schema der Zeit konzeptualisiert wird, und in dem Maße, wie die Ausführung von Tätigkeiten und der Ablauf von Vorgängen beginnen, Zeit zu beanspruchen, Zeitspannen einzunehmen usw., in dem Maße wird auch die Vergangenheit, die Gegenwart und die Zukunft von Zeit denkbar oder umgekehrt die Zeit der Vergangenheit, der Gegenwart und der Zukunft. Und in dem Maße, wie sich aus dem Zusammenhang der Dauer eines Geschehens, einer Handlung usw. Komponenten ausgliedern und

12 »From all this evidence we conclude that our conscious sense of time depends on the mechanisms of attention and the coding and storage of information in the brain rather than on any specific internal organ of time experience. It is affected not only by our general mental and physical state, including our age, but also by the nature of our surroundings and by the culture in which we live. Our ›sense‹ of time is neither a necessary condition of our experience, as Kant thought, nor a simple sensation, as Mach believed, but an intellectual construction. It depends on processes of mental organization uniting thought and action.« (Whitrow ²1980, S. 64).

nach ihrer Vergangenheit, Gegenwärtigkeit und Zukünftigkeit bestimmen lassen, erscheinen Vergangenheit, Gegenwart und Zukunft als Modalitäten der Zeit, während umgekehrt Zeit als die Modalität von Vergangenheit, Gegenwart und Zukunft erscheint, wenn das Augenmerk auf die Einheitlichkeit und den Zusammenhang des Geschehens oder der Handlung gerichtet wird« (Rusch 1987, S. 386 f.).

Gegenwart wird demnach an das Konzept ›Bewußtsein‹, Vergangenheit an das Konzept ›Bekanntheit‹ gekoppelt (vergangen ist das, was bekannt ist). Damit steht für Erinnern ein Kriterium bereit, das unabhängig von Vergangenheit ist. Sinnvolle Erinnerungen brauchen keinerlei Referenz auf ein »Objekt«. Anders ausgedrückt: Erinnerung hängt nicht von Vergangenheit ab, sondern Vergangenheit gewinnt Identität allererst durch die Modalitäten des *Erinnerns: Erinnern konstruiert gegenwärtig(e) Vergangenheit.* Wir operieren m. a. W. nicht mit Vergangenheit, sondern mit Geschichten, in deren Konstruktion die Vorstellungen eingehen, die wir uns von der Beschaffenheit von Vergangenheit machen. Diese Vorstellungen, nicht die Vergangenheit, geben die Referenzebene unserer Erinnerungen ab.

Florey macht in seinem Beitrag zu diesem Band auf einen wenig thematisierten wichtigen Zeitaspekt aufmerksam, und zwar auf den Zusammenhang von *Gehirn und Zeit.* Florey verweist darauf, daß zwischen Erregungsvorgängen in den Sinnesorganen und deren Bewußtwerden Zeit vergeht (etwa zwischen 0,5 und 1 Sekunde). Auf der anderen Seite ist bekannt, daß Reaktionen auf Reize schneller eintreten können, was bedeuten würde, daß die Reaktion eintritt, bevor ein Reiz zum Bewußtsein kommt, so daß man davon ausgehen müßte, daß auch willkürliche Handlungen unbewußt initiiert werden können. Geht es hier um den Unterschied zwischen subjektiver und objektiver Zeit?

Florey kritisiert, daß Physiologen Vorgänge im Gehirn nach derselben Zeit messen wie Physiker und daß sie – ebenso wie die Psychologen – einen *prinzipiellen* Unterschied zwischen Vergangenheit und Gegenwart treffen.

Wahrnehmen, Lernen und Gedächtnis implizieren Dauer, sie brauchen Zeit. Während die Qualität einer Wahrnehmung von der Lokalisation der auslösenden physiologischen Prozesse abhängt, ist deren Quantität bedingt vom Zeitabstand der ankommenden Nervenimpulse. »Versucht man eine Interpretation der relevanten Geschehnisse im Sinne einer auf die momentane Gegenwart beschränkten physikalischen und psychischen Wirklichkeit, dann kommt man zu dem Schluß, daß gegenwärtige, bewußte Wahrnehmung ein vergangenes Ereignis zum Inhalt hat, und daß die gesamte wahrgenommene Welt der Vergangenheit angehört, die im Lichte der subjektiven Gegenwart gar nicht (mehr) existiert. Wenn Libet recht hat, dann liegt die erlebte Welt eine halbe bis eine Sekunde in der Vergangenheit« (in diesem Band, S. 174 f.).

Seit Bergson und Husserl wird dem Bewußtsein eine zeitliche Dimension zugeschrieben, wird angenommen, daß die bewußte Gegenwart nicht ein infinitesimal kurzer Zeitabschnitt ist, sondern eine – wenn auch unbestimmte – *Dauer* aufweist. Dieser Gedanke wird heute von Prigogine (1979) bestätigt, der betont, daß die Vergangenheit von der Zukunft getrennt ist durch die Dauer der Gegenwart. Nach Pöppel (1985) beträgt diese Dauer ca. 3 Sekunden.

Konzeptualisiert man nun das Gedächtnis nicht als einen Speicher, sondern als einen dynamischen Prozeß, dann muß diesem Prozeß räumliche *und* zeitliche Existenz zugeschrieben werden. Wenn aber Wahrnehmen, das Gedächtnisleistungen einschließt, Zeit braucht; und wenn der wahrnehmende Beobachter zum Bestand aller wissenschaftlichen Theorien gehört, dann tritt auch dessen Zeitproblem in Biologie, Hirnforschung, Psychologie und Physik auf. So wenig wie Bewußtsein läßt sich Zeit aus den Wissenschaften verbannen und muß bei jedem Vorgang des Beobachtens und Messens berücksichtigt werden. »Das Weltbild, das so entsteht, ist also eine Konsequenz der Natur des Wahrnehmungsvorgangs. Es ist durchaus denkbar, daß die Gerichtetheit der Zeit lediglich eine Folge der Funktionsweise des uns Menschen eigentümlichen Wahrnehmungsprozesses ist. [...] die Übereinstimmung der psychologischen Zeitrichtung mit der bevorzugten Richtung der physikalischen Zeit mag ganz einfach darauf beruhen, daß letztere einfach die Konsequenz der ersteren ist« (in diesem Band, S. 184; ähnliche Gedanken entwickelt Baecker in diesem Band).

Florey deutet einige Konsequenzen dieser Überlegungen zum Verhältnis von Zeit und Gehirn an: (1) Vergangenheit, Gegenwart und Zukunft eines Objekts sind nichts Absolutes, sondern je nach Standpunkt und Bewegung des Betrachters verschieden. (2)

Offenbar ist es unausweichlich, mit dem Konzept einer mehrdimensionalen Zeit zu operieren. (3) Die Berücksichtigung der Mehrdimensionalität von Zeit eröffnet neue Perspektiven auf Themen wie Teleologie und Finalursachen. »Entwicklungsprozesse und Evolution erscheinen da in völlig neuem Licht – und die Frage nach der Natur von Bewußtsein, von Wahrnehmung und Gedächtnis läßt sich nun in neuer Form stellen. Wenn das Gehirn eine Maschine ist, dann ist es sicherlich eine Zeitmaschine« (ebd., S. 186).

12. Gedächtnis – Identität – Kultur

Aus der Überfülle der mit diesen drei Konzepten aufgerufenen Probleme werde ich in diesem Abschnitt lediglich einige herausgreifen, eher um an sie zu erinnern, als um sie argumentierend entfalten zu können.

Die Rolle, die Gedächtnis, Erinnern und Erzählen für Aufbau und Erhalt individueller Identität spielen, ist in der Psychologie seit langem bekannt. Bereits 1907 hatte Dubois auf die klinisch-psychologische Bedeutung des »inneren Gesprächs« hingewiesen. Im Verlauf der kognitivistischen Wende in Psychologie und Psychotherapie wurde dann zunehmend die kognitive Funktion des Selbstgesprächs (oder »inneren Dialogs«) hervorgehoben. Es spielt z. B. in der rational-emotiven Therapie von Ellis (1982) eine entscheidende Rolle, wo negative Emotionen durch Veränderungen des »Selbstgesprächs« abgebaut werden sollen. Es ist zentral für Meichenbaums (1979) kognitive Verhaltensmodifikation. Das sogenannte innere Selbstgespräch führt zum Aufbau von Selbsttheorien oder Selbstkonzepten. Epstein (1979) hat die Selbstkonzept-Modelle in der kognitiven Psychologie so zusammengefaßt: Menschen organisieren ihre Erfahrungen in konzeptuellen Systemen so lange, bis ein – für ihre Problemlösungen hinreichend komplexes – Konstruktsystem aufgebaut ist, das zugleich dem Bestreben jedes Menschen entspricht, über vorhersehbare Zeitspannen hinweg eine optimale Lust-Unlust-Balance zu gewährleisten, die Ciompi (1985) als grundlegenden Mechanismus der Psychodynamik beschrieben hat. Die Theorie, die ein Individuum über die Wirklichkeit konstruiert, besteht aus Subtheorien über die eigene Person (Selbsttheorien), über die Außenwelt

(Umwelttheorien) sowie über die Wechselwirkungen zwischen diesen beiden. Selbsttheorien bzw. Selbstkonzepte werden normalerweise nicht bewußt entworfen, sondern in der Interaktion mit der Umwelt und mit anderen konstruiert. Neben dem Zweck, in Interaktionen mit der Umwelt und mit anderen Erfahrungsdaten zu systematisieren und die Lust-Unlust-Balance über vorhersehbare Zeiträume zu optimieren, erfüllen Selbsttheorien den wichtigen Zweck, das Selbstwertgefühl aufzubauen und aufrechtzuerhalten. Menschen haben ein so großes Interesse daran, die interne Konsistenz ihrer konzeptuellen Systeme zu bewahren, daß sie mit Abwehrreaktionen antworten, wenn Erfahrungsdaten nicht in ihre Selbsttheorie integrierbar sind. Das gilt vor allem für die Selbstwerteinschätzung, deren Erschütterung weitreichende Konsequenzen für das gesamte Persönlichkeitssystem nach sich zieht. Wie Gergen (1979) betont, werden Handlungen erst aufgrund ihrer sozialen Bewertung konzeptuell bedeutsam; auch die Klassifikation des eigenen Verhaltens beruht letztlich auf sozialem Konsens; eine objektive Basis für den Aufbau von Selbstkonzepten ist unmöglich, zumal auch Rückerinnerungen praktisch jedes Ergebnis liefern können (ebd., S. 83). Hinzu kommt, wie Filip erläutert, daß es fraglich ist, ob »der Trennung zwischen ›Ich‹ und ›Außenwelt‹ auf der kognitiven Repräsentationsebene eine solche auf der ›objektiven‹ Ebene isomorph zugeordnet werden kann. [...] Offenbar gibt es unterschiedliche Formen der kognitiven Ausgestaltung des Ich-Außenwelt-Bezugs, indem Menschen in unterschiedlicher Weise Ausschnitte aus ihrer Umwelt als ›Selbstaspekte‹ erleben und so interindividuell variierende ›Grenzziehungen‹ vornehmen« (1979, S. 131).
Selbstkonzepte sind daher hochgradig idiosynkratisch und konstruktiv. Sie entstehen zwar notwendig in Interaktion mit der Umwelt und mit anderen (wie alle gedächtnisbasierten Funktionen), und ihr Aufbau ist geprägt durch soziale Klassifikationen und Wertungen. Aber sie sind gebunden an das Subjekt, das diese Konzepte konstruiert und sie sich zuschreibt. Konsistente Selbstkonzepte erlauben dem Subjekt konsistente Handlungsorientierungen und vermitteln das Erlebnis von personaler Kontinuität und Identität.
Assmann und Assmann (1990) haben darauf verwiesen, daß nicht nur die individuelle, sondern auch die »soziale Autobiographie« einer Gesellschaft, ihr Geschichtsentwurf, ihre Prozesse der

Selbstvergewisserung, kurz: der Aufbau sozialer Identität in Kultur weitgehend mit gedächtnisbasierten Erzählungen operiert. Kultur ermöglicht Kommunikation durch Herstellung eines homogenen synchronen Zeitrahmens für die Mitglieder einer Gesellschaft (Synchronisation von Zeithorizonten im Sinne von Luhmann). Daneben leistet Kultur aber auch Kontinuität im diachronen Bereich, wobei Gedächtnis und Erinnerung die Hauptrolle spielen. Kultur kann nach Ansicht der Autoren als Gedächtnis bezeichnet werden, und zwar – nach Lotmanns Vorschlag – als das nicht-vererbbare Gedächtnis einer sozialen Gruppe oder Gesellschaft. Gesellschaften »brauchen ein Gedächtnis, um eine Identität ausbilden und über die Generationenfolge hinweg reproduzieren zu können« (ebd., S. 10).

Das »soziale Gedächtnis« funktioniert dabei für eine Gesellschaft wie ein Immunsystem für den Körper, indem es Eigenes von Fremdem unterscheidet. Soziale Identität wird durch Kommunikation aufgebaut und reproduziert. Kommunikation ist aber auf Medien angewiesen, die der Kodierung, Speicherung und Zirkulation von »kulturellem Sinn« dienen. Schriftlose Gesellschaften verfügen nur über individuelle Gedächtnisleistungen, die aufgrund der Sozialität des Individuums sozial geprägt sind. Schriftliche Gesellschaften bauen daneben Speicher oder Archive auf, in denen Mediendokumente gesammelt und für individuelle Sinnproduktionen wieder zur Verfügung gestellt werden können.

Während mündliche Überlieferung nur zwei Register kennt (nämlich Berichte von der rezenten Vergangenheit, die in der Regel nur etwa drei Generationen zurückreichen, sowie Ursprungsmythen), kann in den Archiven von Schriftgesellschaften ein Speicher von Vergangenheitsdokumenten aufgebaut werden, der zur Modifikation und Korrektur aktueller Gedächtnisleistungen herangezogen werden kann.

Durch Archive entsteht das Problem einer tendenziell unbeschränkten Ansammlung von »Informationsangeboten«. – »Durch die Materialisierung der Medien wird der Horizont verkörperter, lebendiger Erinnerung gesprengt und die Bedingung für abstraktes Wissen und unverkörperte Überlieferung geschaffen« (ebd., S. 28).

Den Zusammenhang zwischen »sozialem Gedächtnis« und Medienevolution haben Assmann und Assmann in einem Schema zusammengefaßt (1990, S. 43), das ich zur Abkürzung der Darstellung hier wiedergebe.

	I Oralität	II Literalität	III Druck	IV Elektronik
Organisation des Wissens	Geschlossene Struktur	Offene Struktur	Steigerung: Wissensexplosion	Sprengung von Bildungskanones Sprachfreies, rechnergestütztes Denken
	Absolute Vergangenheit	Geschichtsbewußtsein	Neue Wissenschaften	sekundärer Analphabetismus
Medium: Kodierung und Speicherung	Körpernähe und Flüchtigkeit des Mediums	Trennung von Medium und Träger Autonome Subsistenz des Textes	Steigerung der Zeichenabstraktion	Wiederkehr der Stimme maschinelle Re-Sensualisierung unter Umgehung eines Zeichencodes
	Multi-Medialität	Vereinseitigung des Visuellen	Standardisierung	Dynamisierung des Texts (»processing«)
Kommunikationsformen, Zirkulation	Rituelle Inszenierungen gemeinsamer Partizipation	Rezitation und Lektüre	Einsame Lektüre und Öffentlichkeit	Interaktion in einem Netzwerk
	Begrenzte Reichweite	Raum- und Zeittranszendenz	Massenkultur	Globalisierung

Die von Halbwachs in die Kulturwissenschaften eingeführte Kategorie des ›sozialen Gedächtnisses‹ ist umstritten. Auch Assmann und Assmann stellen sich die Frage, ob diese Kategorie nicht bloß als Metapher anzusehen ist, da ein »soziales Gedächtnis« ja über kein Organ verfügt. Die Autoren verweisen in diesem Zusammenhang aber am Beispiel von Ritualen darauf, daß Erinnern und Vergessen Gemeinschaftshandlungen von hoher sozialer Relevanz sein können; und sie zitieren Halbwachs' These, daß jedes Gedächtnis sozial ist, weil jeder auch Erinnerungen anderer mit sich trägt. Während das erste Argument einleuchtet, scheint mir das zweite die unbestrittene Sozialität des individuellen Gedächtnisses mit der Existenz eines sozialen Gedächtnisses zu vermischen. Sinnvoller scheint mir zu sein, einen Vorschlag von Hejl aufzugreifen, den er in seinem Beitrag zu diesem Band entwickelt. Ausgehend von einer Gesellschaftskonzeption, die soziale Systeme als Bereich synreferentiellen Denkens, Kommunizierens und Handelns der Mitglieder (Komponenten) des Systems modelliert, bestimmt Hejl den Ausdruck ›Gedächtnis von Gesellschaft‹ als Wissen, das

– entsprechend der sozialen Differenzierung partikular ist,
– über alle Komponentenindividuen verteilt ist und nur teilweise zwischen den Komponentenindividuen übereinstimmt und
– in der zwischen den Komponenten bestehenden Organisation verkörpert ist.

»Daraus folgt, daß es in Gesellschaften keinen Wissensspeicher im Sinne des Speichermodells von Gedächtnis gibt. Wissen ist primär verkörpert in Wahrnehmungs-, Kognitions- und Handlungsmöglichkeiten der Gesellschaftsmitglieder und in der Organisation ihrer Interaktionen entsprechend dem jeweiligen Stand der sozialen Differenzierung. Gesellschaften erinnern sich, indem Ereignisse entlang den jeweils organisationell vorhandenen Konnektivitäten von Komponenten diese aktivieren, was schließlich in einen Prozeß heterarchischer Selbstregelung mündet« (in diesem Band, S. 324).

Traditionelle historiographische Konzepte gehen davon aus, daß Geschichtsschreibung ein Akt der Rekonstruktion von Vergangenem ist, der sich zur Korrektur und Objektivierung seiner Rekonstruktionen auf archivierte Dokumente stützen kann. Diese Vorstellung muß im Lichte dessen, was bisher über Gedächtnis und Erinnerung gesagt worden ist, revidiert werden. Historiographie kann danach nur als *Konstruktion von Geschichte* angesehen werden, die den Handlungsbedingungen und Interessen der Historiographen sowie den Machtverteilungen in ihren soziopolitischen Handlungssituationen korrespondiert. Auch noch so volle Archive ändern daran nichts; denn die Dokumente sprechen nicht für sich.

Die ehrwürdige und bis heute weitverbreitete Vorstellung von Bedeutungsspeicherung in Texten und dem Bedeutungstransport durch Texte bzw. andere Dokumente ist heute theoretisch wie empirisch kaum zu verteidigen. Angesichts der semantischen Konstruktivität des Gehirns bzw. des gesamten kognitiven Systems ist eher davon auszugehen, daß Texten und Dokumenten aufgrund ihrer konsensuell geregelten Wahrnehmung und Verarbeitung Sinnstrukturen oder Bedeutungen *zugeordnet* werden, wobei die operationale Autonomie des kognitiven Systems trotz langer und intensiver Sozialisierung eine (zum Teil weitgehende) Individualität von Lesarten erzwingt (vgl. dazu Schmidt 1990a). Vor allem in intern differenzierten Gesellschaften mit ausgeprägter Individualität gibt es kaum eine Basis für gleichartige Bedeutungszuweisungen außerhalb sehr allgemeiner formaler Standards oder Stereotypen. Dies um so mehr, als Individuen in funktional differenzierten Gesellschaften in mehreren Sozialsystemen operieren (Rollenträger sind), mehrere Fachsprachen oder innersprachliche Dialekte beherrschen und daher mit diversen Routinen der Bedeutungskonstruktion operieren. »Selbst angesichts sozialer Standardisierungen ist unter diesen Gesichtspunkten nicht zu erwarten, daß der Umgang mit Texten gleiche kognitive Prozesse auslöst. [Das gilt natürlich nicht oder nur eingeschränkt für Texte, die gewissermaßen nur Daten registrieren, also etwa viele der Quellen, die die Geschichtswissenschaft verwendet. S.J.S.] Verschriftlichung führt demnach desto eher zu Verarbeitungen, die an Speicherung erinnern, je mehr Texte mit Datencharakter verwendet werden. Je weniger dies der Fall ist, desto mehr wird ihre Lektüre zur Aktivierung historisch ausgebildeter Konnektivitäten« (Hejl, in diesem Band, S. 333).

Texte und Dokumente sind, so gesehen, keine Bedeutungsspeicher, sondern Anlässe für subjektgebundene semantische Operationen, für Nachdenken und Erinnern. Sie bieten Anlässe, Wahrnehmungen und Erfahrungen zu objektivieren und weitere Wahrnehmungen und Erfahrungen daran anzuschließen. Wie Hejl meines Erachtens zu Recht betont, liegt die individuell wie sozial bedeutsame Funktion von Vertextung nicht darin, unsere Erinnerungen durch Objektivierung zu verstetigen und zeitübergreifend verfügbar zu machen, sondern wohl eher darin, mit ihrer Hilfe die Komplexität unserer Wirklichkeitskonstruktionen zu steigern und dadurch auch komplexer handeln zu können.

Gerade weil das »soziale Gedächtnis« auf Medien angewiesen ist, kann es auf Archive nicht als auf Beweise für Sinnkonstruktionen über/von Geschichte zurückgreifen. Denn Medienangebote – vor allem die der Massenmedien – resultieren aus komplexen Selektions- und Inszenierungsprozessen im Rahmen selbstorganisierender sozialer Mediensysteme; sie interagieren mit den Bedingungen von Kommunikation in selbstorganisierenden Sozialsystemen einerseits, in selbstorganisierenden kognitiven Systemen andererseits (vgl. Schmidt 1990b). Auch audio-visuelle Medienangebote wie Filme und Videos bilden nicht »die Wirklichkeit« oder »das Geschehen« ab, sondern sie inszenieren es medienspezifisch. Was daraus in Kommunikation und Kognition wird, ist keinesfalls präzise vorherzusagen oder intersubjektiv homogen.

13. Vergessen

In alltäglichen Kommunikationszusammenhängen sprechen wir davon, daß wir »etwas vergessen haben«, so als ob es sich dabei um einen aktiven Vorgang handelte. Aber wir kennen auch die offenbar komplementäre Redeweise »Ich kann mich nicht erinnern«.
Wie steht es mit dem Vergessen: Ist Vergessen ein eigener Vorgang oder nur das Komplement von Erinnern?
Speichermodelle des Gedächtnisses scheinen gerade in bezug auf das Vergessen elegante Antworten bereitzuhalten. Vergessen wird hier doppelt erklärt: (a) ein Gedächtnisinhalt wird gelöscht; (b) der Zugriff zu einem Gedächtnisinhalt ist (aus welchen Gründen auch immer) blockiert und – zeitlich begrenzt oder auf Dauer – nicht mehr möglich.
Funktional-konstruktivistische Gedächtnismodelle müssen eine andere Antwort versuchen, die etwa so lauten könnte:
(a) Auf der neuronalen Ebene können Konnektivitäten zwischen Neuronenkomplexen abgeschwächt, verändert oder aufgelöst werden, so daß sie nicht mehr als gebahnte Muster der Erregungsausbreitung zur Verfügung stehen (d. h. aktiviert werden können). Das hat für ein kognitives System zur Folge, daß bestimmte Erinnerungsoperationen nicht mehr bewußt vollzogen werden können (Vergessen = Nicht-erinnern-Können). Wenn es sich dabei um Leistungen handelt, die ein Individuum früher erfolgreich vollzogen hat und an die es sich erinnert, dann wird dieses Individuum sagen »Ich habe vergessen«, und zwar im Sinne von »Ich kann heute nicht das tun, was ich noch gestern tun konnte«. Diese Erklärung macht deutlich, daß ›Erinnern‹ (wie etwa auch ›Verstehen‹) eine *Beobachterkategorie* ist, die nur dann relevant wird,

wenn ein Individuum den permanenten Ablauf des kognitiven Prozesses durch Selbstbeobachtung unterbricht. Nur wenn Erinnern nicht automatisch (d. h. ohne Begleitbewußtsein) abläuft, etwa wenn Störungen eintreten, wird Nicht-Erinnern als ›Vergessen‹ bewußt und artikulierbar.

(b) Da Erinnerungsleistungen die unterschiedlichsten Gründe (Auslöser) haben können, kann Vergessen auch äquivalent sein dem Fehlen von Erinnerungsanlässen. In diesem Sinne ist Vergessen eine Kategorie des externen Beobachters. Der Beobachter, der sich erinnert, qualifiziert ein Verhalten des Beobachteten als ›Vergessen‹, wenn er in der Situation, in der er sich erinnert, auch vom Beobachteten Erinnern erwartet und dessen Ausbleiben als ›Vergessen‹ qualifiziert (Vergessen = ausgebliebenes erwartetes Erinnern). Der Beobachtete selbst hat dagegen keineswegs den Eindruck, er vergesse/habe vergessen.

Das komplizierte Zusammenspiel von externen und internen Beobachterfunktionen und dessen Thematisierung in der öffentlichen Kommunikation kennzeichnet die Prozesse, die als soziokulturelles Vergessen bezeichnet werden können. Auch diese Prozesse laufen aber meines Erachtens nach dem Muster von Selbst- und Fremdzuschreibung ab. Die Situation wird dadurch komplexer, daß in gesellschaftlichen Archiven vielfältige nutzbare Erinnerungsanlässe (Dokumente jeder Art) vorliegen, für deren Nutzung aber wieder geeignete Anlässe vorliegen müssen. Wenn in wenigen Jahren die letzten Augenzeugen des Dritten Reiches gestorben sein werden, wird alles darauf ankommen, wer welchen Anlaß zur Nutzung von Erinnerungsanlässen an das Dritte Reich sieht und wie dann Erinnerungsanlässe, die die Archive bereithalten, gebraucht werden.

In diesem Zusammenhang muß zwischen *Funktionen* und *Modalitäten* »des Vergessens« unterschieden werden.

Im hier vorgeschlagenen Diskussionsrahmen kann die meist als zentrale »Funktion des Vergessens« angegebene Formel »vergessen, um erinnern zu können« übersetzt werden in die Formel »Gegenwartsgebundenheit des kapazitätsbegrenzten Bewußtseins«.

Hinsichtlich der Modalitäten des Vergessens hat Acham folgende Typologie entwickelt, nach der es sich beim Vergessen handelt:

»— um eine willentliche, bewußte Unterdrückung oder Selektion, also um eine *Manipulation* von Erinnerungsbeständen;

- um eine unbewußt erfolgende *Verdrängung* von Handlungen und Ereignissen, deren Täter oder deren Opfer man war;
- um eine *Verschiebung*, welche darin besteht, daß man nicht über die als unangenehm empfundenen eigenen Taten spricht, sondern über die ebenfalls als verwerflich angesehenen Taten anderer;
- um eine *Kompensation* von Untaten unter Hinweis auf Taten desselben Handlungssubjekts (einzelner, Gruppen, Kollektive), welchen positive Eigenschaften zugeschrieben werden;
- um die *Bagatellisierung* des Gewichtes von eigenen oder fremden Untaten durch deren humorige oder ironisierende Deutung [...];
- um *Ignoranz* gegenüber Entwicklungen, welche hinter der blendenden Fassade eines prätendierten Fortschritts verborgen bleiben ...« (1988, S. 4).

Diese Modalitäten betreffen deutlich Modi von Erinnerungsanlässen, d. h. sie verdeutlichen noch einmal meinen Vorschlag, die Vergessensthematik explizit zu übersetzen in eine Erinnerungsthematik – wobei der Begriff des Vergessens obsolet wird.

Literatur

Acham, K. (1988), »Fragmentarisches Erinnern und selektives Vergessen«, in: *politicum* 8, Heft 40, S. 4-10.

Assmann, A. (1988), »Mnemosyne. Bericht über die Tagung vom 10.-13. April 1988 im Internationalen Wissenschaftsforum Heidelberg«, Typoskript.

Assmann, A. und J. Assmann (1990), »Das Gestern im Heute. Medien und soziales Gedächtnis«. Studienbrief 16 zum Funkkolleg »Medien und Kommunikation«, Hessischer Rundfunk/Deutsches Institut für Fernstudien, Tübingen.

Bartlett, F. C. (1932), *Remembering,* Cambridge: Cambridge University Press.

Bieri, P. (1972), *Zeit und Zeiterfahrung. Exposition eines Problembereichs,* Frankfurt am Main: Suhrkamp.

Bower, G. H. (1976), »Experiments on Story Understanding and Recall«, in: *Quarterly Journal of Experimental Psychology*, 28, S. 511-534.

Brewer, W. F. und J. R. Pani (1983), »The structure of human memory«, in: *The Psychology of Learning and Motivation* 17, S. 1-38.

Broadbent, D. (1985), »A question of levels: Comment on McClelland

and Rumelhart«, in: *Journal of Experimental Psychology: General* 114, S. 189-192.

Burger, H. (Hg.) (1986), *Zeit, Natur und Mensch,* Berlin: Verlag Arno Spitz, S. 198-258.

Ciompi, L. (³1985), »Zur Integration von Fühlen und Denken im Licht der ›Affektlogik‹«, in: *Psychiatrie der Gegenwart,* Bd. 1, Berlin/Heidelberg/New York, Springer, S. 373-410.

Dijk, T. A. van (1980), *Textwissenschaft,* Tübingen: Niemeyer.

Dijk, T. A. van (1980a), *Macrostructures,* Hillsdale: Erlbaum.

Ellis, A. (1982), *Die rational-emotive Therapie,* München: Pfeiffer.

Epstein, S. (1979), »Entwurf einer integrativen Persönlichkeitstheorie«, in: S. H. Filip (Hg.) (1979), S. 15-43.

Filip, S. H. (Hg.) (1979), *Selbstkonzeptforschung. Probleme, Befunde, Perspektiven,* Stuttgart: Klett.

Fischer, K. (1987), *Kognitive Grundlagen der Soziologie,* Berlin: Duncker & Humblot.

Foerster, H. von (1985), »Gedächtnis ohne Aufzeichnung«, in: ders., *Sicht und Einsicht,* Braunschweig/Wiesbaden: Vieweg, S. 123-172.

Gergen, H. (1979), »Selbsterkenntnis und die wissenschaftliche Erkenntnis des sozialen Handelns«, in: Filip (Hg.) (1979), S. 75-96.

Gülich, E. (1976), »Ansätze zu einer kommunikationsorientierten Erzähltextanalyse (am Beispiel mündlicher und schriftlicher Erzähltexte)« in: W. Haubrichs (Hg.), *Erzählforschung,* Bd. 1, *LiLi*-Beiheft 4, Göttingen: Vandenhoeck & Ruprecht, S. 224-256.

Hejl, P. (1987), »Konstruktion der sozialen Konstruktion. Grundlinien einer konstruktivistischen Sozialtheorie«, in: Schmidt (Hg.) (1987), S. 303-339.

Hejl, P. (1988 f.), *Autonomie und Kontrolle* (in statu nascendi).

Iran-Nejad, A. (1980), *The Schema: A Structural or a Functional Pattern* (Tech. Report No. 159), Urbana, Ill.: University of Illinois, Center for the Study of Reading.

Iran-Nejad, A. (1987), »The Schema: A Long-Term Memory Structure or a Transcient Functional Pattern«, in: R. J. Tierney, P. L. Anders und J. N. Mitchell (Hg.), *Understanding Readers' Understanding,* Hillsdale: LEA, S. 109-127.

Iran-Nejad, A. (1989), »A nonconnectionist schema theory of understanding surprise-ending stories«, in: *Discourse Processes* 12, S. 127-148.

John, E. R. (1971), »Brain mechanisms of memory«, in: J. L. McGaugh (Hg.), *Psychobiology. Behavior from a biological perspective,* New York/London: Academic Press.

Kellermann, K. (1985), »Memory Process in Media Effects«, in: *Communication Research,* Bd. 12, Nr. 1, S. 83-131.

Klix, F. und Hagendorf (1986), *Human Memory and Cognitive Capabilities,* Amsterdam: North Holland.

Labov, W. (1980), *Sprache im sozialen Kontext*, Frankfurt am Main: Fischer-Athenäum.

Lachmann, R. (1990), *Gedächtnis und Literatur*, Frankfurt am Main: Suhrkamp.

Lashley, K. S. (1929), *Brain Mechanisms and Intelligence: A Quantitative Study of Injuries to the Brain*, Chicago: University of Chicago Press.

Luhmann, N. (1990), *Die Wissenschaft der Gesellschaft*, Frankfurt am Main: Suhrkamp.

Malcolm, N. (1977), *Memory and Mind*, Ithaca: Cornell Claik A.

Mandler, J. M. und N. S. Johnson (1977), »Remembrance of things passed: Story structure and recall«, in: *Cognitive Psychology* 9, S. 111-151.

Maturana, H. R. (1982), *Erkennen. Die Organisation und Verkörperung von Wirklichkeit*, Braunschweig/Wiesbaden: Vieweg.

McClelland, J. L. und D. E. Rumelhart (1986), »A distributed model of human learning and memory«, in: J. L. McClelland, D. E. Rumelhart und die PDP Research Group (Hg.), *Parallel Distributed Processing*, Bd. 1, Cambridge, Mass.: MIT Press, S. 170-215.

McClelland, J. L., Rumelhart, D. E. und G. E. Hinton (1986), »The appeal of parallel distributed processing«, in: J. J. McClelland, D. E. Rumelhart und die PDP Research Group (Hg.), *Parallel Distributed Processing*, Bd. 1, Cambridge, Mass.: MIT Press, S. 3-44.

Meichenbaum, D. (1979), *Kognitive Verhaltensmodifikation*, München: Urban und Schwarzenberg.

Mohler, A. und A. Peisl (Hg.) (1983), *Zeit*, München: Oldenbourg.

Müller, G. E. (1911-1917), *Zur Analyse der Gedächtnistätigkeit und des Vorstellungsverlaufes*, 3 Bde., Leipzig: Teubner.

Neisser, U. (1987), »Memory: What are the important questions?«, in: M. M. Grunnenberg, P. E. Morris und R. N. Sykes (Hg.), *Practical Aspects of Memory*, London: Academic Press, S. 3-19.

Piaget, J. (1974), *Die Bildung des Zeitbegriffs beim Kinde*, Frankfurt am Main: Suhrkamp.

Pöppel, E. (1985), *Die Grenzen des Bewußtseins. Über Wirklichkeit und Welterfahrung*, Stuttgart: Deutsche Verlagsanstalt.

Prigogine, I. (1979), *From Being to Becoming. Time and Complexity in Physical Sciences*, San Francisco: Freeman & Co., deutsch: *Vom Sein zum Werden. Zeit und Komplexität in den Naturwissenschaften*, München/Zürich: Piper 1985.

Rosenfield, I. (1988), *The Invention of Memory*, New York: Basic Books.

Roth, G. (1975), *Neurobiologische Grundlagen des Lernens und des Gedächtnis*, Paderborn: FEoLL.

Roth, G. (1985a), »Erkenntnis und Realität. Das reale Gehirn und seine Wirklichkeit«, in: G. Pasternack (Hg.) *Erklären, Verstehen, Begründen*, Bremen: Zentrum philosophische Grundlagen der Wissenschaften, S. 87-109.

Roth, G. (1985b), »Die Selbstreferentialität des Gehirns und die Prinzipien der Gestaltwahrnehmung«, in: *Gestalt Theory* 7, S. 228-244.

Roth, G. (1986a), »Selbstorganisation – Selbsterhaltung – Selbstreferentialität: Prinzipien der Organisation der Lebewesen und ihre Folgen für die Beziehung zwischen Organismus und Umwelt«, in: A. Dress u. a. (Hg.), *Selbstorganisation. Die Entstehung von Ordnung in Natur und Gesellschaft*, München: Piper, S. 149-180.

Roth, G. (1986b), »Autopoiese und Kognition: Die Theorie H. R. Maturanas und die Notwendigkeit ihrer Weiterentwicklung (1)«, in: G. Schiepeck (Hg.), *Systemische Diagnostik. Pro und Contra*, Weinheim/Basel: Beltz 1986.

Roth, G. (1990), »Gehirn und Selbstorganisation«, in: W. Krohn und G. Küppers (Hg.), *Selbstorganisation. Aspekte einer wissenschaftlichen Revolution*, Braunschweig/Wiesbaden: Vieweg, S. 167-180.

Roth, G. und H. Schwegler (1990), »Self-Organization, emergent properties and the unity of the world«, unveröffentlicht.

Rusch, G. (1987), *Erkenntnis, Wissenschaft, Geschichte. Von einem konstruktivistischen Standpunkt*, Frankfurt am Main: Suhrkamp.

Schmidt, S. J. (Hg.) (1987), *Der Diskurs des Radikalen Konstruktivismus*, Frankfurt am Main: Suhrkamp.

Schmidt, S. J. (1989a), *Fuszstapfen des Kopfes. Friederike Mayröckers Prosa aus konstruktivistischer Sicht*, Münster: Kleinheinrich.

Schmidt, S. J. (1989b), »Erzählen ohne Geschichte«. In: *Zeitschrift für Germanistik* 10, Heft 4, S. 397-405.

Schmidt, S. J. (1990a), »Über die Rolle von Selbstorganisation beim Sprachverstehen«, in: G. Küppers und W. Krohn (Hg.), *Selbstorganisation* (in Vorbereitung).

Schmidt, S. J. (1990b), »Beyond Reality and Fiction? The Fate of Dualism in the Age of Mass Media«, in: *Festschrift für L. Doležel*, Toronto (im Druck).

Singer, W. (1990), Hirnentwicklung – neuronale Plastizität – Lernen (Manuskript), demn. in: R. Klinke/S. Silbernagel (Hg.), *Lehrbuch der Physiologie*, Stuttgart: Thieme.

Solomon, P. R. et al. (Hg.) (1989), *Memory: Interdisciplinary Approaches*, New York etc.

Squire, L. R. (1986), »Mechanisms of Memory«, in: *Science* 232, S. 1612-1619.

Strohmeyer, I. (1980), *Transzendentalphilosophische und physikalische Raum-Zeit-Lehre*, Mannheim/Wien/Zürich: Wissenschaftsverlag, Bibliographisches Institut.

Whitrow, G. J. (²1980), *The Natural Philosophy of Time*, Oxford: Clarendon.

Heinz von Foerster
Was ist Gedächtnis, daß es Rückschau *und* Vorschau ermöglicht?*

»Was aber ist die Zeit?« Der Überlieferung nach lautete Augustins Antwort auf diese Frage: »Wenn mich niemand fragt, dann weiß ich es, wenn ich es aber jemandem erklären möchte, der mich fragt, dann weiß ich es nicht.« Das Gedächtnis ist von ähnlicher Art, denn wenn man nicht danach fragt, dann wissen wir alle, was es ist, fragt man aber, dann müssen wir einen internationalen Kongreß über die Zukunft der Hirnforschung einberufen. Mit einer leichten Änderung der Frage hätten wir es Augustin jedoch viel einfacher machen können. Auf die Frage »Welche (Uhr-) Zeit haben wir?« hätte er wahrscheinlich die Position der Sonne ermittelt und geantwortet: »Da die Sonne den Horizont im Westen streift, ist es um die sechste Stunde des Nachmittags.«

Eine Theorie des Gedächtnisses, die diesen Namen verdient, muß nicht nur Augustinus oder irgend jemandes intelligentes Verhalten mit Bezug auf diese Fragen erklären, sie muß vor allem auch in der Lage sein, das Verstehen der ebenso subtilen wie grundlegenden Bedeutungsunterschiede zu erklären, wie sie die beiden obigen Fragen nach Zeit oder Gedächtnis aufweisen. Diese Bedeutungsunterschiede werden im Englischen besonders prägnant vermittelt, nämlich durch den bloßen Einschub eines syntaktischen Operators, des bestimmten Artikels »the«, an einem strategischen Punkt der ansonsten unveränderten Symbolkette »What is (the) Time?«. Auf den ersten Blick mag es scheinen, daß eine Theorie des Gedächtnisses, die derart feine Unterscheidungen erklären kann, als ein allzu ehrgeiziges, ja lächerliches Ziel anzusehen ist. Nach längerem Überlegen werden wir jedoch einsehen, daß Modelle des Denkens, die auf diesen Anspruch verzichten und lediglich eine hypothetische Abbildung von Sinnesreizen in unauslöschlichen Repräsentationen auf höheren Ebenen der neuronalen Gewebe des Gehirns behaupten oder die – nur wenig

* Überarbeitete Fassung eines Vortrags vom 2. Mai 1968 im Rahmen der internationalen Konferenz »The Future of the Brain«, veranstaltet von der New York Academy of Medicine.

naiver – Gewöhnung, Anpassung und Konditionierung dadurch erklären, daß sie Unauslöschlichkeit durch Plastizität ersetzen, nicht nur in beklagenswerter Weise versagen, wenn es um die Erklärung von Vorgängen auf der semantischen Ebene geht (oder, um es anders zu formulieren, um eine Erklärung all dessen, was mit »Information« in seiner Wörterbuchbedeutung zu tun hat, d. h. mit irgendwie erworbenem *Wissen*), sondern auch die Entwicklung theoretischer Vorstellungen verhindern, die diese sogenannten »höheren Funktionen« der Gehirntätigkeit erklären können.

Da ein Ansatz, der die so rätselhafte Fähigkeit des Gedächtnisses in die noch rätselhafteren Prozesse der Kognition integrieren möchte, in beträchtlicher Distanz zu den wohletablierten Denkweisen hinsichtlich dieses Problems operiert, wird es von Nutzen sein, meine Überlegungen sorgfältig Schritt für Schritt zu entwickeln. Ich werde daher zunächst einige der semantischen Fallstricke aufdecken und umgehen, die im Laufe meiner Untersuchungen sichtbar geworden sind, und hernach zeigen, daß sich trotz des Risikos, einige operationale Einzelheiten aus dem Blick zu verlieren, ein theoretischer Rahmen entwickeln läßt, der es eines Tages ermöglichen könnte, die verschiedenen Einzelstücke zu einem geordneten Ganzen zusammenzufügen.

Ich glaube, meiner Aufgabe im gegenwärtigen Zeitpunkt am besten dadurch gerecht zu werden, daß ich meine Überlegungen in vier kurzen »Kapiteln« präsentiere. Ich möchte die Diskussion mit dem Versuch beginnen, einige der in der Behandlung des Gedächtnisses und damit verwandter mentaler Funktionen am häufigsten gebrauchten Begriffe zu klären. Im zweiten Kapitel werde ich eine These formulieren, die für den gesamten Gedankengang von zentraler Bedeutung ist, und in Kapitel 3 diese These soweit entwickeln, wie das im Rahmen dieser Arbeit möglich ist. Zum Schluß möchte ich eine Vermutung vorlegen, die die Möglichkeit des Errechnens rekursiver Funktionen auf der molekularen Ebene betrifft.

In der ganzen Arbeit werde ich Beispiele und Metaphern als Hilfsmittel der Erklärung benutzen, also nicht die abschreckende Maschinerie mathematischer und logischer Kalküle. Ich bin mir der Gefahren der irreführenden Darstellung und Mißverständnisse bewußt, die diesen Erklärungsmitteln innewohnen, und werde mich daher bemühen, so eindeutig und klar zu sprechen, wie mir dies meine Ausdrucksfähigkeiten erlauben. Alle jene, die eine strengere Behandlung dieses Gegenstandes kennenlernen möchten, muß ich auf das an verstreuter Fachliteratur verweisen, was heute vorhanden – oder kaum vorhanden – ist (von Foerster 1967a; 1967b; Newell/Simon 1956; Minsky 1961; Lindsay 1963; Raphael 1964; von Foerster/Chien 1967; Weston 1968).

1. Terminologische Vorklärung

Es gibt zwei Begriffspaare, die mit großer Häufigkeit in Erörterungen des Gedächtnisses und verwandter Themen auftreten. Diese sind (1) »Speichern und Abrufen« und (2) »Erkennen und Erinnern«. Mir scheint, daß diese Begriffe unglückseligerweise so freizügig und austauschbar verwendet werden, als ob sie sich alle auf die gleichen Prozesse bezögen. Erlauben Sie mir daher, ihre unterscheidenden Merkmale klarzustellen.

1. Speichern und Abrufen

Mit diesen Begriffen möchte ich eine gewisse *Invarianz der Qualität* dessen verknüpfen, was zu einem Zeitpunkt gespeichert und zu einem anderen wieder abgerufen wird.

Beispiel: Frau X möchte ihren Nerzmantel über die heißen Sommermonate fachgerecht lagern, bringt den Mantel daher im Frühjahr zu ihrem Kürschner, damit dieser ihn in seinem Lagerraum verstauen kann, und erscheint im Herbst wieder, um den Mantel rechtzeitig zur ersten Opernpremiere abzuholen.

Beachten Sie bitte, daß Frau X fest damit rechnet, genau ihren eigenen Nerzmantel wiederzubekommen und nicht irgendeinen anderen Mantel, und schon gar nicht etwa ein Symbol für ihren Mantel! Jedermann kann sich ausmalen, was geschehen würde, wenn der Kürschner im Herbst sagte: »Hier ist Ihr Nerzmantel« und ihr einen Papierzettel überreichte, auf dem gedruckt wäre »Hier ist Ihr Nerzmantel«!

An dieser Stelle wird mir sicherlich niemand widersprechen, wenn ich auf der Invarianz der Qualität von Entitäten bestehe, die gespeichert und wieder bereitgestellt werden, und auch nichts gegen das von mir gewählte Beispiel einzuwenden haben, das diese Invarianz illustriert. Man wird daher auch versucht sein, diesen Begriff auf etwas esoterische Entitäten anzuwenden, also nicht nur auf Nerzmäntel, sondern zum Beispiel auf »Information«. Man kann ja in der Tat behaupten, daß es gut funktionierende, Information speichernde Systeme gibt, etwa hochentwickelte Informationsfrage- und -abrufsysteme in Bibliotheken, zum Beispiel das nationale »Educational Resources Information Center« (ERIC), und so weiter und so fort, die als angemessene Modelle oder Analogien für die funktionale Organisation des physiologischen Gedächtnisses angesehen werden.

Unglücklicherweise gibt es einen ganz entscheidenden Denkfehler in dieser Analogie: Diese Systeme speichern Bücher, Tonbänder, Mikrofiches oder andere Formen von Dokumenten und daher natürlich keine »Information«. Und diese Bücher, Tonbänder, Mikrofiches oder anderen Dokumente sind es, die abgerufen werden, und die nur dann die gewünschte »Information« liefern, wenn sie von jemandem gelesen oder gesehen werden. Wenn man *Träger* potentieller Information mit *Information* verwechselt, dann orientiert man das eigene intellektuelle Sehfeld genau so, daß das Problem der Kognition auf den blinden Fleck projiziert wird und – bequemerweise – verschwindet. Würde man nämlich das Gehirn ernsthaft mit einem dieser Systeme der Speicherung von Dokumenten vergleichen und den Unterschied nur im Ausmaß seiner Speicherleistung und nicht in der Qualität seiner Arbeitsprozesse sehen, dann erforderte eine solche Theorie einen mit kognitiven Kräften ausgestatteten Dämon, der das gewaltige Speichersystem durcheilt, um die Information für den Träger des jeweiligen Gehirns herauszuziehen, die dieser für sein Überleben braucht.

Das Ziel meiner Arbeit besteht darin, das Gehirn dieses Dämons mit meinem geringen neurophysiologischen Wissen zu erkunden, damit wir letztlich den Dämon verabschieden und sein Gehirn genau dorthin setzen können, wo sich unseres befindet.

Sollte jedoch nur der geringste Zweifel geblieben sein, was die Unterscheidung zwischen Trägern potentieller Information und eigentlicher Information angeht, dann schlage ich vor, daß Sie einmal mit den vorhandenen sogenannten »Informationsspeicher- und -abrufsystemen« experimentieren und ein paar konkrete Abfragen durchführen. Wer noch keine Gelegenheit hatte, mit solchen Systemen zu arbeiten, der mag es als lustig oder

schockierend erleben – je nachdem, wie er solche Systeme betrachtet – , wenn er sich den Massen von Dokumenten gegen-
übersieht, die auf eine harmlose Anfrage hin bereitgestellt werden
und unter denen sich – wenn er Glück hat – in der Tat die Information befindet, die er ursprünglich suchte.
Ich wende mich nun dem zweiten Begriffspaar zu, das ich zu
erörtern versprach, nämlich »Erkennen und Erinnern«.

2. Erkennen und Erinnern

Mit diesen Begriffen möchte ich die wahrnehmbaren *Ergebnisse*
gewisser Operationen verknüpfen, und ich möchte ausdrücklich
darauf bestehen, die Ergebnisse dieser Operationen scharf von
den *Operationen selbst* und auch von den *Mechanismen* zu trennen, die diese Operationen ausführen.
Beispiel: Nach der Ankunft mit dem Flugzeug werde ich über die
Verpflegung befragt, die die Fluglinie angeboten hat. Meine Antwort: »Filetspitzen mit Pommes frites und etwas Salat sowie ein
undefinierbares Dessert.«
Ich denke, meine Antwort auf die gestellte Frage erscheint vernünftig und angemessen. Beachten Sie bitte, daß niemand erwartet, daß ich als Reaktion auf die Frage ein wirkliches Essen, also
Filetspitzen, Pommes frites, Salat und Dessert hervorhole. Ich
hoffe, daß die frühere Beschreibung des Funktionierens von Spei-
cher- und Abrufsystemen klar gemacht hat, daß meine verbale
Reaktion durch ein System dieser Art nicht erklärt werden kann.
Denn damit überhaupt der Verdacht entstehen kann, daß ich
nichts weiter bin als ein Speicher- und Abrufsystem, muß zuerst
einmal der Satz »Filetspitzen mit Pommes frites und Salat sowie
ein undefinierbares Dessert« in mein System »eingegeben« werden, wo er gespeichert wird, bis ein Fragesteller den richtigen
Abrufknopf drückt (die richtige Frage stellt), woraufhin ich mit
wundersamer Invarianz der Qualität (High Fidelity) den Satz
Filetspitzen mit Pommes frites und etwas Salat sowie ein undefinierbares Dessert« produziere. Ich muß jedoch den geneigten
Leser bitten, zunächst nur mein Wort dafür zu nehmen, daß mir
niemand *gesagt* hat, worin die Gänge des Menüs bestanden, sondern daß ich diese einfach nur *gegessen* habe.
Ohne Zweifel muß hier irgendetwas fundamental von Speiche-

rung und Wiederbereitstellung Verschiedenes stattfinden, denn in diesem Bespiel ist mein verbales Verhalten das Resultat einer Menge komplexer Prozesse oder Operationen, die meine *Erfahrungen* in *Äußerungen* transformieren, d. h. in *symbolische Repräsentationen* dieser Erfahrung.

Die neuronalen Mechanismen, die die Operationen ausführen, welche mir gestatten, Erfahrungen zu identifizieren, zu klassifizieren, zu verallgemeinern, mit anderen zu vergleichen, bestimmen meine Fähigkeit zu erkennen. Die Mechanismen und Operationen, die es mir erlauben, meine Erkenntnisse etwa in sprachlichen Äußerungen wiederzugeben, bestimmen meine Fähigkeit, mich zu erinnern.

Die Hierarchie von Mechanismen, Transformationsoperationen und Prozessen, die von der Sinnesreizung über die Wahrnehmung von Einzelheiten zur Manipulation generalisierter interner Repräsentationen des Wahrgenommenen führen, ebenso wie die umgekehrten Transformationen, die von allgemeinen Anweisungen zu spezifischen Handlungen führen oder von allgemeinen Begriffen zu spezifischen Äußerungen, möchte ich als »kognitive Prozesse« bezeichnen. Bei der Analyse dieser Prozesse sollten wir darauf gefaßt sein, daß Begriffe wie »Erkennen« und »Erinnern« – wie nützlich sie auch immer sein mögen, um sich rasch auf gewisse Aspekte der Kognition zu beziehen – als Deskriptoren tatsächlicher Prozesse und Mechanismen, wie sie in der funktionalen Organisation des Nervengewebes festgestellt werden können, ohne Wert sind.

Es könnte sein, daß schon an dieser Stelle meiner Darlegungen die entscheidende Bedeutung kognitiver Prozesse sichtbar geworden ist, nämlich die, einen Organismus mit jenen Operationen zu versehen, die gleichsam die Information von ihren Trägern »abheben« – von den Signalen nämlich, seien diese Wahrnehmungen externer oder interner Ereignisse, Zeichen oder Symbole (Langer 1951) –, und den Organismus mit Mechanismen auszustatten, die ihm die Berechnung von Schlußfolgerungen auf der Basis der so gewonnenen Informationen erlauben.

Wollten wir umgangssprachliche Ausdrücke verwenden, ließe sich Kognition gut mit allen jenen Prozessen identifizieren, die aus der Erfahrung »Bedeutung« ableiten. Ich darf feststellen, daß eine etwas allgemeinere Interpretation des Begriffs »Bedeutung« im Sinne von »alles, was aus einem Signal abgeleitet werden kann«, zu einer Semantik von beträchtlicher analytischer Kraft führt, unabhängig davon, ob das Signal ein Zeichen oder ein Symbol ist. Ich möchte nebenbei bemerken, daß diese Interpretation nicht nur qualitative Unterscheidungen von »Bedeutung« zuläßt, je nachdem, welche Schlußweise angewandt wird – d. h. die deduktive, induktive oder abduktive Schlußweise (McCulloch 1965) – , sondern auch quantitative Abschätzungen des »Bedeutungsbetrags« – zumindest für die deduktive Schlußweise (Bar-Hillel 1955) – , der von einem bestimmten Signal für einen bestimmten Rezipienten transportiert wird.

Ich hoffe, alle diese Dinge später noch deutlicher machen zu können, wenn ich meine These entwickle, die nach den einleitenden Bemerkungen nun fällig ist.

11. Die These

Im Strom kognitiver Prozesse kann man begrifflich bestimmte Bestandteile isolieren, zum Beispiel
(1) die Fähigkeit, wahrzunehmen,
(2) die Fähigkeit, sich zu erinnern,
(3) die Fähigkeit, Schlüsse zu ziehen.
Möchte man jedoch diese Fähigkeiten in ihrer Funktion oder örtlich im Gehirn isolieren, dann ist jeder solche Versuch zum Scheitern verurteilt. Wenn also die Mechanismen, die für irgendeine dieser Fähigkeiten verantwortlich sind, bestimmt werden sollen, dann muß die Gesamtheit der kognitiven Prozesse in die Untersuchung einbezogen werden.

Bevor ich nun mit einer detaillierten Verteidigung meiner These fortfahre, indem ich das Modell eines »integrierten Funktionskreises« der Kognition entwickle, möchte ich kurz die Untrennbarkeit dieser Fähigkeiten anhand zweier einfacher Beispiele verdeutlichen. Erstes Beispiel: Wenn nur eine der drei Fähigkeiten, die oben erwähnt wurden, weggelassen wird, dann ist das System ohne Kognition. Streichen wir Wahrnehmung, dann fehlt jede Erfahrung. Streichen wir Gedächtnis, dann kennt das System nur Durchsatz. Streichen wir die Fähigkeit, Schlüsse zu ziehen, dann degeneriert Wahrnehmung zu Sinnesreizung und Gedächtnis zu einem Speicher.

Zweites Bespiel: Wenn die begrifflichen Verknüpfungen des Gedächtnisses mit den anderen beiden Fähigkeiten nacheinander beseitig werden, dann degeneriert Gedächtnis *nolens volens* zuerst zu einem Speicher- und Abrufsystem und schließlich zu einer inhaltslosen Rumpelkammer.

Nach diesen *reductiones ad absurdum* mächte ich mich nun einem konstruktiveren Unternehmen zuwenden, nämlich der Entwicklung einer groben und leider auch immer noch unvollständigen Skizze einer Theorie kognitiver Prozesse.

III. Kognitive Elemente und Komplexe

Ich werde nun meine These in mehreren Schritten von qualitativ steigender Komplexität entwickeln. Ich beginne mit dem einfachen Fall eines »Gedächtnisses«, das sowohl in seiner Funktion als auch in seiner Örtlichkeit wohl definiert erscheint, jedoch keiner Schlußfolgerung fähig ist, und schließe mit einem einfachsten Fall einer Organistion von Operatoren, die in Funktion und Örtlichkeit unbestimmbar bleiben, jedoch mit ihrem Schwerpunkt der Errechnung induktiver Schlüsse Rückschau und Vorschau, Einsicht und Voraussicht ermöglichen. Im Laufe dieser Diskussion werde ich Beispiele minimaler struktureller Komplexität benutzen, um meinen Gedankengang möglichst klar präsentieren zu können. Es ist mir durchaus bewußt, daß es viele faszinierende Ergebnisse gibt, die aus einer Erweiterung dieser Minimalfälle abgeleitet werden können; ich meine jedoch, daß uns diese Ergebnisse hier von dem zentralen Problem meiner These ablenken würden.

Mein erster Fall beschäftigt sich mit der Errechnung von Assoziationen in der Erfahrungswelt. Assoziationen sind von außerordentlicher wirtschaftlicher Bedeutung für einen Organismus, der in diese Welt eingebunden ist, denn je größer eine Äquivalenzklasse von Ereignissen wird, desto weniger spezifische Reaktionsmuster müssen von dem Organismus entwickelt werden. Die Leistungsfähigkeit des induktiven Schließens beruht auf der Fähigkeit, die Gemeinsamkeit von Eigenschaften festzustellen, und die Wirksamkeit des bedingten Reflexes beruht – wie noch bis vor kurzem geglaubt wurde – auf der Fähigkeit, die Zusammengehörigkeit von Ereignissen zu etablieren.

Das Prinzip des induktiven Schließens ist im wesentlichen ein Prinzip der Generalisierung. Es besagt: Wenn alle die Dinge, an denen wir die Eigenschaft P_1 festgestellt haben, auch die Eigenschaft P_2 besitzen, dann werden auch alle von uns noch nicht geprüften Dinge, die die Eigenschaft P_1 aufweisen, die Eigenschaft P_2 besitzen. Mit anderen Worten, das induktive Schließen generalisiert das gemeinsame Auftreten der Eigenschaften P_1 und P_2. In seiner naiven Formulierung kann der »bedingte Reflex« in ein ähnliches logisches Schema eingepaßt werden, das ich als »elementaren bedingten Reflex« (EBR) bezeichnen will, um klar zu unterscheiden zwischen diesem Modell und den komplexen Prozessen, die das bedingten Reflexen unterworfene Verhalten bei Säugetieren und anderen höheren Wirbeltieren steuern. Ich werde jedoch gleich auf diese zurückkommen.

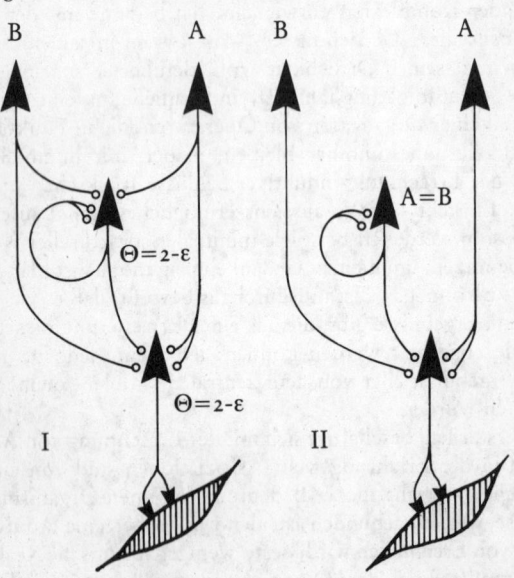

Abb. 1: Minimalnetz für die Berechnung eines elementaren bedingten Reflexes (EBR). I: vor der Konditionierung; II: nach der Konditionierung.

Teil I der Abbildung 1 zeigt das Minimalnetz, das einen EBR errechnen kann. Die Neuronen A und B übertragen den bedingenden bzw. den bedingten Stimulus zu dem Motoneuron mit dem Schwellenwert $\theta = 2 - \epsilon$, wobei $0 < \epsilon < < 1$, und dieses feuert immer dann, wenn A feuert, da die doppelte Erregung seiner beiden Synapsen seine Schwelle um weniger als zwei Einheiten überschreitet (eine einzelne Synapse repräsentiert eine Einheit der Erregung). Das Motoneuron kann von B allein nicht erregt werden, denn die eine Synapse reicht nicht aus, den notwendigen Schwellenwert zu überschreiten.

Wenn jedoch A und B einmal gemeinsam feuern, dann wird das Zwischenneuron aktiviert und liefert genügend Energie für B, um den Reflex auszulösen. Die zurücklaufenden kollateralen Nervenfasern dieses Zwischenneurons sorgen für seinen permanenten Erregungszustand, und von da an genügt B allein, um eine Reaktion auszulösen.

Trotz der strukturellen Einfachheit dieses Netzwerks aus vier Elementen zeigt es doch einige Merkmale, die in unserem Zusammenhang aufschlußreich sind. Als erstes ist zu beachten, daß es seine Funktion infolge des Auftretens bestimmter Stimuluskonfigurationen ändert: vor dem Zusammenwirken von A und B ist das Netz für B unzugänglich, danach aber reagiert es ebenso auf B wie bisher schon auf A. Unglücklicherweise scheinen einige Forscher mit dieser simplen Veränderung höhere mentale Funktionen zu verbinden, indem sie hier von »Lernen durch Erfahrung« sprechen. Ob diese irreführende Darstellung von einer Unterschätzung der Komplexität der Prozesse herrührt, die Algorithmen für das Lösen bestimmter Problemklassen erzeugen – d. h. also »Lernen« im wahrsten Sinne des Wortes – , oder von einer Überschätzung der Komplexität dieses simplen Kreisgefüges, muß ich Ihrer eigenen Beurteilung überlassen. Man sollte jedoch nicht übersehen, daß in der Tat ein bestimmtes externes Ereignis dieses Netz dazu brachte, seinen *modus operandi* zu verändern, und daß das Auftreten dieses Ereignisses in dem Schaltkreis des sich selbst erregenden Zwischenneurons festgehalten wird. Das zeigt sich besonders klar in Teil ii der Abbildung 1, der trotz der degenerierten Afferenten des Zwischenneurons ein funktionales Äquivalent des Netzes von Teil i zeigt, *nachdem* dieses durch das besondere Ereignis modifiziert worden war. Das Zwischenneuron »enthält« nun die Äquivalenzbeziehung A = B, und man könnte versucht sein, mit diesem Speicher irgendeine Form elementaren »Gedächtnisses« zu verbinden, welches dann in der Tat lokalisiert und funktional isoliert wäre. Leider ist dies nicht der Fall, wie ich sogleich zeigen werde, denn aus diesem Speicher kann nichts an Schlußfolgerungen abgeleitet werden, es sei denn seine eigene Wahrheit »A = B ist der Fall«.

Es ist jedoch zu beachten, daß die Repräsentation des gleichzeitigen Wirkens von A und B die Form einer *Relation zwischen A und B* hat, und zwar in dem Sinne, daß Äquivalenz von A und B hergestellt wird. Dies läßt sich als eine elementare Repräsentation von »Bedeutung« verstehen, denn die Aktivität in der Schleife repräsentiert nicht mehr und nicht weniger als »B bedeutet A«, so daß dieses Netzwerk ein elementarer Rechner induktiver Schlüsse zu sein scheint. Leider ist dies nicht der Fall. Damit nämlich Induktion funktionieren kann, müssen Schlüsse über »bis jetzt noch nicht geprüfte Fälle« gezogen werden. Unser Netzwerk wiederholt jedoch lediglich den bereits geprüften Fall, und es müssen komplexere Strukturen einbezogen werden, um induktive Schlüsse zu gestatten. Lassen sich nun vom Beispiel dieses Netzes Hinweise auf diese Strukturen gewinnen? Vielleicht doch.

Die Antwort kann aus der Tatsache abgeleitet werden, daß der allgemeine Begriff der »Äquivalenz« irgendwo in diesem Netz »gespeichert« sein muß, wenn die Äquivalenz von Stimuli von diesem Netz errechnet werden kann. In der Tat ist er das, aber nicht in einem einzelnen Element, wie man glauben möchte, sondern in der gesamten funktionalen und strukturellen Organisation des Netzwerkes *vor* dem Eintreten desjenigen Ereignisses, welches das Netzwerk zu einer Aufzeichnung der Spezifität des Ereignisses machte. Wir können daraus schließen, daß ein induktives Netz seine »Äquivalenzstruktur« intakt halten muß, um in der Lage zu sein, jeden neuen Fall der »Klasse B« auch als einen Fall der »Klasse A« zu klassifizieren und dann, wenn sich dies als falsch erweisen sollte, diese Hypothese entweder aufzugeben oder auf eine andere umzuschalten.

Ich möchte nun die Erörterung dieses einfachen Netzes damit abschließen, daß ich eine scharfsichtige Beobachtung von Susanne K. Langer (1951, S. 30) zitiere, die feststellt, daß die Ontogenese des Bewußtseins durch einen EBR ausgelöst wurde. In einem Textabschnitt, der der Klärung der Unterscheidung zwischen Symbol und Zeichen gewidmet ist, schreibt sie:

»Es gibt einen tiefgreifenden Unterschied zwischen dem Gebrauch von Symbolen und Zeichen. Der Gebrauch von Zeichen ist das allererste Zeugnis des Bewußtseins. Er ergibt sich ebenso früh in der biologischen Geschichte wie der berühmte ›bedingte Reflex‹, bei dem ein begleitendes

Merkmal eines Stimulus die Stimulusfunktion übernimmt. Das begleitende Merkmal wird zu einem Zeichen für die Situation, der die Reaktion genau angemessen ist. Dies ist der eigentliche Anfang des Denkens, denn hier liegt der Ursprung des *Irrtums* und somit der *Wahrheit*.«

Auch wenn noch viel über die Merkmale dieses elementaren Netzwerks aus vier Elementen gesagt werden könnte, möchte ich nur noch einmal betonen, daß dieses Netz völlig unfähig ist, auch nur die simpelsten Fälle des Verhaltens nach bedingten Reflexen bei höheren Lebewesen zu erklären. Der Glaube, den die frühen Reflexologen vielleicht gehegt haben, daß irgendwann einmal derartiges Verhalten auf ein logisches und neuronales Schema von der Art reduziert werden könnte, wie es Abbildung 1 zeigt, ist meines Wissens durch die brillianten Forschungsarbeiten von Jerzy Konorski zerstört worden (1962), in denen er zum Beispiel zeigte, daß die erste Anwendung des positiven konditionierenden Stimulus bei Hunden eine ganz bestimmte »Orientierungsreaktion« auslöst, d. h. Aufrichten der Ohren, Wenden des Kopfes usw., während die Speichelausschüttung als Reaktion vernachlässigbar bleibt. Konorski zeigte weiterhin, daß in fast allen Versuchsanordnungen die konditionierten Stimuli »gewöhnlich nicht von einer einzigen Modalität sind, sondern gleichzeitig eine ganze Reihe von Hinweisen liefern«, welche das Tier hinsichtlich ihrer Bedeutung für sein künftiges Handeln benutzt und auswertet. Konorski kommt zu dem Schluß, daß es im wesentlichen zwei Prinzipien sind, die den Erwerb verschiedener Typen von bedingten Reflexen steuern, zum einen ein Prinzip der Selektion, zum anderen ein Prinzip der Untrennbarkeit von Information und Informations*verwendung*. Ich meine, daß diese Prinzipien von außerordentlicher Bedeutung für meine Darlegung sind, und möchte sie daher etwas ausführlicher mit Konorskis eigenen Worten darlegen:

1. Selektion. »Beim Lösen eines bestimmten Konditionierungsproblems benutzt das Lebewesen nicht *alle* Informationen, die vom konditionierten Stimulus angeboten werden, sondern *wählt eindeutig* ganz bestimmte Merkmale aus und vernachlässigt die anderen.«

2. Untrennbarkeit. »... Es ist nicht so, wie wir aufgrund unserer Introspektion geneigt sind anzunehmen, daß der Empfang von Information und deren Nutzung zwei getrennte Prozesse sind, die auf beliebige Art miteinander kombiniert werden können; im Gegenteil, Information und ihre Nutzung sind untrennbar und bilden in Wirklichkeit einen einzigen Prozeß.«

Wenn ich diese Beobachtungen in meine früher entwickelte Terminologie übersetzen soll, dann wird das Prinzip der Selektion zur »Suche nach Bedeutung« in dem Sinne, daß das Lebewesen jene Merkmale auswählt, d. h. jene Information, aus der es am besten Schlußfolgerungen ziehen kann; das Prinzip der Untrennbarkeit dagegen wird zur »Priorität der Selbstreferenz«, und zwar in dem Sinne, daß das Lebewesen die aus der Information gezogenen Schlüsse stets mit Bezug auf deren bestmöglichen Gebrauch für seine eigenen Zwecke bewertet.

Auf der Suche nach einem minimalen Netz, welches diese beiden Prinzipien der Selektion und der Untrennbarkeit von Information und Informationsnutzung – oder der »Suche nach Bedeutung« und der »Selbstreferenz« – verwirklicht, stieß ich auf J. Z. Youngs Skizze eines Netzwerks, das eine einzelne Gedächtniseinheit bzw. ein von ihm so genanntes »Mnemon« zeigt (Young 1965). Obwohl auch das Buch von Eccles/Ito/Szentagothai, *The Cerebellum as a Neural Machine* (1967), eine Fülle von Beispielen für solche Netzwerke enthält, haben diese viel mehr an Funktionen, als ich hier und jetzt gebrauchen kann, so daß sie für meine Zwecke nicht als »minimal« gelten können.

Abbildung 2 gibt Youngs Skizze der Organisation einer einzelnen Gedächtniseinheit wieder. Er beschreibt die allgemeinen Merkmale dieser Einheit wie folgt:

»Jede Einheit besteht aus einem klassifizierenden Neuron, das auf das Auftreten irgendeines besonderen Typs externer Ereignisse reagiert, welcher wahrscheinlich für das Leben dieser Art von Bedeutung ist. Der sich ergebende Impuls kann anfänglich entweder zwei oder mehrere Kanäle über Verzweigungen des Axons aktivieren. Mehr als ein Verhaltensverlauf ist daher möglich. Das Mnemon enthält auch andere Zellen, deren Stoffwechsel derart aktiviert wird, daß er die wahrscheinlichen künftigen Nutzungen der Kanäle ändert, sobald die Signale verarbeitet worden sind, die die Konsequenzen der Handlungen anzeigen, die ausgeführt wurden, nachdem ·die klassifizierende Zelle zum ersten Mal stimuliert worden war.«

Aus dieser Beschreibung ist leicht zu ersehen, daß das Youngsche Mnemon in der Tat die zwei vorhin erwähnten Prinzipien verkörpert. Das Prinzip der »Selektion« bzw. der »Suche nach der Bedeutung« eines bestimmten Stimulus wird in der Wahl der Bahnen verkörpert, die zu verschiedenen Handlungen führen.

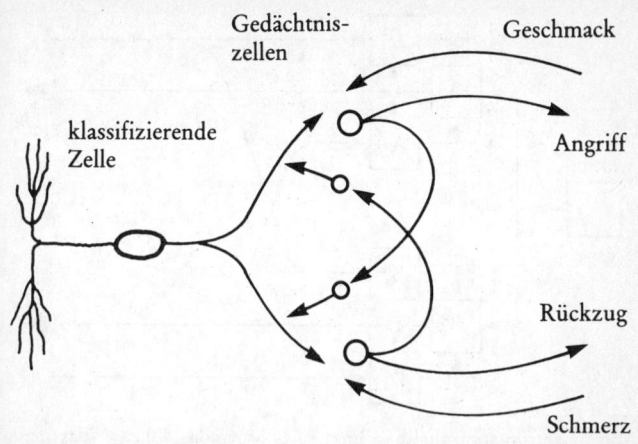

Abb. 2: Aufbau eines Mnemons. »Die klassifizierende Zelle registriert das Auftreten eines bestimmten Ereignisses. Sie verfügt über zwei Ausgänge, die zu alternativen motorischen Aktionen führen. Das System ist auf eine dieser Aktionen hin ausgerichtet (z. B. ›Angriff‹). Nach dem Vollzug der Handlung werden Signale von deren Ergebnis zurückgemeldet und bekräftigen die ausgeführte Handlung oder erzeugen deren Gegenteil. Die Kollateraten der höheren motorischen Zellen aktivieren dann die kleinen Zellen, die inhibitorische Transmittersubstanzen ausschütten und die unbenutzte Bahn schließen. Diese Zellen können als ›Gedächtniszellen‹ bezeichnet werden, denn ihre Synapsen sind veränderbar« (Young 1965).

Was der Stimulus »bedeutet«, wird dem Lebewesen natürlich erst *nach* einer Überprüfung klar. Ein »Angriff« kann unter bestimmten Stimulusbedingungen »Schmerz« bedeuten, unter anderen »Lust«. Es ist wichtig, hier darauf hinzuweisen, daß weder Schmerz noch Lust objektive Zustände der Außenwelt sind. Sie sind Zustände, die ausschließlich innerhalb des Lebewesens erzeugt werden, sie sind – um einen Begriff der Physik zu gebrauchen – »Eigenzustände« des Organismus, die es diesem gestatten, jedes ankommende Signal auf sich selbst zu beziehen, d. h. sich mit Bezug auf die Außenwelt selbstreferentiell zu verhalten.

Zu dieser Beobachtung paßt das zweite Prinzip der Untrennbarkeit von Information und Informationsnutzung ganz ausgezeichnet, denn dieses System prüft die ankommende Information auf ihre Nützlichkeit, indem es sie mit seinen Eigenzuständen vergleicht und daraufhin die angemessenen Handlungen ausführt.

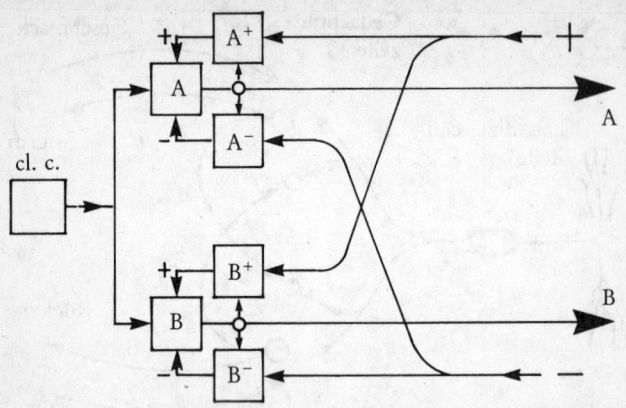

Abb. 3: Informationsflußdiagramm eines Mnemons. Cl.c. = klassifizierende Zelle; A, B = motorische Neuronen und Gedächniszellenkomplex; +, − = Information der Eigenzustände »gut«, »schlecht« oder positive und negative interne Bekräftigungssignale; A+, A−, B+, B− = Komparatoren der Handlungszustände mit den Eigenzuständen.

Was die funktionale Organisation dieses Gedächniselements angeht, möchte ich zwei Feststellungen treffen, die später bei der Synthese eines kognitiven Elements von Bedeutung sein werden. Ich habe hierfür Youngs anatomisches Schema neu gezeichnet, um die Relationen zwischen den verschiedenen Funktionen deutlicher hervortreten zu lassen als die anatomischen Sachverhalte. Abbildung 3 zeigt ein Informationsflußdiagramm, das funktional dem Mnemon der Abbildung 2 entspricht. So wie vorhin erlaubt eine klassifizierende Zelle zwei unterschiedliche Handlungen, die in den Zellkomplexen des Gedächtnisses und des Motoriums ausgelöst werden. Youngs Kollaterale nehmen die Signale des Handlungszustands aus dem dicken Axon der Motoneuronen A und B auf und leiten sie zu den Komparatoren A+ und A− sowie B+ und B−, die die Handlungszustände dadurch bewerten, daß sie sie mit den Signalen der sich ergebenden Eigenzustände vergleichen, die entweder erwünscht (+) oder unerwünscht (−) sind.

Die zwei Feststellungen, die ich vorhin bereits machen wollte, lauten nun wie folgt:

1. Selbstreferenz. Selbstreferenz geht in das System über zwei Kanäle ein: einmal über *a priori* festgelegte »gute« oder

»schlechte« Signale (+ oder −), die die *Konsequenzen* einer
Handlung zurückmelden; zum anderen über die Schleife (A) →
(A+) → A oder *mutatis mutandis* über entsprechende andere
Schleifen, die die Zustände seiner eigenen Aktionen zurückmel-
den.

2. *Erfahrung.* Erfahrung geht in die Systeme über zwei Operationen ein: zum einen über die, welche die Synapsen an den Gedächtniszellen in den Zellkomplexen A und B so modifiziert, daß
unerwünschte Handlungen unterdrückt und erwünschte Handlungen unterstützt werden; zum anderen über die, die in den
Komparatoren A+, A−, B+ und B− vergangene Aktionen mit
den gegenwärtigen Konsequenzen vergleicht und die Ergebnisse,
+ oder −, an die Komplexe A und B zum Zwecke angemessener
Modifikationen weitergibt.

Ich werde nun mit Bezug auf Punkt 1 zeigen, daß Selbstreferenz
ein allgegenwärtiges Merkmal ist und in neuronalen Organisationen immer wieder errechnet wird, hauptsächlich durch die Auflösung von Paradoxien und nicht notwendigerweise durch Bezugnahme auf *a priori* gegebene Signale; mit Bezug auf Punkt 2
werde ich zeigen, daß Erfahrung leistungsfähiger und ökonomi-
scher dadurch eingeholt wird, daß die Funktion der rekursiven
Schleife $A(t−\Delta) → A^+ (t) → A (t+\Delta)$ modifiziert wird, als dadurch, daß das Ergebnis jeder einzelnen Aktion in einer synaptischen Modifikation einer Gedächtniszelle gespeichert wird. In
dem obigen Ausdruck bedeutet t die laufende Zeit und Δ die
mehr oder weniger konstanten kumulativen synaptischen Verzögerungen.

Erlauben Sie mir nun, diese Feststellungen in größerer Ausführlichkeit zu entwickeln und dabei wiederum Minimalbeispiele zu
benutzen. Zunächst zur Selbstreferenz:

Abbildung 4 zeigt zwei Objekte, a weiß und b schwarz, deren
Abbilder auf den Retinas der beiden Augen eines binokulären
Lebewesens fokussiert werden. Abgesehen von vielen anderen
Operationen (Lettvin u. a. 1959), die über diesen Abbildern in den
postretinalen Netzwerken oder in höheren Zentren ausgeführt
werden können, nehme ich eine Operation an, die eine Relation
ausrechnet, welche angibt, daß ein Ding sich links von einem
anderen Ding befindet. Ich symbolisiere diese Relation mit $L (x, y)$,
was zu lesen ist als »x befindet sich links von y«. Die Existenz
derartiger anisotroper Netze ist z. B. an Tauben gezeigt worden

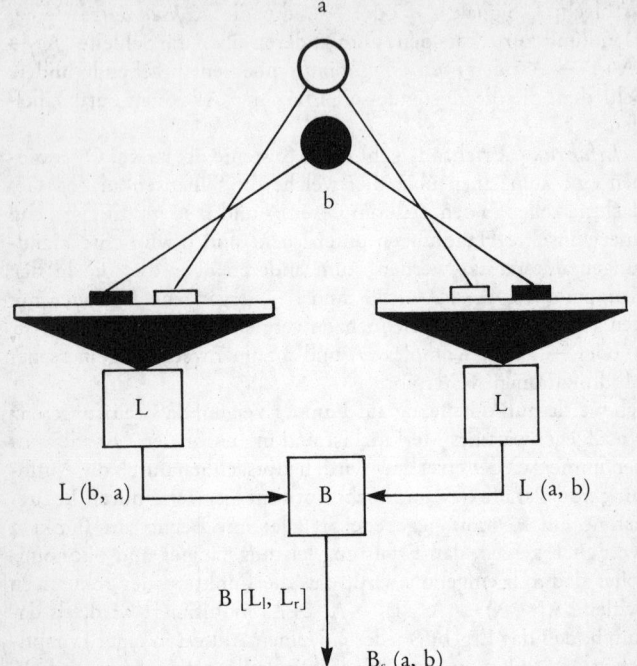

Abb. 4: Errechnung von »Tiefe« durch die Auflösung einer sensorischen Paradoxie des binokulären Sehens. L = Netze, die die Relation »x befindet sich links von y« berechnen; B = Netze, die die Relation »x befindet sich hinter y« berechnen.

(Maturana 1962), und ihre funktionale und strukturelle Organisation ist gut gesichert (von Foerster 1966.).

Da sich das Objekt a mit Bezug auf das Lebewesen hinter b befindet, meldet sich Links-Rechner des linken Auges L (b, a), der Links-Rechner des rechten Auges dagegen den entgegengesetzten Sachverhalt, nämlich L (a, b). Dieses scheinbare Paradox kann durch einen Computer B (L_l, L_r) aufgelöst werden, der unterscheidet, daß die Information L (b, a) vom linken Auge geliefert wird, nämlich L_l (das Subskript l bedeutet »links«), während L (a, b) vom rechten Auge L_r (das Subskript r bedeutet »rechts«) geliefert wird. Aufgrund dieser Beobachtung verschwindet das Paradox, denn die zwei scheinbar widersprüchlichen Ergebnisse werden tatsächlich von zwei unterschiedlichen und lokal getrennten sensorischen Systemen geliefert, die keineswegs notwendig die gleiche Abbildung der Außenwelt bieten sollten. Es ist jedoch bedeutsam, daß ein konsistentes Bild der Außenwelt dadurch errechnet werden kann, daß ein neuer Raum erzeugt wird, »Tiefe« nämlich, indem die Relation B (a, b) – zu lesen als »a ist hinter b« – hergestellt wird. Es ist allerdings zu beachten, daß diese Lösung ohne Bezug auf das linke und das rechte Auge des Lebewesens selbst nie hätte erreicht werden können. Folglich muß auch die Relation B (a, b) ein Subskript s für »selbst«, also B_s tragen, um diesen Bezug anzuzeigen, wie die geometrische Beziehung des Systems zu den Gegenständen seiner Außenwelt beschaffen ist. Dies wird besonders deutlich, wenn man das binokuläre System die beiden festen Objekte umkreisen läßt. In diesem Falle beginnen die Argumente der Relation B (a, b) zu rotieren

$$B_s(b,a)$$

$$B_s\binom{a}{b} \qquad\qquad \begin{matrix} a \\ b \end{matrix} \qquad\qquad B_s\binom{b}{a}$$

$$B_s(a,b)$$

und spiegeln so die Relativität der Relation »hinter«. (Die Abwesenheit irgendeines feststellbaren Unterschieds in den beiden Links-Rechnern habe ich dadurch symbolisiert, daß ich die Argumente von B in einer vertikalen Spalte als $\binom{a}{b}$ bzw. $\binom{b}{a}$ übereinander gesetzt habe).

Natürlich hätte ich auch andere Beispiele anführen können, so z. B. die Erzeugung eines »Farbraumes« durch die Auflösung eines dreifachen Paradoxes, welches durch die drei ungleichen Meldungen der drei Typen von Zapfen mit unterschiedlicher Pigmentierung hervorgerufen wird, obwohl diese Meldungen die Erscheinung eines und desselben Punktes in der Außenwelt betreffen. Dieser Fall und so manche andere Fälle sind jedoch keine Minimalfälle.

Ich möchte nun einen meiner früheren kurzen Hinweise weiter ausführen: Er betraf den Gebrauch rekursiver Funktionen, die für die Erklärung vergangener Erfahrungen ein leistungsfähigeres Werkzeug sind als die einfache Speicherung der Ergebnisse individueller Handlungen. Meine Bemerkung war hervorgerufen worden durch Youngs Beobachtung rekursiver Schleifen, die einer Zentralstation über bestimmte synaptische Verzögerungen Rückmeldungen zuführen. Wenn wir uns nochmals Abbildung 3 ansehen und die Pfeile verfolgen, die von A zu A^+ und dann wieder zurück zu A führen, dann sehen wir, daß eine Handlung A in der Vergangenheit, sagen wir vor einer kumulativen synaptischen Verzögerung Δ, d. h. A $(t - \Delta)$, durch A^+ zur Zeit t ausgewertet wird, d. h. A^+ (t), und daß diese Auswertung ihrerseits das zelluläre Aggregat in A modifiziert, das im besten Fall mit einer neuen Aktion nach einer kumulativen synaptischen Verzögerung Δ reagiert, d. h. mit A $(t + \Delta)$.

Ich schlage nun vor, weder die Struktur noch die Funktion dieses Subsystems irgendwie zu verändern, sondern lediglich die *Interpretation* der Modifikationen, die angeblich stattfinden. Statt die synaptischen Modifikationen im zellulären Komplex A als Speicher der Ergebnisse verschiedener Einzelaktionen zu interpretieren, schlage ich vor, diese Modifikationen als eine Modifikation der Transferfunktion des gesamten Subsystems (A, A^+) zu verstehen. Ich möchte diese Vorstellung wiederum mit einem Minimalbeispiel verdeutlichen, diesmal aus dem Bereich der rekursiven Funktionen.

Rekursive Funktionen gleichen anderen Funktionen, sie werden bloß nicht, wie gewöhnlich, explizit, sondern rekursiv definiert. Das bedeutet, daß eine Funktion, die eine abhängige Variable y mit einer unabhängigen Variable, etwa der Zeit t, verknüpft, nicht explizit durch diese unabhängige Variable dargestellt wird, etwa als $y = t^2$, $y = \sin\omega t$, oder auch allgemein als $y = f(t)$, sondern durch ihre eigenen Werte in früheren Zeitpunkten $y(t) = F (y (t - \Delta))$, wobei Δ das Intervall zwischen dem früheren Fall und dem Bezugsfall t ausdrückt. Ein typisches Beispiel für die rekursive Definition einer Funktion ist etwa die Beschreibung des Wachstums einer Bakterienkolonie: »Die Anzahl der Bakterien in einer Bakterienkolonie ist in jedem Zeitpunkt doppelt so hoch wie die der Generation zuvor.«

Wenn es nun im Durchschnitt die Zeit Δ braucht, damit ein Bakterium sich teilt – d. h. eine Bakteriengeneration erstreckt sich über ein Zeitintervall Δ –, dann lautet die rekursive Beschreibung der Größe y dieser Kolonie:

$$y\,(t) = 2 \cdot y\,(t - \Delta).$$

Ich werde hier die mathematische Maschinerie nicht weiter erörtern, die diese Ausdrücke »löst«, das heißt, sie in explizite Aussagen mit Bezug auf die unabhängige Variable t alleine transformiert. Im obigen Falle zum Beispiel ist die »Lösung« natürlich die folgende:

$$y\,(t) = y\,(o) \cdot 2^{t/\Delta}$$

wobei y(o) die Anfangsgröße der Kolonie bezeichnet, also ihre Größe zur Zeit t = o. Die Lösungsmethoden brauchen uns hier nicht weiter zu beschäftigen, mir kommt es vor allem darauf an, Ihnen zu versichern, daß die rekursive Definition einer Funktion ebenso gut ist wie jede andere, und daß sie in bestimmten Fällen sogar wesentlich ergiebiger ist als ein expliziter Ausdruck (vergleichen Sie nur etwa die trockene rekursive Definition von oben mit der umständlichen expliziten Darstellung).

Wenn wir nun zu unserem ursprünglichen Problem der Entwicklung einer angemessenen Beschreibung eines Systems zurückkehren, das sich gemäß den Ergebnissen vorausgegangener Handlungen verhält, dann scheint mir das begriffliche Werkzeug der Theorie rekursiver Funktionen für solche Zwecke geradezu maßgeschneidert zu sein.

Ich möchte nun den Minimalfall erörtern, der dem »mnemonischen« Teil von Youngs Mnemon entspricht. Abbildung 5 zeigt ein System mit drei Elementen, (F, T, D), dessen funktionale Übereinstimmung mit den mnemonischen Merkmalen des Subsystems (A, A⁺) der Abbildung 3 sofort klar werden wird.

Der Block F steht für den Mechanismus, der die Funktion $Y = F\,(X, Y')$ über ihre zwei Argumente X und Y' berechnet.* Das Argument X ist eine explizite Funktion der Zeit X (t) und heißt der »primäre Input«. Das Argument Y' ist eine Repräsentation des Outputs Y des Mechanismus F zu einer früheren Zeit, etwa $t - \Delta$, und heißt der »rekursive Input«. Um nun F über seinen früheren Output – oder seine Aktivität – zu informieren, muß die

---

* Da hier die Aktivität ganzer, aus zahlreichen (m, n, ...) Fasern bestehender Nervenbündeln berücksichtigt werden soll, stehen die Großbuchstaben X, Y etc. für die Aktivitäten aller ihrer Komponenten (X_1, X_2, X_3, ... X_n), (Y_1, Y_2, Y_3, ... Y_n) etc., deren numerische Werte die Aktivitätsintensität längs einzelner Fasern zum Ausdruck bringt.

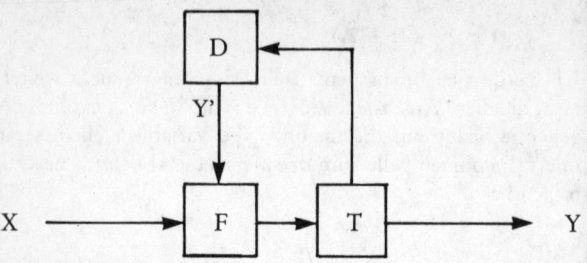

$$Y = F(X, Y')$$
$$Y' = F(X', Y'')$$
$$Y'' = F(X'', Y''')$$
$$Y = F(X, X', X'', X''', X'''', \dots\dots Y_o)$$

Abb. 5: Schaltplan und Grundbestandteile eines Rechners rekursiver Funktionen. F = Rechenelement; X = primärer Input; Y′ = rekursiver Input eines früheren Outputs Y; D = Verzögerung; T = übersetzt Aktion Y in eine für F akzeptable Repräsentation von Y.

Intensität dieser Aktivität durch ein Element T gemessen werden, welches diese Intensität in ein Signal transformiert, das von F akzeptiert (»verstanden«) wird, und diese Information mit einer Verzögerung D an F zurückmeldet.

Die funktionalen Übereinstimmungen dieser Elemente mit bestimmten physiologischen Eigenschaften von Youngs Mnemon scheinen mir klar. D entspricht einer kumulativen synaptischen Verzögerung, welche das Gesamtbild der Outputaktivität dieses Systems eine Zeitlang »festhält«, bevor es das Zellaggregat in A über diese Aktivität informiert. T repräsentiert die Kollateralen bzw. Endfasern der sensorischen Afferenten des Motoneurons, welche die Information über die Aktivität von A erzeugen. F ist natürlich das Aggregat (A, A⁺), bis dahin noch ohne den Input eines Eigenzustands + oder − , aber mit einem primären Input X, der das Signal von der klassifizierenden Zelle repräsentiert.

Wir wollen nun dieses System aus drei Elementen bei der Arbeit beobachten. Zuallererst wollen wir wissen, wie sein Output $Y(t)$ zur Zeit t für einen gegebenen Input $X(t)$ zu eben dieser Zeit aussieht. Da F gegeben ist, ergibt sich der Ausdruck

$$Y(t) = F\{X(t), Y(t - \Delta)\},$$

oder ein eleganterer, wenn wir den Bezug auf t weglassen und einfach Y und X bzw. für den vorausgegangenen Zustand Y' und X' schreiben:

$$Y = F (X, Y').$$

Dadurch erfahren wir jedoch noch nichts über den tatsächlichen Output des Systems, denn wir kennen den Wert eines seiner Inputs, nämlich Y', d. h. seines vorausgegangenen Outputs, noch nicht. Dieser läßt sich jedoch feststellen, indem wir die rekursive Definition von Y verwenden:

$$Y' = F (X', Y'').$$

In Worten heißt das: Der frühere Output ist eine Funktion des früheren Inputs und des vor dem früheren Output erzeugten Outputs. Indem wir nun den Ausdruck für Y' in die frühere Gleichung für Y einsetzen, erreichen wir als Ausdruck für den gegenwärtigen Output:

$$Y = F (X, X', Y'').$$

Wiederum können wir nach dem Wert des vorvergangenen Outputs fragen, und indem wir erneut die Rekursion anwenden, erlangen wir einen Ausdruck, der uns drei Schritte in der Zeit zurückführt bzw. immer so weiter, bis wir schließlich den Geburtszeitpunkt Y_0 des Systems erreichen:

$$Y = F (X, X', X'', X''', \ldots, Y_0).$$

Das Bemerkenswerte an diesem Ausdruck liegt darin, daß er ganz deutlich die Abhängigkeit des gegenwärtigen Outputs dieses Systems von der *Geschichte* der früheren Inputs zeigt und nicht nur von seinem gegenwärtigen Input oder, um es etwas poetischer zu formulieren: die gegenwärtigen Verhaltensweisen des Systems hängen ab von seinen Erfahrungen in der Vergangenheit.
Es ist hier auf zweierlei ausdrücklich hinzuweisen. Erstens finden hier keinerlei Speicherungen von Repräsentationen vergangener Ereignisse statt – abgesehen von jenen, die durch die Verzögerungsschleife laufen. Der Bezug auf die Vergangenheit wird vollständig durch die spezifische Funktion F erfüllt, die hier am Werke ist. F ist sozusagen die »Hypothese«, die aus vorausgegangenen Fällen zukünftige Handlungen vorhersagt. F ist physiologisch durch die funktionale Organisation des zellulären Aggregats (A, A^+) festgelegt. Zweitens kann ein externer Beobachter,

der das Verhalten dieses Systems durch sein Input-Output- oder sein Stimulus-Reaktions-Muster

$$Y = f(X)$$

vorhersagen will und der keinerlei Zugang zu den internen Strukturen des Systems hat, zu seiner Verärgerung rasch feststellen, daß er nicht in der Lage ist, die so irrlichternde Funktion »f« zu bestimmen, denn nach jedem Versuchsdurchgang wird sich das System anders verhalten, es sei denn, er findet – durch glückliche Umstände – eine wiederholte Sequenz von Inputs, die ihm – aufgrund der Eigenart des jeweiligen F – immer wieder auch eine entsprechende Sequenz von Outputs liefert. Im ersteren Fall wird sich der Experimentator angewidert mit dem Ausruf »unvorhersagbar« abwenden, im letzeren Fall wird er ganz entzückt sagen: »Ich habe ihm etwas beigebracht!« und sich daranmachen, eine Theorie des Gedächtnisses zu schreiben.

Obwohl nun solche rekursive Funktionselemente interssante Eigenschaften aufweisen, sind sie in der beschränkten und isolierten Verwendung, wie ich sie hier vorgeführt habe, noch nicht in der Lage, auf OK-Signale (+), auf Hände-weg-Signale (-) oder auf irgendwelche anderen Signale über Eigenzustände von Sachverhalten bzw. allgemein: auf selbstreferentielle Informationen zu reagieren. Nehmen wir an, solche Information wäre verfügbar. Dann stellt sich die Frage, zu welchem der drei Elemente des Rechners, der die rekursiven Funktionen ermittelt, diese Information geführt werden muß, um dessen *modus operandi* in Übereinstimmung mit einer erwünschten Konfiguration von Eigenzuständen zu modifizieren. Es scheint mir, daß diese Frage bereits ihre eigene Antwort in sich enthält: Wenn eine solche Veränderung überhaupt notwendig ist, dann besteht der einzig effektive Weg, die allgemeinen Eigenschaften dieses Computers zu modifizieren, darin, die »Hypothese« zu verändern, nach der er zukünftige Zustände aus vergangenen Erfahrungen berechnet, d. h. also, die rekursive Funktion F_1, die bis dahin wirksam war, muß zur rekursiven Funktion F_2 verändert werden, später vielleicht zu F_3, F_4 usw., um jene Eigenschaften zu erreichen, die mit den Konfigurationen der Eigenzustände des Systems übereinstimmen. Mit anderen Worten, F selbst muß als eine Variable behandelt werden, als ein Element in einem Bereich von Funktionen $\Phi(F)$, dessen besonderer Wert F_i durch die Eigenzustände des Systems festgelegt wird. Dies bedeutet physiologisch, daß die rekurrenten Fasern, die selbstreferentielle Information transportieren, mit den Zellen in dem Aggregat (A, A^+) Synapsen bilden, um dieses von einem Rechner, der F_i errechnet, zu einem Rechner zu machen, der F_j berechnet. Mechanismen, die solche Modifikationen bewirken, sind wohlbekannt, z. B. solche für langfristige Hemmungen oder Verstärkungen. Ich habe jedoch meine Zweifel, daß es jemals möglich sein wird, eine detaillierte Erklärung der Relationen zwischen einzelnen synaptischen Veränderungen und den Rechenfähigkeiten des Gesamtaggregates zu geben. Den Hauptgrund dafür sehe ich darin, daß dieses ein Problem ist, das keine eindeutige Lösung hat, im Gegenteil: es läßt sich zeigen, daß schon für den Fall, daß dieser Rechner nur aus einigen wenigen Zellen besteht, die Anzahl der verschiedenen Lösungen außerordentlich groß ist. Ich glaube andererseits aber auch nicht, daß derart detailliertes Wissen von Bedeutung ist, solange die Prinzipien verstanden werden, die solche Modifikationen überhaupt möglich machen.

Ich möchte nun kurz einige der wichtigsten Ergebnisse dieser Überlegungen zusammenfassen. Der Großteil der neuronalen Maschinerie ist funktional organisiert, um aus der sensorischen Information – ob über Zustände der Außenwelt oder über interne Zustände – Relationen zwischen beobachteten Entitäten mit Bezug auf den beobachtenden Organismus herzustellen. Diese relationale Information modifiziert den *modus operandi* eines Rechnersystems, welches neue Verhaltensweisen rekursiv auf der Basis der Ergebnisse vorausgegangener Verhaltensweisen errechnet, also auf der Basis der Geschichte des Stroms externer und interner Information. Abbildung 6 ist eine graphische Darstellung dieser zusammenfassenden Aussage in Form eines Blockdiagramms. Ich möchte dieses gesamte System ein »kognitives Element« nennen, denn es repräsentiert den Minimalfall eines kognitiven Prozesses oder auch ein »kognitives Mosaiksteinchen«, denn es kann in Verbindung mit anderen solchen Steinchen dazu genutzt werden, ganze Mosaiken – oder »Tesselierungen« – zu bilden, die als Gebilde die hohe Flexibilität entwickeln, um relationale Strukturen darzustellen, und zwar sowohl dessen, was bereits wahrgenommen worden ist, als auch der Symbole – der »sprachlichen Operatoren« –, die letzten Endes in natürlicher Sprache all das vermitteln sollen, was aus dem Wahrgenommenen geschlossen werden kann.

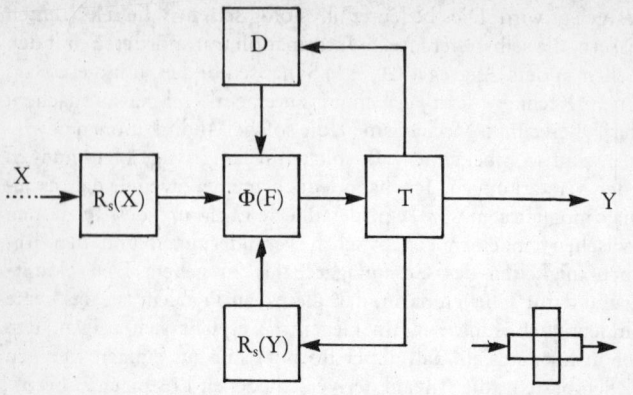

Abb. 6: Schaltplan und Grundbestandteile eines kognitiven Mosaiksteinchens. Φ (F) = Universalrechner für einen Bereich Φ von berechenbaren Funktionen F; X = Input, Y = Output; R_s (X), R_s (Y) berechnen Relationen in den raumzeitlichen Konfigurationen des Inputs bzw. Outputs, und zwar mit Bezug auf die spezifischen Eigenschaften des jeweiligen Mosaiksteinchens; D = Verzögerungselement; T = übersetzt Y in eine Repräsentation, die für diese und andere Steinchen akzeptabel ist.

Die verschiedenen Bestandteile dieses kognitiven Mosaikelements sind schnell erklärt. X steht für den (externen) sensorischen Input, Y für den Output des Systems in der Sicht eines externen Beobachters. Dieser elementare Bestandteil ist folglich ein »Durchsatz«-System, wie es die kleine Abbildung rechts unten zeigt. Aufgrund seiner internen Organisation ist dieses Element jedoch ein ganz anderes Wesen als ein simpler Stimulus-Reaktions-Mechanismus mit festgelegten Transferfunktionen.

Als erstes wird sensorische Information, X, verarbeitet, um die Relationen R_s (X) zwischen den beobachteten Aktivitäten mit Bezug auf das »Selbst« zu ermitteln (beachten Sie das Subskript $_s$); sie wird hernach als primärer Input für den Rechner der rekursiven Funktionen benutzt, der in diesem Zeitpunkt gerade mit irgendeiner der Funktionen F aus dem Bereich Φ arbeiten mag. Sein Output wird über zwei Kanäle zurückgemeldet; der eine ist die rekursive Schleife mit der Verzögerung D, um F zu gestatten, seine früheren Verhaltensweisen auszuwerten; der andere transportiert sämtliche relationale Information über die eigenen Verhaltensweisen $R_s(Y)$ des Systems, die sich auf sein »Selbst« beziehen, und operiert über $\Phi(F)$, um den Rechner der rekursiven Funktionen so einzustellen, wie es die internen Ziele und Wünsche dieses kognitiven Elements verlangen.

Dieses Element verkörpert alle jene Fähigkeiten, die ich schon früher als die notwendigen Bestandteile kognitiver Prozesse angesehen habe: Wahrnehmung, Erinnerung und Schlußfolgerungen. In diesem Element läßt sich jedoch keine dieser Fähigkeiten funktional isolieren: Es ist die Interaktion aller abgelaufenen Prozesse, die die Information aus dem Inputsignal »abzieht« und in eine für dieses Element bedeutsame Handlung übersetzt.

Müßte man dennoch einige der funktionalen Bestandteile dieses Elementarrechners im Sinne der erwähnten Begriffe interpretieren, dann würde ich sehr zurückhaltend folgende Analyse anbieten:

1. Wahrnehmen wird durch die Elemente bewerkstelligt, die selbstreferentielle Relationen in den raumzeitlichen Konfigurationen von Reiz und Reaktion festlegen;
2. Gedächtnis wird durch einen besonderen *modus operandi* des Zentralrechners abgebildet, dessen gesamte funktionale Organisation durch die Bewertung von Eigenzuständen oder Relationen bestimmt und neubestimmt wird;
3. Schlußfolgerungen erscheinen in dieser Platte auf drei Ebenen, abhängig vom Typ der Funktionen, die im Bereich Φ gegeben sind und von dem Typ der Prozesse, mit denen man sich beschäftigen möchte.

Abduktive Schlüsse finden in der kumulativen Absorption von Vergleichen vergangener externer und interner Erfahrungen statt, die die funktionale Organisation des zentralen Computers entstehen lassen. Induktive oder deduktive Schlüsse werden vom Zentralsystem gleichzeitig mit jedem neuen Signal errechnet, wobei die Schlußweisen allein von den Ketten früherer Erfolge oder Mißerfolge, *aber auch* von einigen der internen Dispositionen der kognitiven Elemente abhängig sind, falsche Induktionen zu »vernachlässigen«, oder insofern »ernstzunehmen«, daß sie in strengere logische Deduktionen umgewandelt werden.

Ich möchte nun meine These dadurch abschließen, daß ich kurz etwas über einige Eigenschaften solcher kognitiven Mosaike bzw. »Tesselierungen« berichte, wie sie gewöhnlich in der Literatur genannt werden. John von Neumann hat in seinen Untersuchungen über sich selbst reproduzierende Automaten als erster das große Rechenpotential dieser Strukturen erkannt (1962), und später hat Löfgren ähnliche Prinzipien auf das Problem der Selbstreparatur angewandt (1961). Ich gebrauche all dies jedoch in Verbindung mit dem Problem der Selbstreferenz und Selbstrepräsentation.

Es sind zwei Eigenschaften dieser kognitiven Mosaiksteinchen, die es ihnen gestatten, sich mit anderen Steinchen zu verbinden: die eine ist das wenig auffällige Element T, das in eine universale »interne Sprache« übersetzt, was an »Outputsprache« vorliegen mag, die andere besteht in ihrem charakteristischen Verhalten als »Durchsatz«-Element. Man kann also nun diese Mosaiksteinchen zu einem Mosaik zusammenfügen, wie dies in Abbildung 7 gezeigt wird, wo jedes Kreuz, weiß oder schwarz, einem einzelnen Elementarrechner entspricht, jedes Quadrat in einem Kreuz den entsprechenden funktionalen Elementen, wie dies schon in der Abbildung 6 gezeigt wurde. Der Informationsaustausch zwischen den Rechenelementen kann über alle Schnittstellen stattfinden, unterliegt jedoch den Übertragungsregeln, wie sie implizit im Flußdiagramm der Abbildung 6 dargestellt sind. So kann ein Elementarbaustein zum Beispiel vorverarbeitete Information einem benachbarten Baustein in seine eigene Verzögerungsschleife einbauen. Information über die Eigenzustände eines Elements können jedoch nicht rückwirkend die Operation eines Elements auf der »linken« Seite modifizieren, obwohl dies über den eigenen Output bei eines Elements auf der »rechten« Seite möglich ist, und so weiter.

Wenn dieses System arbeitet, dann bewegt es sich kaleidoskopartig von einer Konfiguration miteinander arbeitender benachbarter Mosaiksteine zu anderen Konfigurationen, also in einer sich ständig verändernden Weise, die den Eindruck von »Wolken« an Aktivität erweckt, die sich verlagern, verschwinden oder auch wieder bilden, wie immer es die gegebene Aufgabe verlangt.

Wir haben solche Systeme bislang nicht nur in ihrem »repräsentativen Modus« untersucht, d. h. in dem Modus, in dem diese Elementarrechner den »sprachlichen Operatoren« entsprechen, die mit ihren vielfältigen Verästelungen in unterschiedliche Tiefen von Bedeutungen vorstoßen. Diese Systeme werden jetzt durch komplexe Computerprogramme simuliert, wovon eines eine be-

Abb. 7: Beispiel einer Tesselierung kognitiver Elementarrechner.

sonders interessante dreidimensionale Ausweitung des hier prä-
sentierten zweidimensionalen Schemas darstellt und von seinem
Erfinder Paul Weston mit dem Namen »Zylinder« belegt wurde
(1967, 1968). Diese neuartigen Programmstrukturen bilden gegenwärtig Prototypen von Systemen, die Kommunikation zwischen Mensch und Maschine mit Hilfe der natürlichen Sprache
erlauben. Wir erwarten keine grundlegenden Schwierigkeiten,
wenn wir uns dem »Wahrnehmungsmodus« zuwenden, bei dem
die Inputs für bestimmte »sensorische Elementarrechner« nicht
mehr aus Symbolen, sondern aus Signalen einer zwar beschränkten, aber bedeutsamen Umwelt bestehen.
Wir hoffen, mit diesen Untersuchungen die Grundlagen für eine
neuartige Architektur künftiger Rechner zu liefern, die sehr wohl
auch als Modelle eines kognitiven Gedächtnisses dienen können,
das Rückschau und Vorschau ermöglicht, d. h. sowohl der Einsicht als auch der Voraussicht fähig ist.

iv. Eine Vermutung

Das *magnum opus* von Eccles/Ito/Szentagothai, *The Cerebellum
as a Neural Machine* (1967), ermutigt ganz besonders dazu, kleine,
hochorganisierte Zellverbände zu suchen, die durch die operationale Einheit repräsentiert werden könnten, die ich oben entwickelt
habe, nämlich durch eine kognitive Platte. Ich habe zumindest
mich selbst davon überzeugt, daß es zahllose Beispiele von Netzwerken gibt, deren Aktionen durch unsere Elementarrechner oder
durch kleinere oder größere Tesselierungen beschrieben werden
können (ebd., Abb. 114, 115, und 317 ff.). Die Frage jedoch, die
den Theoretiker plagt, betrifft die *minimale* physiologische Einheit, die durch die entsprechende minimale operationale Einheit,
also durch ein einzelnes kognitives Mosaiksteinchen, beschrieben
werden könnte. Macht man sich nur die gewaltige Komplexität
einer einzelnen Purkinje-Zelle klar, ihren weitgespannten Bereich
an Reaktionsaktivität, die Konvergenz von Inputs für bis 200 000
Synapsen, dann, so glaube ich, können die meisten der funktionalen Eigenschaften unserer kognitiven Elemente in einem einzigen
Exemplar dieser Zellen gefunden werden, wäre da nicht die Forderung des Errechnens rekursiver Funktionen an unsere Elementarrechner, die die Mitwirkung zumindest einer zweiten Zelle ver-

langt, um ein Elementarrechnerelement zu vervollständigen. Einen Ausweg aus dieser Schwierigkeit sehe ich darin, Ideen zu verfolgen, die z. B. Holger Hyden (1965, 1969) vorgeschlagen hat, nämlich *in* die Zelle *hineinzuschauen* und die Modifikationen der molekularen Bausteine einer Zelle für ihre mnemonischen Eigenschaften verantwortlich zu machen.

Der banalste Weg, die Rechenfähigkeit eines komplexen Moleküls zu betrachten, ist, das Molekül als ein Gerät der Speicherung und des Abrufs zu sehen (von Foerster 1948; 1949). Da diese Makromoleküle aus tausenden, ja hunderttausenden Atomen zusammengesetzt sein können, ergeben sich unzählige Möglichkeiten verschiedener Energiezustände und damit das Auftreten zahlreicher metastabiler Zustände, die ihre Existenz quantenmechanisch »verbotenen« Übergängen verdanken (von Foerster 1949). Da solche Zustände das Resultat von vorangehenden Sequenzen der Energiezufuhr darstellen, erlaubt eine selektive »Auslesung«, die genau wie beim optischen Laser den Übergang zum Grundzustand auslöst, die im jeweiligen Energiezustand gespeicherte Information abzurufen.

Es gibt jedoch auch noch einen anderen Weg, Information in Makromolekülen zu speichern, nämlich den, daß das »Auslesen« durch strukturelle Übereinstimmung (Schablonen) definiert wird. Es ist augenscheinlich, daß die Anzahl m der Arten (Isomere), auf die n Atome mit V Valenzen ein Molekül Z_n bilden können, mit der Anzahl der Atome, die dieses Molekül bilden, zunimmt. Jede dieser Konfigurationen wird mit zwei charakteristischen Energieebenen (Quantenzuständen) verknüpft, einer, die die potentielle Energie dieser Konfiguration angibt, und einer anderen, die das nächsthöhere Niveau darstellt, auf der diese Konfiguration instabil wird. Abbildung 8 skizziert diese Situation für die zwei isomeren Zustände eines hypothetischen Moleküls Z_4, das aus vier dreiwertigen Atomen Z besteht. Einfache Überlegungen zeigen, daß die Tetraederkonfiguration stabiler ist als das Quadrat, daß folglich Energie aufgewendet werden muß, um das Tetraeder in das Quadrat zu transformieren. Es wird jedoch nicht unbegrenzt lange in dieser Konfiguration verharren, denn der quantenmechanische »Tunneleffekt« verleiht jedem Zustand eine begrenzte »Lebensdauer« von

$$\tau = \tau_o e^{\frac{\Delta E}{kT}}$$

wobei ΔE die Höhe des Energie-»Troges« ist, der die Konfiguration stabil hält, k die Boltzmannkonstante, T die absolute Temperatur in der Umgebung dieses Moleküls und τ_0 eine spezifische oszillatorische Zeitkonstante, die mit den orbitalen oder Gittervibrationen zu tun hat.

Es sind diese spontanen Übergänge von einer Konfiguration zu einer anderen, die mich veranlassen, ein solches Molekül als Elementarrechner anzusehen, besonders dann, wenn man sich die große Anzahl von Konfigurationen vor Augen führt, die solche Makromoleküle einnehmen können. Schätzungen der unteren und oberen Grenzen der Anzahl der Isomere sind (von Foerster 1964/40.):

$$\underline{m} \approx \frac{5}{8} \cdot n \text{ und}$$

$$\overline{m} \approx \left(\frac{nV}{2p(V)} \right)^{p(V)}.$$

Dabei ist p(N) die Anzahl unbeschränkter Partitionen der positiven ganzen Zahl N, und V und n sind wiederum die Anzahl der Valenzen bzw. die Anzahl der Atome.

Da jede verschiedene Konfiguration der gleichen chemischen Verbindung Z_n unterschiedliche potentielle Energie besitzt, kann die Feinstruktur dieses Moleküls nicht nur eine einzige Energieumwandlung abbilden, die in der Vergangenheit stattgefunden hat, sondern ein Segment der *Geschichte* der Ereignisse, während der diese besondere Konfiguration sich entwickelt hat. Diese Überlegung führt mich nun direkt zu meiner Vermutung, nämlich dahin, die Reaktion solcher Makromoleküle auf bestimmte Sequenzen der Energiezufuhr als die Operationen eines Elementarrechners für rekursive Funktionen zu interpretieren.

Die Idee, verschiedene strukturelle Tranformationen, die viele der Makromoleküle ständig durchlaufen, als Ergebnisse von Rechenprozessen anzusehen, ist nicht neu. Pattee (1961) etwa hat in einem amüsanten Aufsatz den Isomorphismus zwischen dem Wachstum bestimmter gewendelter (helikaler) Makromoleküle und der Operation eines binären autonomen Schubregisters gezeigt. In seinem Beispiel besteht die rekursive Relation nur zwischen einem gegenwärtigen Zustand Y und einem früheren Zustand Y':

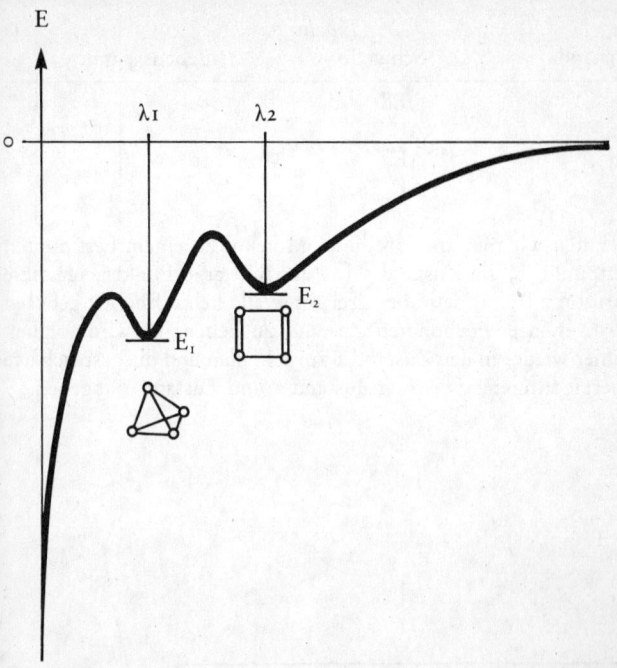

Abb. 8: Die Verknüpfung von Energieniveaus mit den zwei verschiedenen Konfigurationen (Isomeren) eines aus vier dreiwertigen Atomen gebildeten Moleküls ($n = 4$; $V = 3$). λ_1 und λ_2 stehen für die Eigenwerte in der Lösung der Schrödingerschen Wellengleichung.

$$Y = F(Y').$$

Wir brauchen jedoch zusätzlich einen Input X, um überhaupt mit diesem System in Wechselwirkung zu treten. Das heißt, wir müssen eine »Einlese-« und eine »Auslese«-Operation zulassen:

$$Y = F(X, Y').$$

Abbildung 9 skizziert die mit 1, 2, 3, 4 numerierten vier niedrigsten Energiezustände eines Moleküls und außerdem die drei Energieschwellen ΔE_2, ΔE_3 und ΔE_4, die die entsprechenden Konfigurationen zumindest während der »Lebensdauer« dieser Zustände stabil halten. Der Einfachheit halber nehme ich an, daß diese Lebensdauern Vielfache der kürzesten Lebensdauer τ^* geben, den anderen eine Lebensdauer gemäß Tabelle 1:

Tabelle 1

Zustand	Schwelle	Lebensspanne
#1	groß	∞
#2	ΔE_2	$3\tau^*$
#3	ΔE_3	$2\tau^*$
#4	ΔE_4	τ^*

Nehmen wir nun an, daß dieses Molekül zu einem bestimmten
Zeitpunkt, t_0, im Zustand 2 ist (der schwarze Punkt zeigt diese
Position an) und daß über drei Intervalle keine Energie geboten
wird, es in einen höheren Zustand zu heben. Es wird folglich
immer wieder in den Zustand 1 zurückfallen und die gespeicherte
Energiedifferenz zwischen Zustand 2 und Zustand 1 abgeben.

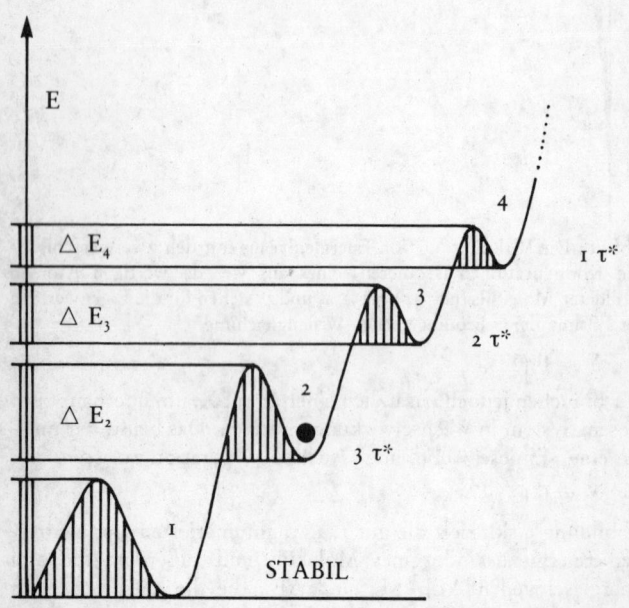

Abb. 9: Vier der niedrigsten Energieniveaus, wie sie einigen molekularen
Konfigurationen entsprechen, sowie die Energieschwellen, die diese Konfigurationen innerhalb bestimmter Zeitintervalle stabil halten.

Ich werde nun die allgemeine Situation betrachten, in der zwei Ereignisse aufeinanderfolgen, die durch annähernd τ^* entsprechende Intervalle auseinandergehalten werden, und in der jedes Ereignis entweder die Energie anbietet, das Molekül in den nächsthöheren Zustand zu heben (1) oder auch nicht (0).

Tabelle II

t_2	t_1	\multicolumn{4}{c}{t_0}
		1	2	3	4
0	0	1	2	2	3
0	1	2	3	4	4
1	0	2	3	3	4
1	1	3	4	4	4

Tabelle II stellt das Resultat dieser Operationen dar. Sie zeigt auf der linken Seite, ob die Ereignisse zu dem Zeitpunkt t_1 und t_2 die nötige Energie mit sich führten oder nicht, und sie zeigt in der nächsten Zeile unter t_0 den Ausgangszustand des Moleküls.
Es ist klar, daß das Molekül für jeden der unterschiedlichen Ausgangszustände entsprechend der vier möglichen Inputkonfigurationen 00, 01, 10 und 11 unterschiedliche Ergebnisse »errechnet«, mit anderen Worten, dieser Rechner verändert seine Operationen in Abhängigkeit von seinem Anfangszustand, der natürlich wiederum das Ergebnis vorausgegangener Operationen ist.
Es ist leicht zu sehen, wie diese Idee erweitert werden kann, um eine beliebige Anzahl sequentieller Ereignisse $t_1, t_2, t_3 \ldots t_5$ einzubeziehen ebenso wie eine beliebige Anzahl von Molekülzuständen 1, 2 3, 4, 5, … m, und wie sich damit die Möglichkeit ergibt, die verschiedenen sowohl erzwungenen als auch spontanen Zustände eines Makromoleküls als Zustände eines Rechners rekursiver Funktionen von beachtlicher Flexibilität und großem Operationsbereich zu interpretieren.
Es bleibt noch die Frage offen, ob diese theoretischen Überlegungen quantitativ einen Halt finden können. Mit anderen Worten, es muß noch untersucht werden, ob die numerische Auswertung der schon vorhin erwähnten Beziehung

* Es wird hier angenommen, daß die Anfangszustände aus dem unmittelbar vorangegangenen Intervall hervorgingen. Um auf »gealterte« Zustände Rücksicht zu nehmen, bedarf es einer ausführlicheren Tabelle.

$$\tau = \tau_o e^{\Delta E/kT}$$

zwischen den durch Quantenmechanik bestimmten Größen der Molekularstrukturen, wie z. B. die Dauer τ des Verweilens in einem Energiezustand, der nötige Energieaufwand ΔE um eine Zustandsänderung zu bewirken etc., mit jenen Größen verträglich sind, die die zeitlichen und energetischen Merkmale neuronalen Geschehens, wie z. B. Refraktärperiode, Aktionspotential etc., kennzeichnen. Bestimmen wir zunächst die Größen, die sich auf das Molekularverhalten beziehen. Gute Schätzungen für die charakteristischen Oszillationen verschiedener Komponenten einer Molekularstruktur, die unsere Zeitkonstante ... bestimmen, liegen vor. Ich komme gleich auf sie zurück. Bestimmt ist auch die Temperatur T des Systems. Wenn wir eine konstante Körpertemperatur von 36,6 °C annehmen, dann ist T = 309,8 Kelvin. Da der Wert der Boltzmannschen Konstante k bekannt ist, müssen nur die drei Variablen τ_o, τ und ΔE noch miteinander verknüpft werden. Dies läßt sich am einleuchtendsten in Form eines Nomogramms vornehmen wie in Abbildung 10. Die Werte der drei Skalen an den Punkten, die durch eine gerade Linie verbunden sind, stellen immer eine Lösung unserer Gleichung dar, die diese Größen miteinander verbindet. Die drei Skalen repräsentieren die Werte von τ_o, also der Periode spezifischer Schwingungen in Sekunden, der Energieschwelle ΔE in Elektronenvolt sowie der Lebensdauer τ eines Zustandes in Sekunden. Da die Abgabe eines Energiequants der Größe ΔE immer mit elektromagnetischer Strahlung der Wellenlänge λ verbunden ist, wird diese Größe zusätzlich auf der mittleren Skala in Angströmeinheiten angegeben. Das sichtbare Spektrum ist durch den fettgedruckten Balken dargestellt (4 000 A - 8 000 A).

Die numerische Auswertung ist nun besonders einfach, da für die spezifische Schwingungsperiode τ_o im wesentlichen nur zwei Werte zu berücksichtigen sind. Der eine ist von der Größenordnung 3.10^{-15} Sekunden (Schrödinger 1945) und ist mit den Elektronenbahnen innerhalb des Kristalls verknüpft. Lebensspannen, die durch diese Zeitkonstante geregelt werden, entsprechen Veränderungen der Konfigurationen. Der für die Veränderung einer Konfiguration notwendige Energiebetrag läßt sich aus dem Betrag der kinetischen Energie je Mol errechnen, den Moleküle erreichen müssen, bevor sie reagieren können. Dieser Betrag ist für

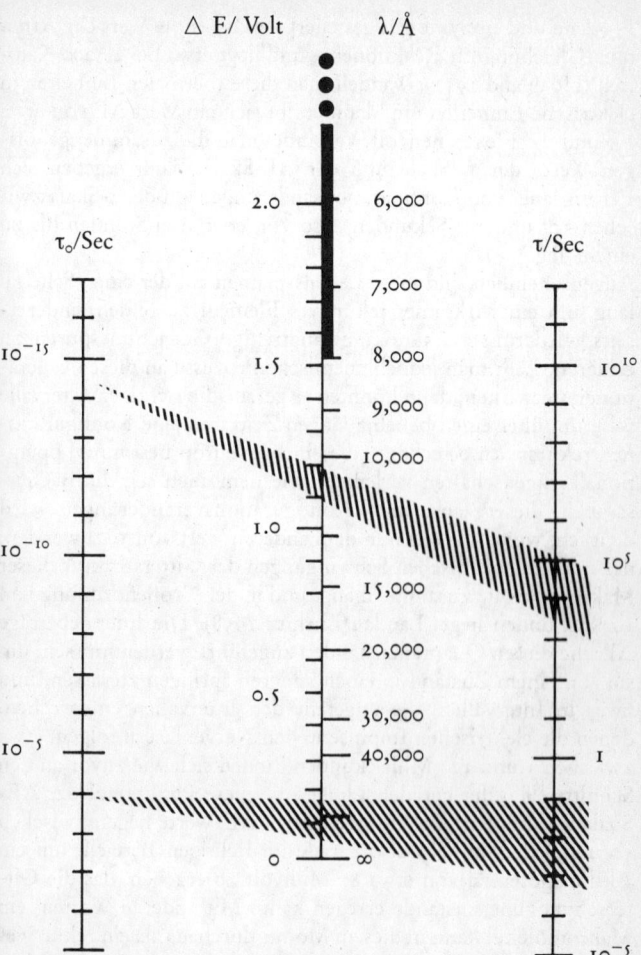

Abb. 10: Nomogramm zur Auswertung der Beziehung
$$\tau = \tau_\circ e^{\Delta E/kT}$$
für die Größen τ, $\tau_\circ$, ΔE, bei festgelegter Temperatur T = 310 °K (37 °C).

Proteine und Enzyme gut gesichert – es ist der μ-Wert der Arhenius-Gleichung für Reaktionen – und liegt etwa bei 28 000 Kalorien (Hoagland 1951). Wandelt man diese thermalen Einheiten in elektrische Einheiten um, dann ergibt sich ein Wert ΔE von etwa 1,1 und 1,2 Elektronenvolt. Verbindet man die zusammengehörigen Werte der τ_o-Skala und der ΔE-Skala, dann ergeben sich Lebensdauer von Konfigurationsänderungen auf der τ-Skala zwischen 10^4 und 10^5 Sekunden, also von etwa drei Stunden bis zu einem Tag.

Augenscheinlich sind diese Lebensspannen auf der einen Seite zu lang, um ein wirksames rekursives Element zu bilden, andererseits wiederum zu kurz, um langfristige Gedächtnisspuren zu erklären. Läßt man jedoch chemische Prozesse an diesen Operationen mitwirken, dann könnten es gerade die richtigen Intervalle sein, um über einen beliebig langen Zeitraum jene Konfigurationen rekursiv zu errechnen, die einem Neuron bestimmte operationale Eigenschaften verleihen. Wie dem auch sei, die Bedeutsamkeit dieser langsamen Konfigurationsveränderungen wird deutlich, wenn wir uns nun dem anderen Wert von τ_o zuwenden, der mit den spezifischen Schwingungen der Gitterstruktur dieser Makromoleküle zusammenhängt und in der Größenordnung von 10^{-4} Sekunden liegt (Landau/Lifshitz 1958). Die Energiebeträge ΔE, die diesen Quantenzuständen zugeführt werden müssen, um sie von einem Zustand in einen anderen springen zu lassen, und zwar in Intervallen, die ungefähr den Intervallen entsprechen, denen die elektrischen Impulse in den Nervenfasern folgen, etwa zwischen 1 und 100 Millisekunden, finden sich wie zuvor an den Schnittstellen der geraden Linien, die diese Punkte auf der ΔE-Skala verknüpfen. Die entprechenden ΔE-Werte liegen zwischen 50 und 180 Millivolt, also gerade im richtigen Bereich, um ein Aktionspotential von etwa 80 Millivolt zu ergeben, das die Gitterschwingungszustände erregen kann. Mit anderen Worten, ein Makromolekül kann in diesem Modus durchaus als ein rekursives Element operieren und direkt auf die Frequenz neuronaler Aktivität reagieren. Wenn darüberhinaus eine Abfolge von mehr als etwa 15 Impulsen von jeweils 80 Millivolt auf das Molekül einwirkt, und wenn jeder Impuls auf den anderen nach einem Intervall folgt, das nicht länger ist als etwa 3 Millisekunden, dann läßt sich aus dem Nomogramm ablesen, daß das Molekül nicht die Zeit hat, in einen Zustand niedrigerer Energie zurückzufallen, sondern auf ein Energieniveau von etwa 1,2 Volt »gepumpt« wird, die den Ebenen entspricht, auf denen Veränderungen der Konfiguration stattfinden.

Dieses Spiel der Rekursion kann nun auch so gespielt werden, daß es Veränderungen von Konfigurationen umfaßt, deren relativ lange Lebensspannen uns erlauben, eine praktisch unbegrenzte Anzahl von Arbeitshypothesen zu bilden, für die allein unsere Phantasie die Grenzen zieht.

Ich habe meine Vermutungen über molekulare Rechenprozesse nur vorgelegt, um anzudeuten, daß es Perspektiven gibt, die auf eine Mitwirkung der Moleküle an dem großen Drama des bewußten Denkens hindeuten, eine Mitwirkung, die dynamischer und nicht statischer Natur ist.

Literatur

Bar-Hillel, Y. (1955), »Semantic Information and Its Measures«, in: H. von Foerster, Margaret Mead, and H. L. Teuber (eds.), *Cybernetics: Transactions of the Tenth Conference Josiah Macy Jr. Foundation*, New York, 33-48.

Eccles, J. C., M. Ito, and J. Szentagothai (1967), *The Cerebellum as a Neuronal Machine*, Springer Verlag: New York.

Foerster, H. von and R. T. Chien (1967), *Cognitive Memory, Coordinated Science Laboratory*, University of Illinois, Urbana.

Foerster, H. von (1948), *Das Gedächtnis. Eine Quantenmechanische Untersuchung*, F. Deuticke: Wien.

Foerster, H. von (1949), »Quantum Mechanical Theory of Memory«, in: H. von Foerster (ed.), *Cybernetics, Transactions of the Sixth Conference*, Josiah Macy Jr. Foundation: New York, 112-145.

Foerster, H. von (1962), »Structural Models of Functional Interactions in Information Processing in the Nervous System«, in: R. W. Gerard and J. W. Duyff (eds.), *Excerpta Medica Foundation*, Amsterdam, 3, 370-383.

Foerster, H. von (1964), »Molecular Bionics«, in: H. L. Oestreicher (ed.), *Aerospace Medical Division*, Wright-Patterson AFB: Ohio, 161-190.

Foerster, H. von (1965), »Memory without Record«, in: D. P. Kimble (ed.), *The Anatomy of Memory*, Science and Behavoir Books: Palo Alto, 388-433.

Foerster, H. von (1967a), »Computation in Neural Nets«, Currents Mod. Biol., 1, 47-93.

Foerster, H. von (1967b), »Time and Memory«, in: R. Fischer (ed.), *Interdisciplinary Perspectives of Time*, New York Academy of Sciences: New York, 866-873.

Hoagland, H. (1951), »Consciousness and the Chemistry of Time«, in: H. A. Abramson (ed.), *Problems of Consciousness*, Josiah Macy Jr. Foundation: New York, 164-200.

Hydén, H. (1969), »Studies on Learning and Memory«, in: S. Bogoch (ed.), *The Future of the Brain Sciences*, Plenum Press: New York 1969, 265-280.

Hydén, H. (1965), »Activation of Nuclear RNA of Neurons and Glia in Learning«, in: D. P. Kimble (ed.), *The Anatomy of Memory*, Science and Behavior Books: Inc., Palo Alto, 1, 178-239.

Konorski, J. (1962), »The Role of Central Factors in Differentiation«, in: R. W. Gerard and J. W. Duyff (eds.), *Information Processing in the Nervous System*, Excerpta Medica Foundation: Amsterdam, 3, 318-329.

Landau, L. D. and E. M. Lifshitz (1958), *Statistical Physics*, Pergamon Press.

Langer, S. K. (1951), *Philosophy in a New Key*, New American Library: New York.

Lettvin, J. Y., H. R. Maturana, W. S. McCulloch, and W. Pitts (1959), »What the Frog's Eye tells the Frog's Brain«, in: *Proc. I.R.E.*, 47, 1940-1951.

Lindsay, R. K. (1963), »Inferential Memory as the Basis of Machines which Understand Natural Language«, in: E. Feigenbaum and J. Feldman (eds.), *Computers and Thought*, McGraw-Hill: New York, 217-233.

Löfgren, L. (1961), *Kinematic and Tesselation Models of Self-Repair, TR 8, Contract NONR 1834(21) Electrical Engineering Research Laboratory, Engineering Experiment Station*, University of Illinois, Urbana, 61.

Maturana, H. R. (1962), »Functional Organization of the Pigeon Retina«, in: R. W. Gerard and J. W. Duyff (eds.), *Information Processing in the Nervous System*, Excerpta Medica Foundation: Amsterdam, 3, 170-178.

McCulloch, W. S. (1965), *Embodiments of Mind*, M.I.T. Press: Cambridge.

Minsky, M. (1961), »Steps toward Artificial Intelligence«, in: *Proc. I.R.E.*, 49, 8-30.

Neumann, J. von (1962), »The Theory of Automata: Construction, Reproduction and Homogeneity«, in: A. Burks (ed.), *John von Neumann's Collected Works*, University of Illinois Press: Urbana, 1964, 22.

Newell, A. and H. A. Simon (1956), »The Logic Theory Machine«, in: *I.R.E. Transaction on Information Theory IT-2*, 61-79.

Pattee, H. H. (1961), »On the Origin of Macro-molecular Sequences«, in: *Biophys. J.*, 1, 683-710.

Raphael, R. (1964), »A Computer Program which Understands«, in: *Proc. AFIPS, F.J.C.C.*, 577-589.

Schrödinger, E. (1945), *What is Life?* University Press: Cambridge.

Weston, P. (1968), »Cylinders: A Data Structure Concept Based on a Novel Use of Rings«, in: *Accomplishment Summary 1968, BCL Report 68.2, Biological Computer Laboratory, Department of Electrical Engineering*, University of Illinois, Urbana, 42-61.

Weston, P. and H. Tuttle (1967), »Data Structures of Computations within Networks of Relations«, in: *Accomplishment Summary 1967, BCL Report 67.2, Biological Computer Laboratory, Department of Electrical Engineering*, University of Illinois, Urbana, 35-37.

Young, J. Z. (1965), »The Organization of a Memory System«, in: *Proceedings of the Royal Society, B, 163, The Croonian Lecture*, 285-320.

Wolf Singer
Die Entwicklung kognitiver Strukturen – ein selbstreferentieller Lernprozeß

Eine der wichtigsten Funktionen des Gehirns besteht darin, die Aktionen des Organismus an dessen Bedürfnisse und an die jeweiligen Bedingungen der ihn umgebenden Umwelt anzupassen. Dies erfordert die Aufnahme und Interpretation von Information über aktuelle Gegebenheiten. Da weder die Zustände des handelnden Organismus noch die seiner Umwelt stationär sind, ist es überdies erforderlich, Voraussagen zu machen. Aktionen müssen an Bedingungen angepaßt werden, die noch nicht vorliegen, aber mit einer gewissen Wahrscheinlichkeit in naher Zukunft der Fall sein werden. Dies erfordert Wissen über die Gesetzmäßigkeiten dynamischer Abläufe. Das Gehirn muß über Repräsentationen dieser Gesetzmäßigkeiten verfügen, um extrapolieren zu können. Die Gesamtheit der Leistungen, die das Gehirn befähigen, prädiktive Modelle seiner Umwelt zu erzeugen, werden als kognitive Funktionen bezeichnet. Hier nun soll ein Teilaspekt dieser integralen Leistung behandelt und der Frage nachgegangen werden, wie im zentralen Nervensystem Repräsentationen der Umwelt erzeugt werden können.

Die spezifischen Leistungen des Gehirns beruhen im wesentlichen auf den Wechselwirkungen zwischen einer sehr großen Zahl von Nervenzellen. Das Programm für Funktionsabläufe residiert also in der Architektur der Verbindungen zwischen Nervenzellen. Relevante Variablen sind hierbei die Topologie der Verbindungen zwischen bestimmten Nervenzellgruppen, die Stärke der Koppelung, die Polarität der Koppelung – Nervenzellen können sich gegenseitig erregen oder hemmen – und die integrativen Eigenschaften der einzelnen Nervenzellen. Topologie und Funktionalität der Verbindungen ergeben zusammen die »funktionelle Architektur« eines Nervensystems und beschreiben dessen Leistungen vollständig. Jeder Lern- bzw. Vergessensvorgang, jede Programmänderung also, bedingt entsprechend eine Modifikation dieser funktionellen Architektur. Das »Wissen« eines Nervensystems ist somit in seiner strukturellen und funktionellen

Organisation verankert. Die Frage nach dem Erwerb von Wissen, nach der Bildung von Repräsentationen, wird damit zur Frage nach der Entwicklung und Veränderung funktioneller Architekturen. Wir wissen, und dies wird im folgenden ausführlich darzustellen sein, daß wesentliche Merkmale der funktionellen Architektur von Nervensystemen angeboren und genetisch bedingt sind. Ein Teil des in Nervensystemen gespeicherten Wissens ist also tradiertes Wissen, das im Laufe der Phylogenese, im Laufe der Entstehung der Arten, erworben und in den Genen gespeichert wurde. Wir wissen aber auch, und hierüber wird zu berichten sein, daß sich funktionelle Architekturen während der Individualentwicklung drastisch verändern können und daß diese Veränderungen eine Folge der Interaktion mit der Umwelt sind. Das Gehirn erwirbt also während seiner Entwicklung zusätzliches Wissen.

Bei Säugetieren, der Mensch eingeschlossen, aber auch bei vielen weniger hoch entwickelten Lebewesen ist die Entwicklung des Gehirns zum Zeitpunkt der Geburt noch nicht abgeschlossen. Während dieser postnatalen Entwicklungsphase, die beim Menschen bis zur Pubertät andauert, vollziehen sich in Wechselwirkung mit Einflüssen aus der Umwelt Reifungsprozesse, die noch zu erheblichen Veränderungen der funktionellen Architektur des Nervensystems führen können. Diese entwicklungsbezogenen Lernvorgänge gehen meist mit irreversiblen Veränderungen der Wechselwirkung zwischen Nervenzellen einher, da sie auf strukturellen Veränderungen der Verschaltung beruhen. Verbindungen, die den funktionellen Bedürfnissen nicht entsprechen, werden gelöst, und mitunter kommt es sogar zum Verlust von Nervenzellen. Wenn diese entwicklungsbedingten Änderungen der Architektur schließlich zum Stillstand kommen, bleiben jedoch adaptive Mechanismen wirksam, die weiterhin Modifikationen der funktionellen Eigenschaften von Verbindungen ermöglichen. Diese stellen die Grundlage dafür dar, daß auch ausgereifte Gehirne lern- und anpassungsfähig bleiben.

Wie im folgenden ausgeführt wird, nehmen die während der Individualentwicklung ablaufenden Strukturierungsprozesse eine intermediäre Stellung ein zwischen dem phylogenetischen Wissenserwerb und dem Lernen ausgereifter Systeme. Die während der frühen Ontogenese erfolgenden Anpassungsvorgänge führen zu tiefgreifenden Strukturänderungen im Gehirn, und die resultie-

renden Verschaltungsänderungen ähneln bezüglich ihrer weitest-
gehend irreversiblen Konsequenzen für das Verhalten den genetisch bedingten Architekturmerkmalen. Zum anderen weisen
diese Prozesse zahlreiche Ähnlichkeiten mit normalen Lernvorgängen auf, da die Veränderungen in der funktionellen Architektur des Gehirns und somit in seinen Programmabläufen im wesentlichen von der Interaktion mit der Umwelt, von Erfahrung
also, abhängen.

Um eine Vorstellung von diesen erfahrungsabhängigen Entwick-
lungsvorgängen und den ihnen zugrundeliegenden Mechanismen
zu geben, werde ich zunächst an zwei konkreten Beispielen darstellen, nach welchen Gesetzmäßigkeiten solche Entwicklungsprozesse ablaufen. Ich werde dann versuchen, aus der Sicht der
Neurobiologie zur Frage nach dem relativen Anteil von Angeborenem und Erworbenem Stellung zu nehmen. Abschließend
werde ich der Frage nachgehen, woher das sich entwickelnde
Nervensystem die Bewertungskriterien bezieht, nach denen Veränderungen der funktionellen Architektur erfolgen. Aus dieser
Betrachtung wird deutlich werden, daß die Entwicklung von Repräsentationen auf selbstreferentiellen Prozessen beruht. Das Gehirn bezieht die Kriterien für die Bewertung epigenetischer Einflüsse und für die Auswahl der zu speichernden Inhalte aus seiner
vorgegebenen Architektur, es leitet sie aus seinem genetisch ver-
ankerten Vorwissen ab.

Die Bedeutung epigenetischer Einflüsse
für die Hirnentwicklung

Kaspar Hauser ist das berühmteste, wenn auch wissenschaftlich
nur schlecht dokumentierte Beispiel dafür, daß Hirnfunktionen
irreversible Schäden erleiden, wenn während der frühkindlichen
Entwicklung Erfahrungen mit der Umwelt fehlen. Überzeugend
belegen ließ sich dieser Zusammenhang erst in jüngster Zeit, und
zwar anhand kontrollierter Tierversuche sowie klinischer Beobachtungen am Menschen. Inzwischen gilt es als gesichert, daß das
Gehirn höherer Tiere und insbesondere des Menschen seine vielfältigen Leistungen nur im Wechselspiel mit der Umwelt voll
entwickeln und entfalten kann.

Voraussetzung für einen solchen Nachweis war, Leistungen zu

finden, deren Ausbildung bei Mensch und Tier gleichermaßen von Umweltfaktoren abhängt. Diese Bedingungen sind für die Entwicklung der Sinnesfunktionen, insbesondere der visuellen Wahrnehmungsleistungen, hinreichend erfüllt: Höhere Säugetiere wie auch Menschen werden schwerwiegend beeinträchtigt, wenn sie während einer kritischen Phase der frühkindlichen Entwicklung ihren Gesichtssinn nicht ungestört gebrauchen können.

Beispielsweise trüben sich nach Infektionen und Verletzungen des Auges häufig Hornhaut und Linse so stark, daß davon betroffene Kinder völlig ihre Sehfähigkeit einbüßen. Mit dem Aufkommen mikrochirurgischer Techniken ließ sich der optische Teil des Auges zwar weitgehend instandsetzen. Doch wider alle Erwartungen brachte die Wiederherstellung nahezu normaler optischer Verhältnisse die Sehfähigkeit nicht zurück, wenn die Trübung seit der Geburt (oder seit den ersten Lebenswochen) bestanden hatte und die Patienten erst nach Erreichen des Schulalters operiert worden waren.

Aus dem Vergleich zahlreicher Krankengeschichten geht hervor, daß die für die Ausbildung der Sehfunktionen kritische Phase etwa bis zum Schulalter reicht. Sehleistungen, die sich bis dahin nicht entwickelt haben, können später nicht mehr erworben werden. Was sich im Erwachsenenalter wahrnehmen läßt, hängt also ganz entscheidend von der Art frühkindlicher Erfahrung ab.

Welche neuronalen Reifeprozesse während dieser kritischen Phase ablaufen, kann freilich nicht am Menschen bestimmt, sondern nur an höheren Säugetieren untersucht werden, bei denen der Entzug visueller Erfahrung während der Frühentwicklung die Wahrnehmungsleistung ebenfalls bleibend beeinträchtigt.

Bei der Katze dauert die kritische Phase, in der das Sehsystem unter dem Einfluß von Umweltreizen zur vollen Funktionstüchtigkeit ausreift, etwa drei Monate, bei Primaten etwa ein Jahr. Läßt sich der Gesichtssinn bis dahin nicht normal gebrauchen, so sind die aufgetretenen Schäden weitgehend irreversibel. Wird die visuelle Erfahrung jedoch erst nach Ablauf der kritischen Phase entzogen, so bleiben die bereits entwickelten Sehfunktionen erhalten.

Die ausgeprägte Abhängigkeit bestimmter Entwicklungsschritte von sensorischen Signalen hat ihre Ursache darin, daß genetische Instruktionen allein nicht ausreichen, um alle Verbindungen im

Gehirn mit der erforderlichen Präzision festzulegen. Es werden deshalb bei der Hirnentwicklung zunächst nur globale Verschaltungsmuster realisiert und dabei weit mehr Verbindungen angelegt, als letztlich im ausgereiften System erhalten bleiben. Auf der Basis dieser redundanten Anlage erfolgt dann ein Selektionsprozeß, bei dem die funktionell sinnvollen Verbindungen identifiziert und konsolidiert werden. Die anderen werden wieder eingeschmolzen. Um diese Validierung neuronaler Verschaltungen vornehmen zu können, muß das sich entwickelnde Gehirn seine Funktionen nach dem Prinzip von Versuch und Irrtum ausprobieren und bedarf hierzu der Interaktion mit seiner Umwelt. Die Mechanismen, die diesen erfahrungsabhängigen Entwicklungsprozessen zugrunde liegen, sind heute einer neurobiologischen Analyse zugänglich und zum Teil aufgeklärt.

Strukturentwicklung: ein Dialog zwischen Umwelt und Genom

Alle biologischen Entwicklungsprozesse basieren auf einer fortwährenden Wechselwirkung zwischen dem Genom und der Umgebung, in welche die Gene eingebettet sind. Das Auslesen ganz bestimmter, in den Genen gespeicherter Instruktionen wird durch biochemische Botenstoffe aus der zellulären Umgebung induziert und gesteuert. Dieser Expressionsvorgang führt zu einer Modifikation des zellulären Milieus, was wiederum eine Veränderung der Auslesebedingungen nach sich zieht. In der Folge werden jetzt andere Gene aktiviert, und dies verändert aufs neue die Umweltbedingungen des Genoms. Vermittels solcher reziproker Wechselwirkungen zwischen je realisierten Bedingungen und genetischen Instruktionen entstehen schließlich strukturierte Zellverbände, Organe und Organismen.

Soweit unterscheidet sich die Strukturentwicklung des Gehirns nicht von der anderer Organe. Nervenzellen entstehen durch Teilung von Vorläuferzellen, die in der Nachbarschaft von Hohlräumen der Gehirnanlage, den späteren Ventrikeln, liegen. Um an ihre Bestimmungsorte zu gelangen, müssen diese neu gebildeten, noch undifferenzierten Nervenzellen auswandern. Als Leitstrukturen dienen hierbei die langgestreckten Fortsätze von Stützzellen, den Gliazellen. Im Zielgebiet angelangt, gruppieren sich die

Nervenzellen dann zu strukturierten Verbänden, wobei spezielle Eiweißmoleküle an der Zelloberfläche als Erkennungsmechanismus dienen. Diese vernetzen zusammengehörige Nervenzellen durch einen Schlüssel-Schloßmechanismus, der dem der Antigen-Antikörper-Reaktion im Immunsystem ähnelt. Anschließend folgt die endgültige strukturelle Ausprägung der Nervenzellen, die, wie in anderen Organen auch, durch die Expression zellspezifischer Genprodukte bewirkt wird. Gesteuert wird diese Expression sowohl durch direkte Wechselwirkungen zwischen vernetzten Zellen als auch durch chemische Botenstoffe, die von Nerven- und Gliazellen gebildet und in die Umgebung abgegeben werden. Welcher Nervenzelltyp ausgebildet wird, richtet sich also nach der Umgebung, in welche die ausreifende Zelle jeweils eingebettet ist. Der Differenzierungsprozeß einzelner Zellen verändert seinerseits das lokale zelluläre Milieu und wirkt damit zurück auf die Genexpression in benachbarten Zellen. Infolge solcher Selbstorganisationsprozesse entstehen schließlich die Grundstrukturen des Zentralnervensystems. Im Zuge der Differenzierung bilden die Nervenzellen schließlich ihre charakteristischen Fortsätze aus, die Dendriten, über welche die Signale von anderen Nervenzellen aufgenommen werden, und das Axon, über welches Signale an andere Zellen weitergegeben werden. Nunmehr sind alle Voraussetzungen für die Entwicklung funktionell gekoppelter Nervenzellverbände erfüllt. Es bedarf lediglich der Ausbildung von synaptischen Verbindungen zwischen Axonen und Dendriten ausgewählter Nervenzellen.

Die Selektion neuronaler Verbindungen

Die auswachsenden Axone finden ihr Ziel, indem sie sich zunächst über mechanische Wechselwirkungen an Leitstrukturen orientieren. In der Nähe der entsprechenden Zielstrukturen übernehmen dann chemische Signalsysteme die weitere Spezifikation. Die auf diese Weise etablierten Verbindungen weisen zunächst jedoch nur eine begrenzte Selektivität auf. Die meisten Axone finden zwar ihre jeweiligen Zielstrukturen, darüber hinaus kommt es jedoch zur Ausbildung zahlreicher »fehlerhafter« Verbindungen. So wachsen z. B. die Axone von Nervenzellen in der Sehrinde nicht nur in die vorgegebenen Zielstrukturen des Sehsystems ein, sondern finden sich vorübergehend sogar im Rückenmark und in Hirnrindenarealen, die sich später mit der Verarbeitung von akustischen Signalen befassen. Solche überschießenden »Fehlverbindungen« sind während der Hirnentwicklung die Regel.

Etwa ein Drittel der zunächst gebildeten Nervenzellen geht bis zum Abschluß der Hirnentwicklung wieder zugrunde. Nervenzellen, die mit ihren Axonen auf die gleiche Zielstruktur konvergieren, treten miteinander in Wettstreit, und nur die funktionell besser angepaßten Verbindungen bleiben erhalten. Dieser Wettstreit wird unter anderem durch Nervenwachstumsfaktoren gesteuert. Dies sind Stoffe, die in den Zielstrukturen gebildet werden und für diese spezifisch sind. Sie werden von den einwachsenden Nervenfasern aufgenommen, zum Zellkörper zurückgebracht und entfalten dort ihre strukturerhaltende Funktion. Während bestimmter kritischer Entwicklungsphasen sind Nervenzellen auf das Vorhandensein solcher Wachstumsfaktoren angewiesen, um zu überleben. Die Art und Zahl möglicher Verbindungen wird also unter anderem durch den Wettbewerb um ein begrenztes Angebot solcher Wachstumsfaktoren reguliert.

Elektrische Aktivität
als weiterer strukturierender Faktor

Schon frühzeitig, noch während der Entwicklung der Grundstrukturen, werden Nervenzellen elektrisch erregbar und spontan aktiv.

Die Natur hat im Laufe der Phylogenese eine Möglichkeit gefunden, die elektrischen Signale der Nervenzellen so in chemische Signale umzuwandeln, daß sie auf den Gen-Expressions-Prozeß Einfluß nehmen können. Dies hat eine Reihe weitreichender Implikationen, durch welche sich die Entwicklung des Zentralnervensystems nunmehr deutlich von der anderer Organe unterscheidet: Anders als chemische Signale können elektrische Signale in den Nervenfasern schnell und hochselektiv über große Strecken geleitet werden. Somit kann ein lokaler Gen-Expressions-Vorgang von Vorgängen beeinflußt werden, die zur selben Zeit in weit entfernten Regionen des Gehirns ablaufen. Da neuronale Aktivität zudem von Signalen aus Sinnesorganen moduliert wird, impliziert dies ferner, daß alle Umweltbereiche, mit denen das Gehirn interagieren kann und von denen es über seine Sinnessysteme Signale empfängt, Einfluß haben können auf die strukturelle Entwicklung des Zentralnervensystems. Eine weitere und besonders bedeutende Implikation folgt aus dem Umstand, daß eben diese elektrischen Signale Informationsträger für die logischen Operationen im Gehirn darstellen. Somit kann die einzigartige Fähigkeit des Gehirns, hochkomplexe logische Operationen an sehr großen Datensätzen durchzuführen, zur Steuerung seiner strukturellen und funktionellen Entwicklung herangezogen werden. In den bereits realisierten Verarbeitungsstrukturen können die zur Spezifizierung weiterer Entwicklungsschritte jeweils erforderlichen Informationen auf viel differenziertere Weise vorverarbeitet und verdichtet werden, als dies bei der Entwicklung anderer Organe möglich ist. Es entsteht eine Spirale zunehmend komplexer werdender Bedingtheiten zwischen erreichten und je nächsten Entwicklungszuständen. Erst dieser Selbstorganisationsprozeß macht es möglich, aus einem relativ bescheidenen Satz genetischer Instruktionen so außerordentlich komplexe Strukturen wie das Gehirn zu entwickeln.

Die folgenden Zahlen mögen die Größenordnung des anstehenden Spezifikationsproblems verdeutlichen.

In 1 mm^3 Großhirnrinde befinden sich etwa 40 000 Nervenzellen. Jede dieser Zellen nimmt mit 4000 bis 10 000 anderen Neuronen synaptische Verbindungen auf und empfängt von ebenso vielen Nervenzellen erregende und hemmende synaptische Eingänge. Die Gesamtzahl der Nervenzellen im Gehirn des Menschen wird auf etwa 10^{11} geschätzt, die Gesamtzahl der synaptischen Verbindungen erreicht dabei die eindrucksvolle Zahl von etwa 10^{14}. Für die Mehrzahl dieser Verbindungen müssen die Zielorte genau festgelegt werden. Die im Genom speicherbare Information würde nicht ausreichen, um die geforderte Selektivität neuronaler Verbindungen zu gewährleisten, wenn nicht Mechanismen wirksam würden, die eine Selektion nach funktionellen Kriterien ermöglichten.

Die Regeln, nach denen solche Selektionsprozesse ablaufen, sind heute zum Teil bekannt, das gleiche gilt für die Gesetzmäßigkeiten, die die Interaktion zwischen Gehirn und Umwelt bestimmen. Diese sollen im folgenden am Beispiel der erfahrungsabhängigen Entwicklung des Gesichtssinnes dargestellt werden.

Das Sehsystem

Die meisten Tiere mit frontal stehenden Augen und somit auch der Mensch verfügen über die Fähigkeit, die Signale aus den beiden Augen zu einem Bildeindruck zu verschmelzen und aus den Unterschieden der Bilder in den beiden Augen die Entfernung von Objekten im Raum zu berechnen. Eine Grundvoraussetzung für diese Leistung ist, daß in der Hirnrinde Nervenzellen ausgebildet werden, die von beiden Augen aus erregt werden können. Ferner ist Voraussetzung, daß die Verbindungen von den beiden Augen zu diesen Nervenzellen so selektiv gestaltet werden, daß korrespondierende Netzhautbereiche, Bereiche also, die den gleichen Ort im Sehraum abbilden, auf gemeinsame Zielneurone in der Hirnrinde verschaltet werden. Nun läßt sich zeigen, daß es prinzipiell unmöglich ist, mit der notwendigen Präzision vorauszubestimmen, welche Netzhautbereiche nach Abschluß aller Entwicklungsprozesse letztlich korrespondent sein werden.

Der Grund ist, daß retinale Korrespondenz von Faktoren bestimmt wird, die ihrerseits nicht verläßlich antizipierbar sind, da sie selbst von zufälligen Variationen des Entwicklungsprozesses abhängen. Solche Faktoren sind z. B. die Größe und der Abstand der Augen.

Die Natur löst dieses Selektionsproblem durch Selbstorganisationsmechanismen, die eine Spezifikation der Verschaltung nach funktionellen Kriterien ermöglichen. Die Grundverschaltung wird zunächst in groben Zügen vorgegeben, wobei Verbindungen im Überschuß und stark überlappend angelegt werden. Aus dieser redundanten Anlage werden dann nach funktionellen Kriterien jene Nervenverbindungen identifiziert und selektiv stabilisiert, die von korrespondenten Netzhautpunkten kommen. Definitionsgemäß kodieren Nervenzellen, die an korrespondierenden Netzhautpunkten liegen, gleiche Bildpunkte, wenn die Augen ein bestimmtes Objekt im Sehraum fixieren. Folglich sind unter dieser Bedingung die Aktivitätsmuster in Verbindungen (Afferenzen) von korrespondierenden Netzhautpunkten ähnlich. Es existiert nun ein Selektionsmechanismus, der in der Lage ist zu erkennen, in welchen der vielen möglichen Paarkombinationen von afferenten Bahnen die Aktivitätsmuster kohärent und somit zeitlich korreliert sind, und der diese Verbindungspaare dann selektiv stabilisiert und alle anderen löst. Die Folge ist, daß aus der ursprünglichen, redundanten Anlage von Verbindungen gerade jene selektiv stabilisiert werden, die von korrespondierenden Netzhautorten kommen.

Der Mechanismus, nach dem sich diese aktivitätsabhängige Selektion vollzieht, ist in Grundzügen aufgeklärt. Afferente Verbindungen werden dann konsolidiert, wenn die Wahrscheinlichkeit hoch ist, daß diese gleichzeitig mit der nachgeschalteten Zelle aktiv sind. Afferenzen, die nicht aktiv sind, während die nachgeschaltete Zelle über andere Eingänge erregt wird, werden abgeschwächt und schließlich gelöst. Selektionskriterium für die Konsolidierung von Verbindungen ist also die Ähnlichkeit bzw. die zeitliche Korrelation der vermittelten Aktivitäten. Dieses Auswahlprinzip ist sehr allgemeiner Natur und spielt bei der Optimierung neuronaler Verschaltungen im gesamten Nervensystem eine tragende Rolle.

Kritische Phasen
und irreversible Entwicklungsstörungen

Der zeitliche Ablauf der Entwicklung beidäugigen Sehens beim Säugling erlaubt den Schluß, daß beim Menschen die Selektion der richtigen Verbindungen kurz nach der Geburt einsetzt und während der ersten Lebensjahre andauert. Von besonderer Bedeutung ist, daß diese erfahrungsabhängigen Selektionsprozesse nur während einer kritischen Phase der postnatalen Entwicklung erfolgen können und danach irreversibel werden. Abgekoppelte Verbindungen können dann nicht mehr neu geknüpft und konsolidierte Verbindungen nicht mehr abgeschwächt werden.

Dieser Sachverhalt liefert kausale Erklärungen für eine Vielzahl von Entwicklungsstörungen. Am besten untersucht sind wiederum Fehlentwicklungen von visuellen Wahrnehmungsleistungen, aber es muß davon ausgegangen werden, daß auch andere Funktionen des Gehirns durch mangelnde Verfügbarkeit von Umwelt nachhaltig beeinträchtigt werden können. Tierexperimentelle Befunde und Entwicklungsstudien am Menschen weisen darauf hin, daß erfahrungsabhängige Optimierungsprozesse neuronaler Verschaltung in allen sensorischen und motorischen Zentren ablaufen. Auch hier scheint es kritische Phasen zu geben, nach deren Ende Verschaltungsänderungen nicht mehr möglich sind. Bestimmte motorische Funktionen wie die Beherrschung eines Musikinstrumentes oder Fahrradfahren können nach abgeschlossener Hirnentwicklung nur noch sehr schwer erlernt werden. Das gleiche gilt bekanntermaßen für den Spracherwerb. Ob es darüber hinaus auch kritische Phasen für die Prägung jener neuronalen Strukturen gibt, die soziale Verhaltensweisen steuern, muß derzeit offenbleiben.

Wie eingangs erwähnt, bleiben visuelle Funktionen irreversibel geschädigt, wenn während der kritischen Entwicklungsphase eine normale Interaktion mit der visuellen Umwelt verhindert wird. Werden solchen früh deprivierten Patienten visuelle Signale wieder verfügbar, etwa nach chirurgischer Restitution der optischen Medien des Auges, so empfinden sie die »Seheindrücke« als schmerzhaft oder grell und bleiben grundsätzlich unfähig, die Signale aus den Augen zu bildhaften Eindrücken zu ordnen. Tierexperimentelle Befunde belegen, daß diese Störungen auf Fehlverschaltungen der Hirnrinde beruhen, die Netzhaut des Auges und auch die Übertragungsverhältnisse vom Auge zur Hirnrinde sind normal. Der Grund für diese Störungen ist, daß die neuronalen Verbindungen in der Hirnrinde nicht innerhalb der hierfür vorgesehenen Entwicklungsphase optimiert werden konnten. Im Falle der von Geburt an Erblindeten werden nicht nur die Verbindungen in Mitleidenschaft gezogen, die für die Verschmelzung der Bilder aus beiden Augen verantwortlich sind, sondern auch jene neuronalen Verknüpfungen innerhalb der Hirnrinde, die für die Ausbildung der charakteristischen Funktionen von Sehrindenneuronen, wie z. B. deren Orientierungs- und Richtungsselektivität, erforderlich sind. Auch diese Verbindungen werden unter dem Einfluß visueller Wahrnehmung selektiv stabilisiert und nach funktionellen Kriterien optimiert.

Ähnlich schwerwiegend sind die Folgen einäugiger Deprivation. Hier bleiben die Störungen jedoch auf die Verbindungen des betroffenen Auges beschränkt. Die Signale vom deprivierten Auge sind unstrukturiert und deshalb mit denen des normalen Auges nicht korrelierbar. Folglich werden alle Verbindungen vom deprivierten Auge zu den Zielneuronen in der Hirnrinde abgekoppelt, so als kämen sie sämtlich von nicht korrespondierenden Netzhautorten. Im Falle der einäugigen Deprivation beschleunigt die vom normalen Auge vermittelte Aktivität zusätzlich die Abkopplung der deprivierten Verbindungen. Während der kritischen Phase genügt dann bereits eine Deprivation von 12 bis 24 Stunden, um eine meßbare Verschlechterung der Sehleistung des deprivierten Auges zu bewirken.

Häufiger als solche deprivationsbedingten Störungen sind Fehlentwicklungen der Hirnrindenverschaltung infolge frühkindlichen Schielens. Aufgrund der Schielstellung der Augen läßt sich keine Korrespondenz zwischen den Aktivitätsmustern der beiden Augen herstellen. Es kommt zum Wettstreit und zur Reorganisation kortikaler Verbindungen. Etwa jeweils die Hälfte der Hirnrindenneurone wird vom rechten und die andere vom linken Auge übernommen. Die Fähigkeit, beide Augen gleichzeitig zu benutzen, die Bilder aus den beiden Augen zu fusionieren und stereoskopisch Entfernungen zu schätzen, geht verloren. Dieses Unvermögen bleibt bestehen, selbst wenn durch spätere Eingriffe die Augenstellung korrigiert wird, weil die notwendigen Verbindungen in der Hirnrinde zerstört wurden. In vielen Fällen kommt es jedoch zu weiteren Komplikationen. Wegen der Fehlstellung der Augen treten Doppelbilder auf. Diese können zwar dadurch vermieden werden, daß die Aufmerksamkeit jeweils nur auf die Signale eines Auges gerichtet wird. Die Aktivität vom jeweils nicht beachteten Auge wird dann im Gehirn unterdrückt und die »Wahrnehmung« von Doppelbildern auf diese Weise vermieden. Wenn nun die Kinder immer das gleiche Auge unterdrücken, dann werden nicht nur die binokularen Verbindungen zerstört, es bleibt auch die erfahrungsabhängige Optimierung der Verschaltung zwischen jenen Hirnrindenneuronen aus, die mit dem unterdrückten Auge verbunden sind. Das unterdrückte Auge wird aufgrund fehlerhafter Verbindungen in der Hirnrinde schwachsichtig. Auch diese schiel- bzw. suppressionsbedingte Schwachsichtigkeit (Amblyopie) ist nach Ablauf der kritischen Entwicklungsphase irreversibel und kann in extremen Fällen ähnlich schwerwiegend sein wie die deprivationsbedingten Sehstörungen. Dies verweist auf einen wichtigen Zusammenhang zwischen Aufmerksamkeit und Hirnentwicklung. Offensichtlich können nur solche Sinnessignale für die Optimierung neuronaler Architekturen verwendet werden, die mit Aufmerksamkeit belegt und zur Kontrolle von Verhalten herangezogen werden.

Der Einfluß von Aufmerksamkeit und Motivation auf erfahrungsabhängige Verschaltungsänderungen

Der klinische Befund, daß beständige Verlagerung von Aufmerksamkeit auf Signale von nur einem Auge die Optimierung der Verbindungen des anderen verhindert, verweist auf eine wichtige Eigenschaft der erfahrungsabhängigen Reifungsprozesse. Damit die Signale von den Sinnesorganen Veränderungen der neuronalen Verschaltung bewirken können, müssen sie eine bestimmte Aktivierungsschwelle überschreiten. Diese kann nur erreicht werden, wenn zusätzlich zur sensorischen Aktivität weitere, im Gehirn selbst erzeugte Signale auf die Hirnrindenneurone einwirken. Eine besonders wichtige Rolle spielen hierbei die sogenannten modulierenden Systeme, die über die Freisetzung von bestimmten Überträgerstoffen die Erregbarkeit der Hirnrindenneurone regulieren.

Diese Systeme integrieren die Aktivität vieler verschiedener Gehirnbereiche und melden das Ergebnis dieser Interaktion global über weitverzweigte Projektionen auf die verschiedenen Hirnareale zurück. Die Aktivitäten dieser Systeme üben bei den oben beschriebenen Selektionsvorgängen permissive Kontrollfunktionen aus. Zerstörung dieser Systeme hat zur Folge, daß Signale von den Sinnesorganen keine Verschaltungsänderungen mehr bewirken können. Der Selektionsprozeß, der letztlich für die erfahrungsabhängige Optimierung der Hirnarchitektur verantwortlich ist, beruht somit nicht nur auf lokalen Vergleichsoperationen, sondern wird von global organisierten Kontrollsystemen beeinflußt. Die Entscheidung, ob lokale Aktivierungsmuster zu bleibenden Verschaltungsänderungen führen, wird also je von einer Vielzahl anderer Hirnstrukturen mitbestimmt. Lokale Modifikationen erfolgen in Antwort auf lokale Aktivitätsmuster, werden jedoch von einem distributiv organisierten Entscheidungsprozeß abhängig gemacht.

Im Zusammenhang mit der Optimierung binokularer Verbindungen hat die zentrale Kontrolle der adaptiven Veränderungen durch modulierende Systeme eine besondere Funktion. Da die Augen gegeneinander beweglich sind, decken sich auch beim Nichtschieler die Bilder in den beiden Augen nur dann, wenn ein Objekt beidäugig fixiert wird. Nur wenn diese Bedingung erfüllt ist, dürfen visuelle Signale zur Optimierung der Verschaltung genutzt werden. Andernfalls käme es wegen der fehlenden Korrespondenz der retinalen Bilder zur Zerstörung binokularer Verbindungen. Die zentralen Kontrollsysteme stellen somit sicher, daß lokale Verschaltungsänderungen den Bedürfnissen des Gesamtsystems angepaßt bleiben und nur dann erfolgen, wenn die notwendigen Randbedingungen erfüllt sind. In unserem speziellen Fall muß also dafür gesorgt werden, daß Verschaltungsänderungen nur dann erfolgen, wenn die Bilder aus beiden Augen hinreichend gut in Deckung gebracht worden sind.

Von Bedeutung ist in diesem Zusammenhang, daß die modulierenden Projektionen, welche die plastischen Prozesse kontrollieren, einem System angehören, das die zentralen Zustände des Gehirns regelt. Sie bewirken die Veränderungen im Aktivierungsgrad der Hirnrinde, die während des Schlaf-Wach-Zyklus und bei Aufmerksamkeitsschwankungen auftreten. Unterbricht man diese Systeme, werden nicht nur ontogenetische Lernprozesse blockiert. Es kommt zusätzlich zu Störungen der Aufmerksamkeitslage. In dieser Abhängigkeit von der Aufmerksamkeits- und Motivationslage ähneln die entwicklungsspezifischen Selbstorganisationsprozesse auffallend den Lernvorgängen im ausgereiften System. Selbst die molekularen Mechanismen der beiden Phänomene scheinen, soweit sie bekannt sind, dieselben zu sein. Dies stützt die Hypothese, daß das Lern- und Anpassungsvermögen erwachsener Gehirne als Folge des Andauerns bestimmter Teilfunktionen des ontogenetischen Selbstorganisationsprozesses verstanden werden kann.

Auf der Basis dieser Befunde lassen sich die Randbedingungen definieren, die erfüllt sein müssen, wenn Umweltreize strukturierenden Einfluß auf die Hirnentwicklung nehmen sollen. Zum einen müssen die Reize so konfiguriert sein, daß sie Neuronen in der Hirnrinde aktivieren können. Eine große Zahl der Hirnrindenneuronen besitzt bereits von Geburt an spezifizierte Antworteigenschaften, die von der vorgegebenen Verschaltung bestimmt sind. Diese genetisch festgelegten Bedingungen determinieren die Klasse von Reizen, die als Auslöser für Selbstorganisationsprozesse in Betracht kommen. Ferner müssen Systemzustände erreicht werden, die zur Aktivierung der permissiven Kontrollsysteme führen. Demnach können nur solche Reize die Architektur des Gehirns dauerhaft verändern, die nicht nur lokale Nervenzellverbände erregen, sondern darüber hinaus auch die

Aufmerksamkeit des Organismus auf sich lenken und Verhaltensrelevanz erlangen. Die Reize müssen also den Resonanzeigenschaften oder, anders ausgedrückt, den angeborenen »Erwartungswerten« einer Vielzahl untereinander gekoppelter Hirnbereiche entsprechen. Die Reize müssen »bedeutsam« sein. Für eine Reihe von Reizen erfolgt diese Bedeutungszuweisung durch die angeborenen Systemeigenschaften. Andere erlangen ihre Bedeutung erst durch Interaktion mit der Umwelt.

Die Entwicklung
neuronaler Repräsentationen

Einiges spricht dafür, daß auch bei der Entwicklung anderer Teilleistungen des Sehsystems neuronale Verbindungen nach funktionellen Kriterien optimiert werden müssen. Viele der für die Mustererkennung notwendigen Verarbeitungsprozesse in der Hirnrinde setzen außerordentlich selektive Interaktionen zwischen Neuronen mit bestimmten funktionellen Eigenschaften voraus. Auch hier erscheint »Ausprobieren« als der ökonomischste, wenn nicht sogar einzig gangbare Weg, um Gruppen von Neuronen mit bestimmten funktionellen Eigenschaften zu identifizieren und entsprechende Verbindungen zu festigen.

In diesem Zusammenhang ist der assoziative Effekt der aktivitätsabhängigen Selektionsprozesse besonders bedeutsam, der gezielt Verbindungen zwischen Nervenzellen stabilisiert, deren Aktivitätsmuster miteinander korreliert sind. Mit solchen selektiven Koppelungen können verschiedene Basisoperationen realisiert werden, die zum Erkennen und Verarbeiten von Mustern unerläßlich sind.

Objekte lassen sich nur als solche erkennen, weil ihre Eigenschaften es erlauben, sie als Einheiten von anderen abzugrenzen. Eine Basisoperation aller Mustererkennungsprozesse besteht darin, das zu identifizierende Objekt von den umgebenden, nicht zu ihm gehörenden Konturen abzugrenzen.

Eine Objekteigenschaft, die zu solchen Figur-Grund-Unterscheidungen herangezogen wird, ist beispielsweise bei einem linear bewegten Objekt die gleichgerichtete, zusammenhängende Bewegung aller objekteigenen Konturen. Entsprechend lassen sich ruhende Objekte abgrenzen, etwa aufgrund ihrer Farbe, Helligkeit,

Entfernung oder weil sie geschlossene Umrißkonturen aufweisen. Immer kommt es darauf an, die Welt der sichtbaren Dinge auf Merkmale hin abzutasten, die innerhalb der jeweiligen Merkmalsräume bestimmte Bezüge zueinander aufweisen und sich dadurch zum Abgrenzen eignen.

Im folgenden soll in einem Gedankenexperiment nachvollzogen werden, wie erfahrungsabhängige Selbstorganisationsprozesse neuronale Repräsentationen von Merkmalen der physikalischen Welt entstehen lassen und wie diese wiederum zur Grundlage für die Szenenanalyse werden.

Auf einem Fernsehschirm soll sich eine große Zahl von Lichtpunkten mit gleicher Geschwindigkeit in alle möglichen Richtungen bewegen. Eine Teilmenge dieser Punkte, nämlich solche, die zufällig auf den gedachten Linien eines Dreiecks liegen, sollen sich hinfort nicht mehr in verschiedene Richtungen, sondern parallel zueinander bewegen. In dem Gewirr von sich bewegenden gleichartigen Punkten, dem Hintergrund, entsteht auf diese Weise eine Figur, das Dreieck. Dieses unterscheidet sich vom Hintergrund lediglich dadurch, daß seine Elemente eine kohärente Eigenschaft aufweisen, nämlich sich in die gleiche Richtung zu bewegen. Die lokalen physikalischen Eigenschaften der Elemente von Figur und Hintergrund sind identisch. Die Figur ist lediglich durch die globale Eigenschaft der Kohärenz der sie konstituierenden Elemente definiert. Realisiert man dieses Gedankenexperiment, so stellt man fest, daß das Dreieck zu erkennen ist, wenn die räumliche Dichte der sich kohärent bewegenden Figurelemente hinreichend hoch ist.

Diese Erkennensleistung setzt einen Segmentierungsprozeß voraus: Das Gehirn muß die Elemente des Dreiecks zunächst als zu einer Figur gehörig identifizieren, bevor diese der eigentlichen Musteranalyse unterzogen werden kann. Dies erfordert, daß die Bewegungsvektoren der einzelnen Punkte zueinander in Beziehung gesetzt, inhärente Kohärenzen entdeckt und von nicht kohärenten Teilmengen abgegrenzt werden können. Entfiele Kohärenz als Diskriminans, etwa weil sich auch die Punkte des Hintergrundes gleichförmig in der gleichen Richtung bewegten, verschwände die Figur im Hintergrund. Gäbe man den Figurelementen dann eine andere Farbe, erzeugte also Kohärenz in einem anderen Merkmalsraum, wäre das Dreieck wieder erkennbar.

Dieses Gedankenexperiment leitet über zur Frage nach der Herkunft des Kohärenzkriteriums. Woher »weiß« das System, daß Kohärenz eine Eigenschaft von Objekten ist und es somit dienlich ist, Kohärenz als Diskriminans in Segmentierungsprozessen zu bewerten? Hat das Gehirn »a priori« Kenntnis von den physikalischen Gesetzen der Welt, oder hat es dieses Wissen während der Ontogenese erworben, oder ist Kohärenz nur eine scheinbare, den »Figuren« vom Gehirn aufgeprägte Eigenschaft? Zumindest Teilaspekte dieser Fragen können heute von der Neurobiologie behandelt und beantwortet werden. Im folgenden sei dargestellt, wie sich vermittels erfahrungsabhängiger Selbstorganisation Nervennetze ausbilden können, die die eben dargestellte Segmentierung leisten.

Kohärenz als Selektionskriterium

Grob vereinfacht kann man sich die Großhirnrinde als eine zweidimensionale Matrix von Nervenzellen vorstellen, die miteinander über reziproke erregende Verbindungen in Wechselwirkung treten können. Diese reziproken Verbindungen haben während der frühen Ontogenese ähnliche adaptive Eigenschaften, wie oben für die binokularen Verbindungen angegeben. Auch diese intrakortikalen Verbindungen sind zunächst exuberant und wenig selektiv, werden dann aber unter dem Einfluß visueller Signale modifiziert und selektiv stabilisiert. Es steht somit zu erwarten, daß nach Beendigung des Entwicklungsprozesses die Stärke der Koppelungen zwischen Zellgruppen die Häufigkeit vorangegangener gleichzeitiger Aktivierungen widerspiegelt. Neuronen, die häufig zeitgleich aktiviert wurden, werden besonders intensiv und dauerhaft miteinander assoziiert. Nun reagieren Nervenzellen in der Sehrinde nicht nur selektiv auf ganz bestimmte Orientierungen, sondern auch auf Bewegungsrichtungen. Jedesmal, wenn sich auf der Netzhaut Bilder verschieben, werden Teilmengen der Bewegungsrichtungsdetektoren aktiviert. Weil sich bei einer Bewegung der Augen oder bei einer Bewegung des Kopfes alle Konturgrenzen gleichförmig in eine Richtung verschieben bzw. bei Objektbewegungen alle Konturgrenzen des Objektes kohärente Bewegungsvektoren aufweisen, werden Matrixelemente, die die gleiche Richtung kodieren, häufiger gleichzeitig erregt als Elemente, die unterschiedliche Richtungen kodieren. Mit der Zeit werden sich also die Koppelungen zwischen Neuronen, die die gleiche Richtung kodieren, verstärken. Ein selektiv gekoppeltes System dieser Art kann nun die geforderte Segmentierung erbringen. Die Matrix hat »gelernt«, daß Kohärenz eine Eigenschaft abgrenzbarer Einheiten ist, hat dieses »Wissen« durch Strukturänderungen internalisiert und wendet es generalisierend zur Lösung beliebiger Segmentierungsaufgaben an, sofern sich diese im gleichen Merkmalsraum stellen.

Setzen wir unser Gedankenexperiment fort und konfrontieren die mit den Kohärenzeigenschaften bewegter Objekte »vertraute«, selektiv gekoppelte Matrix von Bewegungsdetektoren mit dem Muster, in dem das Dreieck als kohärente Punktmenge enthalten sei. Folgende Sequenz von Aktivitätsänderungen ist zu erwarten: Weil alle Punkte gleiche lokale physikalische Eigenschaften haben, werden alle Bewegungsdetektoren, in deren rezeptivem Feld ein Punkt mit passendem Bewegungsvektor auftaucht, zunächst unabhängig voneinander erregt. Schon bald aber werden Neuronen, die die gleichen Richtungen kodieren, nicht zu weit voneinander entfernt sind und gleichzeitig erregt wurden, aufgrund ihrer selektiven Koppelung ähnlichere Aktivitätsmuster aufweisen als Neuronen, die verschiedene Richtungen kodieren, da erstere, aber nicht letztere, über reziproke Verbindungen verfügen.

Wird nun eine genügend große Teilmenge von selektiv gekoppelten Neuronen erregt, was der Fall ist, wenn im Muster genügend viele benachbarte Elemente in die gleiche Richtung wandern, dann wird sich die Teilmenge der Detektoren, die diese sich kohärent bewegenden Bildpunkte repräsentieren, stabilisieren und durch kohärente Aktivität von allen anderen Teilmengen unterscheidbar sein. Die neuronalen Repräsentanten von Bildpunkten, die zur Figur gehören, sind jetzt als kohärentes Ensemble abgrenzbar von den neuronalen Repräsentanten der Bildelemente des nichtkohärenten Hintergrundes. Auf diese Weise werden Musterelemente, die untereinander bestimmte statistische Bindungen aufweisen, erfaßt und von Musterelementen abgetrennt, bei denen dies nicht der Fall ist.

Jüngste Ergebnisse aus unserem Labor legen nahe, daß die Natur dieses Segmentierungsproblem tatsächlich in der vorausgesagten Weise löst. Sie nutzt dabei die zeitliche Struktur der neuronalen Antworten, um Zusammengehörigkeit auszudrücken. Es hat sich herausgestellt, daß die Antworten von Merkmalsdetektoren rhythmisch sind und mit einer mittleren Frequenz von etwa 40 Hz oszillieren, wenn sie durch Konturen mit entsprechenden Merkmalen erregt werden. Ferner gilt, daß räumlich verteilt liegende Merkmalsdetektoren ihre rhythmischen Aktivitäten synchronisieren können und dann in Phase schwingen. Solche Synchronisationen treten besonders häufig auf zwischen Gruppen von Merkmalsdetektoren, die ähnliche Merkmale kodieren, also z. B. zwischen Neuronen, die ähnliche Richtungs- oder Orientierungspräferenzen aufweisen. Die oszillierenden Antworten räumlich verteilter Merkmalsdetektoren beginnen in Phase zu schwingen, wenn im Bereich ihrer rezeptiven Felder Konturen angeboten werden, die sich mit gleicher Geschwindigkeit in die gleiche Richtung bewegen. Besonders ausgeprägt ist diese Synchronisation zwischen Neuronengruppen, wenn diese von zusammenhängenden Konturen erregt werden. Dies bedeutet, daß sich Neuronengruppen, die sich an der Kodierung einer durch die Kohärenz bestimmter Merkmale definierten Figur beteiligen, durch die Phasenkohärenz ihrer respektiven oszillatorischen Antworten auszeichnen. Neurone, die zusammen eine Figur repräsentieren, bilden ein Ensemble, das sich aufgrund der Phasenkohärenz der oszillatorischen Antworten von anderen, ebenfalls aktiven Nervenzellen abgrenzt. Es lassen sich auf diese Weise mehrere Ensembles gleichzeitig aktivieren, ohne daß sich diese miteinander vermischen. Es genügt, daß die Ensembles zwar in sich synchronisiert sind, deren oszillatorische Aktivitäten jedoch untereinander keine festen Phasenbeziehungen aufweisen. Dies wäre schon dann der Fall, wenn jedes Ensemble mit einer leicht verschiedenen Frequenz oszillierte. Weiterführende Untersuchungen haben inzwischen gezeigt, daß solche oszillatorischen Antworten nicht auf Neurone der primären Sehrinde beschränkt sind und daß es auch zwischen Neuronengruppen in verschiedenen Hirnrindenarealen zur Synchronisation der oszillierenden Antworten kommen kann. Dies legt nahe, daß es sich bei dieser Kodierungsart, die die Phasenlage oszillierender Antworten miteinbezieht, um ein allgemeines Funktionsprinzip der Hirnrinde handelt. Die Untersuchung dieser sehr komplizierten dynamischen Wechselwirkungen steht noch am Anfang. Es ist jedoch zu erwarten, daß die Berücksichtigung dieser Synchronisationsphänomene sowohl für die experimentelle als auch für die theoretische Analyse von Neuronennetzen weitreichende Implikationen haben wird.

Diese Befunde zeigen, daß ontogenetische Selbstorganisationsprozesse offenbar geeignet sind, Gesetzmäßigkeiten der physikalischen Welt auszuwerten und mittels selektiver Stabilisierung von Nervenverbindungen neuronale Repräsentationen für diese Gesetzmäßigkeiten zu generieren. Diese wiederum können dann die für die Musteranalyse unerläßliche Szenenanalyse, die Segmentierung von Figur und Grund, realisieren. Dieses Prinzip läßt sich nach allem, was wir wissen, verallgemeinern und auf die gesamte Klasse von Problemen anwenden, deren Lösung auf dem Zusammenfassen von Kohärentem und der Trennung von Inkohärentem beruht.

Zur Herkunft kognitiver Kategorien – Angeborenes und Erworbenes

Die Tatsache, daß die Entwicklung von Sinnessystemen zum Teil auf erfahrungsabhängigen Selbstorganisationsprozessen beruht, hat erkenntnistheoretische Implikationen. Die Gesetzmäßigkeiten, nach denen die Phänomene der Welt segmentiert und zu kognitiven Strukturen rekombiniert werden, sind durch die Architektur der entsprechenden zentralnervösen Verarbeitungszentren vorgegeben. Diese Architekturen wiederum passen sich während der Hirnentwicklung im Rahmen der genetisch fixierten Erwartungswerte an die »realen« Gegebenheiten der Welt an. Die im ausgereiften Gehirn realisierten Architekturen resultieren somit aus einem zirkulären Prozeß von Wechselwirkungen zwischen genetisch gespeichertem Vorwissen über Gesetzmäßigkeiten der Welt und ontogenetischen Prägungsprozessen, die diese Erwartungswerte nach Bedarf modifizieren. Die neurobiologischen Erkenntnisse über erfahrungsabhängige Entwicklungsprozesse lassen auch die klassische Frage nach den relativen Anteilen angeborener und erworbener zerebraler Funktionen in neuem Licht erscheinen.

Die Antworteigenschaften der Neuronen in der Sehrinde sind vorwiegend genetisch determiniert und werden erfahrungsunabhängig exprimiert. Damit ist festgelegt, nach welchen Merkmalen die von der Netzhaut kodierten visuellen Signale klassifiziert werden. Solche Merkmalsklassen umfassen etwa die Orientierung und Richtung von Kontrastgrenzen – also von Gradienten der

Leuchtdichte –, die Bewegungsgeschwindigkeit und -richtung von nichtstationären Konturgrenzen und die Wellenlänge des einfallenden Lichtes. Nachdem nur solche »Eigenschaften« extrahiert und zur Klassifikation verwendet werden können, für die entsprechende Detektoren angelegt sind, bestimmt hier die genetische Anlage den Merkmalsraum, innerhalb dessen die Kategorienbildung vorgenommen werden soll.

Genetisch vorgegeben ist ferner, zumindest was die globale Ordnung angeht, die Architektur neuronaler Verbindungen, über welche die verschiedenen Merkmalsdetektoren miteinander verkoppelt sind. Hierdurch wird festgelegt, zwischen welchen Merkmalsklassen überhaupt Assoziationen möglich sind. Wenn zwischen neuronalen Repräsentanten von Merkmalen keine Verbindungen angelegt sind, sind auch keine Assoziationen zwischen diesen möglich.

Genetisch vorgegeben ist auch der Selektions-Algorithmus, der festlegt, nach welchen Kriterien statistische Bindungen zwischen Merkmalen erfaßt und durch Strukturänderungen dauerhaft verankert werden. Dieser Selektions-Algorithmus ist allgemeiner Natur und assoziiert selektiv jene neuronalen Repräsentationen miteinander, die kohärent aktiv sind. Selektions-Kriterium für solche Assoziationen ist also die räumliche und zeitliche Kontiguität von Ereignissen. Diese genetischen Vorgaben spiegeln gewissermaßen das während der Phylogenese erworbene Wissen über die Struktur der realen Welt wider, in welcher sich unser Gehirn entwickelt hat. Sie sind Grundlage für unsere Bewertung kausaler Verknüpfungen. Als »zusammengehörig« wird interpretiert, was zu korrelierter neuronaler Aktivität führt.

Wir dürfen annehmen, daß diese genetischen Vorgaben den Gesetzmäßigkeiten der Umwelt angepaßt und den in Hinblick auf das Überleben optimierten kognitiven Leistungen dienlich sind. Somit spiegeln die angeborenen Architekturen und Bewertungsmechanismen vermutlich das während der Phylogenese erworbene Wissen über bestimmte Zusammenhänge der Welt wider, in der sich unser Gehirn entwickelt hat.

Am eingangs skizzierten Beispiel des beidäugigen Tiefensehens wird dies deutlich. Es ist dienlich, durch Vergleich der Bilder in den beiden Augen die Entfernung von Gegenständen im Raum berechnen zu können. Auf diese Weise können Objekte besser geortet und vom Hintergrund unterschieden werden. Um beidäugiges Tiefensehen zu realisieren, müssen jedoch neuronale Architekturen geschaffen werden, die Unterschiede zwischen den Bildern in den beiden Augen messen und als Raumtiefe interpretieren können. Dazu werden Zusammenhänge ausgenutzt, wie sie – lange nach der »Erfindung« des Tiefensehens – als trigonometrische Funktionen und optische Abbildungsregeln von der Physik formuliert wurden. Das Nervensystem »antizipiert« offensichtlich solche Zusammenhänge und schafft während seiner Entwicklung die Voraussetzungen für deren Ausnutzung. Ferner »antizipiert« das sich entwickelnde System, daß die erforderliche Präzision der beidäugigen Verbindungen nicht a priori durch genetische Instruktionen alleine erreichbar ist und implementiert zusätzlich Selbstorganisationsprozesse, welche die Verschaltung nach funktionellen Kriterien optimieren. Diese Prozesse wiederum nutzen die gleichen trigonometrischen Funktionen aus, die später zur Tiefenmessung verwendet werden.

Ganz ähnlich verhält es sich mit der Entwicklung von Repräsentationen für Merkmalskombinationen. Durch die Ausbildung von Verbindungen zwischen bestimmten Merkmalsdetektoren wird antizipiert, daß über die Zusammenfassung der entsprechenden Merkmale eine für den Organismus brauchbare Segmentierung von Bildelementen zu erzielen ist. Ferner wird antizipiert, daß die Information für die Selektion von Kopplungen zwischen Merkmalsdetektoren zumindest partiell aus der Interaktion mit der Umwelt gewonnen werden kann. Dies wiederum impliziert »Vorwissen« darüber, daß die Umwelt hinreichend konstante Merkmale aufweist, um diesen »Lernprozeß« zu ermöglichen. Der Umstand, daß die Entwicklungsperioden, innerhalb derer dieser »Wissenserwerb« abgeschlossen werden muß, zeitlich streng begrenzt sind, impliziert ferner, daß das System in etwa antizipieren kann, wie lange es dauert, um verläßliche Informationen über typische Merkmalskohärenzen zu extrahieren. All dies belegt, daß das sich entwickelnde Nervensystem erhebliches Vorwissen über die zu erwartenden Bedingungen der Welt mitbringt. Dieses Vorwissen liegt im Genom gespeichert und wird in der funktionellen Architektur des Nervensystems exprimiert, während dieses sich entwickelt.

Für die Unterscheidung von Angeborenem und Erworbenem ist nun ferner von Bedeutung, daß die beschriebene Bildung von Repräsentationen wegen der starken Vernetzung neuronaler Zentren jeweils vom gesamten Gehirn mitgetragen wird. Die je realisierten Strukturen wirken somit als Determinanten für die jeweils nächsten Veränderungen. Dies bedeutet, daß die gesamte Vorgeschichte mitentscheidet, welcher Ast der je nächsten Verzweigungen im ontogenetischen Entwicklungsprozeß beschritten werden soll. Diese Kette bedingter Wahrscheinlichkeiten hat bei der Unzahl möglicher Verzweigungen zur Folge, daß die Voraussagbarkeit des Endzustandes prinzipiell begrenzt ist, auch wenn jeder einzelne Differenzierungsschritt natürlich determiniert ist. Dies wiederum schränkt die Unterscheidbarkeit von Angeborenem und Erworbenem drastisch ein. Es ist im Nachhinein wohl kaum mehr möglich anzugeben, ob eine bestimmte Verbindung nicht vorhanden ist, weil sie im genetischen Bauplan nicht vorgesehen war, oder ob sie zunächst vorhanden war und dann gelöst wurde, weil sie die funktionelle Validierung nicht bestanden hat.

Zur Herkunft von Bewertungskriterien

Ein weiterer bedeutsamer Aspekt im Dialog zwischen Umwelt und Gehirn ist, daß das Nervensystem auch schon in frühen Entwicklungsstadien spontan aktiv ist und selbst strukturierte Aktivität erzeugt. Später werden diese Aktivitätsmuster durch Sinnessignale modifiziert. Es kommt also zu einem fortwährenden »Vergleich« zwischen selbsterzeugten Aktivitäten und Signalen von »außen«. Die Entscheidung darüber, welche Verbindungen auf welche Weise modifiziert werden sollen, hängt somit vom Ergebnis einer Korrelation ab, in welcher die Stimmigkeit zwischen selbst- und fremdbewirkten Erregungsmustern geprüft wird. Welcher Natur das »Stimmigkeitskriterium« ist, entzieht sich bisher unserer Kenntnis. Es muß jedoch zunächst vom sich entwickelnden Gehirn selbst generiert werden. Das Gehirn muß die Möglichkeit haben, seine eigenen Zustände zu bewerten und als Folge dieser Bewertung selektiv solche Veränderungen in seiner Architektur zulassen zu können, die das Erreichen positiv bewerteter Systemzustände wahrscheinlich machen und begünstigen. Wir wissen, daß es im Gehirn Systeme gibt, deren Aktivierung »angenehme«, »erstrebenswerte« Zustände auslöst. Umgekehrt gibt es Zentren, deren Aktivierung zu außerordentlich »unangenehmen« Empfindungen Anlaß gibt. Ermöglicht man Tieren die Selbstreizung dieser Zentren, so vermeiden sie die Aktivierung der »Unlust« erzeugenden Strukturen, reizen hingegen soviel wie nur irgend möglich die »Lust«-erzeugenden Zentren, wobei ihnen dies, wie die Versuche zeigen, erstrebenswerter ist als Nahrungsaufnahme oder sexuelle Aktivität. Da diese, zu Veränderungen der Bestimmtheit führenden Systeme unter natürlichen Bedingungen von anderen Hirnzentren aktiviert werden, folgt, daß hirninterne Zustände, ausgedrückt in spezifischen Erregungsverteilungen, bewertbar sind. Interessant im gegenwärtigen Kontext ist nun, daß eben diese »Bewertungssysteme« in enger Beziehung stehen zu den modulierenden Systemen, die für die Kontrolle synaptischer Plastizität verantwortlich sind. Dies legt nahe, daß auf diese Weise eine bewertende Kontrolle erfahrungsabhängiger Architekturänderungen realisiert wird. Das Gehirn gewinnt die Kriterien zur Beurteilung von erstrebenswerten Zuständen demnach aus sich selbst, d. h. aus der jeweils realisierten funktionellen Architektur. Die erfahrungsabhängigen Strukturierungsprozesse sind somit selbstreferentiell. Sie bleiben dies auch dann, wenn über Wechselwirkung mit Umwelt Erfolgs- oder Fehlermeldungen von außen hinzukommen, wie z. B. schmerzhafte Reize bei unangepaßten Aktionen oder Lob durch die Mutter bei erfolgreichen Handlungen.

Der ontogenetische Entwicklungsprozeß kann somit als ein sehr aktives Frage-Antwort-Spiel aufgefaßt werden: zwischen dem Gehirn, das beträchtliches Vorwissen über die Struktur der Welt mitbringt und der aktuellen Umgebung, in die es hineingeboren worden ist. Die Beziehung zur Umwelt ist also keine einseitige, wie dies bei passiven Prägungsprozessen der Fall wäre, sondern ähnelt einem Dialog, bei dem das fragende Gehirn die Initiative hat.

Entwicklung und Lernen

Es gibt zahlreiche Hinweise dafür, daß auf höheren Verarbeitungsstufen die Effektivität neuronaler Verbindungen während des gesamten Lebens modifizierbar bleibt. Die molekularen Prozesse, auf denen diese Adaptionsfähigkeit beruht, gleichen denen, die während der frühen Ontogenese wirksam sind, und somit ähneln sich auch die resultierenden Modifikationsalgorithmen.

Im ausgereiften Gehirn scheinen abgeschwächte Verbindungen jedoch nicht mehr irreversibel eingeschmolzen zu werden. Sie bleiben vermutlich reaktivierbar. Dafür werden aber, wenn überhaupt, neue Verbindungen nur mehr in sehr begrenztem Umfang und nur über kurze Strecken hergestellt. Das Repertoire der Verbindungen, die im ausgereiften System zur Auswahl stehen, bleibt somit relativ konstant. Geändert werden können lediglich die Koppelkonstanten. Abgesehen von dieser Einschränkung ähneln sich die Prinzipien, die der ontogenetischen Selbstorganisation und dem Lernen im Erwachsenen zugrunde liegen, jedoch bis in die molekularen Mechanismen. Dies soll im folgenden an einigen Beispielen verdeutlicht werden.

Assoziatives Lernen als Beispiel

Am Beispiel der Konditionierung des Lidschlußreflexes lassen sich die neuronalen Veränderungen beim Lernen nachvollziehen. Ein auf das Auge gerichteter kurzer Luftstrom löst beim Kaninchen einen Lidschlußreflex aus. Paart man den Luftstrom hinreichend oft mit einem Ton, so bildet sich ein konditionierter Reflex aus. Das Kaninchen reagiert schließlich auch auf den Ton alleine mit einem Lidschluß. Es hat gelernt, den Ton mit dem Luftstoß zu assoziieren. Einzelzellableitungen von Neuronen des Reflexbogens, der den Lidschluß auslöst, ergeben, daß Neurone, die zu Beginn der Konditionierung nur auf den Luftstoß reagierten, nunmehr auch durch den Ton erregt werden. Diese Ankopplung auditorischer Eingänge kann nicht durch Auswachsen neuer Verbindungen erfolgt sein, da dies weit mehr Zeit in Anspruch nähme. Es muß sich die Wirksamkeit bereits vorhandener Nervenbahnen zwischen auditorischen und somatosensorischen Neuronen erhöht haben. Diese Verstärkung muß selektiv sein, da nur der während der Konditionierung verwendete Ton entsprechende neuronale Reaktionen und den Lidschlußreflex auslöst. Von den vielen Afferenzen zu den Neuronen des Reflexkreises sind demnach selektiv jene verstärkt worden, die häufig zur selben Zeit aktiviert wurden wie die nachgeschalteten Zellen, die primär nur durch den Luftstrom erregt wurden. Wie bereits in klassischen Konditionierungsversuchen gezeigt wurde, lassen sich die Bindungen zwischen den assoziierten Reizen wieder löschen, wenn diese wiederholt nur alleine dargeboten werden. Die Koppelung zwischen akustischen und somatosensorischen Neuronen wird wieder reduziert, sobald die Aktivitäten der akustischen Bahnen mit denen der nachgeschalteten somato-sensorischen Zellen nicht mehr korrelieren. Wie schon bei den erfahrungsabhängigen Verschaltungsänderungen in der Entwicklung, ist also auch bei Lernprozessen das Selektionskriterium für die Verstärkung bzw. Abschwächung von Verbindungen der Grad der Korrelation neuronaler Aktivierungsmuster in bestehenden Bahnverbindungen.

Lernen kann auch auf selektiver Abschwächung synaptischer Verbindungen beruhen

In der Großhirnrinde scheint allgemein zu gelten, daß synaptische Verbindungen dann verstärkt werden, wenn diese stark und zur selben Zeit wie die nachgeschaltete Zelle aktiviert werden. Im Kleinhirn ist jedoch das Umgekehrte der Fall. Die Wirksamkeit bestimmter erregender Synapsen nimmt nachhaltig ab, wenn diese zeitgleich mit anderen erregenden Eingängen aktiviert werden. Diese aktivitätsabhängige Verringerung der Wirksamkeit erregender Synapsen spielt beim Erlernen und Optimieren von Bewegungsabläufen eine tragende Rolle. Dies wurde am Beispiel des vestibulookulären Reflexes nachgewiesen. Dieser Reflex löst bei Kopfbewegungen kompensatorische Augenbewegungen gleicher Amplitude, aber in entgegengesetzter Richtung aus. Dies gewährleistet die Stabilität der visuellen Wahrnehmung bei Kopfdrehungen. Damit eine optimale Kompensation erfolgt, wird dieser Reflexkreis ständig durch Signale aus den Augen nachjustiert. Die Verstärkung im Reflexbogen wird jeweils so geregelt, daß sich bei Kopfbewegungen minimale retinale Bildverschiebungen ergeben.

Mit Hilfe von Prismenbrillen läßt sich nun die Richtung der retinalen Bildverschiebung umkehren. Der normale vestibulookuläre Reflex bewirkt dann gerade das Gegenteil, er verstärkt durch die kompensatorische Augenbewegung die retinale Bildverschiebung. Aufgrund der fortwährenden Kalibrierung des vestibulookulären Reflexes führt diese Unstimmigkeit schon nach wenigen Stunden zu einer drastischen und nachhaltigen Abschwächung des Reflexes. Läsionsstudien am Tier haben ergeben, daß das Kleinhirn bei diesem Justiervorgang, einem typischen motorischen Lernprozeß, eine tragende Rolle spielt.

Inzwischen wurde auch in der Großhirnrinde erwachsener Tiere eine aktivitätsabhängige Abschwächung synaptischer Verbindungen nachgewiesen. Dies löst eine Reihe von Problemen. Zum einen kann dieser Mechanismus zur Erklärung von Lernprozessen herangezogen werden, die zur Abschwächung bestimmter Reaktionsmuster führen. Zum anderen läßt sich damit dem Argument begegnen, daß es zu einer baldigen Sättigung der Speicherkapazität käme, wenn Lernvorgänge immer nur zur Verstärkung der synaptischen Übertragung führten. Schon bald wären dann alle Synapsen maximal verstärkt und das System wäre nicht mehr modifizierbar.

Aktivitätsabhängige Veränderung synaptischer Verbindungen ist allgemeine Grundlage von Lernprozessen

Auch die Fähigkeit, Sinneseindrücke festzuhalten und bei wiederholtem Erleben als bekannt wiederzuerkennen, beruht nach allem, was wir wissen, auf der selektiven aktivitätsabhängigen Verstärkung bzw. Abschwächung synaptischer Wechselwirkungen. Bei Wiederauftreten einer bereits gespeicherten Musterkonstellation werden die gebahnten Verbindungen bevorzugt aktiviert, das Muster wird wiedererkannt. Selbst wenn nur Teilaspekte des ursprünglich gelernten Musters angeboten werden, kann aufgrund der bereits geprägten Verbindungen das gesamte Muster reaktiviert werden. Das gleiche gilt, wenn das neue Muster lediglich gewisse Ähnlichkeiten mit bereits gespeicherten Inhalten aufweist. Lernfähige Nervennetze verhalten sich also wie assoziative Speicher. Sie haben die Fähigkeit, von Teilaspekten ausgehend zu generalisieren. Vermutlich erfolgen auch in diesem Fall die Assoziationen durch Synchronisation der zeitlich strukturierten Aktivität von Nervenzellen, die durch Lernen selektiv miteinander verkoppelt wurden.

Tierexperimentelle Befunde weisen darauf hin, daß diese Speicherfunktionen vorwiegend in der Großhirnrinde realisiert werden. Die Veränderungen der neuronalen Wechselwirkungen erfolgen dabei gleichzeitig in all den Strukturen, die bei dem jeweiligen Wahrnehmungsvorgang aktiviert wurden. Bei visuellen Gedächtnisleistungen betrifft dies zwar vorwiegend Hirnrindenareale, die mit der Verarbeitung visueller Information befaßt sind. Beteiligt sind jedoch auch Hirnrindenbereiche, welche die Steuerung der Augenbewegungen koordinieren und, falls das Muster benennbar ist, natürlich auch die Sprachregionen. Das neuronale Substrat für einen bestimmten Gedächtnisinhalt sind also in der Regel gleichzeitige Veränderungen zahlreicher neuronaler Verbindungen in weitverteilten, aber miteinander in Wechselwirkung stehenden Hirnrindenarealen. Gedächtnisengramme sind deshalb distributiv organisiert. Dies erklärt, warum umschriebene Verletzungen der Hirnrinde meist nicht zum selektiven Verlust ganz bestimmter Gedächtnisinhalte führen. Es gibt jedoch Ausnahmen, wie zum Beispiel die Sprach- und Gesichtererkennung. Die Speicherung von sprachlichen Inhalten und Gesichtseindrücken scheint in hierfür spezialisierten Arealen zu erfolgen. So können zum Beispiel umschriebene Läsionen im Temporallappen selektive Amnesien für Gesichter oder Worte nach sich ziehen.

Die molekularen Mechanismen
synaptischer Plastizität

An isolierten Schnitten der Großhirnrinde und des Ammonshorns, die in geeigneten, sauerstoffgesättigten Nährlösungen am Leben gehalten werden können, ist es möglich, aktivitätsabhängige Langzeitveränderungen in der synaptischen Übertragung unter kontrollierten Bedingungen zu untersuchen. Starke und gleichzeitige Aktivierung von Afferenzen und nachgeschalteten Zellen führt zu einer lang anhaltenden Verbesserung der synaptischen Übertragung (»long term potentiation«). Schon wenige Sekunden hochfrequenter Aktivierung der afferenten Bahnen können ausreichen, um die Wirksamkeit der Synapsen nachhaltig zu verstärken. In diesem Fall wird durch die starke Depolarisation die Aktivierungsschwelle von Ca^{++}-Kanälen überschritten und Ca-Ionen strömen in die Dendriten ein. Es steigt die intrazelluläre Kalziumkonzentration, und dies wiederum bewirkt die Aktivierung einer Kaskade von molekularen Prozessen, die schließlich die Wirksamkeit der betroffenen Synapse verändern. Umgekehrt kann es zu einer langdauernden Abschwächung der synaptischen Übertragung kommen, wenn die Aktivität afferenter Fasern in den nachgeschalteten Zellen nicht hinreichend »erfolgreich« ist. Von den zahlreichen, für eine Veränderung der synaptischen Übertragung infrage kommenden Prozessen konnten bisher eine Modulation der Ausschüttung von Überträgersubstanzen durch die praesynaptischen Endigungen und eine veränderte Wirksamkeit der Überträgerstoffe an der postsynaptischen Membran identifiziert werden.

Die Konsolidierung dieser aktivitätsabhängigen Modifikationen beruht dann auf einem mehrstufigen Prozeß. Die früh einsetzenden Veränderungen an Rezeptoren und Ionenkanälen sind reversibel und modifizieren die synaptische Übertragung nur während der ersten Minuten. Längerfristige Veränderungen erfordern die Neusynthese von Proteinen. Eine Modifikation der synaptischen Übertragung kann nur dann über viele Stunden aufrechterhalten werden, wenn die Proteinsynthese ungestört ist. Eine wiederholte Verstärkung oder Abschwächung der synaptischen Koppelung führt schließlich sogar zu strukturellen Veränderungen, die sich elektronenmikroskopisch nachweisen lassen. Es verändert sich die Berührungsfläche zwischen praesynaptischer Endigung und postsynaptischer Membran, das afferente Axon variiert die Zahl der synaptischen Endknöpfe, und die dendritischen Dornen (spines), an denen die Afferenzen enden, verändern ihren Durchmesser und ihre Länge. Es darf vermutet werden, daß diese strukturellen Veränderungen Korrelat der langfristigen Verankerung von Gedächtnisspuren sind. Völlig ungeklärt ist jedoch die Frage, wie diese Strukturänderungen trotz des fortwährenden Umbaus der zellulären Bestandteile festgeschrieben werden. Reize, die zu Langzeitveränderungen der synaptischen Übertragung führen, induzieren mit einer Latenz von wenigen Minuten die Expression von Genen, die auch bei der Entstehung und Differenzierung von Nervenzellen aktiviert werden. Eine Beteiligung des Zellkerns bei der Verankerung aktivitätsabhängiger Langzeitveränderungen der synaptischen Übertragung erscheint deshalb wahrscheinlich.

Die Einprägung von Gedächtnisspuren durch selektive Verstärkung bzw. Abschwächung synaptischer Verbindungen spiegelt den Korrelationsgrad der neuronalen Aktivitäten wider, die während des Lernvorgangs in den modifizierbaren Verbindungen auftreten. Nicht jede Aktivierung neuronaler Verbindungen führt jedoch zu bleibenden Veränderungen der synaptischen Übertragungseigenschaften. Wie dies schon bei der erfahrungsabhängigen Selektion neuronaler Verbindungen während der Entwicklung der Fall war, bedarf es zusätzlicher, vom Hirn selbst erzeugter Steuersignale. Nur wenn diese verfügbar sind, können Veränderungen induziert werden. Aus Läsionsstudien und klinischen Beobachtungen kann geschlossen werden, daß Zentren des limbischen Systems bei der Erzeugung dieser Steuersignale von Bedeutung sind. Das Ammonshorn (Hippocampus) und der Mandelkern (Amygdala) spielen hierbei eine Schlüsselrolle. Diese Strukturen sind aufgrund ihrer vielfältigen Verbindungen mit anderen Hirnregionen offensichtlich in der Lage, die Bedeutung der jeweils verarbeiteten Signale zu bewerten. Amygdala und Hippocampus projizieren ihrerseits über weitverzweigte Bahnsysteme auf die Großhirnrinde zurück. Interessanterweise sind dies dieselben Projektionssysteme, die auch bei der Kontrolle erfahrungsabhängiger Entwicklungsprozesse beteiligt waren.

Wie zu erwarten, beeinträchtigen Läsionen in diesen limbischen Strukturen das Abspeichern von Engrammen. Bei dem in die Literatur eingegangenen Patienten H. M. wurde wegen therapieresistenter Epilepsie das Ammonshorn in beiden Hemisphären chirurgisch entfernt. Dies führte zu einem schweren amnestischen Syndrom. Der Patient ist seit dem Zeitpunkt der Operation ohne Gedächtnis, erinnert sich jedoch nach wie vor an Inhalte, die vor der Operation gespeichert wurden. Amnesien, wie sie bei der Korsakowschen Erkrankung, infolge von Alkoholabusus oder bei der Alzheimerschen Erkrankung infolge degenerativer Prozesse unbekannter Ätiologie auftreten, beruhen ebenfalls auf Defekten in diesen limbischen Kontrollsystemen. Die genannten Gedächtnisstörungen beruhen also nicht primär auf einer Störung jener Hirnareale, in welchen die Engramme niedergelegt werden, sondern auf einer Unterbrechung der Schaltkreise, die aktivitätsabhängige Veränderungen der synaptischen Übertragung in der Großhirnrinde ermöglichen.

Dieser kurze Überblick über Lernmechanismen verdeutlicht, daß diese in vielem den erfahrungsabhängigen Entwicklungsprozessen ähneln. In beiden Fällen kommt es zu Veränderungen der Verbindungen zwischen Nervenzellen, wobei der Grad der Korrelation zwischen prae- und postsynaptischer Aktivität bestimmt, ob die Verbindungen verstärkt oder abgeschwächt werden. In beiden Fällen sind ähnliche molekulare Mechanismen involviert, und in beiden Fällen entscheiden die gleichen, global organisierten Kontrollsysteme, ob die jeweils zur Verarbeitung gelangten Aktivitätsmuster in der Großhirnrinde zu langfristigen Veränderungen neuronaler Verschaltung führen. Diese Kontrollsysteme sind aufgrund ihrer Einbindung in das Zentralnervensystem in der Lage, die Bedeutung der jeweiligen Aktivierungsmuster für das Verhalten des Gesamtsystems zu bewerten.

Während der Embryonalentwicklung dienen diese aktivitätsabhängigen Prozesse dazu, die Bauteile des Zentralnervensystems einander und den Effektoren anzupassen, in der frühen Ontogenese nehmen sie unter dem Einfluß von Umweltgegebenheiten die Feinabstimmung der Verschaltungen in sensorischen und motorischen Zentren vor, und im ausgereiften System vermitteln sie die Fähigkeit zu lernen. Die Übergänge sind fließend, und es wird wohl kaum möglich sein zu entscheiden, wo Entwicklung endet und Lernen beginnt.

Gerhard Roth
Neuronale Grundlagen des Lernens und des Gedächtnisses

Lernen und Gedächtnis sind universelle Eigenschaften eines jeden tierischen Organismus und nicht an den Besitz eines Gehirns gebunden. Zweifellos aber besitzen Tiere mit einem Gehirn größere Lern- und Gedächtnisleistungen als solche mit einem nicht zentralisierten Nervensystem, und es gibt zudem eine Korrelation zwischen der relativen Größe und Komplexität des Gehirns eines Tieres und seinen Lern- und Gedächtnisleistungen (Jerison 1973). Über die Gründe hierfür lassen sich Spekulationen anstellen (so mag allein schon die Zahl der Nervenzellen oder der Synapsen von Bedeutung sein); gesicherte empirische Befunde liegen aber nicht vor.

Im folgenden soll versucht werden, dasjenige darzustellen, was zur Zeit in Hinblick auf die neurobiologischen Grundlagen und Mechanismen des Lernens und des Gedächtnisses als einigermaßen abgesichert gelten kann. Die rezente Literatur zu dieser Thematik ist außerordentlich groß und kann von keinem einzelnen mehr voll überblickt werden. Von einer Darstellung von Forschungsergebnissen aus der Verhaltensbiologie, Neurologie, Neuropathologie und Psychologie muß hier ganz abgesehen werden, sofern diese nicht für die hier gegebene Darstellung neurobiologischer Daten erforderlich sind.

1. Welche Phänomene sind zu erklären?

Lernen ist ursächlich mit Gedächtnis verbunden. Man nimmt an, daß sich im Nervensystem des Lernenden eine bestimmte Veränderung funktionaler und struktureller Art vollzieht, die das Andauern einer Verhaltensänderung zumindest über Stunden, meist jedoch über Tage, Wochen oder länger ermöglicht. Es scheint verschiedene Arten von Lernen und auch von Gedächtnisprozessen zu geben, die in unterschiedlichen Teilen des Gehirns ablaufen und auf verschiedenen neuronalen Mechanismen beruhen.

Deshalb sollen zuerst unterschiedliche Typen des Lernens und des Gedächtnisses skizziert werden. Hiervon sollen aber nur diejenigen kurz vorgestellt werden, die innerhalb der neurobiologischen Lern- und Gedächtnisforschung relevant sind.

Allgemein wird zwischen assoziativem und nicht-assoziativem Lernen unterschieden. Zum Typ des nicht-assoziativen Lernens gehören einfache Verhaltensmodifikationen wie Habituation und Sensitivierung. *Habituation* (Gewöhnung) ist ein Vorgang, bei dem ein Tier oder Mensch auf einen sich wiederholenden Reiz mit nachlassender Intensität reagiert, z. B. wenn es sich um einen Reiz handelt, der weder schädlich noch angenehm und daher für das Verhalten »irrelevant« ist. *Sensitivierung* bezieht sich auf einen Vorgang, bei dem ein starker, meist schädlicher Reiz durch Wiederholung immer stärkere Abwehrreaktionen hervorruft. Bei beiden Prozessen tritt eine Verhaltensänderung gegenüber nur einem Reiz oder Ereignis auf.

Im Gegensatz hierzu bezieht sich assoziatives Lernen auf die Relation zwischen (mindestens) zwei Reizen oder Ereignissen. Bei der *klassischen Konditionierung* (nach Pawlow) erlangt ein eingangs unwirksamer Reiz (der sogenannte bedingte Reiz) eine hohe reaktionsauslösende Wirkung, indem er mehrfach zeitlich mit einem natürlicherweise wirksamen Reiz (dem sogenannten unbedingten Reiz) gekoppelt ist. Für eine gewisse Zeit ist der bedingte Reiz dann in der Lage, auch ohne Koppelung mit dem unbedingten Reiz eine Reaktion auszulösen, die zuvor nur durch den unbedingten Reiz ausgelöst werden konnte. Der bedingte Reiz erhält seine Wirksamkeit durch *Assoziation* mit dem unbedingten Reiz. In aller Regel hat die klassische Konditionierung nur dann Erfolg, wenn der bedingte Reiz gleichzeitig mit oder in einem gewissen Zeitabstand *vor* dem unbedingten Reiz auftritt. Folgt er ihm, so tritt keine Konditionierung auf. Zweifellos bildet die klassische Konditionierung einen grundlegenden Typ des adaptiven Umgangs mit der Welt durch das Entdecken von Ursache-Wirkung-Relationen.

Eine weitere grundlegende Lernform ist die *operante* oder *instrumentelle Konditionierung* (nach Thorndike, Skinner u. a.). Hier erhöht oder erniedrigt sich die Häufigkeit bzw. Stärke einer bestimmten Reaktion entsprechend den angenehmen oder unangenehmen, nützlichen oder schädlichen Folgen, welche die Reaktion nach sich zieht. Man unterscheidet positive und negative

Verstärkung; bei der positiven Verstärkung erhöht sich die Reaktionshäufigkeit oder -stärke durch das Eintreten erwünschter Folgen, bei der negativen Verstärkung erhöht sich die Reaktionshäufigkeit oder -stärke durch das Ausbleiben einer unerwünschten Folge (nicht zu verwechseln mit Bestrafung). Ein wichtiges Lernparadigma der neurobiologischen Lern- und Gedächtnisforschung, das auf negativer Verstärkung beruht, ist das *Vermeidungslernen*. Tiere und Menschen erwerben oder verstärken hierbei eine bestimmte Reaktion, mit deren Hilfe sie einen unerwünschten Reiz vermeiden. Negative Verstärkung führt meist schneller und nachhaltiger zu Verhaltensmodifikationen als positive Verstärkung und wird deshalb oft in Verhaltensexperimenten bevorzugt, insbesondere um die Wirksamkeit von verabreichten Stoffen auf das Lern- und Gedächtnisvermögen zu testen.

Eine in Hinblick auf das menschliche Lernen oft getroffene Unterscheidung ist die zwischen deklarativem und prozeduralem Lernen (vgl. Squire 1987 und Squire und Zola-Morgan 1988). Prozedurales Lernen vollzieht sich meist in einer stetig wachsenden, automatischen und unbewußten Weise. Es führt zu einer bestimmten Verhaltensdisposition oder Fähigkeit, z. B. im motorischen Bereich, aber auch die Ausbildung »automatisierter« Wahrnehmungsleistungen gehört hierzu. Weiterhin gehören zum prozeduralen Lernen »word priming« (Erinnern eines Wortes aufgrund der Angabe des ersten Buchstabens oder eines ähnlich lautenden Wortes) und einfache klassische Konditionierung. Deklaratives Lernen bezieht sich auf den Erwerb von Wissen über bestimmte Fakten und Ereignisse und bezieht bewußtes Erinnern von Vergangenem ein. Es wird häufig in einem einzigen Akt gelernt, im Gegensatz zu prozeduralem motorischen Lernen. Es kann sich dabei sowohl um sprachliches als auch um nichtsprachliches Erinnern oder Vorstellen handeln. Allerdings können durch stete Wiederholung deklarative Gedächtnisinhalte in prozedurale übergehen (automatisiertes Wissen).

Eine wichtige Unterscheidung betrifft unterschiedliche Phasen des Lernens und Gedächtnisses. Auf der Basis von Selbstbeobachtungen unterschieden bereits im vorigen Jahrhundert Fechner (1860), Exner (1879) und James (1890) ein Kurzzeit- und ein Langzeitgedächtnis. Müller und Pilzecker (1900) entwickelten die Anschauung einer Konsolidierungsphase zwischen dem Kurzzeit- und dem Langzeitgedächtnis. Die Hypothesen über die mögliche Struktur des Gedächtnisses fanden in Gedächtnismodellen von Lorente de Nó (1938), Hilgard und Marquis (1940) und besonders Hebb (1949) eine Zusammenfassung. Dabei wurde davon ausgegangen, daß es ein Kurzzeit- und ein Langzeitgedächtnis gibt, denen unterschiedliche Speichermechanismen zugrunde liegen. Nach Hebb beruht das Kurzzeitgedächtnis auf kreisenden Hirnströmen (reverberating circuits), während das Langzeitgedächtnis durch strukturelle Änderungen der Nervennetze, z. B. durch Veränderungen an den Synapsen oder durch Entstehen neuer synaptischer Kontakte, gekennzeichnet ist (vgl. Anmerkung 1 und Abbildung 1).

Diese Vorstellungen Hebbs haben sich inzwischen innerhalb der biologischen Gedächtnisforschung weitgehend durchgesetzt. Deutliche experimentelle Hinweise auf eine Mehrphasigkeit des Gedächtnisprozesses stammen aus klinischen Untersuchungen an Patienten mit sogenannter retrograder oder anterograder Amnesie (Gedächtnisverlust). Bei Patienten mit retrograder Amnesie ist die Verarbeitung und Speicherung gegenwärtiger Erlebnisse normal vorhanden, während die Erinnerung an die Zeit vor einer Störung der normalen Hirnfunktionen, etwa infolge einer Gehirnerschütterung, eines Hirnschlags oder der Zerstörung bzw. operativen Entfernung von Hirnteilen, ausgelöscht ist. Bei Patienten mit anterograder Amnesie liegt dagegen das Unvermögen vor, sich an Tätigkeiten und Geschehnisse erinnern zu können, sobald diese der unmittelbaren Aufmerksamkeit entschwunden sind. An Dinge und Ereignisse aus der Zeit vor der Erkrankung können sich die Patienten meist gut erinnern, d. h. sie besitzen ein funktionsfähiges Langzeitgedächtnis (vgl. Squire 1987).

Diese Befunde konnten in Tierversuchen bestätigt werden. Es gelang, Kurzzeitspeicher und Langzeitspeicher experimentell voneinander zu trennen und gesondert zu beeinflussen. Dabei wurde und wird vermutet, daß das Kurzzeitgedächtnis wesentlich auf elektrophysiologischen Prozessen beruht, während das Langzeitgedächtnis biochemisch-makromolekulare Vorgänge beinhaltet.

2. Lokalisation von Lern- und Gedächtnisprozessen im Gehirn

In der Frage nach dem Ort des Lernens und des Gedächtnisses wie auch von Wahrnehmungsleistungen standen sich lange zwei »Lager« gegenüber. Die »Lokalisationisten« oder »Konnektionisten« vertraten die Meinung, bestimmte Gehirnprozesse könnten bestimmten Hirnteilen oder »Zentren« eindeutig anatomisch und funktional zugeordnet werden. Die »Antilokalisationisten« oder »Holisten« vertraten die Auffassung, das Gehirn könne nicht in anatomisch-funktionale Untersysteme unterteilt werden, vielmehr sei jede mentale Aktivität die Leistung des gesamten Gehirns. Die »Zentrenlehre« der Lokalisationisten begann mit den klinischen und experimentellen Entdeckungen von Broca, Wernicke und Exner Fuß zu fassen und führte schließlich zur Aufstellung von »funktionalen Hirnkarten« durch Kleist (vgl. Anmerkung 2 und Abbildungen 2). Hinsichtlich der Lern- und Gedächtnisleistungen vertraten die Lokalisationisten und Konnektionisten wie Pawlow, Ramon y Cajal, Hebb und Eccles die Auffassung, daß sich beim Lernprozeß zwischen Input- und Outputregionen des Gehirns, etwa zwischen sensorischen und motorischen Cortexarealen, Kontakte herstellen, die sich durch wiederholte Erfahrung zu einer stabilen Nervenbahn entwickeln. Die Lokalisation der spezifischen Gedächtnisinhalte war demnach im Ort der neuronalen Kontakte zwischen Input- und Outputregion zu finden.

Gegen eine strenge Lokalisation von Gedächtnisinhalten sprachen indes stark beachtete experimentelle Befunde des bedeutenden amerikanischen Hirnphysiologen K. S. Lashley. Lashley führte extensive Versuche mit Abtragung und Verletzung von Hirnteilen bei Tieren vor und nach Konditionieren auf bestimmte Reaktionen durch. Eine weitgehende Zerstörung der Großhirnrinde (Cortex) schien bei Ratten keinen Einfluß auf Lernleistung und Gedächtnis zu haben. Lashley kam zu dem Schluß, daß ein bestimmter Typ von Verhaltensausfällen nicht eindeutig der Zerstörung bestimmter Hirnpartien zugeschrieben werden kann. Vielmehr war seiner Meinung nach eine komplexe Reaktion die Leistung ganz verschiedener Hirnsysteme (»law of equipotentiality«). Eine Leistungsminderung war demnach abhängig vom allgemeinen Ausmaß der Hirnzerstörung, nicht aber von der Zerstörung bestimmter »Zentren« (»law of mass action«). Lashley unterstrich in seiner berühmten Schrift »In search of the engram« (1950) in diesem Zusammenhang die These von der starken Variabilität und Plastizität des Säugetiergehirns.

Diese Resultate sowie eigene Befunde wurden von Lashleys Schüler K. H. Pribram (1969) dahin gedeutet, daß Gedächtnisinhalte im Cortex nach Art eines Hologramms gespeichert zu sein scheinen; eine Vorstellung, die sich lange großer Beliebtheit erfreute, bis jüngst Pribram selbst immer mehr von ihr abrückte. Eine Erklärung für die Befunde Lashleys mag darin liegen, daß für klassische Konditionierung und passives und aktives Vermeidungslernen corticale Areale bei Ratten wie bei anderen »niederen« Säugetieren nicht unbedingt notwendig sind.

Einen bedeutenden Fortschritt in der Suche nach dem »Sitz« des Gedächtnisses bildeten die Untersuchungen von Penfield und Mitarbeitern. Großes Aufsehen erregten die Befunde von Penfield mit Cortexstimulation an Epilepsie-Patienten mit freigelegtem Gehirn. Diese Versuche zeigten, daß Reizungen des Temporallappens der Großhirnrinde (vgl. Anmerkung 2 und Abbildung 2c) mit Hilfe einer Reizelektrode im Patienten die Empfindung einer »Rückblende« innerhalb eines z. T. weit zurückliegenden Zeitraums hervorrief. So sah sich ein Patient zu seinen in Südafrika lebenden Vettern »zurückversetzt« und hörte sie lachen und sprechen. Die ausgelösten Erinnerungen zeichneten sich durch großen Detailreichtum aus, die Inhalte waren aber meist belanglos und nicht besonders erinnerungswürdig. Die Rückblende schritt in realem Zeitmaß voran und umfaßte bei Reizung eines Ortes immer dieselbe Szene. Die Patienten hatten bei den Halluzinationen volles Bewußtsein über die gegenwärtige Situation im Operationssaal (Penfield und Roberts 1959).

Penfield nahm seinerzeit nicht an, daß die abgerufenen Gedächtnisinhalte im Temporallappen selbst gespeichert sind, sondern daß durch die Stimulation des Temporallappens Faserverbindungen aktiviert werden, die zum Hippocampus, zur Amygdala des Vorderhirns und zum Thalamus des Zwischenhirns ziehen und dort den »Abruf« der Gedächtnisinhalte bewirken (vgl. Anmerkung 2 und Abbildungen 2 und 3A). Interessanterweise ließen sich die Rückblenden nicht durch Stimulation dieser Gehirnregionen auslösen. Dasselbe gilt auch für alle anderen Regionen außer dem Temporallappen. Überdies scheint aus bisher unbekannten Gründen das Hervorrufen von »Rückblenden« nur bei Epilepsiepatienten möglich zu sein (Squire 1987).

Aufgrund weiterer Versuche von Penfield und Mitarbeitern rückte der Hippocampus in das Zentrum der Bemühungen um eine Lokalisation des Gedächtnisses. Penfield und Mathieson (1974) beschrieben zwei Patienten, die nach Verlust des Hippocampus (einem angeborenen und einem operativen Verlust) unter Amnesie litten. Diese erstreckte sich bei beiden Patienten in der ersten Zeit nach dem operativen Eingriff, bei dem der einseitig noch vorhandene Hippocampus ganz oder teilweise entfernt wurde, mehrere Jahre zurück, reduzierte sich aber bei einem Patienten mit der Zeit auf eine Periode von wenigen Monaten vor der Operation. Neben dieser retrograden Amnesie zeigten beide Patienten eine schwere anterograde Amnesie: sie verloren alles sinnlich Erfaßte aus dem Gedächtnis, sobald sie sich davon abwandten. Sie konnten aber Dinge und Geschehnisse für einen längeren Zeitraum im Gedächtnis behalten, wenn sie sich durchgehend darauf konzentrierten. Ihre Intelligenz war durch den operativen Eingriff am verbliebenen Hippocampus nicht beeinträchtigt, auch zeigte sich keinerlei Wirkung auf die früher erworbenen beruflich-handwerklichen Fähigkeiten.

In den letzten Jahren wurden in der Nachfolge von Penfield und Mitarbeitern von verschiedenen Autoren und Autorengruppen vermehrt klinische und experimentelle Untersuchungen zur Lokalisation des Gedächtnisses durchgeführt. Obwohl die Ergebnisse nicht immer untereinander konsistent sind, zeichnet sich doch eine starke Beteiligung weniger bestimmter Hirnstrukturen an Lern- und Gedächtnisprozessen ab (Übersicht bei Mishkin und Appenzeller 1987; Squire 1987; Squire und Zola-Morgan 1988). Zudem zeigt sich, (ɪ) daß deutliche anterograde und/oder retrograde Amnesien aufgrund von Verletzungen, Schlaganfällen und Läsionen in der Regel nicht mit kognitiven Defiziten einhergehen; (ɪɪ) daß der Ausfall unterschiedlicher Gehirnstrukturen, die mit Gedächtnisleistungen in Verbindung gebracht werden, meist unterschiedliche Lern- und Gedächtnisdefekte hervorruft, d. h. daß es keinen einheitlichen Sitz *des* Gedächtnisses gibt ebenso wie es kein einheitliches Gedächtnissystem gibt; (ɪɪɪ) daß dieselben Lern- und Gedächtnisdefekte durch den Ausfall unterschiedlicher, anatomisch miteinander zusammenhängender Hirnstrukturen hervorgerufen werden können.

Die Hirnstrukturen, die sich immer wieder als an Gedächtnisprozessen beteiligt erweisen, sind

(a) Strukturen des medialen Temporallappens. Hierzu gehören der Hippocampus, die Amygdala und umliegende Hirnrindenregionen;

(b) Zwischenhirnregionen wie die Mammillarkörper und der mediodorsale Kern des Thalamus;

(c) basales Vorderhirn und präfrontaler Cortex (Anmerkung 2 und Abbildungen 2 und 3A.

In einer Serie von Experimenten an Affen untersuchten Mishkin und Mitarbeiter (Mishkin und Appenzeller 1987) die Folgen der Entfernung oder Beeinträchtigung dieser Hirnstrukturen, insbesondere des Hippocampus und der Amygdala, für verschiedene Lernleistungen. Es zeigte sich, daß die Entfernung des Hippocampus oder der Amygdala *allein* keine schweren Beeinträchtigungen des Lernvermögens hervorrufen. Bilaterale Zerstörung von Amygdala und Hippocampus *zusammen* führten hingegen zu einer typischen anterograden Amnesie bei den Versuchstieren im Objektunterscheidungslernen. Diese Amnesie konnte unterschiedliche Sinnessysteme, etwa das visuelle und das taktile System, betreffen. Mishkin und Mitarbeiter zogen daraus den Schluß, daß innerhalb eines komplexen Gedächtnissystems Hippocampus und Amygdala sich gegenseitig ersetzen können. Squire und Zola-Morgan (1988) fanden ebenfalls, daß Zerstörung des Amygdala-Komplexes allein keine wesentlichen Effekte auf das Lernvermögen nach sich zieht. Sie berichten aber von einem Patienten mit schwerer anterograder (jedoch geringer retrograder) Amnesie hinsichtlich verbaler und nichtverbaler Gedächtnisleistungen, bei dem nur ein sehr umgrenzter Defekt im Hippocampus vorlag. Der Patient zeigte ansonsten keinerlei kognitive Defekte.

Hippocampus und Amygdala stehen als Komponenten des limbischen Systems in Verbindung mit dem mediodorsalen Kern des Thalamus und den Mammillarkörpern des Hypothalamus. Zerstörung des mediodorsalen Kerns des Thalamus allein oder in Verbindung mit den Mammillarkörpern ruft eine schwere Amnesie hervor, ebenso wie eine Durchtrennung der Verbindungen zwischen Hippocampus und Amygdala mit diesen Strukturen. Zerstörung der Mammillarkörper allein führt dagegen nur zu geringfügigen oder vorübergehenden Amnesien.

Das basale Vorderhirn und der präfrontale Cortex spielen ebenfalls eine wichtige Rolle im Gedächtnisprozeß. Patienten mit Verletzungen im basalen Vorderhirn zeigen eine tiefgreifende Beeinträchtigung von Gedächtnisleistungen, begleitet von Persönlichkeitsveränderungen. Läsionen im präfrontalen Cortex führen zu schweren Beeinträchtigungen des Wiedererkennungsvermögens. Im basalen Vorderhirn befindet sich eine Gruppe von cholinergen Neuronen, die Fasern zum sensorischen Cortex und zum Hippocampus und zur Amygdala schicken. Umgekehrt haben Amygdala und Hippocampus massive Projektionen zum Cortex und zum basalen Vorderhirn.

All diese Strukturen sind in den Gedächtnisprozeß involviert, stellen aber wohl nicht den Sitz der Gedächtnis-»Engramme« selbst dar. Diese scheinen vielmehr in denselben sensorischen Arealen lokalisiert zu sein, in denen die sensorische Wahrnehmung stattfindet. Hippocampus und Amygdala sind offenbar an der *Auswahl* und *Bewertung* sensorischer Erregung hinsichtlich von Gedächtnisspeicherung beteiligt.

Mishkin nimmt ein in sich rücklaufendes Gedächtnissystem an, das die sensorischen Areale des Cortex, Amygdala und Hippocampus, die obengenannten Zwischenhirnstrukturen (mediorsaler Kern, Mammillarkörper), den präfrontalen Cortex und das basale Vorderhirn umfaßt (Abbildung 3B). Sensorische Erregung läuft von den sensorischen Cortexarealen parallel zum Hippocampus und zur Amygdala, die im Gedächtnisprozeß nach Mishkins Auffassung unterschiedliche Rollen spielen: der Hippocampus scheint besonders beim Erinnern räumlicher Verhältnisse eine Rolle zu spielen, während die Amygdala beim Verknüpfen von Gedächtnisinhalten aus unterschiedlichen Sinnessystemen bedeutsam ist. Diese Parallelstränge gehen dann zum Zwischenhirn und von dort aus zum präfrontalen Cortex. Präfrontaler Cortex und Zwischenhirn haben je einen Ausgang zum basalen Vorderhirn. Diese Region projiziert wieder zu den sensorischen Arealen des Cortex. Es ergäbe sich somit ein Rückkopplungssystem, das geeignet wäre, die zu fordernden Auswahl- und Bewertungsleistungen vorzunehmen.

Die Amygdala spielt offenbar eine besondere Rolle nicht nur in der intersensorischen Integration und Assoziation, sondern auch bei der emotionalen Bewertung von gedächtnisrelevanten Ereignissen. Die Amygdala ist reich an gehirneigenen opiumartigen »Belohnungsstoffen« (Endophine und Enkephaline) und steht mit den sensorischen Arealen in Verbindung. Sie scheint, unter dem Einfluß des Hypothalamus, über die Endorphine die sensorischen Prozesse entsprechend emotionaler Zustände einzufärben.

Bei klinischen Gedächtnisstudien fiel auf, daß Patienten mit schweren Gedächtnisstörungen im kognitiven Bereich (z. B. sensorische Wiedererkennung, Erinnern im klassischen Sinn) keine oder nur geringe Beeinträchtigung des Lernens von *Fertigkeiten* auf der Basis von Einüben zeigen. Dies wurde in Tierversuchen bestätigt. Derartige »nicht-kognitive« Leistungen scheinen nicht über das zuvor geschilderte limbische Gedächtnissystem zu laufen, sondern über das Striatum des Vorderhirns (Nucleus caudatus, Putamen, Globus pallidus). Dieses System steht mit den bewegungssteuernden Zentren außerhalb des Großhirns in enger Verbindung.

3. Zelluläre und molekulare Prozesse

Lernen und die Bildung neuer Gedächtnisinhalte sind nach allgemeiner Auffassung durch funktionale oder strukturelle Veränderungen im Gehirn gekennzeichnet. Eine vor einer Reihe von Jahren sehr stark diskutierte Theorie der »Engrammbildung« ging davon aus, daß es sich bei Prozessen des Langzeitgedächtnisses um Codierung der »Gedächtnisinformation« in Form von Makromolekülen handelt. Diese Vorstellung griff auf die Tatsache zurück, daß die sogenannte genetische Information in einem chemischen Code, der Desoxyribonucleinsäure (DNS) gespeichert ist und in Form der Ribonucleinsäure (RNS) »abgelesen« und zur Synthese von Proteinen (Enzymen) verwandt wird, welche die biochemischen Prozesse des Organismus steuern. Diese genetische »Information« ist sehr stabil; es lag also nahe anzunehmen, daß auch individuell erworbene Information molekular gespeichert ist.

Der Nachweis hierfür konzentrierte sich auf die Untersuchung der Frage, ob bestimmten Verhaltensmodifikationen während oder nach Lernvorgängen bestimmte biochemische Vorgänge (DNS-, RNS- oder Proteinsynthese) zugeordnet werden können. Die Möglichkeit eines experimentellen Nachweises biochemischer Speicherung individuell erworbener Information wurde zuerst von Hydén (1959) umrissen. Hydén nahm anfangs an, daß die RNS das primäre Speichermaterial darstellt. Er stellte bei Lernvorgängen eine teils unspezifische, teils spezifische Vermehrung von RNS in den Neuronen fest, ausgelöst durch motorische, sensorische und chemische Stimulation, wobei die spezifische RNS hauptsächlich in der Großhirnrinde und im Hippocampus zu finden war, zwei Hirnregionen, die – wie oben dargestellt – in unterschiedlicher Weise in den Gedächtnisprozeß involviert sind. Später wurde die Idee der RNS als Gedächtnisinhaltsträger fallengelassen, als klar wurde, daß die erhöhte RNS-Syntheserate nur im Zusammenhang mit einer erhöhten Protein-Syntheserate auftritt. Hydén nahm an, daß die Proteine bei der Markierung und/oder Steuerung synaptischer Übertragungsprozesse eine Rolle spielen (Hydén 1973).

Eine starke Unterstützung erhielt die Protein-Hypothese durch die Tatsache, daß die Injektion von Stoffen, welche die RNS-Synthese hemmen, z. B. Actinomycin, oder die die Proteinsynthese hemmen, wie Puromycin, Cycloheximid und Anisomycin und ähnliche Stoffe, die »Konsolidierung« von Gedächtnisinhalten im sogenannten Langzeitspeicher stark beeinträchtigt oder ganz unterdrückt. Das Kurzzeitgedächtnis war durch die Verabreichung dieser Stoffe nicht beeinträchtigt. Bei all diesen Substanzen zeigte sich eine Wirkung nur, wenn die Injektion, je nach Versuchstier, Versuchsanordnung und injizierten Substanzen, innerhalb von 30 bis 60 Minuten erfolgte. Daraus wurde geschlossen, daß die Konsolidierungsphase, d. h. der Übergang von der Kurz- zur Langzeitspeicherung, nach dieser Zeit abgeschlossen ist.

Die Deutung, daß die genannten Stoffe eine Amnesie durch Blokkierung der RNS- und Proteinsynthese herbeiführen und daß damit eine Beteiligung von RNS und Proteinen bei der Langzeitspeicherung der Gedächtnisinhalte erwiesen sei, geriet jedoch bald ins Wanken, als Booth und Pilcher (1973) nachwiesen, daß die Injektion von Cycloheximid und anderen Inhibitoren als Strafreize gegenüber der zu erlernenden Aufgabe wirken können, etwa weil diese Stoffe (z. B. beim Menschen) starke Übelkeit oder epileptische Anfälle hervorrufen. Die Versuchstiere zeigten demnach eine verminderte Lernleistung in Wiederholungsexperimenten nicht aufgrund einer Amnesie, sondern aufgrund eines »Abtrainierens« einer zu erlernenden Reaktion durch die unangenehmen Begleiteigenschaften der Injektion (die Tiere lernten z. B., daß eine bestimmte Reaktion starke Übelkeit oder epileptische Anfälle nach sich zieht). Dieser Deutung wurde von Agranoff (1973) auf der Basis von Gegenexperimenten widersprochen. Ob und inwieweit diese Deutung wirklich in allen Fällen zutrifft, ist bis heute unentschieden, da Lernexperimente mit Verabreichung von RNS- und Proteinsynthesehemmern wegen ihrer unkontrollierten Nebenwirkungen nicht weitergeführt wurden.

An einen anderen Typ von Experimenten zur Aufklärung der chemischen und molekularen Gehirnmechanismen, die seinerzeit großes Aufsehen erregten, sei hier kurz erinnert. Es handelt sich um das Verfahren, Versuchstiere eine bestimmte Verhaltensweise lernen zu lassen, sie dann zu töten, ihr Gehirn (oder das Tier insgesamt) zu homogenisieren und dieses Homogenat unerfahrenen Versuchstieren zu injizieren. Diese untrainierten Tiere zeigten dann angeblich die Lernleistungen der trainierten »Spender«-Tiere. Derartige Versuche wurden an Planarien, an Ratten und an Goldfischen durchgeführt. Es gelang offenbar sogar, spezifische Proteine, die eine ganz bestimmte Reaktion wie »Dunkelangst« oder »Grünvermeidung« (bei Farbdressuren) induzierten, zu reinigen und durch Injektion dieser gereinigten Form die entsprechende Reaktion auszulösen. Ungar (1974), der Hauptvertreter dieser Richtung, war der Auffassung, daß die transferierten Moleküle wie das »Scotophobin« (das bei Ratten angeblich Dunkelangst auslöst) in funktionalem Zusammenhang mit Mechanismen stehen, die durch Ausbildung von »Markierungsmolekülen« bestimmte synaptische Kontakte zwischen Nervenzellen auszeichnen und so den Erregungsfluß innerhalb von Nervennetzen kanalisieren. Derartige Versuche, obwohl in einer Reihe von Labors angeblich erfolgreich nachvollzogen, gerieten schlagartig »aus der Mode«, obwohl ihre Vertrauenswürdigkeit und ihre Bedeutung bis heute völlig ungeklärt ist.

Eine gewisse Fortsetzung finden die Versuche zum Zusammenhang zwischen Proteinsynthese und Langzeitgedächtnis neuerdings in Untersuchungen zur aktivitätsabhängigen Regulation der Genexpression bei der Langzeitspeicherung von Information. Diese Prozesse können qualitative und quantitative Veränderungen der Genexpression in Nervenzellen umfassen. Zu den ersteren sind zu zählen die Expression eines neuen Proteins durch ein bisher nicht transkribiertes Gen oder Änderungen in der Verarbeitung (»Spleißen«) einer primären Boten-(Messenger-)RNS (mRNS), die zu einer neuartigen mRNS führen. Eine quantitative Veränderung der Genexpression könnte in einer Änderung der Transkriptionsrate eines zuvor schon ausgelesenen Gens oder in einer Änderung der Effektivität der Übersetzung (Translation) der mRNS in ein Protein bestehen. Am wahrscheinlichsten werden Effekte auf der Transkriptionsebene angesehen (Übersicht in Thompson u. a. 1987). Es gilt inzwischen als erwiesen, daß während eines erfolgreichen Lernprozesses neue Gene exprimiert werden, wobei Veränderungen der Zellmembran von Nervenzellen, die in den Lernprozeß involviert sind, die Transkription von Genen beeinflussen.

In den letzten Jahren hat sich die zelluläre und molekulare Gedächtnisforschung auf unterschiedliche »Modelle« konzentriert, so z. B. auf die Untersuchung assoziativer und nicht-assoziativer Mechanismen bei Meeresschnecken wie *Aplysia* und *Hermissenda* und Langzeit-Potenzierung im Hippocampus. Diesen Ansätzen gemeinsam ist die Annahme, daß der Ausformung von Gedächtnisengrammen Änderungen der Effizienz synaptischer Übertragung zugrundeliegen. Der kanadische Psychologe D. O. Hebb (1949) war einer der ersten, der im Zusammenhang mit assoziativem Lernen einen zellulären Mechanismus vorschlug, der unter dem Namen »Hebb-Synapse« bekannt geworden ist. Hiernach wird die Effizienz der Erregungsübertragung zwischen Zellen, die über eine Synapse miteinander in Verbindung stehen (vgl. Anmerkung 1 und Abbildung 1), dadurch gesteigert, daß beide Zellen, die präsynaptische (vorgeschaltete) und die postsynaptische (nachgeschaltete) zur gleichen Zeit aktiv sind (zeitliche Koinzidenz prä- und postsynaptischer Aktivität). Im Fall klassischer Konditionierung steht eine Zelle, die den bedingten Reflex (CR) direkt oder indirekt auslöst, mit zwei Zellen in Verbindung, von denen die eine die Fortleitung des unbedingten Reizes (UCS) und die andere die Fortleitung des bedingten Reizes (CS) auf die CR-Zelle bewirkt. Die Synapse zwischen UCS-Zelle und CR-Zelle ist natürlicherweise aktiv, diejenige zwischen CS-Zelle und CR-Zelle zu Experimentbeginn ineffektiv. Durch zeitliche Paarung der Aktivität der UCS-Zelle, welche die CR-Zelle aktiviert, und der Aktivität der CS-Zelle ergibt sich eine Koinzidenz von prä- und postsynaptischer Aktivität an der Synapse zwischen CS-Zelle und CR-Zelle. Diese Koinzidenz verstärkt die Effizienz dieser

Synapse derart, daß schließlich die Aktivität der CS-Zelle allein die Aktivität der CR-Zelle und damit den bedingten Reflex allein (d. h. ohne Aktivität der UCS-Zelle) auslösen kann.

Bei ihren Untersuchungen an der Meeresschnecke *Aplysia* fanden Kandel und Mitarbeiter (vgl. Abrams und Kandel 1988) jedoch einen anderen, der klassischen Konditionierung zugrundeliegenden zellulären Mechanismus. Das Verhaltensparadigma ist der Kiemen-Siphon-Reflex. Bei *Aplysia* kann das plötzliche Einziehen von Kiemen und Siphon (Atemschlauch) durch einen elektrischen Schock am Schwanz ausgelöst werden. Im vorliegenden Lernparadigma (klassische Konditionierung) ist also der elektrische Schock der *unbedingte* Reiz (UCS), der eine zum natürlichen Repertoire gehörende Reaktion verläßlich auslöst. Als *bedingter* Reiz (CS) dient ein leichtes Berühren des Siphons, das als solches keine oder eine nur sehr leichte Rückziehreaktion auslöst. Werden nun CS und UCS einige Male kombiniert, so tritt auf das Berühren des Siphons allein ein starker Rückziehreflex auf. Für eine erfolgreiche Konditionierung muß allerdings der UCS innerhalb einer Sekunde auf den CS folgen. Konditionierung tritt nicht auf, wenn der UCS vor dem CS erfolgt.

Das zelluläre Verschaltungsmuster sieht so aus, daß CS- und CR-Zelle synaptisch in Kontakt stehen, daß aber anders als bei der Hebb-Synapse die UCS-Zelle nicht mit der CR-Zelle, sondern mit dem präsynaptischen Teil, d. h. der Synapse der CS-Zelle, direkten Kontakt hat, ihr sozusagen »aufsitzt«. Wenn nun die CS-Zelle (in Wirklichkeit sind es mehrere) aufgrund der Siphon-Berührung aktiv ist, so verstärkt die gleichzeitige oder kurz darauf folgende Aktivität der UCS-Zelle, die aus der Schwanzreizung herrührt, die Effizienz des präsynaptischen Anteils der Synapse zwischen CS-Zelle und CR-Zelle. Dies wird *aktivitätsabhängige präsynaptische Bahnung* (activity-dependent presynaptic facilitation) genannt. Hier ist allein die zeitliche Koinzidenz oder zumindest Nachbarschaft zwischen zwei präsynaptischen Aktivitäten in der CS- und der UCS-Zelle für den Erfolg der Konditionierung ausschlaggebend, die Aktivität in der postsynaptischen Zelle, der CR-Zelle, ist unwichtig. Die Konditionierung bei *Aplysia* folgt also nicht dem Hebb-Prinzip.

Der molekulare Ablauf dieser präsynaptischen Koinzidenz-Bahnung ist weitgehend aufgeklärt. CS und UCS werden innerhalb des präsynaptischen Teils der CS-Zelle durch zwei verschiedene molekulare Signale repräsentiert: der UCS wird repräsentiert durch die Aktion eines bahnenden Transmitters (z. B. Serotonin), der durch die UCS-Zelle ausgeschüttet wurde, der CS durch den Einstrom von Calcium-Ionen in der postsynaptischen Zelle, hervorgerufen durch die Aktivität der CS-Zelle. Der kurze und vorübergehende Anstieg von intrazellulärem Calcium während der elektrischen Aktivität der Membran der postsynaptischen Zelle, die vom CS getriggert wird, startet (in Gegenwart von Calmodulin und unter Mitwirkung eines intermediären Proteins) das Enzym Adenylatcyclase, das daraufhin vermehrt zyklisches Adenosinmonophosphat (cAMP) synthetisiert. Dies führt über einige weitere Zwischenschritte (vermehrtes Schließen von Kalium-Kanälen, vermehrtes Einströmen von Calcium, erhöhter Ausstoß von Transmitter) zu einer Erhöhung der synaptischen Übertragungseffizienz (vgl. Abrams und Kandel 1988).

Ein paralleles Modell ist die Meeresschnecke *Hermissenda* (vgl. Crow 1988). Hier löst in einem andersgearteten Lernparadigma Licht eine orientierte, leicht positive Zuwendung mit Fußverlängerung aus, während Rotation als starker aversiver Reiz »Kleben« und Fußkontraktion auslöst. Licht dient als CS und Rotation der Tiere als UCS. Bei der Paarung von CS und UCS werden das visuelle System und das vestibuläre System gleichzeitig gereizt. Die Konditionierung führt zur Unterdrückung der Phototaxis, auch wenn nach Abschluß der Paarung von CS und UCS nur Licht gegeben wird. Grundlegender Prozeß ist die Erhöhung der Erregbarkeit in Photorezeptoren, auf die ein Eingang vom UCS projiziert. Die Paarung von CS und UCS produziert eine langanhaltende Depolarisierung, begleitet von einer Erhöhung intrazellulärer Calcium-Ionen im Photorezeptor, die Calcium/Calmodulin-abhängige Proteinkinasen aktiviert und über weitere Zwischenschritte in der Reduktion von Kalium-Strömen endet. Dies resultiert in erhöhter Erregbarkeit der sensorischen Zellen und der beobachteten Verhaltensmodifikation.

Ein bei Wirbeltieren, insbesondere bei Säugern intensiv studiertes »Modell« für zelluläre und molekulare Lern- und Gedächtnisprozesse ist Langzeitpotenzierung (long-term potentiation, LTP) im Hippocampus (Andersen 1987; Gustafsson und Wigström 1988).

Plastische Veränderungen in den synaptischen Übertragungsseigenschaften von Nervenzellen haben im Hippocampus von Säugern im Gegensatz zu den Verhältnissen bei Aplysia ganz offenbar die Charakteristiken einer Hebb-Synapse; d. h. zu einer längerfristigen Veränderung synaptischer Übertragungen ist eine zeitliche Koppelung prä- *und* postsynaptischer Aktivität notwendig. Ort der LTP sind allem Anschein nach im wesentlichen die Spine-Synapsen (vgl. Abbildung 1) der Pyramidenzellen, an denen die in den Hippocampus einziehenden Fasern Kontakt mit der Pyramidenzelle haben. Auf diesen Synapsen sind mindestens zwei Typen von spannungsabhängigen Rezeptorkanälen lokalisiert, ein Kanal des N-Methyl-D-Aspartat-(NMDA-)Rezeptors, der zusätzlich von einem Transmitter gesteuert wird, und ein Nicht-NMDA-Rezeptor-Kanal. Letzterer Kanal wird *ohne* vorherige Konditionierung durch den Transmitter geöffnet, was zu den normalen postsynaptischen Erregungen führt. Spezifische hochfrequente (tetanische) Reizung führt zu einem zeitlichen Zusammentreffen von (normaler) Transmitterwirkung (UCS) und starker postsynaptischer Depolarisierung (CS) innerhalb der Spines, was wiederum zur Öffnung des NMDA-Rezeptors führt. Die Koinzidenz dieser prä- und postsynaptischen Aktivität resultiert in einem Einstrom von Calcium-Ionen in die Spine-Membran. Dies führt zu einer Steigerung (Potenzierung) des monosynaptischen erregenden postsynaptischen Potentials (EPSP), das von den Nicht-NMDA-Rezeptor-Kanälen produziert wurde. Der NMDA-Rezeptor fungiert also als »Koinzidenz-Detektor« prä- und postsynaptischer Aktivität und als Verstärker über die Regulation des Calcium-Einstroms. Der eigentliche, langandauernde Prozeß des LTP wird allerdings nicht vom NMDA-Rezeptor, sondern vom Quisqualat-Rezeptor bestimmt (Andersen 1987).

Eine LTP besteht in einer andauernden Erhöhung des EPSP nach kurzer hochfrequenter Reizung der Synapse ebenso wie in einer Erhöhung der Amplitude und einer reduzierten Latenzzeit des Potentials. Effektive Stimulation kann in einer einzigen tetanischen Reizung von 10-20 Hz für wenige Sekunden oder in kürzeren und höherfrequenten Reizen bestehen, die in Abständen von wenigen Sekunden wiederholt wird. LTP tritt nicht unmittelbar, sondern erst nach einigen Sekunden auf und benötigt einige weitere Sekunden, um das Maximum zu erreichen. LTP kann dann aber für Stunden, Tage und sogar Wochen andauern. Längere Zeiten wurden jedoch bisher nicht nachgewiesen.

4. Aktivitätsabhängige ontogenetische Prozesse als Modell für Lernen

Viele strukturelle und damit auch funktionale Eigenschaften der sensorischen Verarbeitungssysteme im Gehirn sind nicht strikt genetisch vorgegeben, sondern bilden sich in epigenetischer und selbstorganisierender Weise während der Gehirnentwicklung aus. Davon sind einige erfahrungs- bzw. lernunabhängig, andere sind durch Interaktionsprozesse zwischen Gehirn und Umwelt beeinflußt und werden deshalb von einer Reihe von Neurobiologen als Modelle für Lernen angesehen (Übersicht bei Singer 1987; Von der Malsburg und Singer 1988). Zu ersteren Vorgängen gehören Prozesse, bei denen bestimmte Teile des reizverarbeitenden Systems, z. B. die Netzhaut des Auges, sich in präziser (»retinotoper«) Weise mit anderen Teilen, z. B. dem Tectum opticum des Mittelhirns oder der primären Sehrinde, verknüpfen müssen. Hier gewährleisten lokale Interaktionsweisen zwischen synaptischen Endigungen (z. B. kurzreichweitige Kooperation synchron aktivierter Synapsen und längerreichweitige Hemmung zwischen nichtsynchronisierten Synapsen) die Aussonderung zuvor relativ ungeordneter Kontakte und die Ausbildung einer globalen Ordnung, z. B. einer retinotopen Karte des Gesichtsfeldes. Ähnliches geschieht während der Ausbildung der sogenannten okulären Dominanzstreifen im primären visuellen Cortex von Säugern. Zu Beginn der Entwicklung des visuellen Systems projizieren Afferenzen vom linken und rechten Auge stark überlappend in den lateralen Kniehöcker (Corpus geniculatum laterale) des Zwischenhirns und von dort aus in den Cortex (Schicht 4). Dann setzt eine Trennung beider Fasersysteme ein, wobei sich ein Streifenmuster ausbildet, in dem Fasern vom linken und vom rechten Auge abwechselnd in den Streifen (Kolumnen) endigen. Diese Trennung vollzieht sich nur, wenn die Aktivitätsmuster der linken und der rechten Netzhäute raumzeitlich verschieden sind. Wird beiden Netzhäuten dasselbe Aktivitätsmuster experimentell aufgezwungen, dann unterbleibt die Trennung der Projektionen in Kolumnen. Für den Segregationsprozeß ist keine visuelle Erfahrung notwendig, die natürliche unterschiedliche Spontanaktivität der Netzhäute um den Zeitraum der Geburt reicht völlig aus. Allerdings treten postnatale, erfahrungsabhängige Veränderungen der Kolumnen auf, wenn z. B. ein Auge verschlossen ist und zu wenig Aktivität ins Gehirn sendet. Dann kommt es zu einer Ausweitung der Kolumnen, die vom sehenden Auge erregt werden, und zu einer Schrumpfung der Kolumnen, die dem blinden Auge zugeordnet sind.

Hingegen sind zwei andere Entwicklungsprozesse im visuellen System der Säuger erfahrungsabhängig: die Ausbildung von sogenannten Orientierungskolumnen und von binokularen Neuronen. Im entwickelten primären visuellen Cortex finden sich Zellen, die bevorzugt auf unterschiedliche Orientierung von Objektkanten antworten. Verhindert man das Kontursehen von Geburt an, so bilden viele Cortexzellen keine Orientierungsselektivität aus. Bietet man den Tieren nach der Geburt nur Konturen mit bestimmten Orientierungen (z. B. nur vertikale oder nur horizontale Linien), so finden sich später hauptsächlich Neuronen, die auf die gebotenen Orientierungen reagieren. Allerdings gibt es in Cortexschicht 4 Zellen, die völlig erfahrungsunabhängig Orientierungsselektivität ausbilden.

Für die Ausbildung der Tiefenwahrnehmung (Stereopsis) bei Säugetieren einschließlich des Menschen ist es notwendig, daß sogenannte korrespondierende retinale Orte auf exakt dieselben binokularen Zellen projizieren, damit eine Verschmelzung der Bilder von der linken und rechten Netzhaut möglich ist. Dieser Prozeß kann nicht genetisch »vorprogrammiert« werden, da beim Wachstum unvermeidlich individuelle räumliche Abweichungen infolge Augengröße, Augendurchmesser, Augenabstand usw. auftreten. Während der ontogenetischen Ausbildung der Stereopsis wird eine zuvor unpräzise Verknüpfung zwischen retinalen Orten und binokularen Neuronen dadurch präzisiert, daß diejenigen synaptischen Kontakte selektiv verstärkt werden, die synchron aktiv sind. Dies trifft für alle Sehfasern zu, die von korrespondierenden Netzhautpunkten ihren Ausgang nehmen, da diese von einem Punkt im Sehfeld synchron in derselben Weise gereizt werden (Singer 1987).

Entscheidend bei der Stabilisierung der »richtigen« präzisen Verbindungen ist hier wiederum nicht nur die präsynaptische Aktivität, sondern auch der Zustand postsynaptischer Aktivität und das Zusammentreffen prä- und postsynaptischer Aktivität nach dem Hebbschen Prinzip. Die postsynaptische Zelle muß durch andere Prozesse bereitgemacht werden für diese Veränderungen. Lerninduzierende Signale müssen deshalb von anderen Systemen im Gehirn kommen. Diese Systeme sind das Wachheits- und Aufmerksamkeitssystem und propriozeptive Signale vom Motorsystem (Singer 1987). Zum ersteren System gehören der Locus coeruleus im verlängerten Mark (Medulla oblongata), die Formatio reticularis des Mittelhirns, thalamische Regionen und insbesondere das basale Vorderhirn. Als Neuromodulatoren treten hier z. B. noradrenerge (Nor-Epinephrin: Locus coeruleus) und cholinerge Transmitter (Acetylcholin: basales Vorderhirn) auf. Es wird angenommen, daß auf einer Nervenzelle im visuellen Cortex, an der plastische Veränderungen möglich sind, vier Arten von Synapsen enden: (i) sensorische (z. B. thalamische) Eingänge, (ii) Eingänge vom cholinergen modulierenden System, (iii) Eingänge vom adrenergen modulierenden System, (iv) rekurrente exzitatorische Eingänge. Die Aktivität der modulierenden Eingänge führt zum Schließen von Kalium-Kanälen, erhöhter Exzitabilität und damit zu erhöhtem Calcium-Einstrom bzw. zur Aktivierung intrazellulären Calciums.

Im Fall der Ausbildung binokulärer Neurone kommen modulierende, bereitmachende Signale offenbar einerseits von den Augenmuskeln, die über den Zustand binokularen Fixierens (Augenkonvergenz) informieren, andererseits über das retikuläre Aufmerksamkeitssystem. Das bedeutet, daß die Ausbildung binokularer Neurone und präziser Augenkonvergenz, die beide notwendige Bedingungen der Stereopsis sind, sich aneinander schärfen, indem diejenigen Synapsen verstärkt werden, die bei einer bestimmten Augenkonvergenzstellung eine optimale Bildfusion ermöglichen. Außerdem muß das Tier oder der Mensch einen Gegenstand *wach* und *aufmerksam* betrachten, d. h. ihn als wahrnehmungs- und handlungsrelevant ansehen, sonst finden keine plastischen Veränderungen statt. Ähnliches gilt für die Ausbildung okulärer Dominanz und Orientierungsselektivität.

Auch hier, wie bei der Langzeitpotenzierung im Hippocampus spielen auf molekularer Ebene die NMDA-Rezeptoren eine wichtige Rolle für die Induktion plastischer Prozesse aufgrund des Zusammentreffens prä- und postsynaptischer Aktivität. So verhindert die chemische Blockade von NMDA-Rezeptoren eine erfahrungsbedingte Ausbildung der Orientierungsselektivität und der okulären Dominanz im visuellen Cortex (Singer 1987).

5. Tangentiales System und die Einheit von Wahrnehmung und Gedächtnis

Ein wesentliches Merkmal des neuronalen Wahrnehmungssystems allgemein und der Primaten und des Menschen insbesondere ist seine *Distributivität*. Dies bedeutet, daß dasjenige, was wir z. B. im visuellen System als einen zusammenhängenden, vielgestaltigen und sinnvollen Sinneseindruck wahrnehmen, im Gehirn in zahllosen Einzelaspekten verarbeitet wird. Diese umfassen teils elementare Komponenten visueller Wahrnehmung, wie Ort, Bewegungsrichtung, Geschwindigkeit, Farbe, Kontrast und Orientierung von Bildpunkten und Konturen, teils komplexere Wahrnehmungsinhalte, wie Formen und Gestalten vor einem Hintergrund und schließlich ganze Szenen. Dies geschieht in vielen subcorticalen und corticalen Zentren gleichzeitig aufgrund einer Kombination paralleler, konvergenter und divergenter Verschaltungen. Diese Zentren sind über das ganze Gehirn und den ganzen Cortex verstreut, d. h. sie liegen räumlich oft weit auseinander. Nirgendwo im Gehirn läuft dies alles in einem »Wahrnehmungszentrum« zu einer lokalisierten neuronalen Aktivität zusammen, die der subjektiv empfundenen Einheit der Wahrnehmung entspräche. Das sensorische Verarbeitungssystem bleibt *distributiv*, wenn es in die verhaltenssteuernden Systeme einmündet.

Allerdings existiert im Cortex ein System weitreichender tangentialer Fasern der Pyramidenzellen, welche befähigt sind, momentane Verknüpfungen auch weit auseinanderliegender Verarbeitungszentren herzustellen (vgl. Von der Malsburg und Singer 1988). Wird nun das visuelle System durch ein bestimmtes Arrangement visueller Objekte erregt, so »befassen« sich die vielen Zentren mit den unterschiedlichsten Aspekten dieser Objekte hinsichtlich der obengenannten Kategorien. Bewegt sich ein bestimmtes Objekt vor einem Hintergrund, dann haben alle Merkmale dieses Objektes hinsichtlich der Bewegung, Bewegungsrichtung, Geschwindigkeit, Geschlossenheit der Kontur, der Farbe und Farbschattierungen, des Kontrastes usw. ein *gemeinsames raumzeitliches Schicksal*. Dieses gemeinsame raumzeitliche Schicksal kann nun durch die tangentialen Fasern »entdeckt« werden, so daß sich bestimmte spezialisierte Zellen in bestimmten Zentren hinsichtlich ihrer Aktivität einkoppeln und selbst ein *distinktes raumzeitliches* Muster bilden, auch wenn dieses stark distributiv ist. Dies ist offenbar die Grundlage der Gestaltwahrnehmung und der Einheitlichkeit unserer Wahrnehmung.

Wenn nun bestimmte kohärente Erregungsmuster aufgrund von Kombinationen bestimmter Merkmale zur selben Zeit und am selben Ort immer wieder auftreten, so verstärken sich im obengenannten Sinne bestimmte Verknüpfungen, die dann mit bestimmten Korrelationen visueller Objekte korrespondieren. Das visuelle System lernt auf diese Weise die Strukturierung der visuellen Welt in Objekte und Prozesse. Es antwortet dann mit erhöhter Bereitschaft auf Strukturen und Ereignisfolgen, die sich in früheren Erlebnissen als *geordnet* und *kohärent* erwiesen haben. Dies zeigt, daß Wahrnehmung und Gedächtnis untrennbar miteinander verbunden sind. Wir nehmen stets durch die »Brille« unseres Gedächtnisses wahr; denn das, was wir wahrnehmen, ist durch frühere Wahrnehmungen entscheidend mitbestimmt.

6. Fazit: Wie funktionieren Lernen und Gedächtnis und wer organisiert sie?

Trotz erheblicher Erfolge bei der Aufklärung der zellulären und molekularen Mechanismen, die möglicherweise den Lern- und Gedächtnisprozessen zugrunde liegen, und der Vielzahl anatomischer und klinischer Befunde über die Folgen von Hirnverletzungen für das Gedächtnis bleiben wesentliche Fragen weiterhin im Dunkeln. Zum ersten ist unklar, ob die synaptischen Prozesse, wie sie bei Säugern im Hippocampus oder (worauf nicht eingegangen wurde) im Kleinhirn studiert wurden und werden, spezifische konstitutive Prozesse der Gedächtnisbildung sind oder nur begleitende Ereignisse. Bei Aplysia und Hermissenda scheint ersteres festzustehen, aber hier handelt es sich um stammesgeschichtlich weit vom Menschen entfernte Wesen und zudem um überaus einfache Verhaltensparadigmen. Aber auch wenn wir annehmen, daß Gedächtnisprozesse auf Ereignissen wie Langzeitpotenzierung im Hippocampus beruhen, so ist doch klar, daß diese Mechanismen als solche den Prozeß des Lernens und Gedächtnisses nur *ermöglichen,* ihn aber nicht *steuern* können. Das Prinzip der Hebb-Synapse besagt, wie dargestellt, daß sensorische Reizungszustände nur dann zu einer Modifikation von Nervennetzen führen, wenn die postsynaptische Zelle *durch andere Einflüsse* zum Lernen bereitgemacht wird. Diese anderen Einflüsse kommen aber von den zentralen Bewertungszentren im Hirnstamm und im basalen Vorderhirn, die mit Wachheit, Aufmerksamkeit und Motivation zu tun haben. Das heißt, nur dasjenige wird gelernt, was *neu* und *wichtig* erscheint. Das meiste, was wir wahrnehmen, ist zumindest im Detail neu, aber unwichtig, während Altvertrautes per se unwichtig ist.

Jeder Wahrnehmungsinhalt muß also im ersten Schritt durch »Neuheitsdetektoren« auf seinen Neuigkeitsgrad und dann durch »Relevanzdetektoren« auf seine Wichtigkeit hin überprüft werden, ehe das Gedächtnissystem in Aktion tritt. Beide Systeme arbeiten im menschlichen Gehirn außerordentlich schnell (z. B. im Kontext der Gesichtererkennung) und umfassen viele Milliarden Nervenzellen im Cortex. Was aber neu und wichtig ist, ist neu und wichtig stets nur *in bezug auf frühere Erfahrung.* Die »Neuheits- und Relevanzdetektoren« müssen daher das aktuell Wahrgenommene mit dem früher für wichtig Erachteten und »Abgespeicherten« vergleichen. Das heißt, sie arbeiten nach Kriterien, die wiederum aus dem Gedächtnissystem kommen.

Hiermit geraten wir in einen scheinbaren Zirkel, der das grundlegende Organisationsprinzip des Gehirns als eines kognitiven Systems, das der *Selbstreferentialität,* charakterisiert. Dieses Prinzip besagt, daß das Gehirn die Kriterien, nach denen es seine eigene Aktivität bewertet, selbst entwickeln muß, und zwar aufgrund früherer interner Bewertungen der eigenen Aktivität. Lernen ist für das Gehirn (und damit den Gesamtorganismus) stets Lernen am Erfolg oder Mißerfolg eigenen Handelns, wobei die Kriterien für die Feststellung von Erfolg selbst wieder dem Lernen am Erfolg unterliegen. Diese Selbstreferentialität unterscheidet das Gehirn des Menschen und der Tiere bisher grundsätzlich von allen bisherigen »lernenden« Computern, denen die Regeln, nach denen sie zu lernen haben, vorgegeben werden, und dies beschränkt ihre Lernfähigkeit außerordentlich. Freilich ist es technisch nicht unmöglich, selbstreferentielle Computer zu bauen. Diese werden aber, wenn sie begonnen haben, die Kriterien der Beurteilung eigenen Handelns selbst zu entwickeln, ein ähnliches Maß an Autonomie und Unvorhersagbarkeit entwickeln wie Menschen und Tiere.

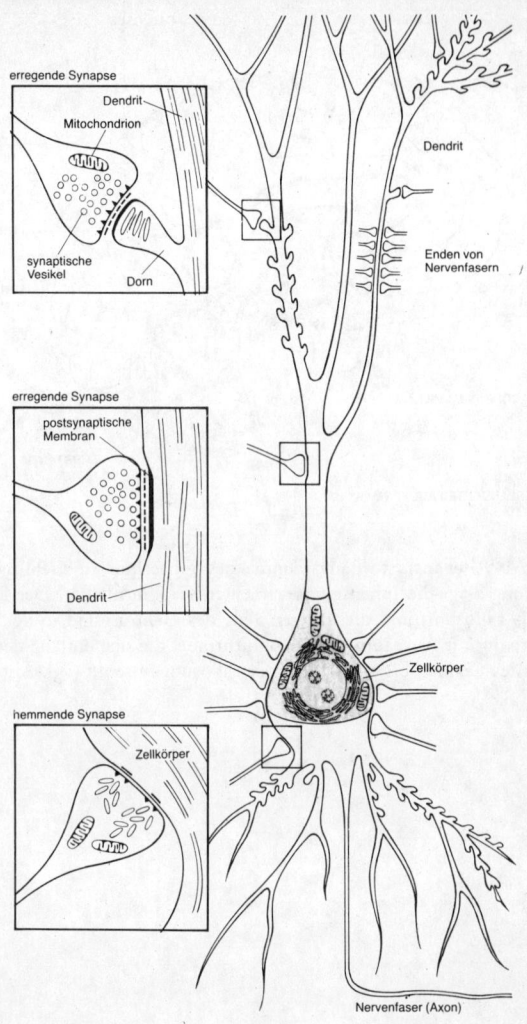

Abb. 1: Nervenzelle mit unterschiedlichen Typen von Synapsen. Zur Erläuterung siehe Anmerkung 1. Aus: Gehirn und Nervensystem. Spektrum
der Wissenschaft: Verständliche Forschung. Heidelberg 1985.

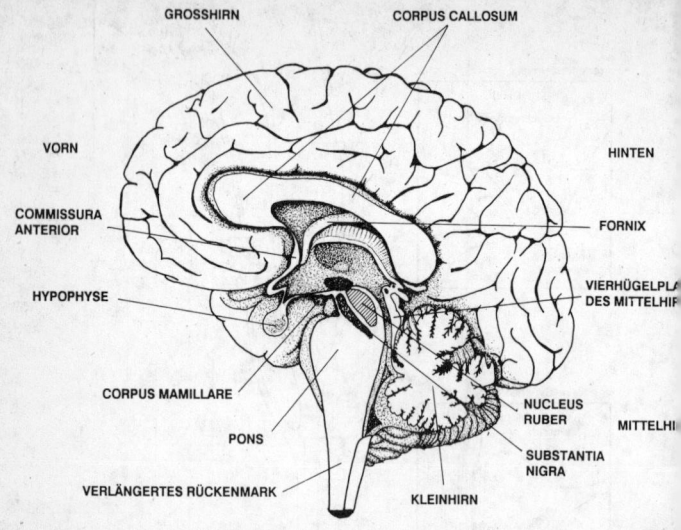

Abb. 2A: Seitenansicht (Längsschnitt) des menschlichen Gehirns. Die Abbildung zeigt die Innenseite der rechten Großhirnhälfte. Der Balken (Corpus callosum) und die übrigen Teile des Gehirns sind in der Mitte durchtrennt mit Ausnahme der Großhirnrinde, die sich entlang der Mittellinie des Gehirns bis auf das Corpus callosum einsenkt (vgl. Abb. 2B).

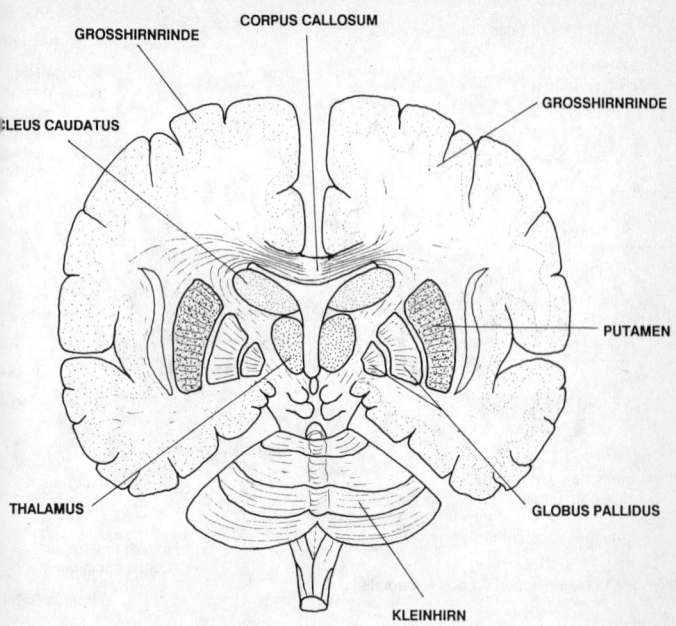

GROSSHIRNRINDE

CORPUS CALLOSUM

GROSSHIRNRINDE

CLEUS CAUDATUS

PUTAMEN

THALAMUS

GLOBUS PALLIDUS

KLEINHIRN

Abb. 2B: Querschnitt durch das menschliche Gehirn auf der Höhe des
Thalamus und der Basalkörper.

151

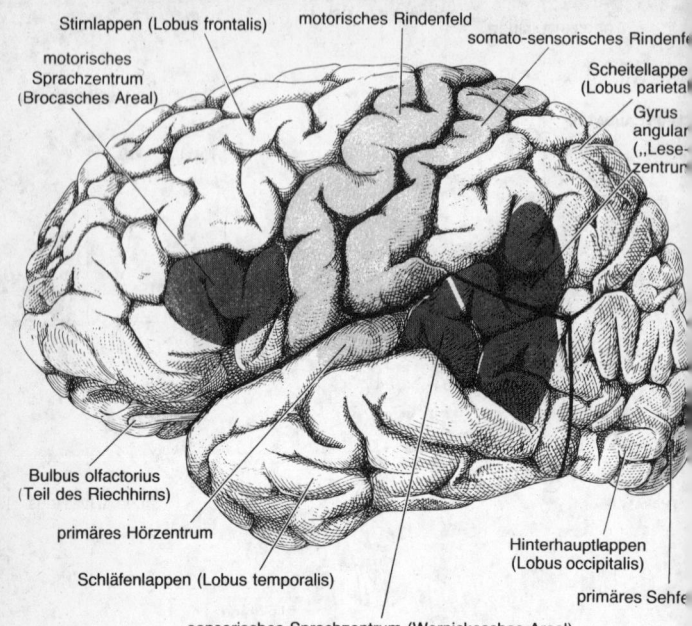

Stirnlappen (Lobus frontalis)   motorisches Rindenfeld

motorisches
Sprachzentrum
(Brocasches Areal)

somato-sensorisches Rindenfe

Scheitellappe
(Lobus parieta

Gyrus
angular
("Lese-
zentrun

Bulbus olfactorius
(Teil des Riechhirns)

primäres Hörzentrum

Schläfenlappen (Lobus temporalis)

Hinterhauptlappen
(Lobus occipitalis)

primäres Sehfe

sensorisches Sprachzentrum (Wernickesches Areal)

Abb. 2C: Seitenansicht der menschlichen Großhirnrinde. Aus: Gehirn und Nervensystem. Spektrum der Wissenschaft: Verständliche Forschung, Heidelberg 1985.
Weitere Erklärungen siehe Anmerkung 2.

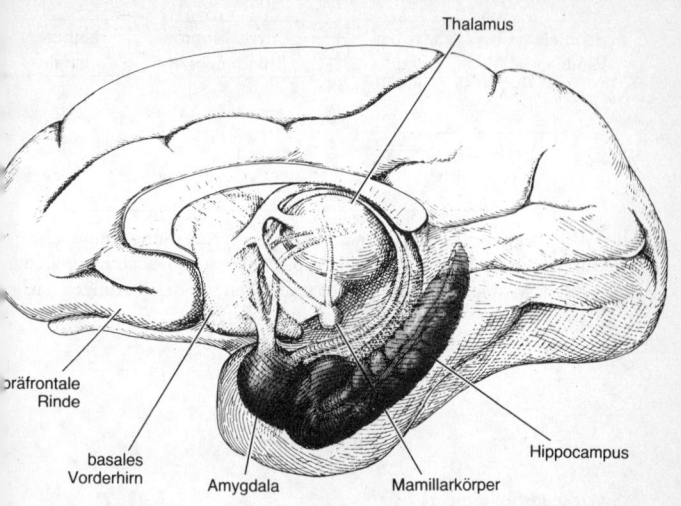

Abb. 3A: Gehirnteile, die wesentlich an Gedächtnisprozessen beteiligt sind. Die Abbildung zeigt das Gehirn eines Affen. Aus M. Mishkin/ T. Appenzeller. Spektrum der Wissenschaft, August 1987.

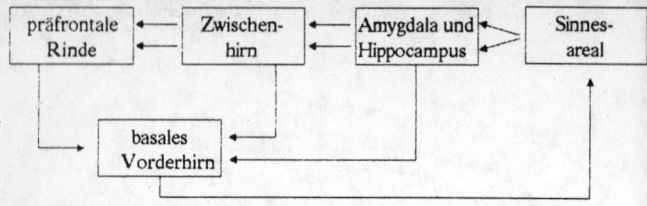

Abb. 3B: Diagrammatische Darstellung der Verschaltung von Gehirnstrukturen, die nach Mishkin und Appenzeller am Gedächtnis beteiligt
sind. Nach Mishkin/Appenzeller, a.a.O. Weitere Erläuterungen siehe
Text, S. 133 f.

Anmerkungen

1 Synapse (Abbildung 1)

Synapsen sind die Kontaktstellen zwischen den Nervenzellen bzw.
zwischen Rezeptoren und Nervenzellen oder Nervenzellen und Mus-
kelzellen. An ihnen wird die neuronale Erregung übertragen. Dies erfolgt entweder elektrisch oder chemisch. Bei den selteneren elektrischen Synapsen erfolgt die Übertragung der neuroelektrischen Erregung über direkten Kontakt der Zellwände ohne jede Verzögerung. Bei
chemischen Synapsen ist kein direkter Kontakt zwischen Nervenzellen
vorhanden; diese sind durch den synaptischen Spalt voneinander getrennt. Die elektrische Erregung setzt im sogenannten präsynaptischen
Endknöpfchen eines Axons eine chemische Substanz *(Transmitter)*, in
einer der Erregung entsprechender Menge frei; der Transmitter wird in
den synaptischen Spalt ausgeschüttet und erregt oder hemmt die gegen-
überliegenden, *subsynaptische* Membran des nachgeschalteten (postsynaptischen) Neurons. Bei erregenden (exzitatorischen) Synapsen entsteht wieder eine elektrische Erregung in der nachgeschalteten Zelle, bei
hemmenden (inhibitorischen) Synapsen wird die nachgeschaltete Zelle
kurzfristig weniger erregbar. Synapsen finden sich zwischen Axon und
Zellkörper, Axon und Dendriten, Axon und einem anderen Axon oder
zwischen Dendritenästen.

2 Großhirn (Abbildungen 2 und 3)

Das *Großhirn des Menschen* gliedert sich in Basalkerne (Striatum) und
Rinde (Cortex) (Ebbesson 1980; Creutzfeldt 1983). Die *Basalkerne* bestehen bei Säugetieren und beim Menschen aus dem Nucleus caudatus,
dem Putamen und dem Globus pallidus (vgl. Abbildung 2B), die alle

mit Bewegungssteuerung zu tun haben. Die Vorder- bzw. Großhirnrinde besteht aus drei Anteilen: Palaeocortex, Archicortex und Neocortex. Der *Palaeocortex* umfaßt das Riechhirn und den Mandelkern (Amygdala) und beinhaltet olfaktorische Erregungsverarbeitung sowie emotionale Verhaltensbeeinflussung und -steuerung (z. B. Aggression). Der *Archicortex* ist mit dem *Hippocampus* Teil des *limbischen Systems*. Hierzu gehören auch in der Innenseite des Vorderhirns liegende neocorticale Anteile, wie der Gyrus cinguli, palaeocorticale Anteile, wie die Amygdala, und Zwischenhirnanteile (Nucleus anterior thalami, Corpus mammillare) (vgl. Abbildungen 2A, 3). Das limbische System hat neben emotionaler Verhaltensbeeinflussung mit Speicherung und Abruf von Gedächtnisinhalten zu tun.

Der *Neocortex* (Abbildung 2C) stellt beim Menschen den größten Teil des Vorderhirns und des Gehirns insgesamt dar (Creutzfeldt 1983; Rakic/Singer 1988). Er setzt sich zusammen aus primären und sekundären sensorischen und motorischen Arealen sowie aus sogenannten assoziativen Gebieten, in denen die sensorischen Erregungen integriert werden. Der Neocortex ist trotz seiner großen funktionalen Vielfalt sehr gleichförmig aufgebaut. Er besteht aus sechs horizontalen Schichten, die durch das Vorhandensein unterschiedlicher Typen von Nervenzellen und Nervenzellfasern charakterisiert sind. Die drei oberen Schichten enthalten lang- und kurzreichweitige Fasern, welche die corticalen Gebiete untereinander verknüpfen. In der vierten Schicht enden die sensorischen Afferenzen vom Thalamus, während von der fünften und sechsten Schicht Fasern zu nicht-corticalen Gehirnteilen (z. B. Basalkernen, Thalamus, Rückenmark) ausgehen. In den unterschiedlichen corticalen Gebieten sind diese sechs Schichten unterschiedlich stark ausgeprägt: in sensorischen Arealen ist Schicht 4 und in motorischen Arealen Schicht 3 und 5 besonders breit. Insgesamt unterscheidet man aufgrund anatomischer und physiologischer Kriterien etwas über 50 verschiedene Hirnrindengebiete.

Der Neocortex des Menschen ist stark eingefaltet und gliedert sich in vier Lappen: Stirn-, Scheitel-, Schläfen- und Hinterhauptslappen (Abbildung 2C). Der Hinterhauptslappen enthält primäre und sekundäre visuelle Areale, der Schläfenlappen enthält in seinem oberen Teil die primären und sekundären auditorischen Areale und ebenfalls in seinem oberen sowie in seinem mittleren und unteren Teil assoziative Areale, die mit komplexer visueller und auditorischer Erregungsverarbeitung zu tun haben. Im mittleren Bereich des Schläfenlappens findet sich auch (meist auf der linken Seite des Gehirns) das sogenannte sensorische Sprachzentrum (Wernickes Zentrum), das mit Sprachverständnis zu tun hat. Der Schläfenlappen ist vom Stirnlappen durch die Zentralfurche getrennt. Unmittelbar hinter der Zentralfurche sind somatosensorische

Erregungsgebiete angeordnet, die mit Haut-, Muskel- und Gelenkstel-
lungs-, Temperatur- und Schmerzempfindungen zu tun haben. Weiter
hinten liegende Gebiete des Scheitellappens sind mit komplexer Raum-
und Bewegungswahrnehmung und Raumorientierung befaßt. Der vor
der Zentralfurche gelegene Teil des Stirnlappens beinhaltet motorische
und prämotorische Gebiete. Hier nimmt bei Säugern und beim Menschen die sogenannte Pyramidenbahn ihren Ausgang, die für die Fein-
motorik der Gliedmaßen zuständig ist. In der Nähe der motorischen
Rinde, welche das Gesicht, den Mund und die Zunge versorgt, liegt
(wiederum meist auf der linken Seite) das sogenannte motorische
Sprachzentrum (Brocas Zentrum), das den Sprachfluß reguliert. Der
vordere Teil des Stirnlappens scheint mit der Integration verschiedener
sensorischer Modalitäten, mit Handlungsplanung und der Konstitution
von Persönlichkeitsempfindungen befaßt zu sein und steht mit dem
limbischen System in enger Verbindung.

All diese primären und sekundären sensorischen und motorischen Gebiete sowie die assoziativen Gebiete sind nicht nur untereinander hochgradig verkoppelt, sondern stehen mit jeweils entsprechenden Gebieten
im Thalamus in wechselseitiger Verbindung; dieses letztere, viele Mil-
lionen auf- und absteigender Fasern umfassende System wird cortico-
thalamisches System genannt (Creutzfeldt 1983). Über den Thalamus
wie auch über direkte Verbindungen hat der Neocortex vielfältige Kontakte zu nahezu allen anderen Hirnteilen.

Literatur

Abrams, Th. W. und E. Kandel (1988), »Is contiguity detection in classical
conditioning a system or a cellular property? Learning in Aplysia sug
gests a possible molecular site«, in: *Trends in Neurosciences*, 11/4
S. 128-135.

Agranoff, B. W. (1973), »Biochemical Approaches to learning and me
mory«, in: G. B. Ansell und P. B. Bradley (Hg.), *Macromolecules and
Behavior*, London: McMillan.

Andersen, P. (1987), »Long-term potentiation – outstanding problems«
in: Changeux, J.-P. und Konishi, M. (Hg.) (1987), *The Neural and
Molecular Bases of Learning*, Dahlem, Workshop Reports, Wiley; Chi
chester/New York/Brisbane/Toronto/Singapore, S. 239-262.

Booth, D. A. und C. W. T. Pilcher (1973), Behavioural effects of protein
synthesis inhibitors: consolidation blockage or negative reinforce
ment?«, in: G. B. Ansell und P. B. Bradley (Hg.), *Macromolecules and
Behavior*, London: Macmillan.

Changeux, J.-P. und Konishi, M. (1987), *The Neural and Molecular Bases of Learning*, Dahlem Workshop Reports. Wiley: Chichester.

Creutzfeldt, O. D. (1983), *Cortex Cerebri. Leistung, strukturelle und funktionelle Organisation der Hirnrinde*, Springer: Berlin/Heidelberg/New York.

Crow, T. (1988), »Cellular and molecular analysis of associative learning and memory in Hermissenda«, in: *Trends in Neurosciences* 11/4, S. 136-141.

Exner, S. (1879), »Physiologie der Großhirnrinde«, in: L. Hermann (Hg.) *Handbuch der Physiologie 2/2*, S. 189-350.

Fechner, G. Th. (1860), *Elemente der Psychophysik*, Leipzig.

Gustafsson, B. und H. und Wigström (1988), »Physiological mechanism underlying long-term potentiation«, in: *Trends in Neurosciences* 11/4, S. 156-162.

Hebb, D. O. (1949), *The Organization of Behavior*, Wiley: New York/London.

Hilgard, E. R. und D. G. Marquis (1940), *Conditioning and Learning*, New York.

Hydén, H. (1959), »Quantitative assay of compounds in isolated, fresh nerve cells and glial cells from control and stimulated animals«, in: *Nature* 184, S. 433-435.

Hydén, H. (1973), »Changes in brain protein during learning«, in: G. B. Ansell und P. B. Bradley (Hg.) (1973), *Macromolecules and Behavior*. London; Macmillan.

James, W. (1890), *The Principles of Psychology*, New York.

Jerison, H. G. (1973), *Evolution of the Brain and Intelligence*, New York: Academic Press.

Lashley, K. S. (1950), »In seach of the engram«, in: *Symposium of the Society Experimental Biology* 4, S. 454-482.

Lorente de Nó, R. (1938), »Analysis of the activity of the chains of internuncial neurons«, in: *J. Neurophysiol.* 1, S. 207-244.

Mishkin, M. und T. Appenzeller (1987), »The anatomy of memory«, in: *Scientific American*, Juni, S. 62-71.

Müller, G. E. und A. Pilzecker (1900), Experimentelle Beiträge zur Lehre vom Gedächtnis«, *Z. Psychol. Suppl.* 1, S. 1-288.

Penfield, W. und G. Mathieson (1974), »Memory – Autopsy findings and comments on the role of hippocampus in experiential recall«, in: *Arch. Neurol.* 31, S. 145-154.

Penfield, W. und L. Roberts (1959), *Speech and Brain-Mechanisms*, Princeton; Princeton University Press.

Pribram, K. H. (1969), »The neurophysiology of remembering«, in: *Scientific American*, Jan., S. 73-86.

Rakic, P. und Singer, W. (Hg.) (1988), *Neurobiology of Neocortex*, Life Sciences Research Report 42, Wiley: Chichester.

Singer, W. (1987), »Activity-dependent self-organization of synaptic con-
nections as a substrate of learning«, in: Changeux, J.-P. und Konishi,
M. (1987), *The Neural and Molecular Bases of Learning*, Dahlem
Workshop Reports. Wiley: Chichester, S. 301-336.

Squire, L. R. (1987), Memory: Brain Systems and Behavior, New York/
Oxford: University Press.

Squire, L. R. und St. Zola-Morgan (1988), »Memory: brain systems and
behavior«, *Trends in Neurosciences* 11/4, S. 170-175.

Thompson, W. J. (1987), »Activity-dependent regulation of gene expres-
sion (group report)«, in: Changeux, J.-P. und Konishi, M. (1987), *The
Neural and Molecular Bases of Learning*, Dahlem Workshop Reports,
Wiley: Chichester, S. 13-30.

Ungar, G. (1974), »Molecular coding of memory«, in: *Life Sciences* 14,
S. 595-604.

Von der Malsburg, C. und W. Singer (1988), in: Rakic P. und Singer, W,
(Hg.) (1988), *Neurobiology of Neocortex*, Life Sciences Research Report 42, Wiley: Chichester, S. 69-100.

Francisco J. Varela
Allgemeine Prinzipien des Lernens im Rahmen der Theorie biologischer Netzwerke

1. Einleitung

Diese Arbeit sucht klarzulegen, was im Rahmen der Theorie biologischer Netzwerke über Lernen gesagt werden kann. Im besonderen sollen die folgenden beiden Thematiken behandelt werden:

(1) die Bestimmung grundlegender Mechanismen des Lernens in unterschiedlichen lebenden Systemen: Gehirnen, Populationen, Immunsystemen;

(2) die Anwendung dynamischer Erklärungsprinzipien, um die vorliegenden Forschungsergebnisse aus *einheitlicher* Perspektive neu formulieren und so auf gleicher Ebene in Beziehung setzen zu können.

Es wird nicht überraschen, daß ich diese Thematiken gemäß der Auffassung behandeln werde, daß lebende Systeme *autonome* Gebilde sind – einer Auffassung, die ich anderswo ausführlich entwickelt habe (Varela 1979, 1988). Im Gegensatz zu heute vorherrschenden Ansätzen suche ich die Prinzipien des Lernens nicht in irgendeiner Art von Information, die aus der Außenwelt in das System hineingelangt. Ich möchte statt dessen darlegen, daß wir uns mit denjenigen in der *Struktur* eines Systems liegenden Fähigkeiten beschäftigen müssen, die es erlauben, daß sich das System im Verlauf der Geschichte seiner Koppelung an ein Milieu in bestimmter Weise verändert. Lernen verstehe ich folglich als eine Form ständiger wechselseitiger Abstimmung zwischen den internen Aktivitäten des Organismus und den fortwährend wirksamen (Stör-)Einflüssen der Umgebung. Das Grundproblem, das zu lösen ist, besteht somit nicht darin festzustellen, wie irgendeine Art von Information innerhalb des kognitiven Systems repräsentiert wird, sondern vielmehr darin zu zeigen, wie das kognitive System aufgebaut ist, damit es zu einer Kovarianz mit seiner Umgebung kommen kann. Mit anderen Worten: die

Probleme des Lernens sind in meiner Sicht struktureller Art und nicht Probleme der Außenweltabbildung.

Interessanterweise deckt dieser Erklärungsansatz auch hochgradige Übereinstimmungen zwischen *individuellem Lernen und Evolution* auf, wie sie im übrigen schon bei Gregory Bateson (in *Mind and Nature*) anzutreffen sind. Wie bei anderen Ideen Batesons bedurfte es jedoch auch hier gewisser Entwicklungen, um zu greifbaren und expliziten Ergebnissen zu gelangen, wie ich gleich noch zeigen werde. Die grundlegende strukturelle Übereinstimmung besteht bei beiden Phänomenen darin, daß sie in Netzwerken aktiver Einheiten entstehen. Bei individuellem Lernen verändern sich die aktiven Einheiten (Neuronen des Gehirns) gemäß Gesetzen (bzw. einer »*Metadynamik*«, wie ich weiter unten formuliere), die ihre Verbindungen modifizieren; bei evolutionärem Lernen verändern sich die aktiven Einheiten (Zellen, Individuen) gemäß einer bestimmten Strategie der Ersetzung derjenigen aktiven Einheiten, die das Netzwerk bilden.

Diese beiden Strategien, Veränderungen der Konnektivität sowie Wechsel der ein Netzwerk konstituierenden Einheiten, zeigen interessante Parallelen und Verschiedenheiten, wenn man sie in einem hinreichend allgemeinen Kontext betrachtet. Eben darauf bezog sich der oben unter (2) gemachte Hinweis auf dynamische Erklärungsprinzipien. Ich möchte daher gleich zu Anfang klarstellen, daß es mir darum geht, die Gemeinsamkeiten individuellen und evolutionären Lernens so präzise wie möglich darzustellen. Ich werde mich *nicht* mit bestimmten allgemeineren Überlegungen befassen, die bei dieser Problematik sonst durchaus angebracht wären, noch werde ich auf symbolisch-rechnerische (d. h. »linguistische«) Ansätze der Lernforschung eingehen. Ich bitte die Leser auch um Verständnis für die sehr kompakte Sprache, die ich benutzen muß, um diese Probleme in einem dynamischen Rahmen zu behandeln, denn mein Ziel ist es, die wichtigsten Aspekte auf hinreichend allgemeiner Ebene zu klären, nicht irgendwelche Einzelheiten auszubreiten.

Im zweiten Teil der Arbeit werde ich ausführlicher auf die weniger geläufigen evolutionären Strategien eingehen, die nach gegenwärtigem Wissen im wesentlichen von zweierlei Art sind. Auf der einen Seite gibt es in der Evolution von Populationen die Strategie, neue Mitglieder durch genetische Rekombination einzuführen – eine Strategie, die in der Geschichte des Lebens zweifellos gute Ergebnisse bewirkt hat. Demgegenüber gibt es aber ein anderes evolutionäres Szenario, das ständig in unseren Körpern aktiv ist und in der Dynamik unseres Immunsystems besteht, durch die wir fortwährend lernen, trotz gewaltiger Veränderungen unserer Zusammensetzung sowie unserer molekularen Umgebung aufgrund wechselnder Nahrung, unterschiedlicher Luft und subklinischer Infektionen unsere makromolekulare Identität zu bewahren. Die großartigen Leistungen dieses Immunsystems im Sinne von Lernprozessen sind in meinen Augen die am wenigsten gewürdigten Leistungen eines biologischen Netzwerks, und ich möchte mich daher besonders bemühen, einige der Parallelen zu den genetischen Strategien der Evolution aufzuzeigen.

Im folgenden will ich zeigen, daß die genannten Parallelen aus biologischer Sicht vernünftig sind und wie gegenwärtig daran gearbeitet wird, diese Strategien in allgemeinerer Form darzustellen.

2. Eine heuristische Definition des Lernens

In einem ersten Schritt werde ich eine zumindest provisorische Konzeption dessen vorlegen, was ich im gegebenen Rahmen als »Lernen« verstehen will, nämlich

> Modifikation der Struktur eines autonomen (lebenden) Systems, die zu einer Veränderung der Art der Koppelung dieses Systems führt.

Die mit dieser Definition verbundenen epistemologischen Fragen will ich zunächst übergehen. (Zu den Begriffen der Autonomie und der Koppelung vgl. Varela 1979; Maturana und Varela 1987.) Was ich mit »Struktur« bezeichne, bedarf jedoch der Konkretisierung. Für die Zwecke dieser Arbeit:

> Struktur = ein modifizierbares Netzwerk kooperierender/konkurrierender aktiver Einheiten.

»Netzwerk« bedeutet hier: ein System, das durch N wechselseitig interagierende aktive Einheiten (Variablen) $x_1(t), \ldots, x_N(t)$ definiert ist, welche den Zustand $X(t)$ des Systems zur Zeit t konstituieren. Man faßt dann die lineare Dynamik von X folgendermaßen:

$$x_i(o) = a_i$$

$$\frac{dx_i}{dt}(t) = F_i(x_i)$$

$$a_i, b_i, f_i \in C^{\infty}; i = 1, \ldots, N \in \mathfrak{J}; X \in \mathfrak{R}^N$$

Das heißt, daß [1] die *Gesetze* (oder Regeln) des Systems und die Matrix $M = m_{ij}$ seine *Konnektivität* beschreibt. Teilmengen der Menge aktiver Einheiten ($M \leq N$) sind die sensorisch-motorischen Oberflächen, über die Koppelung erfolgt.

Der zentrale Aspekt der Lernens betrifft nun die Art, in welcher Strukturveränderungen ablaufen. Dies expliziere ich folgendermaßen:

> Strukturveränderung = Metadynamik, d. h. ein Gesetz der Modifikation der Dynamik.

Die entscheidende These dieser Arbeit lautet: Im Lichte der Forschungsergebnisse scheint es sinnvoll, zwei grundlegend verschiedene, aber komplementäre Stile des Lernens zu unterscheiden. Diese sind:

Neuronales Lernen

Das Netzwerk umfasse eine festgelegte Menge aktiver Einheiten; eine Metadynamik werde eingeführt, die die Konnektivität $\Rightarrow$ Regeln der Veränderung von M modifiziert.

Evolutionäres Lernen

Die Konnektivität sei invariant; eine Metadynamik werde eingeführt, um die aktiven Einheiten des Netzwerkes zu verändern $\Rightarrow$ Regeln, die Aufzählung N zu verändern.

Im folgenden werde ich diese beiden Strategien getrennt erörtern.

3. Neuronale Strategien

Ich kann für diesen Fall die wichtigsten begrifflichen Bestandteile der oben gegebenen heuristischen Definition folgendermaßen präzisieren:

Struktur wird zu einer spezifischen Klasse nicht-linearer Netzwerke;

aktive Einheiten entsprechen neuronaler elektrischer Aktivität;

Konnektivität wird zu hirnähnlichen synaptischen Verbindungen.

Explizit kann dies durch die folgende Systemfamilie dargestellt werden:

[2]

$$\frac{dx_i}{dt}(t) = a_i(x_i)[b_i(x_i) - \sum_{k=1}^{N} m_{ik}f_k(x_k)]$$

Hier wird die neuronale Aktivität durch eine Quelle b erzeugt, durch a verstärkt und durch die Interaktion mit anderer neuronaler Aktivität über die Konnektivitätsmatrix reguliert.

Es besteht folgender grundlegender Sachverhalt:

Theorem (Cohen-Grossberg 1983):

Genügt das System [2]

$$m_{ik} = m_{ki} > a_i \geq 0, \frac{df_i}{dt}(t) \leq 0,$$

dann gilt eine globale Ljapunovfunktion (»Energiefunktion«)

$$V = - \sum_{i=1}^{N} \int_0^{x_i} b_i(\xi_i)f'_i(\xi_i)d\xi_i + \frac{1}{2} \sum_{k=1}^{N} m_{ik}f_k(x_k)f_i(x_i)$$

Diese stellt sicher, daß die Zustandsfolgen sich einem von unendlich vielen Attraktoren nähern.

Aus biologischer Sicht – das sollte man unterstreichen – ist Symmetrie eine starke Forderung.

Hier läßt sich nun Lernen direkt als spezifische Form der Strukturveränderung ableiten. Die Arbeit an neuronalen Netzwerken hat hierzu zwei wichtige Konzeptionen hervorgebracht:

> *Lernen durch Korrelation (die Hebbsche Perspektive)*
> Verändere die Konnektivität des Systems lokal, indem du jene aktiven Einheiten verstärkst, die in vorausgegangenen Koppelungsereignissen zusammen aktiv waren.

Diese Vorstellung kann zwar in verschiedener Weise formuliert werden, sie entspricht jedoch generell der folgenden Metadynamik:

Veränderung der Verknüpfungen = Korrelation zweier aktiver Einheiten

$$\frac{dm_{ik}}{dt}(t) = h(x_k)[-m_{ik} + g(x_i)] \tag{2}$$

Es gibt eine Fülle von Beispielen für diese Konzeption: ART-Lernmaschinen, Hopfield-Netze (TSP), Boltzmann-Maschinen und einen wesentlichen Teilbereich des PDP-Konnektionismus. (Vgl. ausführlicher McClelland und Rumelhart 1986.)

> *Lernen durch Instruktion (die Widrow-Hoff-Perspektive)*
> Verändere die lokale Konnektivität des Systems durch einen externen Bezugspunkt, der vom Lehrer vorgegeben wird.

Hier wird die Metadynamik als eine Funktion der Disparität mit der Angabe des Lehrers, d. h. eines Fehlers, formuliert:
Veränderung der Verknüpfungen = Gefälle (Fehler der motorischen Ausführung)

$$E = \sum_{i=1}^{M} |x_i \text{ beobachtet} - x_i \text{ erwünscht}|^2, \; M \leq N$$

$$\frac{dm_{ik}}{dt}(t) = h(x_k)[- m_{ik} + g(x_i)\frac{\partial E}{\partial m_{ik}}]$$

Beispiele: NetTalk (Sejnowski und Rosenbaum 1987), Rumelhart und die übrige PDP-Forschung.

4. Evolutionäre Strategien

Gegenüber den neuronalen Strategien, an denen gegenwärtig Tausende von Forschern arbeiten und für die auch viele konkrete Implementationen von Lernvorgängen verfügbar sind, steht die Erkundung *evolutionärer* Strategien noch am Anfang. Ich sehe darin eine bemerkenswerte Einäugigkeit des zur Zeit herrschenden kognitionswissenschaftlichen Denkens, die sich bald wird ändern müssen. Evolutionäre Strategien sind für ein umfassenderes Verstehen von Lernprozessen von entscheidender Bedeutung.
Für diesen Fall nun sind die Bestandteile unserer heuristischen Definition folgendermaßen zu bestimmen:
Struktur wird zu einer weniger scharf definierten Klasse nichtlinearer Dynamiken;
aktive Einheiten entsprechen individuellen Verhaltensweisen (Lebewesen, Botschaften, Zellen);
Konnektivität entspricht den Beziehungen innerhalb einer Population von Individuen.
Dies entspricht dem Übergang von der Ontogenese zur Phylogenese: Veränderung erfolgt durch einen Wechsel der Beteiligten, d. h. $N = N(t)$. Der diesem System angemessene Rahmen ist die

sogenannte Viabilitätstheorie (Aubin und Celina 1984). Wenn wir
den Zustand des Systems zum Zeitpunkt t kennen, dann können
wir lediglich vermuten, wie es sich im nächsten Zeitpunkt verändern wird, seine Veränderung sollte jedoch eine *viable* Zustandsfolge des Systems ermöglichen. Wir müssen daher dem System
einen Bereich einschränkender Bedingungen (»constraints«) zuweisen – wir benennen sie als »*zulässig*« – und ein Gesetz für die
Veränderung seiner Bestandteile angeben – »*bezogen-auf*« –, also
$N(t) \in$ *bezogen-auf* $(X(t))$
$X(t) \in$ *zulässig* $\subset \Re^N$
Um diesen Sachverhalt exakter formalisieren zu können, habe ich
vorgeschlagen [1] aus einer Differentialgleichung in eine Differential*inklusion* umzuwandeln (nach Aubin und Celina 1984; vgl.
Varela u. a. 1989). Das bedeutet:

[3]
$$\frac{dx_i}{dt}(t) \in \Phi_i(X(t), \textit{bezogen-auf}\ (X(t)))$$

$\Phi_i(X(t), \textit{bezogen-auf}\ (X(t))) := \{z \mid z = \Phi_i(X(t), N), N \in \textit{bezogen-auf}$
$(X(t))\}$

Wir erhalten sodann eine »Homologie« des Cohen-Grossberg-
Theorems für evolutionäre Systeme:
Viabilitätstheorem (Haddad und Aubin 1986)
Das System [3] hat viable Zustandsfolgen
$X(t) \in$ *zulässig* für alle $t \geq 0$,
dann und nur dann wenn
zulässig kompakt, und *bezogen-auf* $(X(t))$ konvex ist.
Der Begriff »Konvexität« bedeutet im wesentlichen: Alle Stadien
zwischen zwei viablen Zuständen sind viable Zustände. Aus biologischer Sicht ist das eine recht schwache Einschränkung.
Strukturwandel wiederum wird durch zwei wichtige Theorien
begründet, die eine orientiert sich an der Populationsgenetik, die
andere am Immunsystem.

---

*Lernen nach genetischen Algorithmen (Hollands Klassifi-
katorensysteme):* Ersetze die Anzahl der aktiven Einheiten
des Netzwerks durch geringfügige Rekombination derjenigen Einheiten, die gerade aktiv sind.

Die allgemeine Form eines solchen Systems ist
[4]
Veränderung = Gewinne − Angebote − Kosten + genetische Heuristik,
genetisch = Rekombinationen (aktive Einheiten des Netzwerkes):

$$\frac{dx_i}{dt} = \alpha\sum_j m_{ij}x_j\emptyset(x_j) - \beta\sum_j m_{ji}x_j\psi(x_j) - kx_i + \text{genetisch}[i,t].$$

Genetisch [i,t] ∈ *bezogen-auf* (X(t)).
Beispiele für diesen Ansatz: die Arbeiten Hollands (1986) sowie Goldbergs über Gasröhrenkontrolle (1988).
Die zweite Strategie evolutionären Lernens ist bislang nur wenig erforscht worden. Sie gründet sich auf ein wichtiges biologisches Netzwerk:

Lernen durch Rekrutierung (Varela und Coutinho):
Ersetze aktive Einheiten durch Abruf anderer Einheiten aus einem Vorrat je nach dem Gesamtzustand des Systems.

Eine biologische adäquate Form dieses Systems ist:
[5]
Veränderte Antikörper = − Bindung + Produktion,
Veränderte Lymphozyten = − Tod + Vermehrung + Rekrutierung,
Rekrutierung = Auswahl (aus Vorrat je nach Bedarf)

$$\frac{df_i}{dt}(t) = - \sum_j m_{ij}f_i(t)\, f_j(t) + Mat(\sum_j m_{ij}f_j)b_i$$

$$\frac{db_i}{dt}(t) = -b_i(t)[k+Mat(\sum_j m_{ij}f_j)] + Prol(\sum_j m_{ij}f_j)b_i(t) + \text{Rekrutierung}[i,t]$$

Rekrutierung [i,t]∈ *bezogen-auf* (X(t)).

Die Entsprechungen der Viabilitätstheorie in unserem Formalismus sind die folgenden:

Viabilitätstheorie	Immunsysteme
Zustand (X(t))	Konzentrationen aller möglichen Antikörper zum Zeitpunkt t
Viabilitätsbereich (»zulässig«)	Antikörperkonzentrationen folgen bestimmten grundlegenden Beschränkungen (d. h. sind nicht alle Null, daher nicht-negativ)
interne Umgebung	Knochenmark, Gewebemarkierungen (schließlich auch einströmende Antigene)

Beziehung System – Umgebung (»beschränkt auf«)	Rekrutierung ruhender Lymphozyten für das Netzwerk; Bindung an alle anderen Antigene

Die einzig verfügbaren Beispiele sind hier Simulationen von Immunnetzwerken (Varela u. a. 1988; Stewart und Varela 1989). Evolutionäres Lernen gemäß dem genetischen Ansatz läßt sich dem immunsystemischen Ansatz folgendermaßen gegenüberstellen:

CFS	Immunnetzwerke	Symbol
Nachrichtenbereich	Gebildebereich	
Nachrichten	Idiotypen, Antigene	
Klassifikatoren	Antikörperklone	$i \in N$
Bedingungen	Bindung, Affinität	m_{ij}
Aktion	Vermehrung, Reifung	*Prol, Mat*
Stärke	Konzentration	x_i
Spezifität	Degeneriertheit	
Kosten	Zelltod	k
??	Netzwerkbedarf	σ_i
Angebote	Gegenreaktion	$\sigma_i x_i$
»Kübelbrigade«	Netzwerkregeln	
Genetische Heuristik	Rekrutierungsheuristik	*Rekrutieren* [i]
Gewinn	Regulierung der Eigenbestandteile, Entfernung der Antigene usw.	

5. Schlußbemerkungen

Ziel dieser Arbeit war es, eine *Übersicht* verfügbarer Konzeptionen neuronalen wie evolutionären Lernens zu geben. Ausführliche Schlußbemerkungen sind daher nicht angebracht. Ich möchte die Aufmerksamkeit der Leser lediglich auf bestimmte Ideen und Fragen lenken, die mir im Rahmen dieses Buches, das sich mit Lernen und Gedächtnis in der ganzen Breite dieser Thematik beschäftigt, von besonderer Bedeutung zu sein scheinen:
– Lebende Systeme sind nach wie vor die wichtigste Quelle für Theorien, Mechanismen und Algorithmen des Lernens. Das gilt nicht nur für den naheliegenden Fall das Gehirns bzw. Zentralnervensystems, sondern auch für die Dynamik von Populationen.

– Die beiden hier erörterten Lernkonzeptionen, die neuronale und die evolutionäre, sind klar miteinander vereinbar. Aber mit welchem Ergebnis? Wie würde sich ein System entwickeln, das beide Strategien verbindet?
– Sind andere Strategien möglich? Läßt sich die Menge aller möglichen Strategien abschätzen?

Übersetzung aus dem Englischen von W. K. Köck

Danksagung: Diese Studie wurde unterstützt von: ECM Office Scientific Research und der Shell-Forschung (Frankreich)

Literatur

Aubin, J. P. und A. Celina (1984), *Differential Inclusions*, Springer Verlag: New York.

Bateson, Gregory, *Mind and Nature*, dt.: *Geist und Natur. Eine notwendige Einheit*, Suhrkamp: Frankfurt 1982.

Cohen, M. und S. Grossberg (1983), »Absolute stability, global pattern formation and parallel memory storage by competitive neural networks«, in: I.E.E.E. Transactions SMC, vol. 13, S. 815-826.

Doyne Farmer, J., A. Packard und A. Perelson (1987), »The immune system, adaptation, and machine learning«, in: *Physica* 22D.

Goldberg, D. (1988), *Genetic Algorithms*, Addison Wesley: New Jersey.

Grossberg, S. (1982), *Studies in Mind and Brain*, D. Reidel: Boston.

Carpenter, G. und S. Grossberg (1987), »A massively parallel architecture for a self-organizing neural pattern recognition machine«, in: *Computer Graphics and Image Processing* 37, S. 54-115.

Holland, J. (1986), »A mathematical framework for studying learning in classifier systems«, in: *Physica* 22D, S. 307-317.

Hinton, G., T. Sejnowsky und D. Ackley (1985), »A Learning Algorithm for Boltzman Machines«, in: *Cognitive Science* 9, S. 147-169.

Maturana, H. und F. Varela (1987), *The Tree of Knowledge: The Biological Basis of Human Understanding*, New Science Library: Boston. Dt.: *Der Baum der Erkenntnis*, Scherz: München 1987.

McClelland, J. und D. Rumelhart (Hg.) (1986), *Parallel Distributed Processing: Studies on the Microstructure of Cognition*, MIT Press: Cambridge.

Sejnowski, T. und C. Rosenbaum (1986), »NetTalk: A parallel network that learns to read aloud«, in: Techn. Report No. JHU/EECS-86, Johns Hopkins University.

Stewart, J. und F. Varela (1989), Exploring the connectivity of the immune system«, in: *Immunol. Rev.* No. 110, S. 37-63.

Varela, F. (1979), *Principles of Biological Autonomy*, Elsevier-North Holland: New York.

Varela, F. (1988), *Autonomie et Connaissance*, Edition du Seuil: Paris.

Varela, F., A. Coutinho, B. Dupire und N. Vaz (1988), »Cognitive networks: Immune, neural and otherwise«, in: A. Perelson (Hg.), *Theoretical Immunology*, Bd. 2, SFI Series on the Science of Complexity, Addison Wesley: New Jersey, S. 391-418.

Varela, F., V. Sánchez-Leighton und A. Coutinho (1989), »Adaptive strategies gleaned from immune networks: Viability theory and Classifier systems«, in: Goodwin, B. und P. Saunders (Hg.), *Theoretical Biology: Epigenetic and Evolutionary Order (A Waddington Memorial Conference)*, Edinburgh University Press, S. 112-123.

Ernst Florey
Gehirn und Zeit

Das Gehirn ist das zentrale Organ des Nervensystems des Menschen. Ihm werden spezifische Leistungen zugeschrieben, deren bedeutendste mit den Schlagworten ›Wahrnehmen‹, ›Lernen‹ und ›Gedächtnis‹ bezeichnet werden können. Diese Leistungen sind nicht unabhängig voneinander. Wahrnehmung wie Lernen verlangen Gedächtnis; ohne Wahrnehmung sind Lernen und Gedächtnis nicht möglich, und Gedächtnis wie Wahrnehmung sind mit Lernen verbunden. Den drei Gehirnleistungen läßt sich ein Zustand zuordnen, der als Bewußtsein bezeichnet wird. Keineswegs aber ist alle Wahrnehmung bewußt, keineswegs geschieht alles Lernen bewußt, und keineswegs sind alle Gedächtnisleistungen bewußt. Bewußtsein ist also keine notwendige Bedingung von Wahrnehmen, von Lernen und von Gedächtnis.

Zur Illustration: der geübte Autofahrer, der sich mit seinem Beifahrer lebhaft unterhält, nimmt die Verkehrssituationen wahr, ohne sich ihrer bewußt zu sein. Man kann sich in einer fremden Stadt in der näheren Umgebung seines Hotels nach einigen Erkundungsgängen zurechtfinden, ohne sich der Landmarken, die man unwillkürlich als Orientierungshilfen benutzt, bewußt zu werden. Die Verkehrssituationen, die der sich unterhaltende Autofahrer wahrgenommen hat, und die Landmarken, die der Stadtbummler gelernt hat, sind der bewußten Erinnerung kaum zugänglich.

Auch wenn wir davon ausgehen, daß Wahrnehmen, Lernen und Gedächtnisleistungen als Gehirnprozesse einer physikalisch-chemischen Analyse zugänglich sind, müssen wir also zugeben, daß bewußtes Erleben nicht notwendig an diese Hirnvorgänge gekoppelt ist und daß selbst die komplexesten Hirnfunktionen ohne begleitendes Bewußtsein ablaufen können. Hierzu gibt die psychologische Forschung ausreichende Beweise.[1]

Im übrigen ist längst bekannt, daß bewußtes wie unbewußtes

---

1 Interessante neuere Ergebnisse dazu bei Balota (1983), Bowers und Meichenbaum (1984), Cheesman und Merikle (1985), Eriksen (1960), Fowler u. a. (1981), Merikle (1983), Nisbett und Wilson (1977).

Erkennen an eine Gedächtnisleistung gebunden ist: Erkennen tritt erst ein, wenn die »Sinneseindrücke« mit Gedächtnisinhalten gekoppelt werden. Dem Bewußtwerden gehen komplizierte Gehirnprozesse voraus.[2] Zwischen Erregungsvorgängen in den Sinnesorganen und dem Bewußtwerden vergeht Zeit. Nach den Untersuchungen des amerikanischen Hirnforschers Benjamin Libet[3] beträgt das Zeitintervall zwischen dem Beginn eines Sinnesreizes und seiner bewußten Wahrnehmung zwischen einer halben und einer Sekunde. Selbst wenn die freigelegte Großhirnrinde direkt gereizt wird (dies wurde an wachen Patienten vor Gehirnoperationen durchgeführt), kommt es zur bewußten Wahrnehmung nur, wenn die repetitive Reizung[4] wenigstens eine halbe Sekunde lang anhält.

Diese Verzögerung des Bewußtwerdens wirft bedeutsame Fragen auf. Da bekanntlich auch sehr kurze Lichtblitze oder Klicktöne bewußt wahrgenommen werden, muß man annehmen, daß im Gehirn Nachwirkungen (wiederholte Nervenimpulse) von einer halben bis einer Sekunde Dauer erforderlich sind, damit diese Reize bewußt werden können. Es ist aber bekannt, daß die Reaktionszeit (das Zeitintervall zwischen visueller oder akustischer Reizung und einer durch die Reizung ausgelösten Handlung) sehr viel kürzer sein kann als der für das Bewußtwerden erforderliche Prozeß.[5] Die Reaktion auf den Reiz tritt demnach ein, *bevor* der Reiz ins Bewußtsein kommt. Bedeutet dies, daß die Willensentscheidung, auf den Reiz zu reagieren, erst *nach* der Reaktion erfolgt? Oder wird der Entschluß zur Handlung erst bewußt, nachdem er gefaßt wurde? Diese Frage wurde von Libet und

2 Siehe dazu Allport (1977), Marcel (1983).
3 Libet (1965, 1973, 1989).
4 Der Fachausdruck ›repetitive Reizung‹ bedeutet, daß mit Hilfe auf die Hirnoberfläche aufgesetzter feiner Silberelektroden kurze, schwache Strompulse von wenigen tausendstel Sekunden Dauer mit einer Wiederholungsrate von einigen Pulsen pro Sekunde appliziert werden. Diese Anwendung ist völlig schmerzlos.
5 Als Reaktionszeit bezeichnet man das Intervall zwischen dem Eintreffen eines sehr kurzen Reizes (Lichtblitz, Knackgeräusch) und einer motorischen Reaktion (z. B. Finger drückt Taste). Bei optischen Reizen beträgt sie etwa, 0,15 bis 0,25, bei akustischen Reizen 0,1 bis 0,15 Sekunden.

Mitarbeitern[6] experimentell untersucht. Aus den Ergebnissen wurde geschlossen, daß willkürliche Handlungen (voluntary acts) unbewußt initiiert werden können und daß die Entscheidung dazu erst nachträglich bewußt wird. Solche Befunde und Überlegungen sind nicht unwidersprochen geblieben.[7] Libets Antworten darauf[8] relativieren diese Einwände zwar, die Problematik aber bleibt und wird vom Herausgeber der Zeitschrift *Behavioral and Brain Sciences*, in welcher die Diskussion hauptsächlich geführt wurde, so kommentiert: »Subjektive ›Zeit‹ und objektive Zeit sind wohl objektiv inkommensurabel.«[9]

Wenn es überhaupt Sinn haben soll, über Hirnfunktionen zu sprechen, dann ist es unerläßlich, das Problem Zeit zu erörtern. Gibt es also einen Unterschied zwischen subjektiver Zeit und objektiver Zeit?

Neurophysiologen operieren mit dem Zeitbegriff, als wäre er selbstverständlich. Sie bestimmen die Frequenz von Nervenimpulsen, sie messen die Leitungsgeschwindigkeit der Nervenfasern, sie definieren die Öffnungszeit von Ionenkanälen in neuronalen Zellmembranen, sie untersuchen das Zeitintervall zwischen präsynaptischem Nervenimpuls und postsynaptischer Antwort,[10] sie beschreiben zeitliche »Entladungsmuster« einzelner Neurone,[11] und sie studieren den Zeitverlauf von Bahnungsvorgän-

6 Libet (1982, 1985, 1987), Libet u. a. (1983).
7 Ausführliche Kritik an den Ergebnissen und deren Deutungen kam vor allem von Patricia Churchland (1981) und Richard Jung (1985).
8 Libet (1987, 1989).
9 »Editorial Commentary«, in: *Behavioral and Brain Sciences* 12 (1989), S. 183.
10 Die Verbindungsstelle zwischen einer Nervenendigung und der von ihr kontaktierten Zelle nennt man Synapse. Diese besteht aus dem präsynaptischen Anteil (der letzten Strecke der Nervenendigung) und einem postsynaptischen Anteil, nämlich dem kontaktierten Bereich der Zelle, an welche die Endigung angeheftet ist. Die postsynaptische Antwort besteht wie der ankommende präsynaptische Impuls aus einem kurzen elektrischen Stromimpuls von wenigen tausendstel Sekunden Dauer.
11 Als Entladungsmuster einzelner Neurone bezeichnet man die zeitliche Abfolge der Nervenimpulse innerhalb eines bestimmten Zeitraumes. Das Muster kann eine regelmäßige Abfolge bestimmter Frequenz sein, aber auch eine periodische Änderung der Impulsfrequenz oder eine ganz unregelmäßige Impulsfolge.

gen.[12] Der Frequenz-Code sensorischer Neurone (die Abhängigkeit der Impulsfrequenz von der Intensität des einwirkenden Reizes) gehört zum Dogma der Sinnesphysiologie. Die Zeitmessung der Physiologen unterscheidet sich nicht von der Art, wie Physiker die Zeit messen. Physiker wie Physiologen verwenden dazu Uhren. Beide kalibrieren ihre Uhren in Sekunden und geben die gemessenen Zeiten, entsprechend der heute gültigen internationalen Nomenklatur, in Sekunden (oder Sekundenbruchteilen) an.

In ihren Argumenten gehen die Physiologen davon aus, daß – ganz im Sinne der klassischen Physik – die Zeit gleichförmig und immer in derselben Richtung abläuft. Diese Zeit ist eindimensional. Relativistische Argumente liegen gewöhnlich außerhalb der Reichweite physiologischer Theorien. Die Uhren aller Physiologen gehen gleich schnell, Gleichzeitigkeit ist kein Problem. Man verfährt so, als wäre Vergangenheit und Zukunft nur durch eine infinitesimal kurze Zeitspanne, die Gegenwart, getrennt. Weder Zukunft noch Vergangenheit sind existent. Die Vergangenheit wirkt aber weiter – als Ursache des gegenwärtigen Zustandes und als Gedächtnisspur.

Für die – relativistische – Physik mit ihrem vierdimensionalen Raum-Zeit-Kontinuum[13] ist die Gegenwart kein besonders ausgezeichneter Moment (»Zeitpunkt«): ontologische Argumente spielen keine sonderliche Rolle. Für den Physiologen wie den Psychologen dagegen, sofern sie sich mit Wahrnehmen, Lernen und Gedächtnis befassen, sind Vergangenheit und Gegenwart prinzipiell verschieden. Die Vergangenheit lebt fort als Wahrgenommenes, als Erlerntes und als Gedächtnisinhalt oder Erinnerung.

Alle drei Phänomene, Wahrnehmung, Lernen und Gedächtnis,

12 Als Bahnungsvorgang bezeichnet man ein für viele Synapsen typisches Ansteigen der Größe aufeinanderfolgender postsynaptischer Antworten (s. Anm. 10) innerhalb einer Serie von ankommenden präsynaptischen Nervenimpulsen. Das Wort Bahnung impliziert, daß die Übertragung der Erregung (Impuls) vom prä- auf das postsynaptische Element erleichtert, der Übertragungsweg gleichsam gebahnt wird.

13 Das allgemein angenommene vierdimensionale Raum-Zeit-Kontinuum ist ein von der Relativitätstheorie gefordertes Konzept, wonach Raum (dreidimensional) und Zeit (eindimensional) miteinander gekoppelt sind, so daß sich bei der Bewegung eines Körpers sowohl der von ihm eingenommene Raum als auch sein Zeitablauf verändern.

impliziern aber eine Dauer. Sie sind nicht momentane Ereignisse einer »punktförmigen« Gegenwart, sondern Prozesse, die Zeit »brauchen«: Wahrnehmung, gleich welcher Art, ist sowohl qualitativ (z. B. visuell, taktil, akustisch) als auch quantitativ (was ihre Intensität betrifft) determiniert. Wie die Physiologen lehren, hängt die Qualität (ob z. B. gesehen oder gehört wird) von der Lokalisation der verursachenden physiologischen Prozesse (Nervenimpulse im Sehnerv oder im Hörnerv) ab, die Quantität dagegen vom Zeitabstand der ankommenden Nervenimpulse. Die Wahrnehmung der Intensität eines Tones verlangt mindestens die Dauer des zeitlichen Abstandes zwischen zwei ankommenden Nervenimpulsen sofern tatsächlich schon zwei Nervenimpulse genügen, um eine Intensität anzuzeigen. Dies ist bereits ein kurioses Faktum. Im Hörnerv sind die Impulsfrequenzen nicht höher als 1000/Sekunde, im Gehirn sind die »nachgeschalteten« Neurone mit noch geringerer Frequenz aktiv, so daß in der »Hörbahn« durchaus Frequenzen um 10 bis 50/Sekunde (Impulsabstand 20 bis 100 Millisekunden) auftreten, die tatsächlich als Tonintensität wahrgenommen werden. Dies sollte bedeuten, daß eine durch einen akustischen Reiz ausgelöste motorische Reaktion nach einem Zeitintervall (Reaktionszeit) auftreten kann, das kürzer ist als das zur Intensitätswahrnehmung erforderliche Intervall zwischen zwei über die »Hörbahn« ankommenen Impulsen.

Die Gehörorgane gewisser Insekten, der zu den Nachtfaltern gehörenden Eulenfalter (Familie Noctuidae), besitzen nur zwei Hörzellen, deren Fortsätze (Axone) das Gehirn erreichen. Die Hörzellen reagieren auf Schall im Bereich von 3-150 Kilohertz (KHz) mit Nervenimpulsen, deren Frequenz der Schallintensität proportional ist (die Tonhöhe ist nur insofern von Belang, als die Empfindlichkeit der Hörzellen im Bereich von 50 bis 70 KHz am größten ist). Daß die Schallreize auch wahrgenommen werden, ergab sich aus Experimenten, die zeigten, daß künstliche Schallreize von der Art und Intensität, wie sie von jagenden Fledermäusen ausgesandt werden, bei fliegenden Eulenfaltern plötzliche Flugmanöver auslösen.[14] Die Ausweichreaktion der Falter tritt, wie die Filmauf-

14 Die hier geschilderten Experimente des amerikanischen Zoophysiologen Kenneth Roeder und seiner Mitarbeiter sind in allgemeinverständlicher Form in dem Buch *Nerve Cells and Insect Behavior* (1963) beschrieben worden. Inzwischen gibt es mit verbesserter Methodik

nahmen belegen, etwa eine halbe Sekunde nach Einsetzen des Schallreizes ein. Alles deutet darauf hin, daß zur Wahrnehmung des Fledermaus-Schalles die Aktivierung von nur einer Hörzelle genügt. Ob die Nachtfalter den Fledermausschall bewußt wahrnehmen, läßt sich allerdings nicht in Erfahrung bringen.

Es ist fraglich, ob beim Menschen die Erregung (Impulserzeugung) einer einzigen »Hörzelle« ausreicht, um eine Tonwahrnehmung zu erzeugen. Aber auch wenn mehrere solche Nervenzellen aktiv sind, bleibt die Situation ähnlich: ein minimales Zeitintervall ist erforderlich, um die Intensität einer Tonwahrnehmung zu bestimmen. Was aber bedeutet das? Der erste von zwei aufeinanderfolgenden Impulsen ist bereits vergangen, wenn der zweite auftritt. Der erste wirkt nach, nicht mehr als Nervenimpuls, aber doch so, daß der zweite Nervenimpuls irgendwie verändert wirksam wird.[15]

Zu welchem Zeitpunkt und wo eigentlich wird nun die einfache Tonwahrnehmung bewußt? Dies ist ein sehr komplexes Problem, das mehrere Fragen beinhaltet: Kann das Bewußtwerden der Nervenimpulse in den einzelnen Nervenzellen, welche beim Hören erregt werden, erfolgen? Was geschieht in dem kritischen Moment, in welchem eine ausreichende Folge von Nervenimpulsen stattgefunden hat (Libets Experimente)? Gilt für das Bewußtsein dieselbe Zeit wie für die physikalisch erfaßbaren Prozesse, die »objektive Welt«? Was ist eigentlich die Wirklichkeit dieser objektiven Welt? Besteht ihr Sein nur jeweils in dem Zeitpunkt, den wir als Gegenwart bezeichnen? Ist dieses Sein auf die Gegenwart beschränkt? Gibt es ein Bewußtsein ebenfalls nur in dieser – infinitesimal kurzen – Gegenwart?

Versucht man eine Interpretation der relevanten Geschehnisse im Sinne einer auf die momentane Gegenwart beschränkten physika-

durchgeführte weitere Untersuchungen an zahlreichen Tierarten, welche die Steuerung von Verhalten durch Sinneszellen nachweisen.

15 Eine Veränderung der Wirksamkeit eines Nervenimpulses wird im allgemeinen so verstanden, daß die Wirkung auf eine oder mehrere Nervenzellen über synaptische Bahnung (s. Anm. 12) erfolgt. Dies bedeutet aber, daß nicht die impulsführende Zelle selbst, sondern die über ihre synaptische(n) Verbindung(en) aktivierte(n) weitere(n) Nervenzelle(n) über einen zweiten und weitere Impulse stärker aktiviert werden – wodurch sich das Problem der Bewußtwerdung natürlich auf diese Folgezelle(n) verschiebt.

lischen und psychischen Wirklichkeit, dann kommt man zu dem Schluß, daß gegenwärtige, bewußte Wahrnehmung ein vergangenes Ereignis zum Inhalt hat und daß die gesamte wahrgenommene Welt der Vergangenheit angehört, die im Moment der subjektiven Gegenwart gar nicht (mehr) existiert. Wenn Libet recht hat, dann liegt die erlebte Welt mindestens eine halbe bis eine Sekunde in der Vergangenheit.[16]

In seinem Buch *Matière et mémoire* (1896) schreibt Henri Bergson[17] dem Bewußtsein eine zeitliche Dimension zu, die er als ›dure‹, als Dauer bezeichnet. Eine ähnliche Position vertrat später Edmund Husserl[18] (1928) in seinen »Vorlesungen zur Phänomenologie des inneren Zeitbewußtseins«, in denen er dem »Jetzt« eine zentrale Bedeutung bei der bewußten Wahrnehmung zuschrieb. Heute spricht man in der Psychologie von ›Präsenzzeit‹. Husserl exemplifiziert seine Überlegungen am Beispiel der Wahrnehmung einer Melodie. Ohne das innere Nachklingen der eben gehörten Töne der Melodie wäre es nicht möglich, diese zu erleben. Dieses Nachklingen ist verschieden vom unmittelbaren Wahrnehmen, das ja das eben Gehörte nicht überlagert, sondern durchaus als Vergangenes miterlebt wird. Diese Phase des Nachklingens bezeichnete Husserl als *Retention*. Die zeitlichen »Jetztpunkte« gehen graduell in die Retentionsphase über. Das erwar-

16 Diese Verzögerung gilt bereits, wenn der Reiz direkt im Gehirn appliziert wird. Bei Reizung entfernter Sinnesorgane kommt noch die Verzögerung durch die Erregungsleitung dazu. Ein extremes Beispiel kann das verdeutlichen: wenn ein 30 Meter langer Dinosaurier in den Schwanz gezwickt würde, müßten die Nervenimpulse die ganze Strecke von gut 30 Metern bis zum Gehirn zurücklegen, ehe dort der Bewußtwerdungsprozeß eingeleitet werden kann. Bei einer Leitungsgeschwindigkeit von vielleicht fünf Metern pro Sekunde (ein eher überschätzter Wert) dauert es sechs Sekunden, bis die erste Nervenimpulse im Gehirn ankommen. Was der Dinosaurier als Gegenwart erlebt, liegt dann bereits sieben Sekunden in der Vergangenheit.

17 Henri Bergson (1859-1941), einer der bedeutendsten Philosophen Frankreichs, hat das Problem der Zeit in mehreren Abhandlungen erörtert. Seine Werke und vor allem seine Vorlesungen waren seinerzeit so populär, daß sie auch in der Presse ausführlich kolportiert wurden. Bergson erhielt 1928 den Nobelpreis für Literatur.

18 Der deutsche Philosoph Edmund Husserl (1859-1938) ist der Begründer der Phänomenologie. Er hat sich intensiv mit Mathematik und ihren Grundlagen und mit der reinen und formalen Logik befaßt.

tete Zukünftige der Melodie (oder jedes anderen bewußten Erlebens) nennt Husserl *Protention*. Das bewußte Erleben im Jetzt schließt Retention und Protention mit ein. Das bewußt Gegenwärtige ist also nicht ein infinitesimal kurzer Zeitabschnitt, sondern hat eine – wenn auch unbestimmte – Dauer; bei Husserl ist darin Vergangenes und erahntes Zukünftiges präsent. Bei Bergson dagegen erhält die Dauer des bewußten Erlebens nur das (im physikalischen Sinne) Vergangene.

Bergson ist leider aus der Mode gekommen, obwohl sein Denkansatz gerade in der Diskussion um die Natur des Gedächtnisses von fundamentaler Bedeutung ist. Dazu wird noch mehr zu sagen sein. An dieser Stelle soll Bergson noch einmal zu Wort kommen: »Das Gedächtnis nämlich, das in der Praxis von der Wahrnehmung nicht zu trennen ist, schaltet Vergangenes in das Gegenwärtige ein, zieht viele Momente der Dauer in einer einzigen Schauung zusammen, und wird durch diese doppelte Funktion zur Ursache dafür, daß wir die Materie tatsächlich *in uns* wahrnehmen, wo wir sie doch von Rechts wegen in ihr selbst wahrnehmen sollten. Daher die entscheidende Bedeutung des Gedächtnisproblems. Wenn der subjektive Charakter der Wahrnehmung vornehmlich vom Gedächtnis herrührt, so muß die Theorie der Materie vor allem danach streben, den Anteil des Gedächtnisses auszuschalten. ... Da uns die der Wahrnehmung vorausgehende Empfindung das Ganze, oder wenigstens das Wesentliche der Materie gibt, das übrige aber aus dem Gedächtnis stammt und zur Materie hinzutritt, so muß das Gedächtnis im Prinzip eine von der Materie absolut unabhängige Kraft sein. ... Und deshalb wird sich jeder Versuch, die reine Erinnerung aus einem Gehirnvorgang abzuleiten, bei genauer Analyse als ein fundamentaler Irrtum erweisen.«[19]

Bergsons Ideen finden heute ihre Auferstehung in den Gedankengängen von Ilya Prigogine,[20] die plausibel machen, daß auch die

19 Zitiert nach der deutschen Übersetzung der siebten Auflage von *Matière et mémoire*, S. 62.
20 Ilya Prigogine (geb. 1917) erhielt 1977 den Nobelpreis für Chemie für seine Untersuchungen von irreversiblen Prozessen. Mit seinen neuen Theorien gelang ihm die Überbrückung des Widerspruchs zwischen den reversiblen Grundgleichungen der Quantenmechanik und dem irreversiblen Verhalten physikalisch-chemischer wie lebendiger Systeme.

physikalische Gegenwart eine Dauer hat. Die Dynamik der klassischen Physik beruhte auf der Überzeugung, daß die Zukunft durch die Gegenwart determiniert ist und daß sich, aufgrund der unveränderlichen Gerichtetheit der Zeit, die Zukunft prinzipiell aus dem in der Gegenwart gegebenen Zustand der Welt vorhersagen läßt. Die Einbeziehung des messenden Beobachters in die Theorien in der neuen Physik und die Anerkennung der Unbestimmtheit der mikroskopischen Welt und der entsprechenden Einschränkung deterministischer Gesetze eröffnen neue Möglichkeiten einer Weltdeutung. Die Auslegung des zweiten Hauptsatzes der Thermodynamik, wonach die notwendige Zunahme der Entropie die Richtung der Zeit definiere, läßt Fluktuationen der Zeitrichtung zu. Der zweite Hauptsatz läßt sich dynamisch formulieren, und zwar so, daß eine Brechung der Zeitsymmetrie nicht nur möglich ist, sondern daß diese Asymmetrie eine notwendige Folge der asymmetrischen Natur der physikalisch erlaubten Zustände ist. Es gibt durchaus rückläufige Zeit, aber in der Summe existiert eine »innere Zeit«, die von der Vergangenheit zur Zukunft fortschreitet und an der die Zukunft und die Vergangenheit beteiligt sind: die Gegenwart enthält Beiträge aus der Vergangenheit und der nahen Zukunft, sie stellt gleichsam eine Übergangsschicht zwischen Vergangenheit und Zukunft dar. »Wir sehen«, sagt Prigogine in seinem Buch *Vom Sein zum Werden* (1979), »wie drastisch sich die Beschreibung der Zeit gegenüber der herkömmlichen Darstellung der Zeit geändert hat. Dort nimmt man an, die Zeit sei isomorph einer Geraden, die sich von der fernen Vergangenheit ... in die ferne Zukunft ... erstreckt. Die Gegenwart entspricht dann lediglich einem Punkt, der Vergangenheit von Zukunft trennt. ... In der herkömmlichen Darstellung gibt es zwischen Vergangenheit, Gegenwart und Zukunft keinerlei Abstand. In unserer Darstellung dagegen ist die Vergangenheit von der Zukunft durch ein Intervall getrennt, das als die ›charakteristische Zeit‹, τ_c, bezeichnet wird: Wir können also von der ›Dauer‹ der Gegenwart sprechen.«[21]
Es ist nun zu fragen, ob diese neue Betrachtungsweise auf das Problem des Bewußtseins und des Bewußtwerdens von Wahrnehmung und von Gedächtnisinhalten anwendbar ist, ob Prigogines »Dauer« tatsächlich der Bergsonschen Dauer entsprechen

21 S. 248 der deutschen Ausgabe: *Vom Sein zum Werden* (1985).

kann, ob diese ›charakteristische Zeit‹, τ_c, der Dauer der Präsenzzeit der Psychologen entsprechen kann. In diesem Zusammenhang sei auf die Untersuchungen von Ernst Pöppel verwiesen, die
er in einem lesenswerten Buch über *Die Grenzen des Bewußtseins*
(1985) anregend diskutiert. Danach beträgt diese Zeitspanne bewußten Erlebens etwa drei Sekunden und stellt eine fundamentale
Größe unserer Erlebenswelt dar. Die Zeitfluktuationen, welche
die neugefaßte Thermodynamik gestattet, sind sicherlich im mikroskopischen Bereich[22] möglich, im Makroskopischen aber werden die Wahrscheinlichkeiten äußerst gering sein. Andererseits
sind Nervensysteme wie überhaupt Organismen thermodyna-
misch offene Systeme, deren Entropie generell abnimmt.[23] Insbesondere gilt das für das Gehirn. Wenn Gedächtnis Informationsgewinn bedeutet und Vermehrung von Information eine Ab-
nahme der Entropie,[24] dann sind hier besondere Systemeigenschaften gegeben, welche eine makroskopische Dimension der
charakteristischen Zeit möglich erscheinen lassen.

Natürlich muß man immer wieder fragen, ob denn Gedächtnis
überhaupt mechanistisch zu fassen ist. Diese Frage stellt sich besonders bei Überlegungen über die Natur des Bewußtseins, das
wohl ohne Bezug auf Gedächtnis nicht denkbar ist.

22 Der Ausdruck »mikroskopischer Bereich« bezieht sich nicht auf das
mit dem Mikroskop Sichtbare, sondern meint den Bereich der Größenordnung von Atomen und Elementarteilchen.

23 Durch seinen Stoffwechsel erzeugt das System Gehirn Entropie (S),
die es aber nach außen (Stoffwechselendprodukte) abgibt. Durch die
zunehmende Ordnung seiner Struktur verliert es aber Entropie, und
durch seine Fähigkeit, durch Lernen und Gedächtnis immer leistungsfähiger zu werden, nimmt seine Entropie ab (– S). Alterungsprozesse
wirken dem freilich entgegen.

24 Die Beziehung zwischen Informationsgewinn und Entropieabnahme
wurde von Shannon (1948, 1951), Shannon und Weaver (1949) und
besonders von Brillouin (1962) herausgearbeitet. Brillouin hat für die
Entropieabnahme (– S) den Begriff *Negentropie* eingeführt. Informationsgewinn bedeutet Negentropiezunahme. Eine gute Darstellung
der Problematik gibt Sayre (1976). Es ist nun zu untersuchen, ob sich
der theoretische Ansatz Prigogines auf die Informationstheorie übertragen läßt und ob hier ebenfalls eine »innere Zeit« berechenbar wird.
Ausdrücklich muß aber darauf hingewiesen werden, daß der nach-
richtentheoretische Begriff der Information nicht identisch ist mit dem
Begriff Bedeutung.

Eigenartigerweise wird das Zeitproblem von Neurobiologen nicht diskutiert. Man spricht von Informations-Speicherung in Kurzzeit- und Langzeit-Gedächtnis, die innerhalb spezialisierter Subsysteme des Gehirns lokalisiert seien, wobei diese Substrukturen aus Gruppen (Ensembles) von miteinander »verschalteten« Nervenzellen bestehen sollen.[25] Die Ergebnisse der »Informationsverarbeitung« würden in Form vermehrter und verstärkter Synapsen gespeichert.[26]

Naiv wird oft angenommen, daß die Sinnesorgane dem Gehirn Information über die Außenwelt liefern, obwohl durchaus davon ausgegangen wird, daß diese Information in einem räumlichen und zeitlichen Impuls-Code verschlüsselt ist. Tatsächlich wird der Begriff der Information in dem Sinne verwendet, wie er in der Nachrichtentechnik benützt wird.[27] Im Hinblick auf Bewegungs-

25 Eine gute Einführung gibt Palm (1988). Ausführliche Darstellungen u. a. bei Squire (1987) und Pinsker und Willis (1980).

26 Bereits 1893 hat der italienische Psychiater Eugenio Tanzi (1856-1934) die Hypothese aufgestellt, daß die Passage von Nervenimpulsen zu einer Hypertrophie der betreffenden Nervenzellen führt. 1895 veröffentlichte der spanische Histologe Ramon y Cajal die These, daß Lernen darauf beruhe, daß neue Verbindungen (Synapsen), zwischen Nervenzellen des Gehirns geschaffen werden. Später hat er dann den Nachweis erbracht, daß sich das Volumen der an Gehirnfunktionen beteiligten Synapsen bei »Übung« vergrößert. Neuere Untersuchungen mit Hilfe der Elektronenmikroskopie haben dies bestätigt (Fifkova und van Harreveld 1977). Inzwischen sind auch detaillierte Ergebnisse über funktionelle, also biochemische und biophysikalische Veränderungen von Synapsen bekannt geworden (Zusammenfassungen in Squire 1987; Shepherd 1988).

27 Der Informationsbegriff der Nachrichtentechnik unterscheidet sich prinzipiell von dem der Umgangssprache. Der Nachrichtentechniker versteht unter Information nichts anderes als ein formales Symbol. Der Computer verarbeitet formale Symbole, die ihm als Signale geboten werden, nach einer bestimmten Syntax – ohne daß dabei die Bedeutung (Semantik) der Symbole eine Rolle spielt. Computer sind syntaktische, aber nicht semantische Maschinen. Ein Gehirn erhält von »seinen« Sinnesorganen nichts anderes als Signale (Nervenimpuls-Muster als formale Symbole, s. Anm. 11). Aus diesen Signalen bzw. Signalmustern muß es Bedeutung extrahieren; dies geschieht im Prozeß der »Informationsverarbeitung«. Das Resultat ist – so wie es in der Neurobiologie meist dargestellt wird – ein Verhalten oder die Auslösung von Verhalten. Diese philosophisch wie naturwissenschaftlich

steuerung hat sich dieser Informationsbegriff durchaus bewährt, und selbst bei der Erklärung von Verhaltenssteuerung hat sich der Begriff als erfolgreich erwiesen. Die Kybernetik und die sich aus ihr entwickelnde »Netzwerk-Theorie« haben sich dabei besonders ergiebig erwiesen. Dies hat dazu verführt, das menschliche Gedächtnis mit dem »Gedächtnis« eines Computers gleichzusetzen. Man geht so weit, die Gedächtnisleistung in »bits« (= binary digits) anzugeben und die Aufnahmerate von »Information« in den Gedächtnisspeicher als »bits pro Sekunde« zu quantifizieren. Diese Denkweise wurde von John von Neumann (1958) eingeführt; Neurobiologen übersehen meistens, daß die durch ein bit repräsentierte Information nichts anderes ist als ein Signal und daß der nachrichtentechnische Begriff ›Information‹ lediglich ein formales Symbol darstellt und in keiner Weise eine Bedeutung impliziert. Aus bits wird eine Nachricht, aber deren Bedeutung ergibt sich erst aus dem Wissen des Empfängers, der den empfangenen Signalen die entsprechende Bedeutung zuweisen muß.

Das Gedächtnis wird als eine veränderte Struktur der Nervenzellen bestimmter Ensembles verstanden. Der Gedächtnisinhalt existiert demnach als Gegenwart, er verliert die zeitliche Dimension und wird zur räumlichen Repräsentation der wahrgenommenen Außenwelt. Jedes wahrgenommene Ereignis, jeder neugewonnene Begriff, jedes Wort der gehörten Sprache (ganz abgesehen von den Sprachregeln der Grammatik) soll in solchen strukturellen Merkmalen niedergelegt sein. Diese Hypothese, bereits von Ludwig Büchner in seinem Buch *Kraft und Stoff* vor nunmehr hundert Jahren vertreten, ist durch ihre lange Tradition und die Verknüpfung mit berühmten Namen wie Sigmund Exner, Santiago Ramon y Cajal, D. O. Hebb, John C. Eccles und Eric Kandel so respektabel geworden, daß sie weitgehend akzeptiert wird.

unbefriedigende Interpretation der Gehirnfunktion hat zur Entwicklung eines neuen Denkansatzes, des sogenannten Radikalen Konstruktivismus, geführt (die beste Einführung und Darstellung seiner Thesen gibt das von Siegfried J. Schmidt herausgegebene Buch »Der Diskurs des Radikalen Konstruktivismus« (1987). Der Grundgedanke läßt sich etwa so ausdrücken: das Gehirn ist ein selbstreferentielles System, das sich – unter Ausnutzung der ihm zugeführten Signale – eine in sich abgeschlossene, kognitive Welt schafft, die es in eine Umwelt, eine Körperwelt und eine Ich- (oder Gedanken-)Welt gliedert (s. Roth 1987). Zum Begriff Information siehe auch Küppers (1986).

Es ist freilich noch nie gelungen, einen spezifischen Gedächtnisinhalt irgendwo im Gehirn zu lokalisieren. Im Gegenteil, alle verfügbare Information aus dem Bereich der Neurologie weist darauf hin, daß Hirnverletzungen zwar Wahrnehmungs- und Gedächtnisdefizite bewirken, daß sich aber so verlorene Gedächtnisinhalte wieder rekonstituieren können. Das Gedächtnis erweist sich als ein dynamischer Prozeß und hat somit nicht nur räumliche, sondern auch zeitliche Existenz.

Die Trennung der akademischen Disziplinen Biologie und Psychologie hat leider dazu geführt, daß das große Wissen, das von Psychologen im Laufe eines Jahrhunderts gewonnen wurde, bei den Neurobiologen wenig Beachtung findet und daß das enorme Tatsachenmaterial über menschliche Gedächtnisleistungen nicht Eingang findet in die von Neurobiologen aufgestellten Hypothesen.[28] Der Begriff Gedächtnis wird entweder im naiven Sinn der Umgangssprache gebraucht oder so, wie ihn die systemtheoretischen Ansätze der Techniker verwenden, zu denen auch die Vertreter jener Forschungsrichtung zählen, die unter der Flagge der »künstlichen Intelligenz« segeln.[29]

Gehirnfunktion läßt sich durchaus mechanistisch beschreiben und erklären, solange das bewußte Erleben von Sinneseindrücken und Gedächtnisinhalten ausgeklammert wird. Der Begriff des »Mechanismus« kann so weit gespannt werden, daß er auch die Thermodynamik in der von Prigogine erörterten Form einschließt. Es wäre aber ungebührlich bescheiden, würde sich die Naturwissenschaft mit dieser mechanistischen Interpretation zufriedengeben, welche das Bewußtsein, die Grunderfahrung menschlicher Existenz, ignoriert und das Problem der Bewußtwerdung außer acht läßt.

28 Wie wenig die Ergebnisse der Psychologie, besonders der kognitiven Psychologie Eingang in die Lehrbücher der Neurobiologie finden, zeigt eine Inspektion der einschlägigen Texte (z. B. Bösel 1981; Kandel und Schwarz 1981; Shepherd 1988; Squire 1987).
29 Der Begriff ›Künstliche Intelligenz‹ wurde 1956 von John McCarthy und Marvin Minsky eingeführt (s. Charniak und McDermott 1985). und bezeichnet ein sich rapide entwickelndes Fachgebiet, das sich mit der ›intelligenten‹ Leistung von Computern befaßt. Der Begriff ist nicht unwidersprochen geblieben. Dem interessierten Leser sei dazu das 1987 von Rainer Born herausgegebene Buch Artificial Intelligence: The Case Against empfohlen.

Eine solche Bescheidung ist auch gar nicht zulässig, denn in jenem Teil der Naturwissenschaften, den wir Physik nennen, ist das Bewußtsein bereits als wesentliches Element enthalten – insofern nämlich, als in der neuen Physik der »Beobachter« grundsätzlich mit eingeschlossen ist. Dies ist schon so oft an dem Beispiel des »Verhaltens« eines Elektrons vorexerziert worden,[30] daß hier nicht näher auf dieses Faktum eingegangen werden muß. Es genügt, darauf zu verweisen, daß ein solcher Beobachter wohl kaum ohne Bewußtsein sein dürfte. Und das bedeutet doch so viel, als daß bewußtes Erleben (Wahrnehmen) zum Bestand des Theoriengebäudes der Physik gehört. Der Reduktionismus, also jene Weltansicht, die davon ausgeht, daß alle beobachtbaren Phänomene auf physikalische und chemische Prozesse zurückgeführt werden können, befindet sich also in einem Dilemma, da die physikalischen (und damit auch die chemischen) Prozesse den bewußten Beobachter mit einschließen. Das verdrängte Bewußtsein kommt also, gleichsam durch die Hintertüre, wieder zum Vorschein. Und damit dringt eben auch das Zeitproblem mit Macht in die Biologie und in die Hirnforschung ein.

Messung und Beobachtung ohne Gedächtnis sind nicht denkbar. Zeitmessung, also Bestimmung der Zeit t, verlangt Kenntnis der Uhrzeit zum Zeitpunkt t_0 – ganz abgesehen davon, daß der messende Beobachter wissen (also im Gedächtnis haben) muß, daß und was und warum er messen will. Natürlich kann auch ein Automat Zeit messen – aber dieser Vorgang bleibt sinnlos, wenn nicht ein bewußter Beobachter da ist, der diese Tätigkeit des Automaten wahrnimmt und bewertet. Der bewußtlose Automat verhält sich zwar so, als würde er messen – aber seiner Tätigkeit fehlt der »Bezug«, und den kann nur ein bewußter Beobachter

30 Ein durch einen engen Spalt geschickter Elektronenstrahl zeigt Beugungserscheinungen, wie sie unter ähnlichen Bedingungen bei Lichtwellen beobachtet werden. Bei der Wahl einer entsprechenden Versuchsanordnung »zwingt« also der Experimentator die Elektronen, sich wie Wellen zu verhalten. Andererseits benehmen sich Elektronen in einer Wilsonschen Nebelkammer wie Partikel. Bei entsprechender Versuchsanordnung kann der Experimentator die Elektronen als Masseteilchen beobachten. Die Doppelnatur der ›Elementarteilchen‹ und der Lichtquanten wurde zuerst von dem französischen Atomphysiker Louis de Broglie erkannt und theoretisch analysiert, wofür er 1929 den Nobelpreis für Physik erhielt.

herstellen. Die Welt mag voller Roboter sein, und es mag eine
ganze Hierarchie von solchen Robotern geben, die jeweils das
Verhalten der untergeordneten Automaten für ihr Verhalten nutzen. Trotzdem: am Ende der Kette, an der Spitze dieser Roboter-
Hierarchie muß ein wahrnehmendes, bewußtes Subjekt stehen –
so fordert es unsere – bewußte – Vernunft. Physiker – und Natur-
wissenschaftler überhaupt –, sind eben keine bewußtlosen Roboter. Ein völlig bewußtloses Universum wäre durchaus denkbar,
aber das Denken selbst ist bewußtes Denken – und damit ist das
Bewußtsein des Universums, welches ja den Denker mit einschließt, unweigerlich gegeben. Das Bewußtsein läßt sich nicht
aus der Wissenschaft verbannen.

Wahrnehmung, bewußte Wahrnehmung, die ja Gedächtnisleistungen einschließt, ist Voraussetzung für jeden Vorgang des Beobachtens und Messens. Das Weltbild, das so entsteht, ist also
eine Konsequenz der Natur des Wahrnehmungsvorgangs. Es ist
durchaus möglich, daß die Gerichtetheit der Zeit lediglich eine
Folge der Funktionsweise des uns Menschen eigentümlichen
Wahrnehmungsprozesses ist. Eine interessante Theorie des amerikanischen Physikers Richard Feynman[31] macht das Grundproblem deutlich. Es gehört zu den Grundtatsachen der Atomphy-
sik, daß jeder Art von Elementarteilchen ein Anti-Teilchen entspricht. Das Antiteilchen des Elektrons ist das Positron. Wenn
das Elektron mit ›seinem‹ Antipartikel, einem Positron also, kol-
lidiert, verschwinden beide und es entsteht eine Gamma-Strah-
lung. Umgekehrt, wenn ein Gamma-Strahl ausreichende Energie
hat, kann er plötzlich verschwinden und an seiner »Stelle« treten
je ein Elektron und ein Positron auf. Feynman postuliert nun,
daß Elektron und Positron dasselbe Elementarteilchen sind.
Wenn das Teilchen sich auf die Vergangenheit zu bewegt, ist es
ein Elektron. Bewegt es sich auf die Zukunft zu, ist es ein Positron. Die Kollision ist nichts anderes als ein Richtungswechsel in
der Zeit: vor dem Moment der »Kollision« erscheint dasselbe
Partikel in doppelter Gestalt, aber in jeweils entgegengesetzter
Bewegungsrichtung: eine dieser Bewegungen ist dann »scheinbar«, sie erfolgt in umgekehrter Zeitrichtung (wie in einem ver-
kehrt ablaufenden Film). Im Moment der Kollision passiert

---

31 Richard Feynmans Theorie (Feynman 1949) wird ausführlich diskutiert von Morris (1985, S. 124 ff.) und Whitrow (1980, S. 332 ff.).

nichts anderes, als daß das Teilchen seine Zeitrichtung ändert; es bewegt sich von nun an in die Zukunft und verschwindet für den Beobachter, der sich ja selbst in Richtung Vergangenheit bewegt. Prinzipiell sind beide Zeitrichtungen, beide Arten der Bewegung, möglich. Wir anerkennen nur jene Zeitrichtung, die von der Zukunft in die Vergangenheit weist – daher erscheint es absurd anzunehmen, die Bewegung eines Positrons wäre eine Scheinbewegung und dieses Teilchen würde sich »in Wahrheit« in Richtung Zukunft bewegen. – Der vorausgehende Satz verwendet das Wort »wir« in unzulässiger Weise, denn Physiker sollen nicht ausgeschlossen werden, und sie sind durchaus bereit, Zeitumkehr anzuerkennen, wenn auch – im allgemeinen – nur im mikroskopischen Größenbereich. Immerhin, die Übereinstimmung der psychologischen Zeitrichtung mit der bevorzugten Richtung der physikalischen Zeit mag ganz einfach darauf beruhen, daß letztere einfach die Konsequenz der ersteren ist. Das hier angedeutete Thema ist schier unerschöpflich. Dementsprechend umfangreich ist die Literatur, die sich damit befaßt.[32]

Gerade für die Frage nach der Natur des Gedächtnisses ist die Behandlung des Zeitproblems unerläßlich. Ist das Vergangene tatsächlich vergangen? Ist das Zukünftige tatsächlich noch nicht existent? Schon die Paradoxien, die sich aus der relativistischen Weltschau ergeben, lehren uns, daß Gegenwart, Vergangenheit und Zukunft eines Objektes nichts Absolutes sind, daß sie je nach Standort und Bewegung des Beobachters verschieden sein können. Die Schlußfolgerungen, welche die Relativitätstheorie ermöglicht, basieren auf der Annahme einer eindimensionalen Zeit. Wieviel komplizierter wäre unser Weltbild, würde man der Zeit mehr als eine Dimension zugestehen. Das Postulat einer mehrdimensionalen Zeit ist im Hinblick auf psychophysische Probleme und auf relativistische Physik (in kosmischer Größenordnung) diskutiert worden.[33] Diese Konzeption verdient Beachtung, denn

32 Von den zahlreichen Spezialwerken seien folgende besonders hervorgehoben: Alexander (1920), Bieri (1972), Denbigh (1981), Michon und Jackson (1985), Newton-Smith (1980), Reichenbach (1928), Sherover (1975), Strohmeyer (1980), Whitrow (1980).

33 Argumente für mehrdimensionale Zeit im Hinblick auf Sinneswahrnehmung und außersinnliche Wahrnehmung wurden von Broad (1937) und Dobbs (1951, 1972) vorgebracht. Überzeugende physikalisch-mathematische Argumente liefern Eddington (1946), Bunge (1955), Hawking und Ellis (1973).

sie eröffnet völlig neue Perspektiven für die Biologie. Finalursachen und Teleologie wären nun nicht mehr ausgeschlossen. Entwicklungsprozesse und Evolution erscheinen da in völlig neuem Licht – und die Frage nach der Natur von Bewußtsein, von Wahrnehmung und Gedächtnis läßt sich nun in neuer Form stellen.

Wenn das Gehirn eine Maschine ist, dann ist es sicherlich eine Zeitmaschine.

Literatur

Alexander, Samuel (1920), *Space, Time, and Deity*, 2 Bde., Macmillan: London. Nachdruck bei Dover Publications: New York 1966, und bei Peter Smith: Gloucester, Mass., 1979.

Allport, D. A. (1977), »On knowing the meaning of words we are unable to report: The effects of visual masking«, in: S. Dornic (Hg.), *Attention and performance* VI, Erlbaum: Hillsdale, N. J., S. 505-533.

Balota, D. A. (1983), »Automatic semantic activation and episodic memory encoding«, in: *J. of Verbal Learning and Behavior* 22, S. 88-104.

Bergson, Henri (1896), *Matière et mémoire. Essai sur la relation du corps à l'esprit*, Paris. Dt.: *Materie und Gedächtnis. Eine Abhandlung über die Beziehung zwischen Körper und Geist*, Ullstein: Frankfurt a. M./Berlin 1982.

Bieri, Peter (1972), *Zeit und Zeiterfahrung. Exposition eines Problembereichs*, Suhrkamp: Frankfurt a. M.

Bösel, Rainer (1981), *Physiologische Psychologie*, De Gruyter: Berlin/New York.

Born, Rainer (1987), *Artificial Intelligence: The Case Against*, Croom Helm: London/Sydney.

Bowers, K. S. und D. Meichenbaum (Hg.) (1984), *The Unconscious Reconsidered*, Wiley: New York.

Brillouin, L. (1962), *Science and Information Theory*, Academic Press: New York.

Broad, C. D. (1937), »The philosophical implications of foreknowledge«, in: *Proceedings of the Aristotelian Society* Suppl. 16, S. 177-209.

Büchner, Ludwig (1855), *Kraft und Stoff. Empirisch-naturphilosophische Studien in gemeinverständlicher Darstellung*, Meidinger: Frankfurt; 21. Auflage 1904 bei Theod. Thomas, Leipzig.

Bunge, Mario (1955), »A picture of the electron«, in: *Il Nuovo Cimento della Societa Italiana di Fisica* 1, S. 977-985.

Charniak, E. und McDermott, D. (1985), Introduction to Artificial Intelligence, Reading, MA: Addison-Wesley.

Cheesman, Jim und Philip M. Merikle (1985), »Word Recognition and Consciousness«, in: Besner, D., T. G. Waller und G. E. MacKinnon (Hg.), Reading Research: Advances in Theory and Practice, Bd. 5, Academic Press: Orlando: San Diego/New York/Austin, S. 311-352.

Churchland, Patricia Smith (1981), »On the alleged backwards referral of experiences and its relevance to the mind-body problem«, in: Philosophy of Science 48, S. 165-181.

Denbigh, Kenneth G. (1981), Three Concepts of Time, Springer: Berlin/Heidelberg/New York.

Dobbs, H. A. C. (1951), »The relationship between the time of psychology and the time of physics«, Teil 1, in: British J. Philosophy of Science 2, S. 122-142.

Dobbs, H. A. C. (1972), »The dimensions of the sensible present«, in: J. T. Fraser u. a. (Hg.), The Study of Time 1, Springer: Berlin/Heidelberg/New York/Tokyo, S. 274-292.

Eddington, A. S. (1946), Fundamental Theory, Cambridge University Press: Cambridge, S. 126.

Eriksen, C. W. (1960), »Discrimination and learning without awareness: A methodological survey and evaluation«, in: Psychological Review 67, S. 279-300.

Feynman, Richard P. (1949), »The theory of positrons«, in: Physical Review, Folge 2, 76, S. 749-759.

Fifková, E. und van Harrefeld, A. (1977), »Long-lasting morphological changes in dentritic spines of dentate granular cell following simulation of the entorninal area«, in: Journal of Neurocytology 6, S. 211-230.

Fowler, C. A., G. Wolford, R. Slade und L. Tassinary (1981), »Lexical access with and without awareness«, J. exp. Psychol., General 10, S. 341-362.

Grüsser, Otto-Joachim (1986), »Zeit und Gehirn«, in: H. Burger (Hg.), Zeit, Natur und Mensch, Verlag Arno Spitz: Berlin, S. 198-258.

Hawking, S. W. und G. F. R. Ellis (1973), The Large Scale Structure of Space-Time, Cambridge University Press: Cambridge.

Husserl, Edmund (1928), »Vorlesungen zur Phänomenologie des inneren Zeitbewußtseins«, in: Jahrb. für Philosophie und phänomenologische Forschung 9, S. 367-498.

Jung, Richard (1985), »Voluntary intention and conscious selection in complex learned action«, in: Behavioral and Brain Sciences 8, S. 544-545.

Kandel, Eric R. und James H. Schwartz (1981), Principles of Neural Science, Elsevier/North-Holland: New York/Amsterdam/Oxford.

Küppers, Bernd-Olaf (1986), Der Ursprung biologischer Information, Piper: München/Zürich.

Libet, Benjamin (1965), »Brain stimulation and the threshold of conscious experience«, in: *Perspectives in Biology and Medicine* 9, S. 77-86.

Libet, Benjamin (1973), »Electrical stimulation of the cortex in human subjects and conscious sensory aspects«, in: A. Iggo (Hg.), *Handbook of Sensory Physiology,* Bd. 2, Springer: Heidelberg, S. 743-790.

Libet, Benjamin (1982), »Brain stimulation in the study of neuronal functions for conscious sensory experiences«, in: *Human Neurobiology* 1, S. 235-242.

Libet, Benjamin (1985), »Unconscious cerebral initiative and the role of conscious will in voluntary action«, in: *Behavioral and Brain Sciences* 8, S. 529-566.

Libet, Benjamin (1987), »Awareness of wanting to move and of moving«, in: *Behavioral and Brain Sciences* 10, S. 320-321.

Libet, Benjamin (1989), »The timing of a subjective experience«, in: *Behavioral and Brain Sciences* 12, S. 183-185.

Libet, B., C. A. Gleason, E. W. Wright und D. K. Pearl (1983), »Time of conscious intention to act in relation to onset of cerebral activities (readiness-potential); the unconscious initiation of a freely voluntary act«, in: *Brain* 106, S. 623-642.

Marcel, A. J. (1983), »Conscious and unconscious perception: An approach to the relations between phenomenal experience and perceptual process«, in: *Cognitive Psychology* 15, S. 238-300.

Merikle, Philip M. (1983), »Subliminal perception reaffirmed (Review of preconscious processing)«, in: *Can. J. Psychol.* 37, S. 324-326.

Michon, John A. und Janet L. Jackson (Hg.) (1985), *Time, Mind, and Behavior,* Springer: Berlin/Heidelberg/New York/Tokyo.

Morris, Richard (1985), *Time's Arrows, Scientific Attitudes Towards Time,* Simon & Schuster: New York.

Neumann, John von (1958), *The Computer and the Brain,* Yale University Press: New Haven/London.

Newton-Smith, W. H. (1980), *The Structure of Time,* Routledge & Kegan Paul: London/Boston/Henley.

Nisbett, R. E. und T. DeCamp Wilson (1977), »Telling more than we can know: verbal reports on mental processes«, in: *Psychological Review* 85, S. 231-259.

Palm, Günther (1988), »Assoziatives Gedächtnis und Gehirntheorie«, in: *Spektrum der Wissenschaft,* Juni 1988, S. 54-64.

Pinsker, Harold M. und William D. Willis Jr. (Hg.) (1980), *Information Processing in the Nervous System,* Raven Press: New York.

Pöppel, Ernst (1985), *Die Grenzen des Bewußtseins. Über Wirklichkeit und Welterfahrung,* Deutsche Verlagsanstalt: Stuttgart.

Prigogine, Ilya (1979), *From Being to Becoming – Time and Complexity in Physical Sciences,* Freeman & Co.: San Francisco. Dt.: *Vom Sein zum*

Werden – Zeit und Komplexität in den Naturwissenschaften, Piper: München/Zürich 1985.

Ramon y Cajal, Santiago (1895), »Einige Hypothesen über den anatomischen Mechanismus der Ideenbildung, der Association und der Aufmerksamkeit«, *Archiv f. Anatomie und Physiologie* 1895, Supplementum, S. 367-378.

Reichenbach, Hans (1928), *Philosophie der Raum-Zeit-Lehre*, De Gruyter: Berlin–Leipzig. Engl.: *The Philosophie of Space and Time*, Dover Publications: New York 1958.

Roeder, Kenneth D. (1963), *Nerve Cells and Insect Behavior*, Harvard University Press: Cambridge, Mass.

Roth, Gerhard (1987), »Erkenntnis und Realität: Das reale Gehirn und seine Wirklichkeit«, in: S. J. Schmidt (Hg.), *Der Diskurs des Radikalen Konstruktivismus*, Suhrkamp: Frankfurt a. M., S. 229-255.

Sayre, Kenneth (1976), *Cybernetics and the Philosophy of Mind*, Humanities Press: Atlantic Higlands, N. J.

Schmidt, Siegfried J. (Hg.) (1987), *Der Diskurs des Radikalen Konstruktivismus*, Suhrkamp: Frankfurt a. M.

Shannon, C. E. (1948), »A mathematical theory of communication«, in: *Bell System Technical Journal* 27, S. 379-423, 623-656.

Shannon, C. E. (1951), »Prediction and entropy of printed English«, *Bell System Technical Journal* 30, S. 50-64.

Shannon, C. E. und W. Weaver (1949), *The Mathematical Theory of Communication*, University of Illinois Press: Urbana.

Shepherd, Gordon M. (1988), *Neurobiology*, 2. Auflage, Oxford University Press: New York/Oxford.

Sherover, Charles M. (1975), *The Human Experience of Time: The Development of its Philosophic Meaning*, New York University Press: New York.

Squire Larry L. (1987), *Memory and Brain*, Oxford University Press: New York/Oxford.

Strohmeyer, Ingeborg (1980), *Transzendentalphilosophische und physikalische Raum-Zeit-Lehre*, Wissenschaftsverlag, Bibliographisches Institut: Mannheim/Wien/Zürich.

Tanzi, E. (1893), »I fatti e le induzioni nell'odierna istologia del sistema nervoso«, in: *Rivista sperimentale di freniatria et di medicina legale* 19, S. 419-472.

Whitrow, G. J. (1980), *The Natural Philosophy of Time*, 2. Auflage, Clarendon Press: Oxford.

Hermann Haken
Konzepte und Modellvorstellungen der Synergetik zum Gedächtnis

Es ist wohl nicht übertrieben zu sagen, daß unsere heutigen Erkenntnisse über die materiellen Grundlagen des Gedächtnisses bei Mensch und Tier noch weitgehend im Dunkeln liegen. Ganz sicher bezweifelt niemand, daß diese in den Neuronen, den Knotenpunkten unseres Gehirns, und deren Verbindungen verankert sind; wo und wie ist aber ein Gegenstand intensivster Forschung. Zwar gibt es bereits einige experimentelle Hinweise darauf, wie Gewöhnung und Sensibilisierung, die ja schließlich letztlich auf bestimmten Erfahrungen, die im Gedächtnis verankert sind, beruhen, bei Meeresschnecken (Aplysia, Hermissenda und Tritonia) festgelegt werden. Es sind dies bestimmte chemische Veränderungen an den Membranen der Nervenzellen. Ob diese Mechanismen aber bei anderen Tieren und insbesondere beim Menschen gelten, ist offen. Aber selbst wenn wir diese materiellen Substrate kennten, so würde uns noch eine ganz andere, viel gewaltigere Aufgabe entstehen, gibt es doch im menschlichen Gehirn ca. 100 Milliarden Nervenzellen, etwa so viele, wie es Sonnen im Milchstraßensystem gibt. Wie sollte es uns möglich sein, den Abruf der ungeheuer gewaltigen Gedächtnismenge, die in den einzelnen Zellen und deren Verbindungen irgendwie verankert ist, zu verfolgen und in ein Schema zu bringen? Hier kann aber, wie uns scheint, die Synergetik, die Lehre vom Zusammenwirken, wichtige Hinweise geben. Dabei gehen wir von mehreren grundlegenden Erkenntnissen der Synergetik aus.

Die Synergetik befaßt sich mit der Entstehung verschiedenartigster Strukturen in Natur und Technik. Hierbei wurde entdeckt, daß einer großen Zahl von Strukturbildungen immer wieder die gleichen fundamentalen Gesetzmäßigkeiten zugrunde liegen und daß Strukturbildungen unabhängig von der speziellen Natur des Substrats erfolgen können. Nehmen wir nun an, daß die Niederlegung von Information im Gedächtnis und deren Abruf als Strukturbildung aufgefaßt werden können, was wir im folgenden belegen wollen, und machen wir uns die Erkenntnis der Synergetik zunutze, daß Strukturbildungen unabhängig von der Natur der Substrate erfolgen können, so erhalten wir ganz zwanglos einen Zugang zu relativ konkreten Modellvorstellungen des Gedächtnisses. Bevor wir hierzu in der Lage sind, müssen wir aber den Leser an einige grundlegende Erkenntnisse und Begriffsbildungen der Synergetik erinnern. Strukturbildungen finden wir sowohl in der belebten als auch unbelebten Natur. Die Entwicklung eines Tieres von der befruchteten Eizelle bis hin zum erwachsenen Tier stellt ein Musterbeispiel für Strukturbildungen dar. Solche können wir ebenso in der Pflanzenwelt beobachten. Aber auch bereits die unbelebte Natur bietet uns eine Fülle von Strukturbildungen. Hierzu gehören Sanddünen, Wolkenstraßen, Eisblumen am Fenster, bestimmte geologische Formationen, Strömungsmuster in Flüssen und viele andere Phänomene. Auch im naturwissenschaftlichen Labor und in der Technik lassen sich viele Strukturbildungen beobachten. Beispiele hierfür sind Rollen in einer von unten erhitzten Flüssigkeit oder das hochgeordnete Laserlicht, in dem unzählige individuelle Emissionsakte einzelner Atome zu einer einheitlichen Lichtwelle zusammenfinden. Hierzu gehören auch bestimmte chemische Reaktionen, die flächige, spiralförmige oder kreisförmige Muster bilden, und viele andere Erscheinungen. Betrachten wir als Beispiel die Entstehung von Flüssigkeitsrollen etwas genauer.

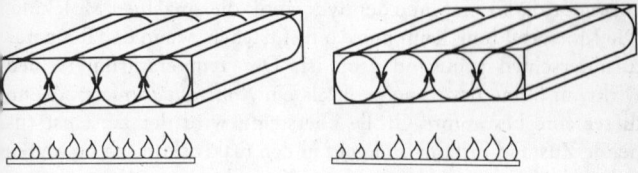

Abb. 1: In einer von unten erhitzten Flüssigkeit kann es zur Ausbildung von rollenförmigen Bewegungen kommen. Dabei kann die Bewegung in der einen oder aber auch in der anderen Richtung erfolgen (Symmetriebruch).

Wird eine Flüssigkeit in einer Schale von unten erhitzt und von oben gekühlt, so versucht die Flüssigkeit den Temperaturunterschied durch einen Wärmestrom auszugleichen. Wird aber der Temperaturunterschied zwischen unterer und oberer Oberfläche zu groß, so setzt plötzlich eine makroskopische Bewegung der Flüssigkeit ein. An einigen Stellen steigt die Flüssigkeit nach oben, an anderen sinkt sie wieder nach unten. Dies ist ein typisches Beispiel von Selbstorganisation (Abb. 1). Die Flüssigkeitsmoleküle finden von allein heraus, wie sie sich bewegen müssen. Dies wäre vergleichbar mit Schwimmern in einem Schwimmbecken: Wird die Dichte der Schwimmer zu groß, so behindern diese sich gegenseitig sehr. Es kann nun vorkommen, daß der Bademeister die Anordnung gibt, daß die Schwimmer im Kreise schwimmen sollen, wodurch die gegenseitige Behinderung ganz wesentlich verringert wird. Hier wird also der geordnete Zustand dem System von außen her aufgeprägt. Es kann aber auch sein, daß ohne die Gegenwart eines Bademeisters die Schwimmer allmählich herausfinden, daß sie durch kreisförmiges Schwimmen sich am wenigsten behindern. Das ist das, was in der Flüssigkeit von sich aus passiert, also ein Akt sogenannter Selbstorganisation.

Die Synergetik kann diese Phänomene durch ein allgemeines Konzept und die dazugehörige exakte mathematische Beschreibung wiedergeben. Natürlich wollen wir hier nicht die mathematische Beschreibung betrachten, sondern dem Leser lediglich die grundlegenden Konzepte an die Hand geben. Diese sind: Das Konzept des »Ordners« oder »Ordnungsparameters«. Im Falle der Flüssigkeitsdynamik ist die Rollenbewegung ein Ausdruck für die Existenz des *Ordners*. Dieser zwingt die einzelnen Moleküle in seinen Bann, d.h. in die kreisförmige Bewegung, und *versklavt* damit im Sinne der Synergetik die einzelnen Moleküle. Die Musterbildung kann nur dann entstehen, wenn der Temperaturunterschied genügend groß ist. Der Temperaturunterschied wirkt im Sinne der Synergetik als ein *Kontrollparameter*. Wenn dieser eine bestimmte Größe übersteigt, wird der zunächst ruhende Zustand instabil und geht in den makroskopisch bewegten Zustand über. Wird der kritische Wert des Kontrollparameters überschritten, etwa durch genügende Energiezufuhr von außen, und befindet sich auch nur ein Teil des gesamten Systems, hier der gesamten Flüssigkeit, in einem geordneten Zustand, so schaffen sich die einzelnen Teile den zugehörigen Ordnungsparameter, der dann umgekehrt die noch übrigen, bislang ungeordneten Flüssigkeitsteile in seinen Bann zwingt und der makroskopischen geordneten Bewegung unterwirft. Mit Hilfe des Ordnungsparameters wird also ein teilweise geordneter Zustand in einen völlig geordneten Zustand gezwungen.

Machen wir nun einen zunächst großen Sprung zum Gedächtnis.

Abb. 2: Beispiel eines Gesichts als Prototypmuster. Zur Verarbeitung wird ein Gitter über das Muster gelegt und der Grauwert in der Zelle abgelesen.

Für unsere Betrachtungen spielt der Begriff des Assoziativgedächtnisses eine grundlegende Rolle. Wird uns ein uns schon
früher bekannt gewordenes Gesicht gezeigt, oder auch nur ein
Teil von ihm, so erinnern wir uns bei Funktionieren unseres Gedächtnisses an das Gesamtgesicht und zugleich an den damit verknüpften Namen. Das Gedächtnis hat also die Fähigkeit zu assoziieren. Es erscheint nicht immer ganz einfach, eine Gedächtnisleistung von einer Intelligenzleistung zu unterscheiden. Wenn wir
etwa eine neue Idee äußern, so spielt sich ja wohl doch folgender
Vorgang ab: Zunächst sind uns einige Tatsachen bekannt, dann
schließen wir aus diesen Tatsachen auf neue Zusammenhänge, die
wir sprachlich formulieren. Die Sprache ist aber bereits in unserem Gedächtnis verankert. Man könnte also den ganzen Prozeß
auffassen als eine Kette eines immer weiter um sich greifenden
assoziativen Gedächtnisses. Hierbei liegt aber ein ganzer Prozeß
vor, so daß das assoziative Gedächtnis hier nicht wie das Aufrufen eines einzigen Zusammenhanges erscheint, sondern eher wie
das Herausgraben einer Wurzel mit ihren immerwährenden Verzweigungen, die nie ein Ende zu nehmen scheinen. Anschaulich
gesprochen, wird es sich daher für uns darum handeln, dieses
Wurzelwerk mathematisch zu beschreiben und darüber hinaus
auch zu beschreiben wie wir es gewissermaßen »auszugraben«
haben. Betrachten wir ein konkretes Beispiel, nämlich wie wir
Gesichter im Computer speichern und gemeinsam mit ihren Namen wiedererkennen können. Hierzu denken wir uns, daß die
uns bekannten Gesichter fotografisch gemeinsam mit ihrem Namen niedergelegt sind, wobei wir den Namen etwa durch den
Anfangsbuchstaben abkürzen können. Zur Speicherung im Computer wird ein Gitter über das Muster gelegt und der Grauwert in
jeder Zelle abgelesen (Abb. 2). Wir denken uns nun ein Netzwerk, das aus den einzelnen Neuronen und deren Verbindungen
besteht (Abb. 3). Wir stellen uns vor, daß das Netzwerk die folgenden Eigenschaften hat: Jedem einzelnen Knotenpunkt, d. h.
jedem einzelnen Neuron entspricht eine Zelle des Gitters, das wir
über das Gesicht gelegt haben. Die Helligkeit des Grautons soll
sich in der elektrischen Aktivität dieses Neurons widerspiegeln.
Im allgemeinen wird ein angebotenes Gesicht natürlich nicht
vollständig sein und insbesondere nicht den Namen enthalten.
Die Verknüpfungen unter den Neuronen des Netzwerks sollen
nun folgendermaßen konstruiert sein: Die von dem angebotenen

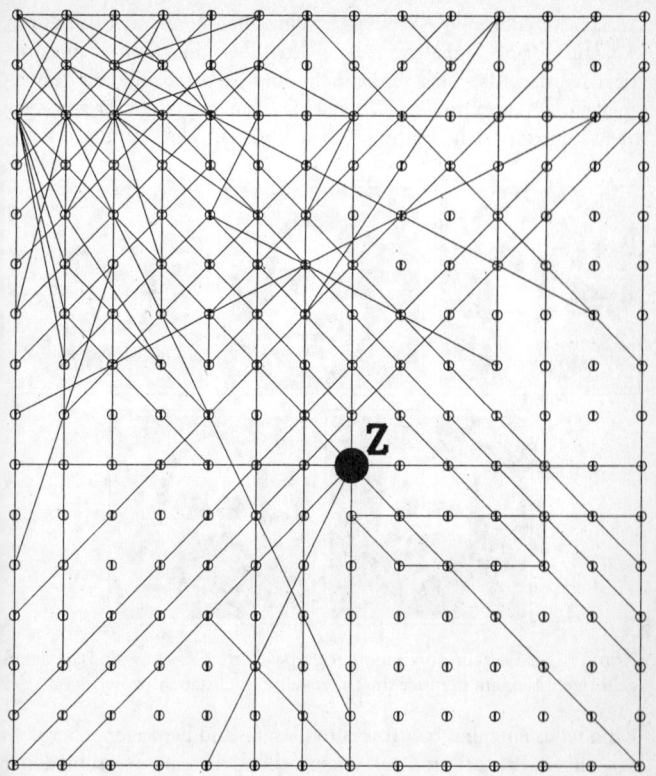

Abb. 3: Ein Netzwerk von Modellneuronen, von denen jedes Neuron einer Zelle von Abb. 2 entspricht. Zur Aufrufung des assoziativen Gedächtnisses müssen alle Zellen untereinander verknüpft sein.

Muster herrührende Aktivität der einzelnen Neuronen soll durch Austausch von Signalen, z. B. elektrischen Signalen, so modifiziert werden, daß sich schließlich eines der ursprünglich gespeicherten »Prototypmuster«, einschließlich des zugehörigen Namens, automatisch ergibt (Abb. 4 und 5). Wie hieraus erhellt,

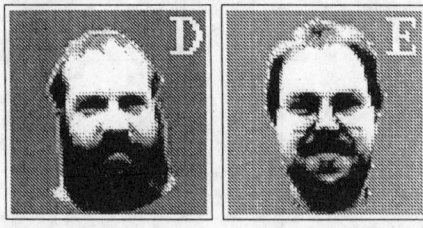

Abb. 4: Beispiele für im Computer gespeicherte Gesichter und die dazugehörigen Namen, die hier durch einzelne Buchstaben codiert sind.

kann jedes einzelne Neuron zum Gesamtbild beitragen, aber dem jeweiligen Prototypmuster entsprechend in ganz verschiedener Weise. Wie wir sehen, wird erst durch das Zusammenwirken aller Neuronen über ihre Verbindungen hinweg die Aktivität eines jeden einzelnen Neurons so bestimmt, daß schließlich das einmal gespeicherte Prototypmuster wieder herauskommt, und zwar je nach Anfangsstimulus verschieden. Was hier vor sich geht, läßt sich anhand der Analogie mit der Flüssigkeit leicht darstellen. Je nach dem Anfangszustand der Flüssigkeit können sich in dieser verschiedene Endmuster ausbilden. In jeder Flüssigkeitszelle laufen also andere Flüssigkeitsströmungen ab, je nach dem sich makroskopisch ausbildenden Rollenmuster. In dem einfachen Beispiel von Abb. 1 können nur zwei Muster realisiert werden, bei komplizierteren Strömungen gibt es aber durchaus auch eine größere Zahl von Möglichkeiten. Um das Funktionieren unseres ab-

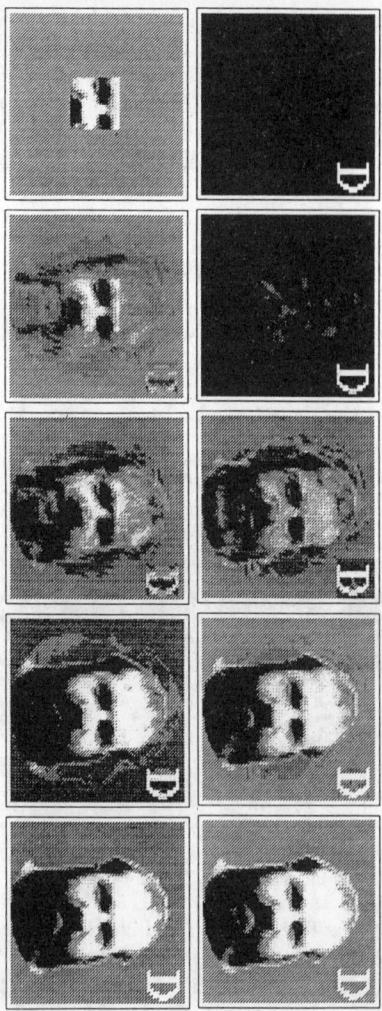

Abb. 5: Assoziativer Aufruf eines unvollständigen Bildes, wobei in der oberen Reihe rechts der Name, in der oberen Reihe links nur ein Teil des Gesichtes dem Computer vorgegeben wird, dem es in beiden Fällen gelingt, Gesicht und Namen insgesamt zu rekonstruieren, wie am Bildschirm verfolgt werden kann (Bildfolge jeweils von oben nach unten).

strakten Netzwerkes zu verstehen, brauchen wir uns nur an das Grundprinzip der Synergetik zu erinnern, das wir schon oben skizzierten. Ist nämlich bereits ein Teil im geordneten, d. h. richtigen Zustand, so schafft sich dieser Teil seinen Ordnungsparameter und zwingt das restliche System in diesen. Dies bedeutet für das Assoziativgedächtnis nichts anderes als folgendes: Ist bereits ein Teil der Neuronen im vorgeschriebenen Zustand, so schaffen diese sich den zugehörigen Ordnungsparameter und zwingen damit auch alle übrigen Neuronen in den zu schaffenden geordneten Zustand. Diese immer noch recht abstrakten Überlegungen lassen sich an einem einfachen mechanischen Modell leicht veranschaulichen. Dazu betrachten wir das Gebirge der Abb. 6, in der eine Kugel mit Dämpfung rollen kann. Die beiden

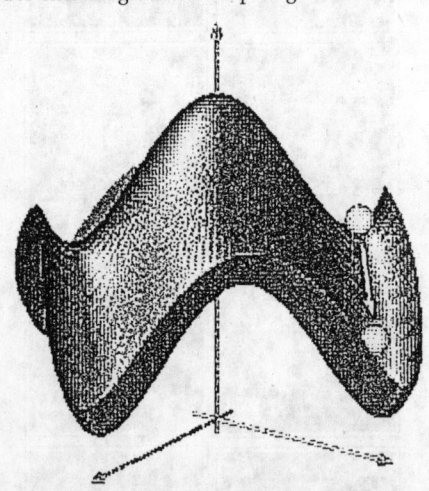

Abb. 6: »Gebirge« mit Kugel. Vgl. Text auf dieser Seite

Minima, d. h. die Täler dieser Landschaft, entsprechen den ursprünglich gespeicherten (zwei) Prototypmustern. Wird nun ein Muster angeboten, das nicht mit dem Prototypmuster übereinstimmt, so entspricht es einer Lage der Kugel außerhalb der Minima. Die Dynamik der Kugel wird diese natürlich zwingen, den energetisch tiefsten Zustand einzunehmen und damit die Lage eines der Prototypmuster. Die Lage des Prototypmusters codiert aber nichts anderes als ein Bild, wie wir es ursprünglich gespeichert haben. Diese Analogie mag verdeutlichen, wie die Verknüpfungen des Systems und die dadurch bedingten Signalwirkungen zwischen den einzelnen Neuronen bewirken, daß sich die Gesamtheit der Neuronen auf einen ganz bestimmten endgültigen Verteilungszustand einpendelt, der gerade den eines der ursprünglich gespeicherten Prototypmusters, einschließlich des Namens, wiedergibt.

Unser Modell macht deutlich, wie Gedächtnisleistungen durch Verknüpfungen materialisiert werden können, eine Vorstellung, die bereits von dem Biologen Hebb ausgesprochen wurde, der die sogenannte Hebbsche Synapse einführte. Hierbei handelt es sich um eine Verbindung zwischen Neuronen, die bei gleichzeitiger Nutzung der beiden Neuronen verstärkt wird. In dem bislang besprochenen Fall wird die Gedächtnisleistung, insbesondere die Wiederauffindung des Gesamtzusammenhanges, durch die entsprechend definierten Verknüpfungen bestimmt. Interessanterweise läßt unser mathematisches Modell aber auch noch eine ganz andere Deutung zu, bei der die Gedächtnisleistung, insbesondere deren Wiederauffindung, nicht auf die einzelnen Zellen, die die Merkmale, z. B. die Grautöne, widerspiegeln, verteilt ist. Vielmehr kann man auch zwei Zellagen einführen: die erste, die das ankommende Signal aufgrund seiner Pixels, d. h. aufgrund etwa seiner Grautöne in den einzelnen Zellen, aufnimmt; dann projiziert aber diese Schicht auf eine zweite Schicht von Zellen, von denen sich jede auf ein ganz spezielles gespeichertes Muster bezieht. Wird also etwa ein bestimmtes Gesicht eingegeben, so ist schließlich nur noch die ihm entsprechende einzelne Zelle aktiviert, alle anderen sind im Schweigezustand. Wir haben hier das typische Beispiel der schon öfters geforderten »Großmutterzelle« vor uns (Abb. 7). Allerdings unterscheidet sich unser Modell der Großmutterzelle wesentlich von dem anderer Forscher. Wie sich nämlich zeigt, müssen die Großmutterzellen, die alle bei Ankommen eines Signals mehr oder weniger erregt werden, miteinander einen Konkurrenzkampf ausfechten, der von derjenigen Großmutterzelle gewonnen wird, die von Anfang an mit dem angebotenen Muster und dem von ihr repräsentierten Prototypmuster den größten Überlap hat.

Wie unsere Ausführungen zeigen, spielt die detaillierte materielle Ausformung des Substrats, das etwa die Verbindungen zwischen den einzelnen Nervenzellen bestimmt, keine Rolle. Entscheidend

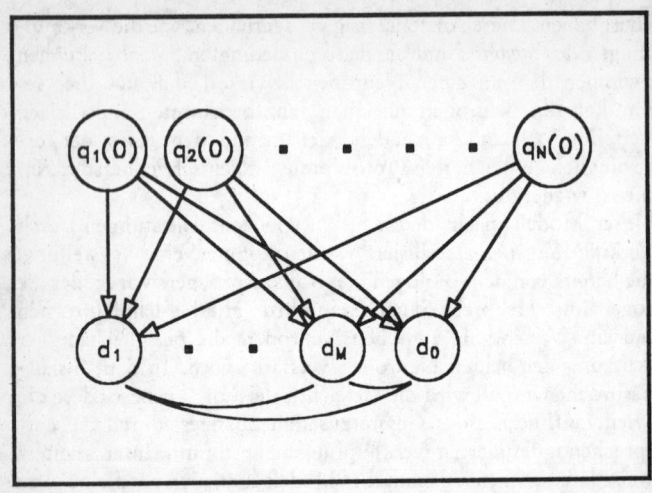

Abb. 7: Die Realisierung des neuronalen Netzwerkes durch Großmutterzellen, die miteinander verknüpft sind. Über ihnen liegt eine Schicht von Zellen, die die Reize aufnehmen und in bestimmter Weise weiterleiten.

für uns ist aber die Erkenntnis, daß es sich beim Gedächtnis, sowohl bei der Niederlegung des Gedächtnisses als auch bei der Wiederauffindung von Gedächtnisinhalten, um einen kollektiven Prozeß handelt, bei dem sehr viele Nervenzellen interagieren. In dem bislang besprochenen Modell handelt es sich lediglich um eine einzige Stufe, nämlich das angebotene Testmuster wird durch das Nervennetz schließlich in eines der Prototypmuster überführt, die sich in der Aktivität des Nervennetzes widerspiegeln. Dieses Modell läßt sich aber ganz wesentlich ausbauen, wobei durch ein Anfangssignal eine ganze Lawine oder ein ganzer Steppenbrand ausgelöst wird, der sich dann durch das Nervennetz durchfrißt und immer wieder neue Konfigurationen kollektiver Natur dieses Nervennetzes hervorruft. Wie sich im einzelnen mathematisch nachvollziehen läßt, spielt bei allen diesen Prozessen eine Größe eine Rolle, die sich als selektive Aufmerksamkeit beschreiben läßt. Diese sorgt dafür, daß nur bestimmte Gedächtnisinhalte gespeichert werden, nämlich solche, denen unsere Aufmerksamkeit galt, und sie sorgt ebenso dafür, daß das Abrufen von Gedächtnisinhalten nur entlang bestimmter Bahnen erfolgen kann. Für manche durchaus gespeicherten Gedächtnisinhalte sind wir gewissermaßen blind geworden, während andere überakzentuiert erscheinen können (Abb. 8). Hierbei ist es kei-

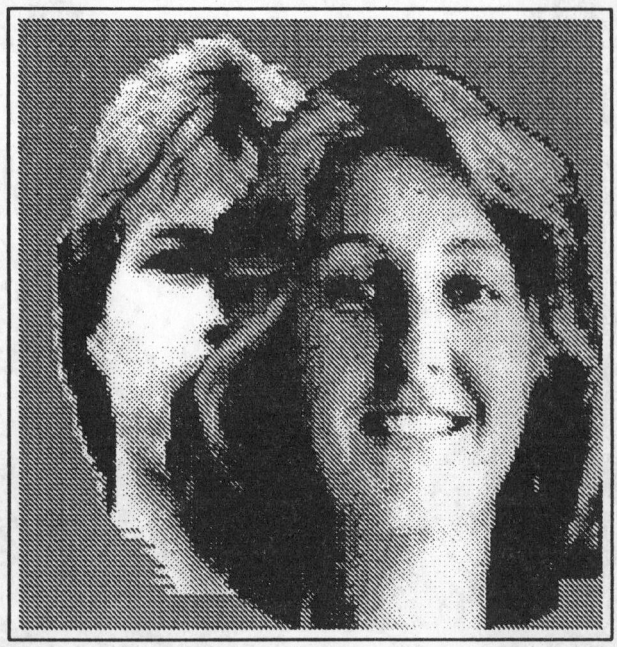

Abb. 8: Wirkung der selektiven Aufmerksamkeit beim Ermessen von zusammengesetzten Szenen. Zuerst erkennt der Computer die im Vordergrund gezeigte Dame. Wird nun der entsprechende Aufmerksamkeitsparameter herabgesetzt, so erkennt der Computer nicht mehr die Dame, sondern den hinter ihr stehenden Mann.

neswegs so, daß diese Aufmerksamkeit unbedingt unserer unmittelbaren bewußten Kontrolle unterworfen ist. Zwar können wir in einer Reihe von Fällen unsere Aufmerksamkeit durchaus steuern, es gibt aber leicht nachweisbare Fälle, in denen wir diese Kontrolle nicht besitzen. Ein Beispiel hierfür stellen die Kippfiguren dar, etwa das berühmte Bild von Vase oder Gesicht (Abb. 9). Hierbei können wir z. B. die Perzeption der Vase für eine bestimmte Zeit, etwa einige Sekunden, aufrechterhalten,

Abb. 9: Beispiel für ein ambivalentes Bild: Vase oder Gesichter.

diese weicht dann dem Erkennen von Gesichtern usw. Wie das mathematische Modell zeigt, schwankt hierbei der Aufmerksamkeitsparameter periodisch hin und her, bedingt durch eine Sättigung der Aufmerksamkeit beim längeren Anschauen eines Bildes (Abb. 10). Die Verknüpfung der Perzeption Vase mit dem Wort Vase stellt natürlich einen Akt des assoziativen Gedächtnisses dar. Bereits dieser einfach durchzuführende Versuch zeigt uns daher, daß die Gedächtnisleistung in besonderer Weise von dem

Aufmerksamkeitsgrad abhängt und daß dieser nicht vollständig bewußt kontrolliert werden kann. Der Aufmerksamkeitsparameter, der für das Aufrufen des Gedächtnisses wichtig ist, hängt, wie dieses Beispiel zeigt, unmittelbar vom Gedächtnisinhalt selbst ab. Diese intime Verknüpfung von Gedächtnis und Aufmerksamkeitsparametern erlaubt eine ungeheure Flexibilität unseres Gedächtnisses, macht aber auch eine gezielte Gedächtnisforschung, die insbesondere nach den materiellen Substraten des Gedächtnisses sucht, äußerst schwierig.

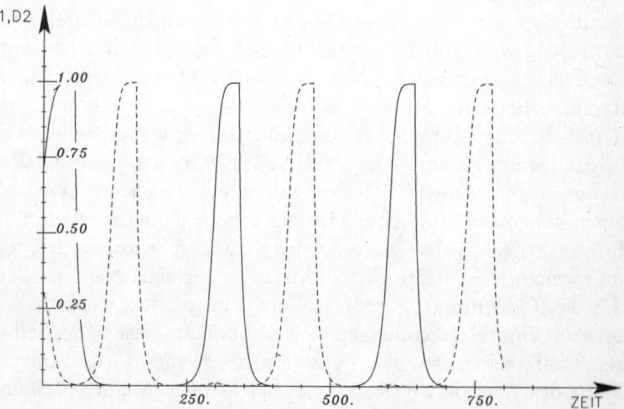

Abb. 10: Bei der Wahrnehmung ambivalenter Figuren geht die Wahrnehmung periodisch zwischen dem einen und dem anderen Bild hin und her. Die ausgezogene Linie stellt die Stärke der Wahrnehmung für die Vase, die gestrichelte Linie die Stärke der Wahrnehmung für die Gesichter dar. Die hier gezeigte Oszillation kommt durch die oszillierende Stärke der Wahrnehmungsparameter zustande.

Unser Modell hat noch eine andere interessante Eigenschaft. Sucht es nämlich aus dem angebotenen Bild nach dem endgültigen, ursprünglich gespeicherten Prototypmuster, so durchläuft es eine Reihe von Zwischenzuständen, die eine Überlagerung aus verschiedenen gespeicherten Mustern darstellt. Dies ist ein Ergebnis, das uns an eigene Erfahrungen erinnert. Wenn wir in unseren Erinnerungen suchen, so erscheinen uns des öfteren ganz verschiedene Erlebnisinhalte miteinander verwoben, die dann erst nach längerer Gedächtnisleistung in klare, geordnete Bahnen zu gelangen scheinen, wobei aber auch hier, besonders wenn es sich um weiter zurückliegende Erlebnisse handelt, auch Phantasiestücke mit eingeflochten werden können. Ob diese Phantasiestücke einfach als Kombination anderer Erfahrungsinhalte gedeutet werden können, so wie es unser mathematisches Modell zeigt, oder ob hier noch andere Prozesse am Werke sind, muß in dieser Diskussion offen bleiben.

In meiner Darlegung habe ich versucht, einige Prozesse aufzuzeigen, die bei der Niederlegung und der Wiederauffindung von Erfahrungsinhalten wesentlich sind. Hierbei bin ich nicht weiter auf die Prozesse eingegangen, die in den einzelnen Verbindungen auftreten, wenn Inhalte gelernt werden. Da deren Beschreibung von recht mathematischer Natur ist, muß ich es mir hier versagen, darauf näher einzugehen. Zusammenfassend läßt sich aber von dem Gesichtspunkt der Synergetik her folgendes feststellen: Die Niederlegung und die Wiederauffindung von Gedächtnisinhalten ist ein ausgesprochen kollektiver Effekt, bei dem viele Nervenzellen miteinander in Wechselwirkung treten, wobei die Verknüpfungen zwischen den Nervenzellen verändert werden oder, wie im zweiten Modell der Großmutterzelle, spezielle Nervenzellen, die das Gesamtmuster repräsentieren, geschaffen werden. Wie unsere Computerrechnungen zeigen, besitzen diese Modelle bereits Fähigkeiten, wie wir sie vom menschlichen Gedächtnis im Sinne des Assoziativgedächtnisses her kennen. Meiner Meinung nach gibt es einen fließenden Übergang zwischen reinen Gedächtnisleistungen, wie sie etwa beim assoziativen Gedächtnis auftreten, und schöpferischen Vorgängen, da alles, was das Netzwerk hervorbringt, in ihm ja virtuell schon angelegt ist. Hierbei können aber, wie die Synergetik zeigt, durchaus Prozesse ablaufen, die nicht rein deterministisch kausal sind, sondern wo sogenannte Fluktuationen auftreten, die den Zustand von einem oder mehreren Neuronen spontan ändern können, wobei das gesamte System in einen völlig neuen Zustand hineinlaufen kann. Vielleicht sind dies die Funken, die den Geist eines Genius zu ganz neuartigen Gedanken führen. Obwohl wir die Wirkung von Fluktuationen bei Systemen der Physik und Chemie schon recht gut kennen, stehen wir hier im psychologischen Bereich erst am Anfang.

Literatur

Haken, Hermann (1986), *Erfolgsgeheimnisse der Natur,* DVA: 4. Aufl., Stuttgart.

Haken, Hermann (1988), in: ders. (Hg.), *Neural and Synergetic Computers* Springer-Verlag: Berlin/Heidelberg/Wien/New York.

Haken, Hermann (1990), *Synergetic Computers and Cognition*, Springer Verlag: Berlin/Heidelberg/Wien/New York (im Druck).

Fuchs, A. und Hermann Haken, in: *Neural and Synergetic Computers* Springer-Verlag: Berlin/Heidelberg/Wien/New York.

Ashgar Iran-Nejad/
Abdollah Homaifar
Assoziative und nicht-assoziative Theorien des verteilten Lernens und Erinnerns

Lashley (1915, 1929, 1950) hat mehr als drei Jahrzehnte der Forschung dafür aufgewendet, lokalisierte Gedächtnisspuren im Gehirn zu entdecken. Seine eingehenden Untersuchungen haben
zwar keinerlei lokale Gedächtnisspuren oder Lagerstätten gefunden, jedoch die empirischen Grundlagen dafür bereitet, einen
nicht-lokalistischen Ansatz der Erforschung des Lernens und des
Erinnerns zu entwickeln. In den nachfolgenden drei Jahrzehnten
ist die Erforschung des verteilten Gedächtnisses beständig fortge-
führt worden; die dominierende Richtung der Kognitionswissenschaft hat diese Forschung jedoch ignoriert und sich für eine
kognitive Revolution engagiert, die Metaphern der lokalen Speicherung auf die bislang konkreteste Weise verdinglicht (reifiziert)
hat, nämlich in Analogie zur Computersoftware. Um die Mitte
der 80er Jahre stieg dann plötzlich das Interesse an verteilten
Repräsentationen geradezu explosionsartig an.
Heute ist die Vorstellung des verteilten Lernens und Erinnerns
fest in einer neuen Ausprägung des Assoziationismus oder Konnektionismus verankert, die als »parallele verteilte Verarbeitung«
(»parallel distributed processing« = PDP) bezeichnet wird. Auch
wenn es nun weithin Übereinstimmung darüber gibt, daß das
Gedächtnis in verteilter Weise repräsentiert ist, so gibt es doch
viel weniger Konsens hinsichtlich der Frage, ob der PDP-Konnektionismus die beste Möglichkeit darstellt, »verteiltes Lernen
und Erinnern« (»distributed learning and remembering« = DLR)
zu bearbeiten. Aus diesem Grunde beschäftigt sich ein Großteil
dieses Beitrags mit der Klärung des Status des DLR im PDP-
Assoziationismus. Das zentrale Thema dabei ist, daß DLR in
einem nicht-assoziativen Kontext entstand und weiterentwickelt
wurde und daß der Ansatz von Grund auf mit dem Konnektionismus unvereinbar ist.
Forscher wie Lashley (1929, 1950, 1951) und John (1967, 1972),
Pioniere der Verbreitung des DLR, haben mit großem Einsatz

gegen den Assoziationismus gearbeitet, haben Ergebnisse, die DLR bestätigten, als Beweise gegen den Assoziationismus angesehen und DLR als Alternative zum Assoziationismus vertreten. Im Gegensatz dazu haben sich die PDP-Konnektionisten nur deshalb dem Assoziationismus zugewandt, weil sie in der eigenen Arbeit im Bereich der Künstlichen Intelligenz (KI) sowie der Informationsverarbeitungspsychologie der 70er Jahre desillusionierende Erfahrungen gemacht hatten. Es ist daher nicht überraschend, daß die Konnektionisten den grundlegenden DLR-Forschungen, die eine lange, ungebrochene und beachtliche empirische und theoretische Geschichte aufweisen, wenig Beachtung geschenkt haben. Statt dessen gründeten die Konnektionisten ihre Modelle auf einen anderen, inzwischen weitgehend verworfenen Ansatz der KI, der gewöhnlich als die Modellierung neuronaler Netze analog den netzwerkähnlichen physikalischen Erscheinungen des Gehirns bekannt ist und sich aus dem orthodoxen Behaviorismus entwickelt hat (vgl. Reece 1987).

Wir werden kurz einige der Gründe erörtern, warum der PDP-Assoziationismus und die (nicht-assoziativen) grundlegenden Forschungen, die zur Entdeckung der Theorie des DLR geführt haben, im Sinne Kuhns (1962) paradigmatisch unvereinbar sind. Wir werden hernach zeigen, daß der PDP-Konnektionismus und die konventionelle Kognitionswissenschaft der 70er Jahre im Grunde nicht verschieden sind. Danach werden einige der wichtigen Aspekte des DLR behandelt. Den Abschluß des Beitrags bildet eine biofunktionale Analyse verteilten Lernens und Erinnerns.

PDP-Assoziationismus und DLR-Geschichte: einige Probleme

Entdeckungen zählen

Um das Ausmaß der Unvereinbarkeit des assoziativen und des nicht-assoziativen Ansatzes des DLR zu verdeutlichen, wollen wir die bahnbrechenden Arbeiten Lashleys (1929, 1950, 1951) betrachten. PDP-Autoren haben die Konsequenzen der Daten Lashleys für ihre Modelle selten erörtert. Als McClelland und Rumelhart (1985a) ihr verteiltes Modell erstmals vorstellten, haben sie Lashley in dem Abschnitt ihrer Arbeit, in dem »einige wichtige Danksagungen angebracht« waren (S. 161), überhaupt nicht erwähnt. Sie haben ihn allerdings dort herangezogen, wo sie ihre Überlagerungshypothese diskutieren, die Hypothese nämlich, daß die gleichen Hirnregionen Gedächtnisspuren vieler Erfahrungen in Form übereinandergelagerter Informationsschichten speichern (numerische Konnektionsgewichte für PDP-Modelle). Wie wir jedoch an anderer Stelle gezeigt haben (Iran-Nejad und Ortony 1984), gehört die Tatsache, daß die Überlagerungshypothese in einigen Schriften Lashleys anklingt, vielleicht zu den schwächsten Seiten seiner Theorie verteilten Lernens und Erinnerns.

In dem gesamten Riesenausstoß an PDP-Literatur erfährt Lashleys Forschungsarbeit die gleiche Behandlung. Das Buch (Hinton und Anderson 1981), das den gegenwärtigen Enthusiasmus für den PDP-Konnektionismus einläutete, enthielt drei Zitate aus Lashleys Arbeit, von denen nur ein einziges (Anderson und Hinton 1981) inhaltlich orientiert war: es bezeichnete nämlich Lashleys Aussage, »daß sogar die Reservierung einzelner Synapsen für spezielle assoziative Reaktionen unmöglich ist« (Lashley 1950, S. 480)), als »kompromißlos«. Anderson und Hinton erwähnten weder, daß drei Jahrzehnte systematischer Forschung Lashley überzeugt hatten, die Hypothese der Äquipotentialität der sogenannten Assoziationstrakte im Nervensystem zu akzeptieren, noch erörterten sie die Konsequenzen dieser Hypothese, sollte sie korrekt sein, für das, was Anhänger des PDP-Modells oft als die neue »Erkenntnis« bezeichnen, »daß das Wissen in den Verknüpfungen zwischen den Einheiten gespeichert wird« (McClelland, Rumelhart und Hinton 1986, S. 33). In gleicher Weise findet sich in den 26 Kapiteln der beiden PDP-Bände (McClelland, Rumelhart and the PDP Research Group 1986) nur ein einziger Verweis auf Lashley, der seinen Beitrag zu verteilten Repräsentationen bestätigt, gleichzeitig aber darauf hinweist, daß Lashley »zu radikal und zu vage gewesen sein könnte und daß seine Doktrin der Äquipotentialität großer Kortexregionen das Problem klar überzeichnet« (McClelland, Rumelhart und Hinton 1986, S. 41). Es gibt nirgendwo auf 1158 Seiten eine genauere Erörterung, in welcher Weise Lashley vage war und was er mit dem Begriff »äquipotentiell« meinte.

Unsere Leser mögen es als eine Art »Overkill« empfinden, daß wir diese unangemessene Berücksichtigung der Forschungsarbeiten Lashleys durch die PDP-Anhänger so stark herausstellen. Wir sind jedoch der Meinung, daß jeder Fortschritt im Verstehen der Prozesse, durch die das Gehirn unser Bewußtsein erzeugt, eine theoretisch explizit begründete Methode erfordert, die auf den Grundlagen der Vergangenheit aufbaut. Eine bloße *Ad-hoc*-Behandlung von drei Jahrzehnten Forschungsarbeit, die die solide empirische Basis für eine Hypothese lieferten, die sich sehr wohl als die bedeutendste Entdeckung in der Geschichte der Psychologie erweisen könnte, führt allerdings nicht zu einem Zuwachs an wissenschaftlicher Erkenntnis.

Öl und Wasser: Nicht-assoziative Begriffe in der PDP-Literatur

In einem neueren Artikel hat Jenkins (1974) den Assoziationismus als Modell des Gedächtnisses verworfen und als Alternative den Kontextualismus erörtert. Zu dieser Schlußfolgerung war Jenkins ebenso wie Lashley nach vielen Jahren der Auseinandersetzung mit dem Assoziationismus gelangt. In ihrem interaktiven Aktivationsmodell setzten McClelland und Rumelhart (1981; Rumelhart und McClelland 1982) jedoch den Kontext gleich mit der Aktivierung diskreter Knoten und Verknüpfungen in einem assoziativen Netzwerk.

Im Rahmen einer anderen programmatischen Forschungsrichtung haben Medin und seine Kollegen gezeigt, daß der Assoziationismus in all seinen verschiedenen Formen mit kontextuellem und theoretischem Wissen nicht fertig wird (Medin und Schaffer 1978; Medin und Schwanenflugel 1981; Murphy und Medin 1985). McClelland und Rumelhart (1985a) beziehen sich auf diese Literatur und bekräftigen, daß der Kontext eine Herausforderung für ihr verteiltes Modell ist, stellen schließlich aber nur fest, daß »das Problem ein schwerwiegendes ist, aber sich eigentlich nicht von dem Problem unterscheidet, das alle Modelle haben« (S. 183). Es ist uns bisher nicht gelungen festzustellen, welche wissenschaftliche Aussage sich in dieser Schlußfolgerung verbirgt. Die Tatsache jedenfalls, daß die Kontextualisten in ihrer Ablehnung des Assoziationismus so überzeugend und daß die Assoziationisten in ihrer Behandlung des Kontexts so obskur sind, weist darauf hin, daß der Kontext ein nicht-assoziativer Begriff ist. Um das Gegenteil zu beweisen, müßten PDP-Forscher (a) sich viel deutlicher äußern, um die Art von Unvereinbarkeit zu erklären, die Kontextualisten wie etwa Medin, Jenkins und andere (Bransford, Nitsch und Franks 1977) zwischen dem Kontext und der flickenteppichartigen Ausbreitung der Aktivierung in diskreten assoziativen Netzen feststellen, und sie müßten (b) zeigen, wie kontextuelles Wissen sich aus der Summe der Verknüpfungsgewichte zwischen den Einheiten eines assoziativen Netzwerkes ergeben kann. Die gleichen Argumente gelten für verwandte Begriffe wie etwa »Schema« (Bartlett 1932; Iran-Nejad 1980), »Dynamik« (Iran-Nejad 1988) oder »verteilt«.

Historische Grundlagen der PDP

Die PDP-Perspektive kommt in der Kognitionsforschung zum Tragen im formalen Rechnen und im Konnektionismus – in der Annahme, daß Wissen aus Verknüpfungen besteht. Diese beiden Aspekte wurden erstmals miteinander verbunden in der Arbeit von McCulloch und Pitts (1943), die einen Aussagenkalkül entwickelten, der die Aktivität der von ihnen so genannten »Nervennetze« repräsentiert. Der elementarste Bestandteil des Nervennetzes war der Reflexbogen, eine zyklische Bahn, die »in einem bestimmten Teil des Körpers beginnt, von da einen Weg in das zentrale Nervensystem nimmt, von wo sie über einen anderen Weg zu derselben Struktur zurückführt wird, von der sie ausging und wo sie den Prozeß, der sie entstehen ließ, entweder hemmte oder umkehrte« (McCulloch 1965, S. 266).
Die Arbeiten über Nervennetze von McCulloch und Pitts (1943) und von Hebb (1949) haben knapp drei Jahrzehnte der Forschung über natürliche und künstliche Modelle ausgelöst, die dann aufgrund einer kritischen Besprechung von Minsky und Papert (1969) abgebrochen wurde. (Interessanterweise hatte Minsky zusammen mit Dean Edmonds schon im Jahre 1951 mit Erfolg das erste künstliche »Nervensystem« gebaut (Bernstein 1981).) Erneutes Interesse an der Erforschung von Nervennetzen kam wieder auf mit der Veröffentlichung eines Buches von Hinton und Anderson (1981), das die PDP-Forschung einläutete.

DLR-Forschung und Assoziationismus

Fast jeder Forscher, der zur Konzeption des DLR, so wie Lashley sie verstand, beigetragen hat, befand den Assoziationismus gleichermaßen für inakzeptabel, zumindest seit Deweys (1896) folgenreicher Kritik des Reflexbogens. Lashley selbst (1929, 1951) betrachtete seine Daten als Beweismittel gegen den Assoziationismus:

»Meine Ergebnisse sind unvereinbar mit Lerntheorien, die auf Veränderungen synaptischer Strukturen beruhen, oder auch mit allen Theorien, die annehmen, daß bestimmte neuronale Integrationen abhängig sind von festgelegten Bahnen, die speziell für jene eingerichtet sind. Integration kann nicht durch Verknüpfungen mit spezifischen Neuronen ausgedrückt werden. (Lashley 1929, S. 176).

Ebenso wie Dewey (1896), Lashley (1929, 1950, 1951) und Jenkins (1974) hat auch Bartlett (1932) die Unvereinbarkeit des Assoziationismus mit seinem eigenen Ansatz betont und festgehalten, daß »die Vergangenheit wie eine organisierte Masse operiert, nicht wie eine [flickenteppichähnliche] Gruppe von Elementen, deren jedes seinen spezifischen Charakter beibehält« (S. 197). Bartlett hat außerdem prophezeit, daß »der Assoziationismus in verschiedenen Spielarten wahrscheinlich bleiben wird, obwohl er seinem ganzen Ansatz nach nicht den Anforderungen der modernen psychologischen (Natur-)Wissenschaft entspricht« (S. 308).

Bartletts (1932) Haupteinwand gegen den Assoziationismus bestand darin, daß »er etwas über die charakteristischen Merkmale assoziierter Einzelstücke aussagt, wenn diese assoziiert sind, aber nichts von der Aktivität der Bedingungen erklärt, die diese Assoziation bewirkt« (S. 308). Indem Bartlett einen nicht-assoziativen Ansatz für die Erforschung solcher zugrundeliegender Bedingungen verfolgte, gab er zu erkennen, daß ihm der assoziative Ansatz für eine derartige Erforschung ungeeignet schien. Die Untersuchung der Aktivität der Bedingungen jedoch, durch welche die assoziativen Einzelstücke oder die subsymbolischen (mikrostrukturellen) Einheiten, wie sie heute genannt werden, sich zu (symbolischen) assoziativen Strukturen zusammenbinden, ist genau das, was der PDP-Konnektionismus angeblich leisten will.

PDP und die kognitive Revolution: einige Scheinprobleme

PDP entstand als Reaktion auf die Probleme der kognitiven KI sowie der Informationsverarbeitungspsychologie der 70er Jahre, indem man zu einer Theorie neuronaler Netze zurückkehrte, die von den Wissenschaftlern, die die besten Beiträge auf diesem Gebiet geleistet hatten, schon einmal verworfen worden war. All jenen, die in der Mitte der 80er Jahre die plötzliche Verlagerung der Interessen von der konventionellen Kognitionswissenschaft zur PDP-Kognitionswissenschaft miterlebt haben, muß diese Entwicklung wie eine ganz ungewöhnliche Verkehrung der Ereignisse erschienen sein, bedenkt man, was die Wissenschaftstheoretiker über die Entwicklung des wissenschaftlichen Denkens gesagt haben. Ungewöhnlich ist nämlich, daß Forscher und Begriffe, die schon während der kognitiven Revolution Mitte der 70er Jahre eine entscheidende Rolle gespielt hatten, auch in der Propagierung der PDP-Revolution Mitte der 80er Jahre führende Rollen übernahmen. Gleichwohl ist die Frage, ob der PDP-Ansatz sich fundamental von traditionellen kognitiven Modellen unterscheidet, alles eher als beantwortet (vgl. Oden 1988; Pinker und Mehler 1988). Ein Grund für die Verwirrung liegt darin, daß es den PDP-Konnektionisten nicht gelungen ist, zwingende Gegensätze zwischen ihrem Ansatz und dem konventionellen Vorgehen aufzuzeigen. Sie haben sich, wie weiter unten noch gezeigt werden soll, in ihren Vergleichen oft auf Vorstellungen bezogen, die hinsichtlich der zu bearbeitenden Phänomene unschwer als Scheinprobleme entlarvt werden konnten.

Regeln kontra Regularitäten: ein falscher Gegensatz?

Im Jahre 1975 legte Rumelhart eine Reihe syntaktischer und semantischer Grammatikregeln für die strukturelle Analyse von Erzählungen vor. Diese Regeln wurden analog Chomskys (1965) Transformationsgrammatik für Sätze entwickelt und sollten »eine größere Anzahl von Phänomenen erklären, welche mit den Strukturen höherer Ordnung zusammenhängen, die in Geschichten zu finden sind« (S. 234). Rumelharts Aufsatz begründete eine einflußreiche Forschungsrichtung, die fast ein Jahrzehnt lang lebendig blieb, bis die Veröffentlichung zweier vernichtender kritischer Besprechungen (Black und Wilensky 1979; Wilensky 1983) dafür sorgte, daß »der Fehler der Analogie zur Satzgrammatik nunmehr offenkundig« wurde (Wilensky 1983, S. 582).

Einige Jahre später, nämlich 1986, bezogen sich McClelland, Rumelhart und Hinton auf die Erfahrung mit der Geschichtengrammatik und stellten fest, daß ihr PDP-Ansatz völlig verschieden sei von »der Tradition der ›expliziten Regelformulierung‹, wie sie durch die Arbeiten von Winston (1975), die Vorschläge von Chomsky, und das ACT*-Modell von J. R. Anderson (1983)« (S. 32) vertreten werde:

Erstens nehmen wir nicht an, daß das Ziel des Lernens in der Formulierung von expliziten Regeln besteht. Wir nehmen vielmehr an, daß es im Erwerb von verstärkten Verknüpfungen besteht, die einem Netzwerk aus einfachen Einheiten gestatten, so zu handeln, *als ob* es die Regeln wüßte. Zweitens teilen wir dem lernenden Mechanismus keine starken Rechenfähigkeiten zu. Wir nehmen vielmehr an, daß es sehr einfache Mechanismen gibt, die die Verknüpfungsstärke modulieren und die die Stärke der Verknüpfungen zwischen den Einheiten gemäß der an den jeweiligen Verknüpfungsorten lokal verfügbaren Information regeln (McClelland, Rumelhart und Hinton 1986, S. 32).

Rumelhart und McClelland (1986) haben demonstriert, wie PDP-Netzwerke regelähnliches Verhalten zeigen können, ohne explizite Regeln zu enthalten. Am Beispiel des Erlernens der Vergangenheitsformen englischer Verben zeigten sie, daß sich regelähnliches Verhalten wie bei Kindern aus regellosen zugrundeliegenden *Regularitäten* ergeben kann, ohne daß irgendwelche expliziten tiefenstrukturellen Regeln oder irgendein anderer Typ symbolischer Repräsentation von Verben, Wurzeln oder Suffixen vorhanden sein muß. Das zugrundeliegende Netzwerk, das als »Musterassoziator« (»pattern associator«) bezeichnet wird, besteht aus zwei Schichten von Einheiten: die Elemente einer Inputschicht sind mit jedem Element einer Outputschicht über exzitatorische oder inhibitorische Verbindungen verknüpft. Der Musterassoziator lernt, indem er die Gewichte der Input-Outputverbindungen moduliert, und zwar mit Hilfe von Rosenblatts (1962) »Perzeptronkonvergenzregel«. (Wir unterstreichen, daß der Musterassoziator sich nicht so verhält, *als ob* er eine Regel wüßte, er folgt vielmehr blind einer solchen.) Im konkreten Versuch nimmt der Musterassoziator ein Inputmuster, das einen Verbstamm repräsentiert, errechnet sodann ein Outputmuster, das seine eigene

Version einer Vergangenheitsform darstellt, vergleicht diese Version mit der von einem externen ›Lehrer‹ angebotenen korrekten Version und paßt seine internen Verknüpfungsgewichte vor dem nächsten Versuch entsprechend an. Der Musterassoziator kennt die Assoziation zwischen der Verbwurzel und der korrekten Vergangenheitsform des Verbs dann, wenn der tatsächliche Output, den er errechnet, mit der korrekten vom Lehrer mitgeteilten Form übereinstimmt.

Der Gegensatz Regel kontra Regularität verflüchtigt sich allerdings schon bei bloß oberflächlicher Prüfung. Zunächst hat der PDP-Ansatz selbst eine neue Generation von Regeln hervorgebracht, und diese auch entsprechend als »Regeln« benannt: die Hebbsche Regel, die Deltaregel, die Perzeptronkonvergenzregel, die Rückverzweigungsregel usw. Es fällt schwer, hier einen grundlegenden Unterschied wahrzunehmen, zumindest was den angeblichen Gegensatz von Regeln und Regelmäßigkeiten angeht, den die PDP-Konnektionisten zwischen diesen Regeln und den Transformationsregeln (Chomsky 1965), den Produktionsregeln (Anderson 1983) oder anderen Regeltypen, die von konventionellen kognitiven Modellen postuliert werden, behaupten. Zweitens ist auch die damit verwandte Explizit-Implizit-Unterscheidung zwischen dem PDP-Konnektionismus und konventionellen Ansätzen kaum aufrechtzuerhalten. Nach Polanyi (1958) etwa unterscheiden auch traditionelle Kognitionswissenschaftler zwischen expliziten und stillschweigend angenommenen Regeln. Kurzum, der Aspekt, der PDP-Regeln von konventionellen Regeln abheben soll, ist noch nicht klargestellt worden.

Die Gültigkeit jeder Art von Regel hängt in erster Linie davon ab, wie gut sie funktioniert. Rumelharts und McClellands Arbeiten zum Erlernen der Vergangenheitsformen englischer Verben ist von Linguisten und anderen Forschern mit großer Sorgfalt analysiert und beurteilt worden (vgl. Pinker und Mehler 1988). Die allgemeine Schlußfolgerung geht dahin, daß das Erlernen einer Sprache mit großer Sicherheit nicht auf diese Weise vor sich geht (Prince und Pinker 1988). Nichtsdestoweniger beharren die PDP-Konnektionisten darauf »zu behaupten, worin ihnen viele rasch zustimmen, daß hiermit die Tragfähigkeit assoziationistischer Theorien des Spracherwerbs gezeigt werde, obwohl diese Theorien von Linguisten schon vor 25 Jahren praktisch aufgegeben worden waren« (Prince und Pinker 1988, S. 195).

Paralleler Behaviorismus

Es stellt sich die Frage, ob der PDP-Konnektionismus die gleichen mentalistischen Phänomene erklären kann wie die konventionelle Kognitionswissenschaft. Wäre das der Fall, ließe sich folgern, daß die Annahme einer generellen Verschiedenheit der beiden Ansätze von vornherein verfehlt sein könnte. Der PDP-Ansatz versagt beispielsweise, wenn es um die Erklärung mentalistischer Begriffe, wie etwa Bewußtheit oder Aufmerksamkeit, geht. Die Input-Verknüpfung-Output- (oder: Stimulus-Assoziation-Reaktions-)Struktur des Musterassoziators oder anderer Verknüpfungsmaschinen zeigen an, daß der PDP-Konnektionismus dem Behaviorismus viel ähnlicher ist als der kognitiven Psychologie. Rumelhart und McClelland (1986) behaupten, dies sei nicht der Fall, denn PDP-Modelle ließen verborgene Einheiten und interne Repräsentationen zu. Ihr Argument ist allerdings nicht sehr überzeugend, denn auch die Behavioristen haben interne oder verborgene Stimulus-Reaktions-Verknüpfungen postuliert, die genau den internen Repräsentationen der PDP gleichen: Muster von Verknüpfungsgewichten in einem schwarzen Kasten (einer »black box«).

Die Übereinstimmung zwischen der Art, in der ein Musterassoziator lernt, und der Art, in der eine Ratte in einer Skinnerbox lernt, ist auffällig: In beiden Fällen gibt es einen Stimulus, eine Reaktion, eine Verstärkung und eine Modifizierung der Wahrscheinlichkeit der korrekten Reaktion. Der Unterschied liegt darin, daß Stimulus und Reaktion im Falle eines Musterassoziators, anders als im Falle der Konditionierung durch Stimulus und Reaktion, aus Ansammlungen von (subsymbolischen oder uninterpretierbaren) Elementen bestehen und nicht aus symbolischen Stimuli oder Verhaltensweisen. Es ist nicht schwierig, die historischen Wurzeln des PDP-Ansatzes bis zum radikalen Behaviorismus zurückzuverfolgen (vgl. Reece 1987). Das Perzeptronmodell, auf dem der Musterassoziator beruht, entstand aus dem strengen Behaviorismus und ist zusammen mit diesem auch wieder verschwunden. PDP-Autoren weisen gerne darauf hin, daß Minsky und Papert (1969) für das unglückliche Schicksal der Perzeptronforschung verantwortlich sind. Auch wenn dies im buchstäblichen Sinne zutreffen mag, machen sie es sich damit zu einfach. Zum einen ist damit nicht erklärt, was die Forscher seinerzeit daran gehindert hat, mit der Art von handgestrickter Lösung hervorzutreten, wie wir sie nun in der PDP-Literatur antreffen, besonders deshalb, weil viele dieser Lösungen schon von Minsky und Papert selber vorgeschlagen worden waren. Eine treffendere Erklärung könnte die sein, daß in den Intuitionen von Minsky und Papert und auch in den Intuitionen all derer, die ihr Buch überzeugend fanden, viel mehr enthalten war, als direkt ins Auge springt, wenn man das Buch liest. Minsky und Papert (1969) wirkte jedenfalls auf die Forschungen vom Perzeptrontyp ebenso wie Chomskys (1959) Kritik an *Verbal Behavior* von B. F. Skinner auf die behavioristische Forschung, und zwar im wesentlichen aus denselben Gründen. Diese sind auch heute noch gültig und leiten die Arbeit all jener, die den PDP-Konnektionismus für ungeeignet halten, das Lernen von Sprache zu erklären, etwa Jenkins (1974), Lashley (1951), Bartlett (1932), Dewey (1896) wie auch die Vertreter der Gestaltpsychologie.

Symbolisch kontra subsymbolisch

Die PDP-Theoretiker unterscheiden ihre Modelle von konventionellen Modellen auch nach der Dimension symbolisch-subsymbolisch, der traditionelle Ansatz ist das symbolische Paradigma. Es beschäftigt sich direkt mit mentalen Phänomenen, wie zum Beispiel Begriffen, die sich auf externe Gegenstände beziehen, oder mit Regeln als den primären Mitteln der Symbolmanipulation. Der PDP-Konnektionismus ist das subsymbolische Paradigma. Er beschäftigt sich mit feinkörnigen Entitäten, die in sich keine Bedeutung haben, und mit feinkörnigen numerischen Verknüpfungsgewichten, die – in großer Menge – subsymbolische Repräsentationen gespeicherten symbolischen Wissens darstellen.

Die Unterscheidung zwischen »symbolisch« und »subsymbolisch« ist vielleicht die größte Quelle der Verwirrung bei der Frage nach der Verschiedenheit der beiden Paradigmen PDP und konventionelle Kognitionsforschung. Ein Problem liegt darin, daß im PDP-Konnektionismus eine subsymbolische Einheit als eine mentale Entität definiert wird, die »eine Hypothese bestimmter Art repräsentiert (zum Beispiel, daß ein bestimmtes semantisches Merkmal, ein visuelles Merkmal oder ein akustisches Merkmal im Input gegeben ist)« (Rumelhart, Smolensky, McClelland und Hinton 1986, S. 8). Gerade die Tatsache, daß Begriffe wie »Merkmal« seit jeher im konventionellen symbolischen Paradigma in ziemlich demselben Verständnis benutzt worden sind, wie sie heute im subsymbolischen PDP-konnektionistischen Paradigma verwendet werden (d. h. als elementähnliche Bestandteile komplexer Strukturen), ist einer der wichtigsten Gründe für den Streit darüber, ob der subsymbolische Konnektionismus überhaupt in irgendeiner Weise verschieden ist von der konventionellen symbolischen Perspektive.

Computer kontra Gehirn

Ein weiterer Aspekt, in dem sich die konventionelle Kognitionswissenschaft, in den Augen der Anhänger des PDP-Modells von ihrem neuen Konnektionismus abhebt, ist die Tatsache, daß der herkömmliche Ansatz sich den Computer, nicht das Gehirn zum Modell nahm. Zwei miteinander verbundene Dinge werden in diesem Zusammenhang gewöhnlich erwähnt: Geschwindigkeit und Parallelismus. Der Computer arbeitet schnell und sequentiell, das Gehirn langsam und parallel. Das sind wichtige Gesichtspunkte für die Künstliche Intelligenz, für die Kognitionswissenschaft aber bloße Scheinprobleme. Erstens einmal ist das Gehirn durchaus in der Lage, Symbole sequentiell zu verarbeiten, beherrscht also sequentielle Symbolverarbeitung (SSP). Da aber PDP-Modelle überhaupt keine Angaben darüber machen, wie das Gehirn SSP bewerkstelligt, gibt es keinen Grund dafür, der konventionellen Kognitionswissenschaft anzukreiden, daß sie sich der sequentiellen Fähigkeiten der Computer bedient, um zu verstehen, wie SSP bei Menschen ablaufen könnte.
Zweitens bedeutet die Tatsache, daß konventionelle Computer nicht fähig sind, parallel zu arbeiten, während das Gehirn dies kann, nicht, daß die konventionelle Kognitionswissenschaft in den Mülleimer wandern muß. Es ist eine Grundbehauptung des PDP-Konnektionismus, daß das, was das Gehirn schnell und leistungsfähig macht, *subsymbolische* Parallelverarbeitung ist. Man könnte jedoch im Gegensatz dazu annehmen, daß das Gehirn zu *symbolischer* Parallelverarbeitung (SPP) fähig und gerade deshalb schnell und leistungsfähig ist.

217

Heute sind sich viele Kognitionswissenschaftler darin einig, daß das Gehirn und der Computer ihre Aufgaben auf unterschiedliche Weise bewältigen und daß die konventionelle Kognitionswissenschaft wahrscheinlich zu weit gegangen ist, indem sie die Computermetapher wörtlich verstand. Der neue PDP-Konnektionismus ist jedoch bis heute nicht in der Lage oder nicht bereit, exakt zu zeigen, wo die Kognitionswissenschaft vom richtigen Wege abgewichen ist, als sie die Computermetapher zu einem Modell menschlicher Kognition machte.

Nur wenige Forscher würden die Tatsache bestreiten, daß »Kognitionstheorien sich früher oder später mit dem Problem der Beziehung zwischen dem neuronalen Netzwerk und dem begrifflichen Netzwerk beschäftigen werden müssen« (Iran-Nejad 1980, S. 10-11). Entgegen all dem, was in der PDP-Literatur mit dem Ausdruck »hirninspiriert« verbunden wird, kann die direkte Übernahme neurophysiologischer Begriffe wie etwa ›Aktivierung‹, ›Inhibition‹, ›Schwelle‹ oder ›Summierung‹ dies jedoch nicht leisten – »die Beziehung zwischen dem neuronalen und dem begrifflichen Netzwerk muß theoretisch geklärt werden, bevor neurologische Begriffe im Bereich der Psychologie eingesetzt werden können« (Iran-Nejad 1980, S. 12).

Iran-Nejad (1980) vertrat die Auffassung, daß das Problem einer Brücke zwischen den mentalen Phänomenen und dem Nervensystem angesichts der assoziativen Annahme oder auch des »allzu komplizierten Bildes«, das kognitive Modelle wie etwa die von Rumelhart postulieren (1975, 1977, 1978), noch keiner vernünftigen Bearbeitung zugänglich sei. Mit der Erklärung der Bereitschaft, das Gehirn als Metapher zu verwenden, um über die Mikrostruktur der Kognition nachzudenken, haben die PDP-Modelle die Truppen vielleicht näher an die Brücke herangeführt, es gibt aber noch keinerlei Anzeichen dafür, daß sie zum Bau der Brücke etwas beitragen wollen. Was also die Untersuchung der Beziehungen zwischen Gehirn und Bewußtsein angeht, verfügen die PDP-Konnektionisten kaum über eine tragfähige Basis, um ihren Ansatz mit konventionellen Modellen zu vergleichen.

Zusammenfassung

Es gibt keine zwingenden Argumente dafür, den PDP-Konnektionismus und die konventionelle Kognitionswissenschaft voneinander abzuheben. Es ist nicht wirklich klar, wie kognitive Regeln sich aus regelunähnlichen Rechenprozessen ergeben sollen, denn PDP-Regeln wie etwa die Delta-Regel sind natürlich immer noch Regeln. Der PDP-Konnektionismus ist eher mit dem parallelen Behaviorismus vergleichbar als mit der Kognitionswissenschaft der 70er Jahre; die Dimension symbolisch-subsymbolisch ist zu unklar definiert, um die PDP-Richtung von den konventionellen Ansätzen zu scheiden; schließlich kann der Konnektionismus zwar als hirninspiriert aufgefaßt werden, er trägt jedoch sehr wenig zur Klärung der Beziehung zwischen Bewußtsein und Gehirn bei. Mit anderen Worten, viele der Bereiche, welche die PDP-Konnektionisten zur Basis eines Vergleichs ihrer Modelle mit den konventionellen Ansätzen gemacht haben, erwecken nur den Anschein, wichtige und gehaltvolle Probleme darzustellen. Versucht man einmal, hinter die Erscheinungen zu treten, verwandeln sich die angeblich gravierenden Probleme rasch in Scheinprobleme. Verteiltes Lernen und Erinnern: einige Probleme.

Die Computermetapher und die Autonomie des Produkts

Die Metapher der Computer-Software wurde explizit von Neisser (1967) eingeführt, der die Analogie des Rechenprogramms benutzte, um die Behauptung zu stützen, daß langfristig wirksame mentale Schemata buchstäblich im Kopf existieren können. Neisser suchte zu zeigen, daß die Erforschung mentaler Programme genau das ist, womit sich die Psychologie zu beschäftigen hat. Dies war der Anfang der kognitiven Psychologie im Zeichen der Informationsverarbeitung, die das Bewußtsein als einen Computer ansah, der mit einer ungeheuren Anzahl mentaler Schemata operiert, die in dem gewaltigen Speicher des Langzeitgedächtnisses aufbewahrt werden. Die Entdeckung der Organisation dieser Schemata in diesem Langzeitspeicher sowie der Prozesse, durch die sie gespeichert und wieder bereitgestellt werden, wurde zu den entscheidenden Zielen der Kognitionswissenschaft, die den Gipfel ihrer Popularität in der Mitte der 70er Jahre erreichte. Und eben damals, so glauben wir, geriet die kognitive Revolution auf Irrwege. Sie wurde ausschließlich zur Wissenschaft von der Verarbeitung, Speicherung und Organisation statischer mentaler Software, die autonom war gegenüber den funktionalen Eigenschaften des Gehirns.

Die Autonomie des Produkts ist ein gutes Beispiel dafür, daß sowohl PDP als auch konventionelle Modelle trotz ihrer oberflächlichen Verschiedenheiten in ihren fundamentalen Annahmen identisch sind. Erinnern wir uns daran, daß PDP-Einheiten keine Gehirneinheiten wie etwa Neuronen sind, sondern vielmehr mentale Entitäten. Mit anderen Worten, die subsymbolische Ebene ist eine rein theoretisch-begriffliche Ebene, das subsymbolische Paradigma hat es ausschließlich mit der Analyse der Mikrostruktur der Kognition zu tun, ohne sich direkt mit den funktionalen Eigenschaften des Gehirns zu beschäftigen, und die subsymbolische Software des Bewußtseins ist autonom formalisierbar (Smolensky 1988). Kurzum, ebenso wie die traditionellen kognitiven Modelle, die einige der führenden PDP-Anhänger Mitte der 70er Jahre vorgestellt haben, sind auch die PDP-Modelle Mitte der 80er Jahre mit der Untersuchung mentaler Software beschäftigt. So sagen McClelland, Rumelhart und Hinton (1986):

Wir sind schließlich Kognitionswissenschaftler, und die PDP-Modelle gefallen uns aus psychologischen und rechnerischen Gründen. Sie bieten die Hoffnung, rechnerisch hinreichende und psychologisch genaue mechanistische Erklärungen der Phänomene menschlicher Kognition zu erreichen, die bisher einer erfolgreichen Explikation durch konventionelle Rechenformalismen widerstanden haben; sie haben die Art, wie wir über den zeitlichen Ablauf der Verarbeitung, das Wesen der Repräsentationen und die Mechanismen des Lernens denken, radikal verändert. (S. 11)

Man beansprucht also, daß PDP-Modelle paradigmatisch verschieden sind von traditionellen kognitiven Modellen. Gleichzeitig ist jedoch auch ganz klar, daß die beiden Ansätze die grundlegende Annahme der Autonomie mentaler Software teilen. Ebenso wie die reine Mathematik kann es auch die reine Kognition geben.

Der erstgenannte Verfasser des vorliegenden Aufsatzes erinnert sich deutlich daran, wie sehr ihn während der ersten Tage des

Graduiertenstudiums an der Universität von Illinois die Analogie der Computersoftware und die Annahme der Autonomie des Produktes beunruhigten und ihn schließlich veranlaßten, seine Schwierigkeiten in der Beschreibung der Forschungsziele zum Ausdruck zu bringen, die er als Teil seines Antrages auf ein Promotionsprogramm im Jahre 1975 vorlegte. Er betrachtete den Softwareansatz mit seinem Schwerpunkt auf der direkten Analyse mentaler Produkte als eine unglückliche Abweichung von dem Ziel, zu verstehen, wie das Gehirn das Bewußtsein erzeugt. Er formulierte das Problem der Autonomie der Software, wie er es damals verstand, indem er die Kamera als Analogie verwendete. Er argumentierte, es gäbe keine Garantie dafür, daß wir irgend etwas über das interne Funktionieren der Kamera lernen können, wenn wir nur die Merkmale der mit Hilfe von Kameras hergestellten Bilder analysieren. Er verbrachte die nächsten drei oder vier Jahre seines Graduiertenstudiums damit, herauszufinden, worin die Schwierigkeiten des Softwareansatzes für die Untersuchung der Kognition lägen, und dies führt uns zum Thema des nächsten Abschnitts.

Das Schema: eine Langzeitstruktur oder ein flüchtiges funktionales Muster?

So lautete der Titel eines Aufsatzes (Iran-Nejad 1980), der geschrieben wurde, um den Begriff des Schemas zu klären. Der Autor hatte sich entschlossen, diesen Aufsatz zu schreiben, nachdem er einen Forschungsbericht von Rumelhart (1978) gelesen hatte, in dem Rumelhart, wie in seinen Arbeiten zuvor, das Schema als einen Monolithen des Langzeitgedächtnisses definierte – als den elementarsten Baustein der Kognition.

Die Vorstellung, daß das Schema ein vorübergehendes funktionales Muster sei, das immer wieder direkt erzeugt wird, und zwar durch die ständige Aktivität des Gehirns, schien dem Autor eine wichtige Einsicht in das Problem des Wesens mentaler Strukturen zu sein. Er betrachtete diese Auffassung als im Sinne Kuhns (1962) paradigmatisch unvereinbar mit der Perspektive Rumelharts, daß Schemata Monolithe des Langzeitgedächtnisses seien. Zu dieser Zeit machte er eine etwas überraschende Entdeckung in der Fachliteratur. Während jede neuere Arbeit zur Schematheorie definierte oder annahm, daß das Schema eine statische Struktur des Langzeit-gedächtnisses sei, und während fast jede Arbeit Bartlett (1932) als den Pionier ausgab, der als erster diesen Schemabegriff entwickelt habe, schien Bartletts (1932) Buch selbst eine ganz andere Auffassung mentaler Strukturen zu bieten. Bartlett nämlich sprach sich in der Tat explizit gegen die Metapher der Langzeitspeicherung aus und betrachtete das Schema selbstverständlich als ein vorüberge-hend aufgebautes und vergängliches Muster.

Nachdem der Autor seine anfängliche Enttäuschung darüber ver-wunden hatte, das Rad wiedererfunden zu haben, beschloß er, die erste Fassung des Aufsatzes vom Jahre 1980 zu überarbeiten, um die neue begriffliche Fassung des Schemas im Kontext der Theo-rie Bartletts (1932) vorzunehmen.

Iran-Nejad (1980) verwendet die Analogie einer Glühlampenan-ordnung, um zwei wesentliche Annahmen darüber zu illustrie-ren, wie das Gehirn vorübergehend Schemata erzeugt und stabil hält, ohne irgendwelche statischen Spuren irgendeiner Art zu speichern. Die erste Annahme besteht darin, daß das Gehirn von einer großen Anzahl spezialisierter Mikrosysteme bevölkert ist, ähnlich einer ungeheuren Anzahl von farbkodierten Glühlampen. Die zweite Annahme ist die, daß Wissen in nichts anderem be-steht als in der »unmittelbaren«, »direkten« Bewußtheit der Akti-vität dieser internen Mikrosysteme in ihren wechselnden Konfi-gurationen. Nicht nur hatte die Analogie der Glühlampe zu einer neuen Auffassung des Wissens und der Wissensschemata geführt, sie hatte auch in ganz natürlicher Weise die Auffassung biofunk-tional verteilten Lernens und Erinnerns (BDLR) eingeführt, die wir im letzten Abschnitt dieses Beitrag erörtern wollen.

Die Hypothese vorübergehender (vergänglicher, flüchtiger) Sche-mata brachte nun mehr Fragen als Antworten hervor, wobei die drängendsten der Fragen die Natur der Langzeiterinnerung be-trafen. Nichtsdestoweniger war es schon im Aufsatz von 1980 möglich, ein grobes Bild zu zeichnen, wie das Gehirn in der Lage ist, ununterbrochen spontan wirksame Information von einem Augenblick zum anderen zu generieren, was Bartlett (1932) als das (sich ständig fortentwickelnde) »Augenblicks-Schema« (»schema-of-the-moment«) bezeichnet hatte. Die Geschichte mit dem überraschenden Schluß wurde benutzt, um das dramatisch-ste Beispiel dieser spontanen Generierung zu veranschaulichen, d.h. den Fall, daß Menschen die Elemente eines (vor der Überraschung liegenden) Augenblicks-Schemas verwenden, um ein davon verschiedenes (nach der Überraschung liegendes) Augenblicks-Schema zu erzeugen.

Eine große Zahl der anfänglichen Fragen, die die Hypothese des vorübergehenden Schemas umgaben, sind im Laufe der Jahre bearbeitet worden, theoretisch und empirisch, einschließlich jener, die mit der Arbeitsweise des Gehirns in sequentiellen und parallelen Symbolverarbeitungsprozessen zu tun haben (Diener und Iran-Nejad 1986; Iran-Nejad 1989a, 1989b, 1989c; Iran-Nejad, Clore und Vondruska 1984; Iran-Nejad und Ortony 1984).

Analyseebenen

Wieviele und welche Ebenen?

Der Begriff der Analyseebenen umreißt einen der wichtigsten Problembereiche der PDP-Modelle, der fast in jeder Diskussion des Ansatzes zur Sprache kommt, seitdem er zum ersten Mal in einem erhellenden Kommentar von Broadbent (1985) zu dem Artikel, der McClellands und Rumelharts (1985a) verteiltes Modell vorstellte, zum Problem gemacht worden war. Broadbent (1985) stellte fest, daß die angemessene Ebene für die Untersuchung der Hypothese, daß das Gedächtnis verteilt sei, die physiologische und nicht die psychologische sei. Er stellte daher die Gültigkeit der psychologischen Daten in Frage, die McClelland und Rumelhart heranzogen, um ihr Modell mit den von ihnen untersuchten traditionellen kognitiven Modellen zu vergleichen.

Broadbent war der Auffassung, daß verteilte und lokalistische Ansätze auf rein psychologischer Ebene ununterscheidbar sind. Eine Theorie, die lokalisierte (einheitliche) psychologische Phänomene postuliert, kann auf der physikalischen Ebene entweder mit einem verteilten oder einem lokalisierten Modell des Gedächtnisses operieren, und die Auffassung, daß das Gedächtnis auf der physiologischen Ebene verteilter Natur sei, ist vereinbar mit der Auffassung, die auf der psychologischen Ebene lokalisierte Entitäten postuliert. Broadbent schloß daraus, daß die Daten, auf die sich McClelland und Rumelhart »berufen, zu einer anderen Erklärungsebene gehören und daher für die unzwei-

felhaften Vorzüge des Verteilungsansatzes irrelevant sind«
(S. 192).
In ihrer Replik wiesen McClelland und Rumelhart (1985b) darauf
hin, daß »Broadbents Analyse in die Irre ging«, weil sie auf einer
unvollständigen Analyse des Begriffs der Ebene von Marr (1982)
beruhe. Broadbents (1985) Erörterung bezog sich auf Marrs Ebenen der Implementation (oder der Physiologie) und des Rechnens
(oder der Psychologie). Er ließ Marrs algorithmische (psychologische) Ebene unerwähnt. Daher betonten McClelland und Rumelhart, daß es »in der Tat scheinen könnte, daß diese Ebene
[d. h. die algorithmische Ebene] die Ebene sei, auf der die psychologischen Daten die größte Aussagekraft haben« (Rumelhart und
McClelland 1986, S. 123). Genau das aber wollte Broadbent herausstellen: Während die Daten, die das verteilte Gedächtnis stützen, von der physiologischen Ebene kommen müssen, beziehen
sich die Daten, wie sie McClelland und Rumelhart präsentieren,
ausschließlich auf die psychologische Ebene und haben daher
keine Bedeutung für die Konzeption des verteilten Lernens und
Erinnerns.
McClelland und Rumelhart (1985b) haben außerdem zwei
Aspekte von Broadbents (1985) Erörterung außer acht gelassen.
Broadbent ging es in erster Linie darum, daß der Begriff »verteilt«
nur auf die Ebene des physikalischen Gehirns und nicht auf irgendeine rein psychologische Ebene, sei es die des Algorithmus
oder die des Rechnens, bezogen werden kann. Zweitens haben
McClelland und Rumelhart die Möglichkeit nicht bedacht, daß
Broadbent, der nur zwei Ebenen benutzte, sich vom Begriff der
natürlichen Ebenen leiten ließ und es vermied, sich auf eine allzu
rasch ausufernde Vermehrung künstlicher Ebenen einzulassen,
wie dies von einzelnen Forschern oft nach Belieben praktiziert
wird.
Indem sie nun ihr Modell stärker auf eine rein psychologische
Ebene bezogen, haben sich McClelland und Rumelhart (1985b)
gar nicht mit den von Broadbent gestellten Problemen beschäftigt. Statt dessen haben sie ein anderes Problem gestellt, daß für
den PDP-Ansatz noch größere Schwierigkeiten aufwirft: das
Problem nämlich, ob der Begriff »verteilt« überhaupt auf die psychologische Ebene angewendet werden kann. Diese Frage wird
noch erheblich kompliziert durch einen jüngeren Artikel von
Smolensky (1988), in dem dieser behauptet, daß die Einheiten

und Verknüpfungen der PDP keine örtliche Lokalisierung kennen, im Gegensatz zu Neuronen und Synapsen, die im dreidimensionalen Raum lokalisiert sind. In jedem Fall ist zumindest eines mit Bezug auf die PDP-Diskussion der Ebenenvorstellung klar erkennbar: Lashleys Daten (1929, 1950, 1951), die auf der Grundlage der Annahme verteilten Lernens und Erinnerns im dreidimensionalen Gehirn gesammelt wurden, haben geringe, wenn überhaupt irgendeine Bedeutung für den Sinn des Begriffs »verteilt«, wie er im Ausdruck »parallele verteilte Verarbeitung« benutzt wird.

Ebenenbezogene kontra ebenenverbindende Ansätze

In dem Ausdruck »verteiltes Lernen und Erinnern« hat der Begriff »verteilt« konkretere Bedeutung auf der physikalischen Ebene des dreidimensionalen Gehirns und wurde von Lashley (1929) ursprünglich mit Bezug auf diese Ebene gebraucht. Das physikalische Gehirn ist jedoch nicht der angemessene Bereich für psychologische Forschung. Lernen und Erinnern sind andererseits eher psychologische als physiologische Probleme. Eine Möglichkeit, das Dilemma aus den Vorstellungen der PDP oder des DLR zu entfernen, besteht darin, das Gehirn als eine Metapher für die Entwicklung eines Begriffssystems der psychologischen Forschung zu verwenden: »die Computermetapher als Modell des Bewußtseins durch die Hirnmetapher als Modell des Bewußtseins zu ersetzen« (Rumelhart, Hinton & McClelland 1986, S. 75). Dies ist nun der Weg, den die PDP-Konnektionisten eingeschlagen haben, um für den Begriff »verteilter Repräsentationen« auf einer rein psychologischen Ebene eine Heimstatt zu finden. Sie postulieren eine hypothetische subsymbolische Ebene, da die symbolische Ebene sich als problematisch erwiesen hat, und bestimmen sie als den angemessenen Bereich für die Lösung psychologischer Probleme. Um nun den Kuchen essen zu können und ihn dennoch zu behalten, bestimmen die PDP-Konnektionisten die subsymbolische psychologische Ebene dadurch, daß sie das Gehirn als eine Metapher benutzen, um die Mikrostruktur der Kognition theoretisch erfassen zu können:

Obwohl die Anziehungskraft der *PDP*-Modelle durch ihre physiologische Plausibilität und ihre neuronale Begründung zweifellos verstärkt wird, besteht ihr Reiz nicht primär darin. Wir sind schließlich Kognitionswissenschaftler und die PDP-Modelle gefallen uns aus psychologischen und aus rechnerischen Gründen (McClelland, Rumelhart & Hinton 1986, S. 11)

Wenn die bisher erörterten Argumente jedoch korrekt sind, dann gibt es diesen Kuchen vielleicht überhaupt nicht. Der PDP-Konnektionismus steht nämlich vor einer Reihe von Problemen. Er reduziert die Kognitionswissenschaft auf einen parallelen Behaviorismus, der Begriff »verteilt« ist auf der psychologischen Ebene nicht anwendbar, weder buchstäblich noch metaphorisch, und die Annahme, daß es einen mikrostrukturellen Bereich gibt, in dem kognitive Phänomene in autonomer Weise analysiert und mathematisiert werden können, ist wahrscheinlich unhaltbar.

Wenn der Begriff »verteilt« nur mit Bezug auf das physikalische und physiologische Gehirn interpretierbar ist, wie Broadbent (1985) meint, in welcher exakten Weise ist er dann überhaupt aus psychologischer Sicht von Bedeutung? Sicher können die Psychologen nicht die Neuroanatomie und die Physiologie als den angemessenen Bereich ihrer Forschung akzeptieren. In welchem Sinne also sind die Daten von Lashley (1929), der systematisch Teile des Gehirns von Labortieren beseitigte und die Lern- und Erinnerungsfähigkeiten dieser Tiere prüfte, auf der psychologischen Ebene anwendbar?

Es gibt eine Lösung für dieses Dilemma, die sowohl mit Broadbents (1985) Auffassung als auch mit Lashleys (1929) Daten vereinbar ist: Wir müssen die Annahme der Autonomie des Produkts als einer separaten Analyseebene aufgeben und die Psychologie als eine Disziplin ansehen, die als *ebenenverbindende* Disziplin *zwischen den Ebenen* vermittelt (Iran-Nejad, Clore und Vondruska 1984). Die Beschränkung der Hypothesen und Theorien auf die Phänomene einer rein psychologischen Ebene kann als *ebenenbezogener* Ansatz bezeichnet werden. Sowohl die konventionellen kognitiven Modelle als auch die PDP-Modelle, die die Annahme der Autonomie des Produktes teilen und sich direkt auf seine Analyse konzentrieren, sind ebenenbezogene Ansätze. Lashley hat dagegen ebenenverbindende psychologische Forschung betrieben. Er hat Hypothesen geprüft, die Lernen und Erinnerung im Sinne von funktionalen Eigenschaften des physikalischen Gehirns betrafen.

Da nun ebenenbezogene Ansätze komplexere Phänomene durch einfachere Entitäten der gleichen Ebenen erklären, treffen sie notwendig auf das Problem der Reduktion (Wimsatt 1976). Die PDP-Modelle erklären zum Beispiel komplexe mentale Schemata durch assoziative Verknüpfungen von großen Mengen mentaler Mikromerkmale. Die Einheiten, die Verknüpfungen und das ganze Schema gehören alle zu einer und derselben (kognitiven) Ebene. Aus diesem Grunde kann keiner der Ansätze das Problem lösen, das gestalttheoretisch oft so formuliert wurde, daß das Ganze mehr sei als die Summe seiner Teile.

Der ebenenverbindende Ansatz erklärt kognitive Phänomene, z. B. Lernen und Erinnern, so wie Lashley (1929, 1950, 1951) mit Hilfe relevanter funktionaler Eigenschaften des Gehirns. Funktionale Eigenschaften des Gehirns und seiner Bestandteile werden folglich zum angemessenen Bereich psychologischer Forschung und zur Quelle psychologischer Hypothesen. Die Annahme der Autonomie des Produkts, wie sie Marr (1982), PDP-Konnektionisten und auch konventionelle Kognitionswissenschaftler vertreten, müßte daher vollständig aufgegeben werden. Das bedeutet jedoch nicht, »daß man, um etwas über Kognition zu erfahren – wie Lashley –, den Kopf aufmachen und die neuronale Organisation unmittelbar untersuchen müßte« (Iran-Nejad 1980, S. 29). Wie Lashley (1929) hat auch Bartlett (1932) einen funktionalen Weg gewählt, ohne jedoch direkt mit dem physikalischen Gehirn zu arbeiten. Was nämlich die Psychologie von der Neurophysiologie unterscheidet, das ist die Art der Fragestellungen und nicht die Forschungsmethodologie. Anhand der Analogie zur Kamera kann man sagen, daß man, statt der direkten Analyse und Formalisierung der Eigenschaften der von einer Kamera erzeugten Bilder, verstehen muß, wie die Kamera als Gesamtsystem arbeitet, um Hypothesen über die funktionalen Eigenschaften der Kamera und ihrer Bestandteile zu prüfen, indem man die Variablen manipuliert, die mit den verschiedenen Typen von Bildern zu tun haben, die die Kamera herstellt.

Dies führt uns zurück zu der Unterscheidung zwischen Schemata als monolithischen Strukturen des Langzeitgedächtnisses, die wie Computerprogramme gespeichert werden können, und zwar unabhängig vom Informationsverarbeitungssystem, das sie verwendet (Rumelhart 1978), und der Auffassung, daß das Schema ein lebendiges Bewußtseinsmuster ist, das nur so lange existieren kann, wie es durch die jeweils gegebene Aktivität des Gehirns erzeugt und als ganzes aufrechterhalten wird. Iran-Nejad (1980) konnte diese Unterscheidung bis auf die Arbeiten von Bartlett (1932) zurückverfolgen, der zeigte, daß die funktionale und nicht die strukturelle Ebene die angemessene Ebene der psychologischen Forschung ist.

Die Hypothesen, daß das Gehirn von einer großen Anzahl von Mikrosystemen bevölkert ist, die in der Lage sind, Bewußtsein zu erzeugen, und daß Wissen unmittelbar durch die ständig ablaufende Tätigkeit der Mikrosysteme des Gehirns erzeugte Bewußtheit ist, sind ebenenverbindende Hypothesen. Sie beschäftigen sich mit psychologisch relevanten biofunktionalen Eigenschaften des Nervensystems. Lashleys (1929) Daten sind für diese Hypothesen, aber auch für andere Aspekte des biofunktionalen Modells von unmittelbarer Bedeutung, denn ein solches Modell kann sich direkt mit dem Problem befassen, wie die funktionalen Eigenschaften verteilter Konstellationen von Mikrosystemen des Gehirns hier und jetzt ablaufende mentale Schemata erzeugen und aufrechterhalten können.

Aspekte biofunktionalen verteilten Lernens und Erinnerns

Wie bereits betont, begann die Erforschung biofunktionalen verteilten Lernens und Erinnerns (BDLR) mit der Frage nach der Eigenart mentaler Schemata. Der DLR-Aspekt wurde, obwohl er für das Modell in hohem Maße kennzeichnend ist, in der Vergangenheit kaum genauer behandelt. Das unmittelbare Ziel des biofunktionalen Ansatzes bestand darin, mentalistische Begriffe wie Schemata, Lernen, Bewußtsein, Aufmerksamkeit und Erinnern im Sinne funktionaler Eigenschaften des Gehirns zu untersuchen (Iran-Nejad und Ortony 1984), ohne aber diese Begriffe auf nicht-mentalistische Hirnmerkmale wie etwa Aktivierung, Hemmung und Verknüpfungsgewichte zu reduzieren (Iran-Nejad 1980).

Eine detaillierte Analyse der biofunktionalen Schematheorie des Lernens und ihrer Beziehung zu anderen Schematheorien wird in Iran-Nejad (1988) gegeben. Die Beziehung dieses Modells zu PDP-Schematheorien (Rumelhart, Smolensky, McClelland und Hinton 1986) ist bereits kurz erörtert worden, sowohl theoretisch

(Iran-Nejad 1989a, 1989b) als auch empirisch (Iran-Nejad 1989c). In diesem letzten Abschnitt werden wir auf den DLR-Aspekt eingehen, und zwar mit besonderer Betonung seiner Beziehung zu Lashleys Forschungsarbeit (1929, 1950, 1951).

Zuerst werden wir die grundlegenden biofunktionalen Annahmen mit direktem Bezug zum DLR darstellen. Es ist von Nutzen, sich klar zu machen, daß Lernen und Erinnern in dem Sinne als verteilt angesehen werden können, daß sie mit Veränderungsprozessen zusammenhängen, die in verschiedenen Teilen des Gehirns ablaufen, und darüber hinaus, daß die Faktoren, die zum Lernen beitragen, selbst in dem Sinne verteilt sind, daß sie verschiedenen Quellen entspringen.

Grundlegende biofunktionale Annahmen

Subsysteme und Mikrosysteme des Gehirns

Einige Forscher neigen dazu, das Gehirn als eine anatomische Masse, als ein Flickengebilde aus Bereichen, Zentren oder Regionen anzusehen, die gegeneinander geschichtet und durch ein Netzwerk neuronaler Bahnen verknüpft sind. Diese anatomische Masse soll ein hierarchisches Bewußtsein beherbergen, wobei einfaches sensorisches Material statisch auf niedrigeren und komplexe mentale Schemata auf höheren Ebenen gespeichert sind. Diese Auffassung des Gehirns ist ziemlich sicher falsch.

Es ist wahrscheinlicher, daß das Nervensystem eine unbestimmte, wenn auch nicht übermäßig große Anzahl miteinander verknüpfter Subsysteme enthält, wovon die sensorischen Subsysteme nur ein Teil sind. In ähnlicher Weise ist die kleinste Einheit des Nervensystems wahrscheinlich nicht ein Nervenfragment oder ein Nervenpartikel, sondern ein funktional autonomes Mikrosystem, das vielleicht dem äquivalent ist, was traditionell als Neuron bezeichnet wird. Jedes Subsystem würde folglich aus einer ungeheuren Anzahl von Mikrosystemen bestehen. Subsysteme des Gehirns und Mikrosysteme speichern jedoch keine statischen mentalen Entitäten irgendwelcher Art. Sie erzeugen und erhalten diese vielmehr unmittelbar von Augenblick zu Augenblick.

Heterogene und homogene Spezialisierung

Diese Mikrosysteme innerhalb unterschiedlicher Subsysteme sind spezialisiert, und zwar phylogenetisch wie ontogenetisch, um qualitativ verschiedene subjektive Erfahrungen zu erzeugen. Ein einleuchtendes Beispiel dafür ist, daß die Mikrosysteme, die für auditorische Wahrnehmung verantwortlich sind, ein Klangbewußtsein erzeugen, das eine Erfahrung herstellt, die qualitativ verschieden ist von dem Bewußtsein, das die Mikrosysteme für visuelle Wahrnehmung erzeugen. Mit Bezug auf die subjektiven Erfahrungen sind die Mikrosysteme in verschiedenen Subsystemen daher in heterogener Weise spezialisiert. Diese Art der heterogenen Spezialisierung spielt folglich die primäre Rolle bei der Herstellung der unterschiedlichen subjektiven Erfahrungen.

Die Mikrosysteme sind auf der anderen Seite auch in homogener Weise spezialisiert. Das bedeutet zum Beispiel, daß alle Mikrosysteme innerhalb des auditorischen Subsystems auf ähnliche Weise auditorische Erfahrungen erzeugen, wobei sie genügend Mannigfaltigkeit zeigen, um mit den verschiedenen Aspekten auditorischer Differenzierung fertigzuwerden, einschließlich der Wahrnehmung gesprochener Sprache.

Gruppenverteilung und Konstellationsverteilung

Der Begriff »verteilt« in dem Kürzel BDLR hat zwei aufeinander bezogene Bedeutungen. Mentale Entitäten werden manchmal auf die gleiche Weise durch eine Gruppe lokalisierter Mikrosysteme erzeugt und aufrechterhalten (Gruppenverteilung) wie ein Pfeil als Verkehrszeichen auf der Autobahn durch eine passende Anordnung von Glühbirnen. Die Gruppenverteilung ist ein Phänomen innerhalb eines Subsystems, das für die Erzeugung von grundlegenden Erfahrungen wie rein auditorischen oder visuellen Abbildungen verantwortlich ist. Die Anzeige auf dem Taschenrechner bildet Zahlen, der Computerbildschirm zeigt Buchstaben und Wörter, und der Fernsehschirm zeigt Bilder, weil sie sich alle des Prinzips der Gruppenverteilung bedienen, obwohl dies rein mechanisch geschieht.

Durch Gruppenverteilung gebildete mentale Anzeigen können als Eins-mehrfach-Beziehung beschrieben werden, wobei »eins«

sich auf das mentale Produkt bezieht, und »mehrfach« auf die Mikrosysteme des Gehirns. Um nochmals das Beispiel des Verkehrszeichens »Pfeil« zu benutzen: die Pfeilanzeige (»eins«) und die blinkenden Glühbirnen (»mehrfach«), die den Pfeil erzeugen und erhalten, sind ein Beispiel für eine derartige Beziehung. Es ist wichtig zu wiederholen, daß hier eine Beziehung zwischen verschiedenen Ebenen vorliegt und daß der Ausdruck »eins« sich auf die mentale Anzeige und der Ausdruck »mehrfach« sich auf die Gruppe von Mikrosystemen des Gehirns bezieht, die die Anzeige herstellt. Zumindest im biofunktionalen Modell muß dies notwendig sein, denn das Modell verwirft die Annahme der Autonomie des Produkts. Von dem Pfeil bleibt keinerlei irgendwie geartete stabile Spur zurück, wenn die Glühbirnen ausgehen. Und es muß unmittelbar einleuchten, daß es ebenso unsinnig ist, die Konstruktion mentaler Anzeigen dadurch zu erklären, daß man eine Gruppe kleiner merkmalähnlicher Entitäten zusammenbindet, wie zu versuchen, ein Verkehrszeichen »Pfeil« dadurch zu erzeugen, daß man eine Anzahl von Punktlampen zusammenfügt (Iran-Nejad, Clore und Vondruska 1984). Die Eins-mehrfach-Beziehung zwischen den Ebenen muß daher von der Eins-mehrfach-Beziehung auf der gleichen Ebene unterschieden werden, wie sie vor kurzem von PDP-Theoretikern postuliert worden ist. So wiesen zum Beispiel Rumelhart, Hinton und McClelland (1986) darauf hin, daß die von ihnen postulierten Eins-mehrfach-Repräsentationen verteilter Art, in denen die Einheiten kleine merkmalähnliche Entitäten repräsentierten, »einem Repräsentationssystem nach dem Muster ›eine Einheit – ein Begriff‹ gegenübergestellt werden müßten, in dem einzelne Einheiten ganze Begriffe oder andere große bedeutungsvolle Entitäten repräsentieren« (S. 47). Diese Eins-mehrfach-verteilten-PDP-Repräsentationen gehören zu einer Ebene, denn die Ausdrücke »eins« und »mehrfach« beziehen sich beide auf mentale Entitäten.

Die biofunktionale Eins-mehrfach-Beziehung muß außerdem von den Eins-mehrfach-Verknüpfungsmustern unterschieden werden, wie sie sich in der anatomischen Anordnung des Nervensystems zeigen (Hinton und Anderson 1981). So hat etwa Broadbent (1985) mit Bezug auf die anatomische Struktur des Nervensystems, aus der man verteilte Kodierung im Sinne der PDP ableiten könnte, festgestellt, daß »die *Eins-mehrfach-* und die *Mehrfach-eins-*Verknüpfungen der sensorischen Bahnen viel stärker den von Winograd und Cowan konstruierten (verteilten) Diagrammen ähneln als den spezifischen Bahnen, die für die alternative Kodierungsform benötigt werden« (S. 190). Hier bezieht sich Broadbent wiederum auf eine Eins-mehrfach-Beziehung der gleichen Ebene, denn beide Enden der Eins-mehrfach-Beziehung sind auf der gleichen anatomischen Ebene lokalisiert, wo nämlich eine (komplexe) Einheit anatomisch verknüpft ist mit vielen (einfachen) Einheiten. Und die PDP-Theoretiker übernehmen diese scheinbar neuroanatomische Eins-mehrfach-Architektur als Metapher, um Gruppenverteilungen auf der Ebene zu postulieren, die sie die Mikrostruktur der Kognition nennen.

Gruppenverteilung ist die einzige Bedeutung, in der PDP-Konnektionisten den Begriff »verteilt« benutzen. In biofunktionaler Perspektive kann die Gruppenverteilung innerhalb der Subsysteme jedoch wenig mehr leisten, als bedeutungslose mentale Anzeigen zu erzeugen. Bedeutsame mentale Phänomene wie Begriffe und Schemata verlangen die Mitwirkung vieler Subsysteme. Und hier nun betritt die Konstellationsverteilung die Bühne: Bedeutsame mentale Entitäten werden durch weitverteilte Konstellationen von Mikrosystemen des Gehirns erzeugt und erhalten, deren Bestandteile physikalisch in vielen verschiedenen Subsystemen lokalisiert sind. Das Gehirn erzeugt zum Beispiel den Begriff »Hund« mit Hilfe einer verteilten Konstellation von Mikrosystemen, deren Elemente über die visuellen, auditorischen, affektiven und viele andere Subsysteme verteilt sind. Das biofunktionale Modell macht sich die Vorstellung der Konstellationsverteilung zunutze, um Lashleys (1929) Ergebnisse zu erklären.

Äquipotentialität im Nervensystem

Lashleys Definition

Lashley (1929) gebrauchte den Begriff »Äquipotentialität«, um »die *scheinbare* Fähigkeit eines intakten Teils eines Funktionsbereichs zu benennen, mit oder ohne Leistungsverlust jene Funktionen auszuführen, die durch Zerstörung verloren gehen« (S. 25 Hervorhebung von den Verf.). Wir haben den Begriff »scheinbar« unterstrichen, um die Aufmerksamkeit auf ein Mißverständnis zu lenken, das oft mit Lashleys Vorstellung der Äquipotentialität verbunden wird. Die PDP-Konnektionisten und auch andere haben festgestellt, das Lashleys Verteilungstheorie falsch sei, da sie die Annahme der Äquipotentialität der Hirnfunktionen überspanne. Wir glauben, daß dies eine ungerechtfertigte Bewertung ist. Wir wollen in diesem Abschnitt zeigen, daß Lashley in seiner vorsichtigen Definition der Äquipotentialität wahrscheinlich gar nicht weit genug gegangen ist: Er hat nämlich nicht erklärt, wie sich Äquipotentialität im Nervensystem ausdrückt.

Äquipotentialität innerhalb der Subsysteme

Nach Lashley (1929) »ist der Beitrag der verschiedenen Teile einer spezialisierten Region ... qualitativ der gleiche« (S. 176). Dies bedeutet, daß die Teile eines Subsystems hinsichtlich ihrer Fähigkeit, mentale Anzeigen der Muster, auf die sie spezialisiert sind, zu erzeugen und zu erhalten, äquipotentiell sind. Der Bildschirm des Computers, auf dem wir diesen Aufsatz schreiben, ist in dem Sinne äquipotentiell, daß jeder seiner Teile einen einzelnen Buchstaben oder eine Buchstabensequenz gleich gut darstellen kann; die verschiedenen Teile eines Fernsehschirms sind äquipotentiell, denn jeder Teil davon kann jedes Bild darstellen, und das gleiche gilt für das von Lashley beschriebene elektrische Anzeigesystem: »Die Tätigkeit des visuellen Kortex muß der eines elektrischen Anzeigesystems ähneln, auf dem ein Muster von Buchstaben rasch über eine stationäre Anordnung von Lampen läuft. Das strukturelle Muster ist fixiert, das funktionale Muster aber spielt auf ihm, ohne auf bestimmte Elemente festgelegt zu sein« (Lashley 1929, S. 158 f.).
Es ist wichtig, sich vor Augen zu halten, daß Lashleys (1929) Begriff der Äquipotentialität nicht der Spezialisierung des Nervensystems entgegengesetzt werden darf. Betrachten wir zum Beispiel die Spezialisierung innerhalb der Subsysteme. Ein Farbfernsehschirm reflektiert viel mehr an Spezialisierung als ein Schwarzweißfernseher. Beide Fernsehschirme sind jedoch äquipotentiell in dem Sinne, daß sie jedes Bild in jedem beliebigen Feld darstellen können. Die Analogie kann durchaus sinnvoll auf ein farbenblindes visuelles System ausgedehnt werden. Äquipotentialität muß daher der Vorstellung festgelegter spezifischer Spuren entgegengesetzt werden. Wenn nämlich bestimmte Buch-

staben oder Buchstabensequenzen nur auf bestimmten Teilen eines Bildschirms erzeugt werden könnten, dann wäre dieser Bildschirm von geringem Wert oder gar wertlos.

In einem früheren Abschnitt dieses Aufsatzes haben wir erwähnt, daß Lashleys (1929, 1950, 1951) nicht-assoziativer Ansatz unvereinbar ist mit dem assoziativen Ansatz der PDP-Konnektionisten. Wir können diese Behauptung nun noch deutlicher machen. Wir stellen fest, daß Lashleys Begriff der Äquipotentialität und die Auffassung spezifischer Spuren unvereinbar sind, während assoziative Strukturen notwendig mit spezifischen Spuren synonym sind:

Ein Aktivationsmuster ist nur dann dasselbe wie ein anderes, wenn die gleichen Einheiten daran beteiligt sind. Der Grund dafür ist der, daß das in das System eingebaute Wissen, um die Muster immer wieder zu erzeugen, in die Menge der die Einheiten verbindenden Verknüpfungen eingebaut ist ... Um sicherzustellen, daß ein Muster das richtige Wissen aufruft, muß es in den richtigen Einheiten entstehen. In diesem Sinne spielen die Einheiten in den Mustern spezifische Rollen. (McClelland und Rumelhart 1986, S. 175)

Äquipotentialität zwischen den Subsystemen

Viel Aufhebens ist um die von Hubel und Wiesel (1968, 1977) zusammengetragenen Daten gemacht worden, die angeblich zeigen, daß es spezifische Merkmaldetektoren im primären visuellen Kortex gibt. Es gibt einfache Zellen, die in spezieller Weise auf Linien oder Kanten mit bestimmter Orientierung und bestimmter Lokalisierung im Sehfeld reagieren. Auf der Grundlage dieser und ähnlicher Daten postulierten McClelland und Rumelhart (1981) ein hierarchisches Modell der Wortwahrnehmung. Merkmaldetektoren auf der niedrigsten Ebene werden mit Buchstabendetektoren verknüpft, die ihrerseits mit Wortdetektoren verbunden sind. Iran-Nejad und Ortony (1984) haben ein zwar als einfach, aber als höchst informativ angesehenes Beispiel der Äquipotentialität von Subsystemen gegen die Vorstellung spezifischer Detektoren im Nervensystem ins Feld geführt:

Versuchspersonen mit verbundenen Augen sind in der Lage, Buchstaben korrekt zu identifizieren, die mit Fingern auf ihre Haut gezeichnet werden. White, Saunders, Scadden, Bach-Y-Rita und Collins (1970) haben einen Apparat für visuelle Substitutionen verwendet, der optische Bilder in taktile Darstellungen umwandelt, die blinde oder geblendete Versuchsperson ›mit ihrer Haut zu sehen‹ vermochten. Es konnte gezeigt werden, daß die »Versuchspersonen in der Lage sind, bestimmte einfache Darstellungen wahrzunehmen ..., sobald sie auftreten« (S. 23), und daß sie nach nur minimalem Trainingsaufwand imstande sind, »vertraute Gegenstände zu identifizieren und ihre Anordnung bis ins letzte zu beschreiben« (S. 25; Iran-Nejad und Ortony 1984, S. 182 f.).

Das taktile System verhält sich also nicht nur wie das visuelle Subsystem, es zeigt zudem ein großes Maß an innersystemischer Äquipotentialität. Mit Fingern gezeichnete Buchstaben können fast überall auf der Haut identifiziert werden; die Neuropsychologen sehen Schwierigkeiten, mit den Fingerspitzen geschriebene Ziffern zu erkennen, als Beleg für eine Schädigung des Nervensystems an. Wie kann also das taktile Subsystem ohne vorausgegangene Erfahrung das gleiche leisten wie das visuelle System? Wenn wir nicht bereit sind, die Existenz angeborener Merkmaldetektoren, Buchstabendetektoren, Zifferndetektoren und Gegenstandsdetektoren unter der Haut und anderswo anzunehmen, dann sind wir gezwungen, die Vorstellung spezifischer Spuren zu verwerfen und der Hypothese der Äquipotentialität der einzelnen Subsysteme zu folgen.

Es ist interessant zu sehen, daß der Grad der Äquipotentialität von Subsystem zu Subsystem verschieden ist. So ist die Äquipotentialität des visuellen Subsystems der des taktilen ähnlicher als der des motorischen Subsystems, die des auditorischen Subsystems wiederum der des motorischen Subsystems ähnlicher als der des taktilen. Es ist eben viel schwieriger, nach von den visuellen Subsystemen erzeugten Mustern zu tanzen als nach jenen, die im auditorischen Subsystem erzeugt werden. Es ist auch möglich, daß es Subsysteme innerhalb des Nervensystems gibt, die vielen anderen oder allen anderen äquipotentiell sind. Wie jedenfalls Lashley (1929) ausgeführt und durch seine Belege bestätigt hat, ist die Äquipotentialität der Subsysteme eine Frage des Grades.

Äquipotentialität der neuronalen Verknüpfungen

Die Subsysteme und Mikrosysteme des Nervensystems werden untereinander durch ein ausgedehntes Netzwerk neuronaler Bahnen verknüpft. Es wird von neuronalen Konnektionisten oft angenommen (z. B. von Sperry 1943), daß das neuronale Netzwerk aus spezifischen Element-Element-Verknüpfungen besteht, von denen jede mit einer gewissen Verknüpfungskraft (oder einem Verknüpfungsgewicht) ausgestattet ist, welche den Grad der Aktivierung (oder des Einflusses) bestimmt, den ein Quellenelement bei einem Zielelement bewirken kann.

Auf der Grundlage einer biofunktionalen Schematheorie haben Iran-Nejad und Ortony (1984) ausgeführt, daß es eine andere Alternative gibt. Die Basis der Kommunikation im Gehirn ist die Spezialisierung der Mikrosysteme des Gehirns und nicht die Spezifität neuroanatomischer Verknüpfung.

Iran-Nejad und Ortony (1984) konnten diese nicht-konnektionistische Alternative bis zu den Arbeiten von Weiss (1936) zurückverfolgen. Nehmen wir das folgende Beispiel: Wird ein Stück Haut vom Bauch eines Salamanders auf dessen Rücken verpflanzt und wird diese Haut, die nun auf dem Rücken liegt, nach ihrer Regeneration gereizt, dann kratzt sich das Tier an seinem Bauch, wo die Haut ursprünglich lokalisiert war. Sperry (1943, 1966) erklärte Ergebnisse wie diese dadurch, daß er eine Art chemischer Affinität zwischen den peripheren Zellen (Bauchhautzellen in diesem Fall) und entsprechenden zentralen Zellen (jenen, die für das Kratzverhalten verantwortlich sind) annahm, die die ersteren instandsetzt, den speziellen Kontakt mit den letzteren über eine Rückverzweigung wieder herzustellen. Es gibt aber keinerlei Notwendigkeit, eine neue Nervenbahn einzurichten, denn gemäß der nicht-konnektionistischen Hypothese mußte lediglich der Kontakt mit den lokalen Nerven und damit dem Nervensystem als ganzem hergestellt werden. Was das Tier veranlaßt zu »denken«, daß die Bauchhaut gereizt wird, ist die Spezialisierung eben dieser Zellen der Bauchhaut selber, unabhängig von ihrer Lokalisierung, so lange nur die Hautzellen des Bauches mit dem neuronalen Netzwerk als ganzem verbunden sind.

Iran-Nejad und Ortony (1984) haben ausgeführt, daß das neuronale Netzwerk ein universales Kommunikationssystem ist, das allen Subsystemen und Mikrosystemen des Gehirns (äquipotentiell) dient, und keine Ansammlung spezifischer Element-Element-Verknüpfungen, die assoziative Bindeglieder von wechselnder (synaptischer) Stärke repräsentieren, ebenso wie das Blutkreislaufsystem ein universales Netzwerk ist, das viele körperliche Subsysteme bedient. Nehmen wir zum Beispiel den Fall des endokrinen Drüsensubsystems. Die endokrinen Drüsen entlassen ihre Produkte in die extrazelluläre Flüssigkeit, die die Kapillaren umgibt. Die Hormone geraten sodann in das Blutkreislaufsystem, welches sie als ein Allzwecksystem überallhin transportiert, wo das Blut hinkommt, aber nicht direkt zu den spezifischen Zielorganen.

Es gibt zum Beispiel ein Hormon, das ACTH heißt, welches im Vorderlappen der Hypophyse ausgeschüttet wird. Dieses Hormon stimuliert die kortikalen Adrenalzellen über den Nieren. Das System könnte nun eine direkte Röhrenverbindung benutzen, um ACTH von seiner Quelle zum Zielorgan zu befördern, aber »wenn von jeder endokrinen Zelle eine Röhre zu deren Zielorgan führen sollte, müßten die Organismen von monströser Komplexität sein« (Iran-Nejad und Ortony 1984, S. 182). Ein weitaus eleganteres Verfahren ist es, mit dem Problem dadurch fertigzuwerden, daß man ein Allzwecksystem entwickelt, das ständig bereit ist, beliebige Substanzen zu transportieren: das Blutkreislaufsystem.

Die im Kontext des biofunktionalen Systems vorgeschlagene Hypothese, daß das neuronale Netzwerk ein Allzweckverbindungsnetzwerk ist, gleicht Lashleys (1929) Theorie der Äquipotentialität neuronaler Bahnen, die behauptet, »daß die Unterbrechung von Assoziations- oder Projektionswegen wenig an Verhaltensstörung hervorruft, solange die von ihnen versorgten kortikalen Bereiche zumindest in gewissem Maße mit dem restlichen Nervensystem funktional verbunden bleiben« (S. 175).

Lernen und Erinnern als Phänomene
vielfachen Ursprungs

Die Assoziation als die grundlegendste Einheit des Lernens ist eine der ältesten Annahmen der Psychologie. Wachsender Zustimmung erfreut sich gegenwärtig der Assoziationismus in seiner bislang höchstentwickelten Form als PDP-Konnektionismus, der

Wissen als Verknüpfungsgewichte zwischen spezifischen (lokalisierten) Gruppen von Einheiten, und Lernen als die Veränderung derartiger Verknüpfungsgewichte definiert. Das BDLR-Modell nimmt dagegen an, daß Lernen weder in der Herstellung spezifischer Verknüpfungen besteht noch in Veränderungen der Stärke spezifischer Synapsen oder in der Speicherung spezifischer Spuren. Vielmehr verlangt auch die einfachste sinnvolle Lernhandlung die Mitwirkung vieler Subsysteme des Gehirns und vieler Faktoren. Mit anderen Worten, die Erzeugung von bildähnlichen mentalen Anzeigen innerhalb von Subsystemen (d. h. Gruppenverteilungsaktivität) kann nicht als bedeutungsvolles Lernen angesehen werden. Die Bedeutung einer mentalen Anzeige in einem bestimmten Subsystem liegt in der Kombination aller Anzeigen, die gleichzeitig in anderen Subsystemen auftreten. Je mehr Subsysteme beteiligt sind, um so komplexer ist die Bedeutung. Dies ist *eine* Bedeutung von Lernen und Erinnern, die als »verteilt« bezeichnet werden kann.

Eine andere Bedeutung bezieht sich darauf, daß die Faktoren, die zum Lernen beitragen, verteilt sind. Mit anderen Worten, gemäß dem BDLR-Ansatz ist Information von außen nicht die einzige Quelle des Lernens. Lernen speist sich aus vielen Quellen, die zum weitaus größten Teil organismusintern bedeutungsvolle Akte des Lernens oder Erinnerns bewirken. Iran-Nejad (1988, 1989a, 1989b) hat die prinzipiellen Quellen für BDLR erörtert. Diese Quellen sind in Tabelle 1 zusammengestellt.

Es ist in diesem Aufsatz nicht möglich, diese Tabelle im einzelnen zu erörtern. Es sei jedoch darauf hingewiesen, daß sie die Bedeutung des Begriffs »verteilt« für Lernen und Erinnern veranschaulicht, indem sie zeigt, daß Faktoren vieler Quellen daran beteiligt sind. Im folgenden wurden wir nur auf die drei Instanzen der Steuerung kurz eingehen.

Aus dem BDLR-Ansatz folgt, daß der Ort des Lernens in der Interaktion der Steuerungsinstanzen mit den Lernprozessen liegt. Traditionelle Erörterungen der Steuerung berücksichtigen im allgemeinen zwei Instanzen: externe und interne. Die Behavioristen nehmen an, daß Lernen passiv unter der Kontrolle externer Stimuli erfolgt. Tabelle 1 zeigt, daß die Teilprozesse, die zu diesem Lerntyp gehören, beschränkt sind auf Aufmerksamkeitsgewinn, Überraschung, Orientierung, unabhängiges Funktionieren (auf der Ebene einer Einheit), Erzeugung kategorialen Wissens, und

Tabelle 1
Aktive und dynamische Selbststeuerung von Lernprozessen

Lern-prozesse	Teil-Lernprozesse	Steuerungsinstanzen		
		extern	aktiv	dyna-misch
Aufmerk-samkeit	1. Aufmerksamkeitsgewinn	hoch	niedrig	niedrig
	2. Aufmerksamkeitszuwendung	niedrig	hoch	niedrig
	3. Aufmerksamkeitserhaltung	niedrig	niedrig	hoch
Fragen	1. Überraschung	hoch	niedrig	niedrig
	2. Selbstbefragung	niedrig	hoch	niedrig
	3. Neugier	niedrig	niedrig	hoch
Schließung	1. Orientierung	hoch	niedrig	niedrig
	2. Prognose	niedrig	hoch	niedrig
	3. Retrodiktion	niedrig	niedrig	hoch
Kom-bination	1. unabhängig	hoch	niedrig	niedrig
	2. sequentiell	niedrig	hoch	niedrig
	3. simultan	niedrig	niedrig	hoch
Wissens-erzeugung	1. kategorial	hoch	niedrig	niedrig
	2. propositional	niedrig	hoch	niedrig
	3. thematisch	niedrig	niedrig	hoch
Meta-kognition	1. stückweise	hoch	niedrig	niedrig
	2. prognostisch	niedrig	hoch	niedrig
	3. retrodiktiv	niedrig	niedrig	hoch.

(Aus: Iran-Nejad 1989a, S. 3)

stückweise Metakognition. Es ist daher klar, daß über externe Steuerung nur wenig, wenn überhaupt bedeutungsvolles Lernen bewirkt wird.

Dem passiven, vom Behaviorismus postulierten Lernen wird von konventionellen kognitiven Psychologen oft das aktive Lernen gegenübergestellt. Diese verlangen, daß Lernen unter der bewußten (anstrengungszentrierten) Steuerung des lernenden Individuums stattfindet, die von einer zentralen internen Steuerungseinheit ausgeht. Aktive Kontrolle in diesem Sinne bedeutet, daß die nicht-tätigen Bestandteile des Systems passiv bleiben und zum Lernen nur dann beitragen, wenn sie direkt von den ausführenden Instanzen eingeschaltet werden. Das läßt sich am besten durch Neissers (1967) originelle Analyse der (Re-)Konstruktion im menschlichen Informationsverarbeitungssystem veranschaulichen, für die er die Analogie der Rekonstruktion eines Dinosauriers benutzte.

Tabelle 2
Neissers Sicht der Konstruktion im Prozeß der Informationsverarbeitung, veranschaulicht am Beispiel der Re-Konstruktion eines Dinosauriers

(Re-)Konstruktion im IVS	(Re-)Konstruktion des Dinosauriers	Relevanter Aspekt
Interne Steuerungsinstanz	Paläontologe	Tätiger Akteur
Abstraktes Schema	Methode	statisch und passiv
Konkreter Inhalt	Rohmaterial	statisch und passiv

Nach Neisser konstruieren Menschen neue Schemata oder rekonstruieren alte, indem sie die gespeicherten Fragmente ihrer vergangenen Schemata in etwa derselben Weise zusammenstückeln, wie Paläontologen die Nachbildung eines Dinosauriers mit Hilfe der Knochenbruchstücke eines ausgestorbenen Dinosauriers anfertigen. Wie Tabelle 2 zeigt, ergibt sich aus Neissers Analogie, daß es eine und nur eine Instanz gibt, die zum Prozeß der Wissenskonstruktion beiträgt, und daß diese in der zentralen internen Steuerungsinstanz des Informationsverarbeitungssystems besteht, ebenso wie eben der Paläontologe die einzige Steuerungsinstanz für die Konstruktion der Nachbildung des Dinosauriers darstellt. Die anderen Bestandteile, die an der Informationsverarbeitungskonstruktion mitwirken (d. h. Neissers abstraktes Schema und der konkrete Inhalt, der die Leerstellen des abstrakten Schemas ausfüllt) sind statisch und passiv ebenso wie die Knochenfragmente und der Mörtel, die bei der Nachbildung des Dinosauriers verwendet werden, statisch und passiv sind.
Das BDLR-Modell dagegen zeigt, daß unter der ausschließlichen Steuerung durch externe Stimuli nicht nur wenig an Lernen geschieht, sondern daß auch der Bereich des Lernens unter dem ausschließlichen Einfluß der aktiven (oder ausführenden) Steuerung oder unter dem gemeinsamen Einfluß externer und aktiver Steuerungsquellen höchst beschränkt bleibt. Lernen kann jedoch unter der ausschließlichen Einwirkung dynamischer (oder überwachungsfreier) Steuerung geschehen und am besten unter ausgedehnter dynamischer Steuerung in Verbindung mit einer oder beiden der anderen Quellen. Die dynamische Steuerung ist ver-

antwortlich für das, was gewöhnlich als inzidentelles Lernen bezeichnet wird, als Lernen, ohne zu wissen, und als nicht-strategisches Lernen.

Es gibt mehrere Wege, die beiden internen Quellen der Steuerung zu kontrastieren. Zunächst einmal ist die aktive interne Steuerung, wie bereits erwähnt, arbeitsvermittelt, während die dynamische interne Steuerung interessensvermittelt ist. Dieser Aspekt kann am besten durch Suchprozesse (vgl. Tabelle 1) veranschaulicht werden. Unter aktiver interner Steuerung nehmen Suchprozesse die Form von Selbstbefragungen an, die auf angestrengtem Denken beruhen, und je mehr Anstrengung wir aufwenden, desto mehr Fragen stellen wir uns schließlich. Unter dynamischer Kontrolle nehmen Frageprozesse andererseits die Form der Neugier an, die sehr oft als synonym mit Interesse betrachtet wird (Berlyne 1974).

Zum zweiten können aktive und dynamische Kontrolle als Teil-Ganzes-Beziehungen kontrastiert werden. Aktive Steuerung ist Steuerung auf der Ebene des Ganzen, sie ist der Typ von Steuerung, der von einem Ganzen auf dessen einzelne Teile ausgeübt wird. Auf der allgemeinsten Ebene ist das Ganze der einzelne Organismus. Die Idee dabei ist, daß das Individuum die Komponenten seines Nervensystems beherrscht (d. h. seine Subsysteme und Mikrosysteme), und zwar nahezu auf die gleiche Weise, wie es zum Beispiel seine Finger beherrscht. Dynamische Steuerung repräsentiert andererseits die Mitwirkung der Teile, sie ist Steuerung auf der Ebene der Bestandteile und wird durch die biofunktionalen Eigenschaften der einzelnen Subsysteme und Mikrosysteme bestimmt. Je größer zum Beispiel die Äquipotentialität der Subsysteme des Gehirns ist (z. B. des auditorischen und motorischen Subsystems im Gegensatz zum visuellen und motorischen Subsystem), um so eher werden sie miteinander arbeiten (wie z. B. beim Tanzen zur Musik).

In vielen Fällen folgt dynamische Steuerung der aktiven Steuerung auf so natürliche Weise, daß der Beitrag der ersteren stillschweigend vorausgesetzt wird. Es ist aber nicht schwierig zu zeigen, daß die Durchführung aktiver Steuerung ohne den Beitrag der dynamischen Steuerung wahrscheinlich unmöglich ist. Hierfür zunächst eine Analogie. Stellen wir uns vor, daß wir ein Auto mit Servolenkung zu steuern versuchen, wenn die Stromzufuhr unterbrochen ist. Der Fahrer muß mit eigener Kraft steuern, während die Energie der Servolenkung dynamische Steuerung bewirkt. Ist die dynamische Steuerung abgeschaltet, dann ist die Steuerung mit eigener Kraft schwierig oder gar unmöglich. Eine ähnliche Situation, wie die mit der Servolenkung verdeutlichte, bietet der Versuch, den Arm zu bewegen, wenn er eingeschlafen ist. Da das Individuum wach ist und die anderen Teile des Körpers ohne weiteres steuern kann, ist das aktive Steuerungssystem insgesamt intakt. Was jedoch die Bewegung des eingeschlafenen Arms behindert, das ist die fehlende dynamische Steuerung. Ein weiteres anschauliches Beispiel für das gestörte Verhältnis von aktiver und dynamischer Steuerung ist das Phänomen des sogenannten »Auf-der-Zunge-Liegens«: ein Mensch erinnert genügend von einem Stück Information, um sagen zu können, daß es ihm auf der Zunge liegt, aber doch nicht genug, um das gesamte Stück laut aussprechen zu können.

Zusammenfassung

Dieser Abschnitt hat sich mit verteiltem Lernen und Erinnern im Zusammenhang mit der Forschungsarbeit Lashleys (1920) und einem biofunktionalen Modell des Bewußtseins beschäftigt (Iran-Nejad 1980; Iran-Nejad und Ortony 1984). Das biofunktionale Modell nimmt an, daß das Gehirn aus spezialisierten Subsystemen und Mikrosystemen besteht und kein Flickengebilde aus Regionen, Zentren, Bereichen, Nervensegmenten oder chemischen Partikeln ist. Die Mikrosysteme des Gehirns sind physikalisch entweder in lokalisierten Gruppen verortet oder über weit ausgebreitete Konstellationen verteilt. Lashleys Begriff der Äquipotentialität konnte biofunktional auf mehrere unterschiedliche Weisen analysiert werden. Wir haben festgestellt, daß Äquipotentialität und Spezialisierung im Nervensystem miteinander vereinbar sind; Äquipotentialität steht im Gegensatz zur Spezifität von Gedächtnisspuren, aber nicht zu der Idee, daß Subsysteme und Mikrosysteme des Gehirns spezialisiert sind. Unsere Analyse hat gezeigt, daß Lashley sicherlich nicht, wie manche Autoren meinen, zu weit gegangen ist, als er Äquipotentialität annahm.

Die Faktoren, die zu Lernen und Erinnern beitragen, entspringen unterschiedlichen Quellen der Steuerung, und Lernprozesse sowie jeder Akt des Lernens finden unter dem gleichzeitigen Einfluß vieler Faktoren statt. In diesem Sinne sind Lernen und Erinnern Phänomene vielfachen Ursprungs.

Schlußfolgerungen

Diese Arbeit hat verteiltes Lernen und Erinnern (DLR) aus den Perspektiven des PDP-Konnektionismus, der DLR-Grundlagenforschung sowie eines biofunktionalen Modells mentaler Prozesse erörtert. Aus dieser Analyse können eine Reihe vorläufiger Schlußfolgerungen gezogen werden:

1. PDP-Konnektionismus und DLR-Grundlagenforschung sind paradigmatisch unvereinbar.
2. In unserer Sicht ist die einzig mögliche Interpretation des Begriffs »verteilt« im Rahmen des PDP-Konnektionismus als eine Eins-mehrfach-Beziehung möglich, wobei »eins« sich auf eine mentale Makroeinheit und »mehrfach« sich auf eine lokalisierte Gruppe mentaler Mikroeinheiten (Gruppenverteilung auf einer Ebene) bezieht. Die Gruppenverteilung innerhalb einer Ebene kann einer vergleichbaren ebenenverbindenden Definition des Begriffs gegenübergestellt werden, wobei »eins« sich auf eine mentale Einheit und »mehrfach« sich auf eine lokalisierte Gruppe von Mikrosystemen des Gehirns bezieht (Gruppenverteilung über mehrere Ebenen). Die Gruppenverteilung auf einer Ebene steht vor dem unüberwindbaren Problem der Reduktion, das sich aus der gestalttheoretischen Vorstellung ergibt, daß das Ganze mehr ist als die Summe seiner Teile. Die Gruppenverteilung über mehrere Ebenen kennt dieses Problem nicht.
3. Die Gruppenverteilung über mehrere Ebenen tritt innerhalb besonderer Subsysteme des Gehirns auf und bildet die Grundlage dafür, bildähnliche mentale Darstellungen zu erzeugen, die in sich selbst nicht bedeutungsvoll sind. Bedeutungsvolle mentale Phänomene werden erzeugt und erhalten durch verteilte Konstellationen von Mikrosystemen des Gehirns, deren Bestandteile zu verschiedenen Subsystemen des ganzen Nervensystems gehören (Konstellationsverteilung über mehrere Ebenen). In diesem Sinne liegt die Bedeutung einer mentalen Anzeige innerhalb eines Subsystems in der Kombination aller anderen mentalen Anzeigen, die simultan in den Subsystemen des Gehirns erzeugt und erhalten werden.

4. Ein wichtiger Begriff im Zusammenhang mit DLR ist Lashleys (1929) Äquipotentialität. Die PDP-Konnektionisten halten diese Vorstellung für problematisch, weil sie der Annahme spezifischer Spuren, die im Konnektionismus unvermeidbar ist, widerspricht. Unsere eigene Analyse dieses Begriffes im Rahmen des biofunktionalen Modells bestätigt jedoch Lashleys Hypothese der Äquipotentialität.

5. Im biofunktionalen Ansatz bezieht sich der Begriff »verteilt« auf die Lokalisierung der Mikrosysteme des Gehirns im dreidimensionalen Nervensystem. Es gibt überdies eine damit verbundene Bedeutung, nach der Lernen und Erinnern als »verteilt« angesehen werden können. In dieser Bedeutung sind die Faktoren, die zu Lernen und Erinnern beitragen, insofern verteilt, als sie aus vielen verschiedenen internen und externen Quellen stammen. Lernen und Erinnern sind keine Reaktionen auf eine einzige externe Inputquelle. Sie sind im eigentlichen Sinn Phänomene vielfachen Ursprungs.

Der biofunktionale Ansatz zur DLR erklärt Lashleys (1929) Erkenntnisse und ist mit anderen Ergebnissen der DLR-Grundlagenforschung vereinbar (John 1967, 1972). Die Ursprünge dieses Ansatzes gehen sogar über die unmittelbaren Begrenzungen der DLR-Literatur hinaus und erstrecken sich in das breitere Gebiet der nicht-assoziativen Forschung, wie sie für das Werk von Dewey (1896), Angell (1907), Head (1920) und Bartlett (1932) charakteristisch ist. In dieser breiteren Auffassung verspricht der Ansatz, eine solide Grundlage für die Untersuchung der Erzeugung und Erhaltung des Bewußtseins durch das Gehirn zu werden.

Übersetzung aus dem Amerikanischen von W. K. Köck

Literatur

Anderson, J. R. (1983), *The Architecture of Cognition*, Cambridge, MA: Harvard University Press.

Anderson, J. A. und Hinton, G. E. 1981), »Models of information processing in the brain«, in: Hinton, G. E. und Anderson, J. A. (Hg.), *Parallel Models of Associative Memory*, S. 9-48, Hillsdale, NJ: Erlbaum.

Angell, J. R. (1907), »The province of functional psychology«, in: *Psychological Review* 14, S. 61-91.

Bartlett, F. C. (1932), *Remembering*, Cambridge, England: Cambridge University Press.

Berlyne, D. E. (Hg.) (1974), *Studies in New Experimental Aesthetics*, New York: Wiley.

Bernstein, J. (1981), »Profiles: AI, Marvin Minsky«, in: *The New Yorker* (14. Dezember), S. 50-126.

Black, J. B. und Wilensky, R. (1979), »An evaluation of story grammars«, in: *Cognitive Science* 3, S. 213-230.

Bransford, J. D., Nitsch, K. E. und Franks, J. J. (1977), »Schooling and the facilitation of knowing«, in: Anderson, R. C., Spiro, R. J. und Montague, W. E. (Hg.), *Schooling and the Acquisition of Knowledge*, S. 31-55, Hillsdale, NJ: Erlbaum.

Broadbent, D. (1985), »A question of levels. Comment on McClelland and Rumelhart«, in: *Journal of Experimental Psychology: General* 114, S. 189-192.

Chomsky, N. (1959), »Review of Skinner's Verbal Bahavior«, in: *Language* 35, S. 26-58.

Chomsky, N. (1965), *Aspects of the Theory of Syntax*, Cambridge, MA. MIT Press. Dt.: *Aspekte der Syntax-Theorie*, Frankfurt: Suhrkamp 1969.

Dewey, J. (1896), »The reflex arc concept in psychology«, in: *The Psychological Review* 3 (4), S. 357-370.

Diener, E. und Iran-Nejad, A. (1986), »The relationship in experience between various types of affect«, in: *Journal of Personality & Social Psychology* 50, S. 1031-1038.

Head, H. (1920), *Studies in Neurology*, London: Hodder & Stoughton.

Hebb, D. O. (1949), *The Organization of Behavior*, New York: Wiley.

Hinton, G. E. und Anderson, J. A. (Hg.) (1981), *Parallel Models of Associative Memory*. Hillsdale, NJ: Erlbaum.

Hubel, D. H. und Wiesel, T. N. (1968), »Receptive fields and functional architecture of monkey striate cortex«, in: *Journal of Physiology* 195, S. 215-243.

Hubel, D. H. und Wiesel, T. N. (1977), »Functional architecture of macaque monkey visual cortex«, in: *Proceedings of the Royal Society of London, Series B* 198, S. 1-59.

Iran-Nejad, A. (1980), *The Schema: A Structural or a Functional Pattern* (Tech. Rep. No. 159, Februar), Urbana, IL: University of Illinois, Center for the Study of Reading.

Iran-Nejad, A. (1986), »Understanding surprise-ending stories«, in: *The Journal of Mind and Behavior* 7, S. 37-62.

Iran-Nejad, A. (1987), »Cognitive and affective causes of interest and liking«, in: *Journal of Educational Psychology* 79, S. 120-130.

Iran-Nejad, A. (1988), *Toward a Bartlettian Constructive Theory of Learning,* (in Vorbereitung).

Iran-Nejad, A. (1989a), »Associative and nonassociative schema theories of learning«, in: *Bulletin of Psychonomic Society* 27, S. 1-4.

Iran-Nejad, A. (1989b), »A nonassociative schema theory of cognitive incompatibility«, in: *Bulletin of the Psychonomic Society* 27, S. 429-432.

Iran-Nejad, A. (1989c), »A nonconnectionist schema theory of understanding surprise-ending stories«, in: *Discourse Processes,* 12, S. 127-148.

Iran-Nejad, A., Clore, G. L. und Vondruska, R. J. (1984), »Affect: A functional perspective«, in: *The Journal of Mind and Behavior* 5, S. 279-310.

Iran-Nejad, A. und Ortony, A. (1984), »A biofunctional model of distributed mental content, mental structures, awareness, and attention«, in: *The Journal of Mind & Behavior* 5, S. 171-210.

Jenkins, J. J. (1974), »Remember that old theory of memory? Well, forget it«, in: *American Psychologist* 29, S. 785-795.

John, E. R. (1967), *Mechanisms of Memory,* New York: Academic Press.

John, E. R. (1972), »Switchboard versus statistical theories of learning and memory«, in: *Science* 177, S. 850-864.

Kuhn, T. S. (1962), *The Structure of Scientific Revolutions,* Chicago: The University of Chicago Press. Dt.: *Die Struktur wissenschaftlicher Revolutionen,* Frankfurt: Suhrkamp 1976.

Lachter, J. und Bever, T. G. (1988), »The relation between linguistic structure and associative theories of language learning – A constructive critique of some connectionist learning models«, in: Pinker, S. und Mehler, J. (Hg.), *Connections and Symbols,* S. 195-247, Cambridge, MA: MIT Press.

Lashley, K. S. (1915), »Notes on the nesting activities of the noddy and snooty terns«, in: *Carnegie Institute Washington Publication* No. 211, S. 62-83.

Lashley, K. S. (1929), *Brain Mechanisms and Intelligence,* Chicago: The University of Chicago Press.

Lashley, K. S. (1950), »In search of the engram«, in: *Society of Experimental Biology Symposium No. 4: Psychological Mechanism in Animal Behavior,* S. 478-505: Cambridge University Press.

Lashley, K. S. (1951), »The problem of serial order in behavior«, in: L. A.

Jeffress (Hg.), *Cerebral Mechanisms in Behavior*, S. 112-136, Pasadena, CA: California Institute of Technology.

Marr, D. (1982), *Vision*, San Francisco: Freeman.

McClelland, J. L. und Rumelhart, D. E. (1981), »An interactive activation model of context effects in letter perception: Part 1. An Account of basic findings«, in: *The Psychological Review* 88, S. 375-407.

McClelland, J. L. und Rumelhart, D. E. (1985a), »Distributed memory and the representation of general and specific information«, in: *Journal of Experimental Psychology: General* 114, S. 159-188.

McClelland, J. L. und Rumelhart, D. E. (1985b), »Levels indeed! A response to Broadbent«, in: *Journal of Experimental Psychology: General* 114, S. 193-197.

McClelland, J. L. und Rumelhart, D. E. (1986), »A distributed model of human learning and memory«, in: McClelland, J. L., Rumelhart, D. E. und die PDP Research Group (Hg.), *Parallel Distributed Processing*, Bd. 2, S. 170-215, Cambridge, MA: MIT Press.

McClelland, J. L., Rumelhart, D. E. und Hinton, G. E. (1986), »The appeal of parallel distributed processing«, in: McClelland, J. L., Rumelhart, D. E. und die PDP Research Group (Hg.), *Parallel Distributed Processing*, Bd. 1, S. 3-44, Cambridge, MA: MIT Press.

McClelland, J. L., Rumelhart, D. E. und die PDP Research Group (Hg.) (1986), *Parallel Distributed Processing*, Cambridge, MA: MIT Press.

McCulloch, W. S. (1965), »Finality and form in nervous activity«, in: McCulloch, W. S. (Hg.), *Embodiments of Mind*, S. 256-275, Cambridge, MA: MIT Press.

McCulloch, W. S. und Pitts, W. (1943), »A logical calculus of the ideas immanent in nervous activity«, in: *Bulletin of Mathematical Biophysics* 5, S. 115-133.

Medin, D. L. und Schaffer, M. M. (1978), »Context theory of classification learning«, in: *The Psychological Review* 85, S. 207-238.

Medin, D. L. und Schwanenflugel, P. J. (1981), »Linear separability in classification learning«, in: *Journal of Experimental Psychology: Human Learning and Memory* 7, S. 355-368.

Minsky, M. und Papert, S. (1969), *Perceptrons*, Cambridge, MA: MIT Press.

Murphy, G. L. und Medin, D. L. (1985), »The role of theories in conceptual coherence«, in: *The Psychological Review* 92, S. 289-316.

Neisser, U. (1967), *Cognitive Psychology*, New York: Appleton-Century-Crofts.

Oden, G. C. (1988), »Connectionism may be more different than you think but less different than you hope«, Beitrag zum 29. Annual Meeting of the Psychonomic Society im November 1988; Chicago, Illinois.

Pinker, S. und Mehler, J. (Hg.) (1988), *Connections and Symbols*, Cambridge, MA: MIT Press.

Pinker, S. und Prince, A. (1988), »On language and connectionism: Analysis of a parallel distributed processing model of language acquisition«, in: Pinker, S. und Mehler, J. (Hg.), *Connections and Symbols,* S. 73-193, Cambridge, MA: MIT Press.

Prince, A. und Pinker, S. (1988), »Rules and connections in human language«, in: *TINS* 11 (5), S. 195-202.

Polanyi, M. (1958), *Personal Knowledge,* Chicago: University of Chicago Press.

Reece, P. (1987), »Perceptrons & neural nets«, in: *AI Expert* (Januar), S. 50-57.

Rosenblatt, F. (1962), *Principles of Neurodynamics,* New York: Spartan.

Rumelhart, D. E. (1975), »Notes on a schema for stories«, in: Bobrow, D. G. und Collins, A. (Hg.), *Representation and Understanding: Studies in Cognitive Science,* S. 211-236, New York: Academic Press.

Rumelhart, D. E. (1977), »Toward an interactive model of reading«, in: Dornic, S. (Hg.), *Attention & Performance VI,* Hillsdale, NJ: Erlbaum.

Rumelhart, D. E. (1978), *Schemata: The Building Blocks of Cognition* (CHIP Report No. 79), La Jolla: University of California, Center for Human Information Processing.

Rumelhart, D. E., Hinton, G. E. und McClelland, J. L. (1986), »A general framework for parallel distributed processing«, in: Rumelhart, D. E., McClelland, J. L. und die PDP Research Group (Hg.), *Parallel Distributed Processing,* Bd. 1, S. 45-76, Cambridge, MA: MIT Press.

Rumelhart, D. E. und McClelland, J. L. (1982), »An interactive activation model of context effects in letter perception: Part 2. The contextual enhancement effect and some tests and extensions of the model«, in: *The Psychological Review* 89, S. 60-94.

Rumelhart, D. E. und McClelland, J. L. (1986), »PDP models and general issues in cognitive science«, in: Rumelhart, D. E., McClelland, J. L. und die PDP Research Group (Hg.), *Parallel Distributed Processing,* Bd. 1, S. 110-146, Cambridge, MA: MIT Press.

Rumelhart, D. E., Smolensky, P., McClelland, J. L. und Hinton, G. E. (1986), »Schemata and sequential thought processes in PDP models«, in: McClelland, J. L., Rumelhart, D. E. und die PDP Research Group (Hg.), *Parallel Distributed Processing,* Bd. 2, S. 7-57, Cambridge, MA: MIT Press.

Smolensky, P. (1988), »On the proper treatment of connectionism«, in: *The Behavioral and Brain Sciences* 11, S. 1-74.

Sperry, R. W. (1943), »Visuomotor coordination in the newt (triturus viridescent) after regeneration of the optic nerve«, in: *Journal of Comparative Neurology,* 79, S. 33-55.

Sperry, R. W. (1966), »Selective communication in nerve nets: Impulse specificity vs. connection specificity«, in: Schmitt, F. O. und Melnechuk, T. (Hg.), *Neurosciences Research Symposium Summaries*, Bd. 1, S. 213-219, Cambridge, MA: MIT Press.

Weiss, P. (1936), »Selectivity controlling the central-peripheral relations in the nervous system«, in: *Biological Review* 11, S. 494-531.

White, B. W., Saunders, F. A., Scadden, L., Bach-Y-Rita, P. und Collins, C. C. (1970), »Seeing with the skin«, in: *Perception and Psychophysics* 7, S. 23-27.

Wilensky, R. (1983), »Story grammars versus story points«, in: *The Behavioral and Brain Sciences* 6, S. 579-623.

Wimsatt, W. C. (1976), »Reductionism, levels of organization, and the mind-body problem«, in: Globus, G. G., Maxwell, G. und Savodnik, I. (Hg.), *Consciousness and the Brain*, S. 205-267, New York: Plenum Press.

Winston, P. H. (1975), »Learning structural descriptions from examples«, in: Winston, P. H. (Hg.), *The Psychology of Computer Vision*, S. 157-209, New York: McGraw-Hill.

Michael Stadler/Peter Kruse
Visuelles Gedächtnis für Formen
und das Problem der Bedeutungszuweisung
in kognitiven Systemen

In der konstruktivistischen Theorie der Erzeugung und Verarbeitung von semantischer Information in kognitiven Systemen gibt es zwei grundlegende Probleme, für deren Lösung bisher zwar einige Konzepte, aber kaum empirische Anhaltspunkte existieren. Geht man davon aus, daß physikalische Prozesse wie elektromagnetische Schwingungen, Schalldruckschwingungen usw. für die Sinnesorgane von Lebewesen als energetischer Input zu betrachten sind, die das kognitive System in seiner Eigenaktivität anregen oder modifizieren, auf keinen Fall aber (semantische) Information von außen in dieses System hineintragen können, so muß man sich fragen, wie denn das kognitive System den so entstandenen Modifikationen seiner internen Prozesse Bedeutungen zuweist, die es dem Lebewesen gestatten, sich in seiner physikalischen Umgebung zu verhalten und in ihr zu handeln, ohne mit dieser in grundlegenden Widerspruch zu geraten oder an ihrer Widerständigkeit zu zerbrechen. Dies ist das Problem der *selbstreferentiellen Entstehung von Bedeutung* oder das *Problem der Wahrnehmung*.

Das zweite Problem besteht darin, wie denn unter den genannten Voraussetzungen einer gegebenen Prozeßstruktur zu einem späteren Zeitpunkt die gleiche Bedeutung zugewiesen wird oder die zu einer gegebenen Bedeutung passende Prozeßstruktur wiedergefunden wird. Dies ist das *Problem des Gedächtnisses von kognitiven Systemen*. Das Gedächtnis verhilft dem Lebewesen dazu, sich in seiner physikalischen Umgebung konsistent zu verhalten, d. h. auf ähnliche energetische Außenbedingungen in ähnlicher Weise zu reagieren.

Wenn wir hier den Begriff des *kognitiven Systems* verwenden, so ist damit ein System gemeint, welches prinzipiell durch einen Organismus begrenzt ist und innerhalb dessen alle Zustände des zentralen Nervensystems und des Bewußtseins umfaßt. Ein kognitives System besteht also aus zwei in einem Organisationszusammenhang stehenden Hauptkomponenten – den zentralnervösen Prozessen und den Bewußtseinszuständen. Zentralnervöse Prozesse gehorchen prinzipiell physikalischen, chemischen und biologischen Gesetzmäßigkeiten, sind also kausal-deterministisch, allerdings bei der hohen Komplexität des zentralen Nervensystems (beim Menschen etwa 10^{11} Neuronen mit je 10^3 bis 10^4 synaptischen Verbindungen zu anderen Neuronen) in der Regel chaotisch. Bewußtseinszustände sind demgegenüber weit weniger komplex, nicht deterministisch sondern teleonom und intentional (vgl. Bischof 1981). Dies bedeutet, daß Bewußtseinszustände keineswegs kausal-logisch auseinander hervorgehen, wenngleich dies in Einzelfällen auch zutreffen kann, sondern daß sie assoziativ und zielgerichtet sind, d. h. eigenen (psychischen) Gesetzmäßigkeiten gehorchen, die als solche nichts mit den Naturgesetzen gemein haben. Man muß sich etwa vorstellen, daß ähnliche Bedeutungen im Bewußtseins, beispielsweise Analogien, mit Gehirnprozessen gekoppelt sind, die sich gänzlich unähnlich sind.

Über den Zusammenhang zwischen den beiden Komponenten des kognitiven Systems wissen wir sehr wenig. Wir können uns aber heuristische Vorstellungen machen. In den chaotischen Prozessen des hochkomplexen zentralen Nervensystems werden zwangsläufig an verschiedenen Orten und zu verschiedenen Zeiten lokale Stabilitäten entstehen. Diese Stabilitäten können als hochgeordnete Zustände innerhalb einer im übrigen chaotischen Umgebung betrachtet werden. Die lokalen Stabilitäten des zentralen Nervensystems sind die Grundlage geordneter semantischer Zusammenhänge in den Bewußtseinszuständen. Die Bewußtseinszustände bilden gewissermaßen die höchste Integrationsstufe der Gehirnprozesse. Da sie eigenen, nicht kausal-deterministischen Gesetzmäßigkeiten gehorchen, können sie, obwohl selbst auf Gehirnprozessen beruhend, diese beeinflussen und dort selbst neue Stabilitäten erzeugen.

Prozesse, in denen wir eine derartige wechselseitige Beeinflussung zweier Integrationsstufen beobachten können, sind in der Natur bekannt und werden durch die *Synergetik,* die Lehre vom Zusammenwirken, untersucht (vgl. Haken 1977, 1984, 1988). Die Anwendung synergetischer Konzepte auf kognitive Systeme kann sehr fruchtbar sein, da sie uns eine Vorstellung von der Möglichkeit der Emergenz von semantischen Eigenschaften in hochkomplexen Systemen gibt (vgl. Haken und Stadler 1990). In der Synergetik wurden Vorgänge in allen Bereichen der Natur untersucht, die bei kontinuierlicher Variation des energetischen Zustandes eines Systems (sogenannte Kontrollparameter) zunächst starke Fluktuationen und dann Phasensprünge in neue geordnete Zustände zeigen (sogenannte Ordnungsparameter). Die Interaktionen auf der elementaren Ebene erreichen dabei in der kritischen Fluktuation einzelne synchrone Zustände auf der höheren Integrationsebene des Ordnungsparameters, welche dann auf die Elementarebene zurückwirken, indem sie den Rest der Elementarzustände »versklaven«, d. h. synchronisieren. Die emergenten Eigenschaften des Ordnungsparameters können also durchaus auf die Elementarebene, aus der heraus sie entstanden sind, zurückwirken. Mit der so gewonnenen heuristischen Vorstellung einer kausal-deterministischen Elementarebene und einer mit dieser zusammenwirkenden teleonomen Integrationsebene – den Gehirnprozessen und ihren in Bewußtseinsvorgängen zugewiesenen Bedeutungen – können wir zur Frage des Gedächtnisses zurückkehren.

In der oben gestellten Frage nach dem Gedächtnis konstruktiver kognitiver Systeme können prinzipiell zwei Aspekte unterschieden werden, die auch schon in der klassischen Gedächtnispsychologie bedeutsam gewesen sind: *Reproduktion* und *Wiedererkennen*. In der Regel ist es in Gedächtnisexperimenten für Versuchspersonen erheblich leichter zu entscheiden, ob ein gerade präsenter Bewußtseinsinhalt einem früher präsenten Inhalt gleicht, also schon einmal im Bewußtsein aufgetaucht ist (Wiedererkennen), anstatt einen früher vorhandenen Bewußtseinsinhalt zu einem gegebenen späteren Zeitpunkt erneut ins Bewußtsein zu rufen (Reproduktion). In der Regel ist die Frage an das Gedächtnis: »War Scheel Außenminister unter Bundeskanzler Brandt?«, schon deshalb leichter als die Frage: »Wer war Außenminister unter Bundeskanzler Brandt?«, zu beantworten, weil nur die beiden gleichwahrscheinlichen Antwortalternativen »ja« und »nein« existieren. Eine minimale Erinnerung an die Kombination Brandt-Scheel würde hier bereits genügen, um die erste Frage mit einem eindeutigen »ja« zu beantworten. Bei der zweiten (Reproduktions-) Frage würde demgegenüber der heute viel bekanntere Außenminister Genscher sehr stark mit der schwächeren Gedächtnisspur von Scheel interferieren, so daß eine falsche oder gar keine Antwort wahrscheinlicher wären. Auch beim Gedächtnis für Formen und Objekte spielt die Unterscheidung Wiedererkennen vs. Reproduktion eine große Rolle. Hier zeigt sich, daß die typischen Veränderungen von Formen im Gedächtnis beim Wiedererkennen geringer ausfallen als bei der Reproduktion (vgl. Riley 1964).

Obwohl Lernen und Gedächtnis zu den am meisten beforschten psychischen Funktionen gehören, kann man heute sagen, daß das Verständnis dieser Prozesse nach wie vor die größten Fragen offen läßt. In der kognitiven Psychologie spielen immer noch Gedächtnismodelle die größte Rolle, welche mit der Analogie von Speichern im Sinne der elektronischen Datenverarbeitung arbeiten. Dennoch ist bis heute in keinem Tier- oder Menschengehirn jemals eine »Speichereinheit« gefunden worden. Gedächtnisinhalte scheinen etwa bei Hirnverletzungen eher zu verblassen als völlig zu verschwinden. Noch nie wurde gefunden, daß bestimmte »Datenfiles« vollständig verschwinden, während andere vollständig erhalten bleiben; man stelle sich etwa vor, daß die Erinnerung an die Großmutter verschwunden ist, während die Erinnerung an den Großvater in alter Frische reproduzierbar ist. Das menschliche Gedächtnis scheint eher nach Art eines Hologramms zu funktionieren, welches, wenn es zerstört wird, in jedem seiner Teile das gesamte Bild, wenn auch in unschärferer Form, erhält (vgl. Pribram 1975). So ist es nicht verwunderlich, daß Gedächtnisforscher wie Karl Lashley nach einem Forscherleben, das der Suche nach dem Engramm (der Gedächtnisspur) gewidmet war, resigniert eingestehen mußten, daß keine Engramme im Gehirn gefunden wurden (Lashley 1950). Auch biochemische Modelle des Gedächtnisses haben sich insoweit nicht bestätigen können, als sie der Vorstellung von Ablagerungen im Gehirn nachgingen. Nach dem heutigen Kenntnisstand scheint das Gedächtnis eine im gesamten Gehirn allgegenwärtige *Funktion* zu sein, welche potentiell in jeder der 10^{11} mal 10^4 Synapsen vorhanden ist. Dort nämlich finden bei häufiger Erregungsübertragung von einem Dendriten auf das Soma der nächsten Zelle biochemische Veränderungen statt, die kurz- und/oder langfristig die Schwelle für die Erregungsübertragung erheblich herabsetzen. Solche Konzepte funktioneller Veränderungen, die mit dem klassischen Speichermodell nichts mehr gemein haben, dürften heute die besten Kandidaten für eine neurobiologische Theorie des Gedächtnisses sein.

Kommen wir zu unserer ersten Ausgangsfrage zurück: Wie wird im kognitiven System einem bestimmten funktionellen Zustand eine Bedeutung zugewiesen? Zu dieser Frage haben die Untersuchungen von Freeman erstaunliche Erkenntnisse zutage gefördert (Skarda und Freeman 1987, Freeman 1990). Analysen von EEG-Wellen, die über der Regia olfactoria von Kaninchen abgeleitet wurden, haben gezeigt, daß das Auftreten neuer Geruchsreize in der Umgebung des Kaninchens in dieser Gehirnregion zu einer aktiven Produktion deterministisch-chaotischer (also nicht zufälliger) Wellenformen führte. Einer lokalen Stabilität, wie sie in jedem Chaos zwangsläufig immer wieder entsteht, wurde dann die Besonderheit des entsprechenden Geruchsreizes zugewiesen, d. h. der lokale Ordnungszustand bildete einen Attraktor für die von diesem Geruchsreiz verursachten Erregungen. Der neue Attraktor war nun beim Abflachen der chaotischen Fluktuationen in die Topologie der übrigen Attraktoren für bereits bekannte Gerüche eingebunden. Er erhielt, so die theoretische Vorstellung, seine Bedeutung durch seine Relationen zu den übrigen Geruchsattraktoren. Jeder neue Geruchsreiz würde auf diese Weise einen weiteren Platz in einem solchen Relationsnetz besetzen, wobei sich die Bedeutung aller bereits vorhandenen Geruchsattraktoren ein wenig verändert, wenn ein neuer Attraktor das Netz erweitert. Die Entstehung von Bedeutung in relationalen Netzen, d. h. die Erklärung einer Bedeutung in einem gegebenen System aus ihren Relationen zu allen anderen Bedeutungen des Subsystems, wird derzeit in der konstruktivistischen Wahrnehmungs- und Bewußtseinstheorie ausgearbeitet (vgl. Stadler und Kruse 1990).

Ist die Frage nach dem Entstehen von Bedeutungen in der Wahrnehmung einmal beantwortet, so wird die zweite Frage nach dem Wiederfinden von Bedeutungen im Gedächtnis im Prinzip bearbeitbar. Sie wird nämlich letztlich darauf reduzierbar, daß man fragt, was sind Attraktoren für Bedeutungen und wie werden diese im kognitiven System aktiviert? *Attraktoren* sind relativ stabile lokal begrenzte Zustände in einem chaotischen System. Sie zeichnen sich in der Gehirnfunktion beispielsweise dadurch aus, daß eine Gruppe von Zellen synchron feuert und daß etwa bei der im EEG gemessenen Globalaktivität dieser Zellen eine hochamplitudige Schwingung über alle anderen Schwingungen dominiert (vgl. Gray u. a. 1990). Die Synchronizität von Zellgruppen muß dabei keineswegs auf einen Gehirnbereich eng lo-

kalisiert sein, sondern kann sich über weit entfernte Gehirnbereiche erstrecken (Eckhorn und Reitboeck 1990). Attraktoren zeichnen sich dadurch aus, daß sie nicht dem Prozeß aufgezwungen
werden müssen, sondern daß sie gewissermaßen im freien Spiel
der Kräfte von sich aus das Optimum des Prozesses finden, bei
dem die geringste Energie verbraucht wird. Attraktoren sind also
Ordnungszustände, die keines Ordners bedürfen, sondern aus
der inneren Dynamik des Prozesses von selbst entstehen. Sie haben zudem die Eigenschaft, relativ stabil zu sein, d. h. nicht sofort
wieder zu zerfallen, sondern sich gegenüber der Entstehungsdynamik neuer Attraktoren für einige Zeit zu behaupten. Diesen
Stabilitätsüberhang von Attraktoren bezeichnet man als *Hysterese.*

Die Organisation psychischer Prozesse im freien Kräftespiel ist
bekanntlich eines der Hauptthemen der *Gestaltpsychologie* und
dort durch eine große Zahl von Untersuchungen belegt worden
(zusammenfassend Metzger 1962, ⁵1975). Wenn das Entstehen
von Attraktoren in kognitiven Systemen eine Modellvorstellung
für das Aufkommen von Gedächtnisinhalten sein soll, dann müßten sich in den Gedächtnisinhalten selbst bestimmte Veränderungen in der Zeit nachweisen lassen. Die Gestaltpsychologie hat in
vielen Untersuchungen die Unterschiede zwischen Reizstrukturen und deren Reproduktionen aus dem Gedächtnis untersucht
und die dabei auftretenden Veränderungen, Verzerrungen und
Umstrukturierungen nicht als zufällig, sondern als Ausdruck der
eigendynamischen Organisationstendenz des kognitiven Systems
angesehen und erklärt.

Köhler und von Restorff (1933/1937) fanden in einer großen Serie
von Untersuchungen heraus, daß unstrukturiert vorgegebenes
Gedächtnismaterial überwiegend strukturiert reproduziert wird.
Streut man etwa in eine Serie von Figuren zufällig zwei Buchstaben hinein oder in eine Serie von Blumennamen zwei Vögel, so
werden die Versuchspersonen in der überwiegenden Mehrzahl
bereits bei der ersten Reproduktion zunächst die beiden nicht in
die Serie passenden Glieder (Buchstaben, Vögel) reproduzieren
und sodann von der nunmehr homogenen Serie soviel, wie sie
noch behalten haben. Das Ausgangsmaterial wird hier also nicht
nur im kognitiven System semantisch geordnet (Buchstaben vs.
Figuren, Vögel vs. Blumen), sondern die kleinere Gruppe besitzt
in der Regel eine höhere Reproduktionswahrscheinlichkeit als die

größere. Die kleinere Gruppe hebt sich hier wie eine *Figur* vor dem *Hintergrund* des relativ homogenen Restes ab, oder, in unserer Terminologie gesprochen, sie bildet einen Attraktor im Bereich des Gesamtfeldes.

Dieser Effekt der »Bereichsbildung im Spurenfeld«, wie Köhler und von Restorff es bezeichneten, findet sich auch bei komplexerem Material. Beispielsweise demonstrierte Metzger (1982) diesen Effekt, indem er zwei ineinander verschachtelte Geschichten darbot, in denen das Ausgangsmaterial jeweils abwechselnd einen Satz aus der einen und den nächsten Satz aus der anderen Geschichte enthielt. Die Versuchspersonen reproduzieren dabei regelmäßig zwei durch eine spontane Analyse im Gedächtnis unterschiedene einzelne Geschichten nacheinander. Daß dies spontan geschieht, ergibt sich daraus, daß die Versuchspersonen gar nicht in der Lage sind, das Gedächtnismaterial auch nur annähernd in der ursprünglichen vermischten Reihenfolge wiederzugeben. Sind die beiden vermischten Geschichten allerdings einander sehr ähnlich, indem sie etwa die gleichen Akteure besitzen, so ist weder eine Analyse im Gedächtnis möglich noch eine Reproduktion in der ursprünglichen Reihenfolge, das heißt, die Reproduktionen fallen insgesamt sehr karg aus (vgl. Stadler und Wildgen 1987). Diese Untersuchungen würde man in der hier vorgestellten Attraktorentheorie des Gedächtnisses so interpretieren, daß sich in der Dynamik des Gedächtnisprozesses zwei deutlich unterschiedene semantische Attraktoren bilden, die das dargebotene Material gewissermaßen selegieren. Die Attraktorenbildung bleibt im zweiten Fall, bei den sehr ähnlichen Geschichten, aus, da keine Selektionskriterien gefunden werden. Ohne Strukturierung muß die Leistung des Gedächtnisses aber dürftig bleiben.

In der Gestaltpsychologie gibt es, ausgehend von der ersten Untersuchung von Wulf (1922) in Koffkas Laboratorium, eine lange Serie von Experimenten über gesetzmäßige Veränderungen von visuellem Ausgangsmaterial im Gedächtnis (vgl. zusammenfassend Riley 1964, Goldmeier 1982). Versuchspersonen wurde beispielsweise ein einfaches Muster vorgegeben, und sie wurden gebeten, dieses sofort, nach zwei Tagen, zwei Wochen und nach 10 Wochen zu reproduzieren. Dabei zeigten sich regelmäßig systematische Veränderungen, die auf die Eigendynamik der Gedächtnistätigkeit zurückgeführt wurden. Nie trat der Fall auf, daß ein Muster vollständig vergessen wurde, ebensowenig, daß die Erin-

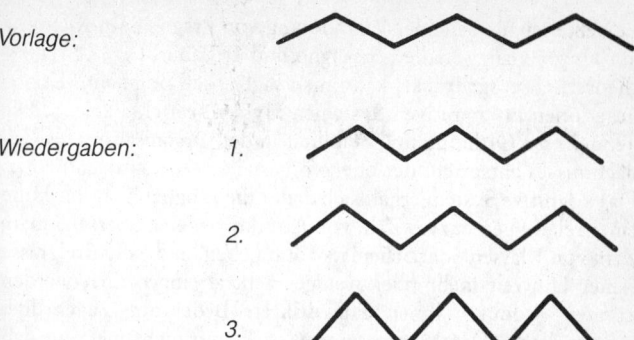

Vorlage:

Wiedergaben:　　1.

　　　　　　　　2.

　　　　　　　　3.

Abb. 1: Pontierung visueller Strukturen mit zunehmender Zeit im Gedächtnis nach Wulf (in: Metzger 1986, S. 156).

nerung allmählich verblaßte. Vielmehr konnten häufig deutliche Verschärfungsprozesse festgestellt werden, die von Wulf als Pointierung bezeichnet wurden (vgl. Abb. 1). Komplexere Muster tendierten nach mehrfacher Reproduktion mit zunehmendem Zeitabstand zu einer graduellen Veränderung in Richtung auf immer mehr Regelmäßigkeit und *Prägnanz* (Abb. 2).

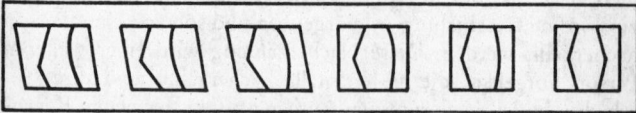

Abb. 2: Autonome Ordnungsbildung visueller Strukturen mit zunehmender Zeit im Gedächtnis (in: Perkins 1932).

Der Begriff der Prägnanz ist eines der zentralen Konzepte der gestaltpsychologischen Phänomenologie und Neurodynamik. Es bezeichnet einerseits die auf allen Sinnesgebieten und im Gedächtnis vorfindbare Tendenz zu größtmöglicher Ordnung, Regelmäßigkeit, Unversehrtheit und Einfachheit (vgl. Rausch 1966) und zum anderen die Tendenz solcher prägnanter Strukturen zur Stabilität gegenüber Veränderungen (Goldmeier 1982, Kanisza und Luccio 1990). Beispielsweise konnte experimentell gezeigt werden, daß unprägnante Figuren bei einer Veränderung in Richtung auf größere Prägnanz über längere Zeiträume ihre Identität beibehielten als bei einer Veränderung von Prägnanz in Richtung auf Unprägnanz (Stadler, Stegagno und Trombini 1979). Systemtheoretisch ausgedrückt, kann man sagen, daß prägnante Konfigurationen in kognitiven Systemen Hystereseeffekte zeigen. Die Tendenz zu Ordnung und Stabilität in der Organisation des Gedächtnisses entspricht der oben vorgestellten Attraktorentheorie. Das kognitive System erhält sich damit die Möglichkeit, mit Hilfe einer relativ begrenzten Zahl von Attraktoren eine überschaubare Zahl von Klassen oder Schemata vorzugeben, in die die Ereignisse seiner Umwelt mehr oder weniger zentral eingeordnet werden können, wodurch ihnen eine diskrete Bedeutung zugeordnet werden kann. Der Kaufmann muß sich nun nicht merken, daß eine Ware 6975,50 DM gekostet hat, sondern er rundet auf und ordnet die Ware der Klasse 7000,- DM zu. Der Verzicht auf Genauigkeit wird durch den Gewinn an Prägnanz ausgeglichen.

Nicht nur in struktureller Hinsicht sind Stabilität und Ordnung Kriterien für die Attraktorenbildung im Gedächtnis. Auch in semantischer Hinsicht scheint nach den vorliegenden Alltagserfahrungen und experimentellen Ergebnissen Konsistenz über Komplikation zu dominieren. Frederic Bartlett (1932) untersuchte mit dem Verfahren der *seriellen Reproduktion* die Veränderungen von Bedeutungsstrukturen im Gedächtnis. Die Methode funktioniert nach Art des im Kinderspiel bekannten »Stille-Post-Prinzips«. Eine Geschichte wird vorgelesen und soll von einer Person nacherzählt werden. Diese Nacherzählung wird einer weiteren Person vorgelegt, die sie ebenfalls nacherzählt, und ihre Geschichte bildet wiederum den Ausgangspunkt der neuen Reproduktion durch eine andere Person usw. Bei diesem Verfahren der systematischen Rekursion in die bedeutungsgenerierende Dynamik verschiedener kognitiver Systeme können allgemeine, sich über die individualspezifische Dynamik hinweg durchsetzende Ordnungsprinzipien erkannt werden. Bartlett fand, daß die Geschichten insgesamt kohärenter und konsequenter wurden. Darüber hinaus wurde festgestellt, daß komplexe Geschichten, wie etwa das Indianermärchen »Der Krieg der Geister« im Prozeß des Weitererzählens zunehmend kürzer und einfacher werden, daß Mehrdeutigkeit der Ausgangsversion zur Eindeutigkeit wird, daß Lücken ausgefüllt und Widersprüche aufgelöst werden und daß die Handlung in den alltäglichen Lebenskontext der Versuchspersonen verlegt wird (Stadler und Wildgen 1987). Interessant ist, daß alle Geschichten im Verlauf der Reproduktionen ein unter Umständen sogar wechselndes emotionales Zentrum besitzen, in dem alle Aussage sehr stark pointiert werden, verglichen mit dem Kontext dieses Zentrums, in dem starke Nivellierungen stattfinden. Dies spricht dafür, daß die ursprünglich vielschichtige Handlung der Geschichte tendenziell einem einzigen Gedächtnisattraktor zugewiesen wird. Die Einbettung der Semantik einer Geschichte in verschiedene Attraktoren würde zwar ihren assoziativen Wert erhöhen, aber ihre innere Konsistenz geringer werden lassen, d. h. ihre Teile könnten verwechselbar werden.

Die Methode der seriellen Reproduktion wurde von unserer Arbeitsgruppe wegen ihrer Sensibilität für Veränderungen in Richtung auf einen Eigenwert auch auf das Gedächtnis für visuelle Strukturen angewandt. Abbildung 3 zeigt eine solche Serie von Reproduktionen von 19 aufeinander folgenden verschiedenen Versuchspersonen. Die Vorlage (links oben) wurde für fünf Sekunden gezeigt und mußte von der ersten Versuchsperson sodann mit Spielsteinen auf einem Reversi-Brett reproduziert werden (zweites Muster, erste Reihe). Dieses Muster wurde zur Vorlage für die nächste Versuchsperson, die nach fünf Sekunden Darbietung ebenso verfuhr usw. Es zeigt sich, daß erst von der siebten Reproduktion an (mittleres Muster, zweite Reihe) leichte Strukturierungstendenzen bemerkbar sind (die rechte Spalte von Spielfeldpositionen bleibt gänzlich frei). Wenn man die Entwicklung der nun folgenden Reproduktionen beobachtet, stellt man fest, daß die Tendenz zur Bildung einer prägnanten und stabilen Struktur geradezu sogartig zunimmt. In den letzten drei Mustern der letzten Zeile ist eine prägnante Struktur erreicht worden, die auch so stabil ist, daß sie zweimal hintereinander identisch reproduziert wird.

Abbildung 4 zeigt als Erstvorlage eine Struktur, die einen leicht unregelmäßigen und an einer Stelle offenen Kreis darstellt, der durch zwei auf einer horizontalen Zeile liegende Punkte in den Rand des Feldes eingepaßt wird. Die einzelnen Reproduktionen zeigen (beginnend oben rechts und dann in der Reihe darunter) leichte Variationen, die bereits bei der zweiten Reproduktion (links unten) zu einer in der Vertikalen klappsymmetrischen Struktur führen. Die Symmetrie wird bei der dritten Reproduktion beibehalten (zweite von links, untere Reihe), die zudem noch die Tendenz zeigt, das Muster an vier Punkten des Feldrandes zu

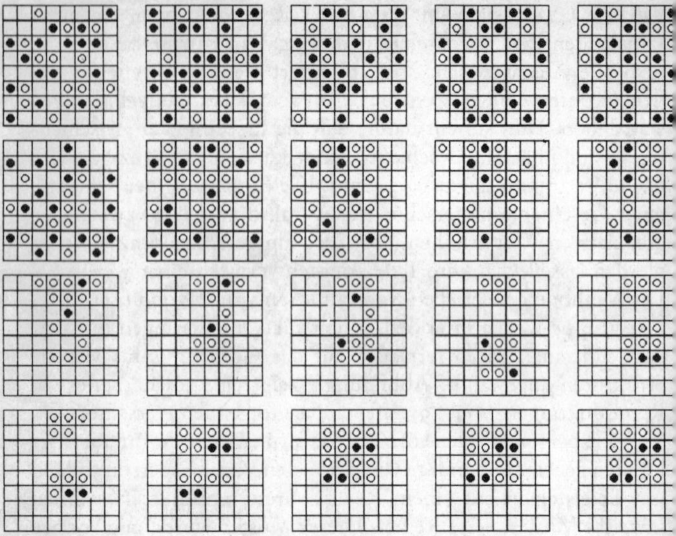

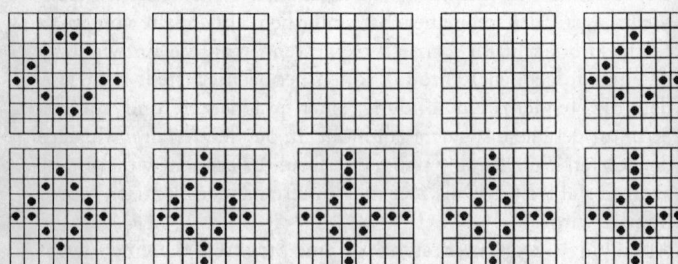

Abb. 3: Serielle Reproduktionen von Mustern schwarzer und weißer Steine auf einem Reversi-Brett.

Abb. 4: Serielle Reproduktion einer beinahe geordneten Struktur.

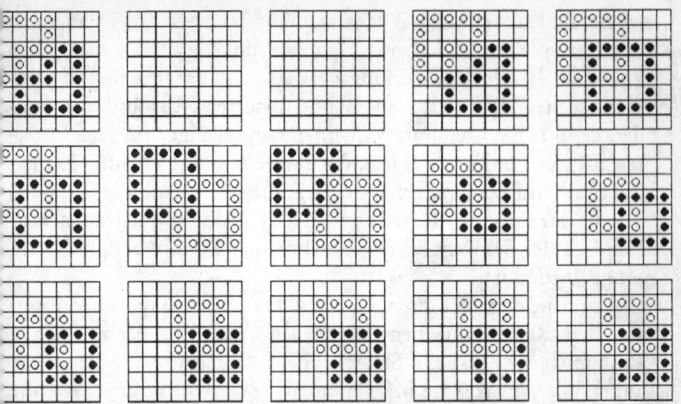

Abb. 5: Serielle Reproduktion einer geordneten Struktur.

verankern. Schon bei der vierten Reproduktion (unten Mitte bis rechts) ist der endgültige, stabile Zustand des Musters gefunden, der sich im weiteren nicht mehr verändert (drei identische Reproduktionen waren bei diesen Versuchen das Abbruchkriterium). Das Muster ist nun außerordentlich regelmäßig bei einer nunmehr diagonalen (von links unten nach rechts oben verlaufenden) Symmetrieachse. Eine völlig zentrierte Einpassung des Musters in das 8 × 8-Feld ist ja nicht möglich. Insgesamt zeigt diese Serie sehr deutlich, daß gegebene Ausgangskonfigurationen im Gedächtnis verschiedener Versuchspersonen nach und nach derartig optimiert werden, daß eine ausgewogene und stabile Feldstruktur entsteht: Das Muster hat im Gedächtnis seinen Attraktor gefunden. Der stabile Zustand besitzt optimale Voraussetzungen für die Zuweisung einer Bedeutung.

Im dritten Versuch dieser Art, der in Abbildung 5 aufgezeichnet ist, wird gezeigt, was passiert, wenn den kognitiven Systemen von vornherein eine geordnete Struktur angeboten wird (oben links wiederum die Erstvorlage, es folgen dann nach zwei Leerfeldern reihenweise die 12 Reproduktionen). Es zeigt sich in dieser Serie, daß die Ausgangsstruktur, zwei ineinander verschachtelte Quadrate, bereits soviel Ordnung repräsentiert, daß sie im weiteren erhalten bleibt. Variabel bleiben nur noch einzelne Merkmale dieser an sich stabilen Struktur: Größe der Quadrate, Größe des Überschneidungsbereichs und Lage der Quadrate im Gesamtfeld sowie die Darstellung mit schwarzen und weißen Spielsteinen. In der vierten Reproduktion (zweite von links, zweite Reihe) wird zunächst der Überschneidungsbereich von vorher neun auf nunmehr sechs Felder reduziert. Bei der sechsten Reproduktion werden dann beide Quadrate von einer Kantenlänge von fünf Punkten auf vier Punkte reduziert. Bei der siebten und neunten Reproduktion wird noch zweimal die Lage dieses Ensembles verändert, bis die Struktur in den letzten drei Reproduktionen auch hinsichtlich der Schwarz-weiß-Verteilung der Punkte endgültig stabil geworden ist.

Die drei in den Abbildungen 3-5 dargestellten Experimente mit seriellen Reproduktionen zeigen sehr deutlich, nach welchen Prinzipien sich visuelle Strukturen im Gedächtnis systematisch auf stabile Attraktoren hin verändern. Zufallsstrukturen (wie die Vorlage in Abbildung 3) finden Attraktoren, die zwar dem Kriterium der Prägnanz optimal genügen, aber nicht im einzelnen vorhersagbar sind. Andere Versuche mit dem gleichen Ausgangsmuster der Abbildung 3 haben zu völlig anderen, aber ebenfalls prägnanten stabilen Ordnungen geführt. In einer Ausgangsstruktur bereits angelegte Gestalteigenschaften, wie Geschlossenheit, Eingebundenheit, Überlappung u. ä., werden in den nachfolgenden Reproduktionen im Gedächtnis präzisiert und führen zu einem im Prinzip, wenn auch nicht im Detail, vorhersagbaren stabilen Endzustand. Dieses zielgerichtete Zulaufen auf einen Attraktor entspricht in etwa der *Suche im Gedächtnis*.

Die bis hierhin beschriebenen gestaltpsychologischen Untersuchungen zur Ordnungsbildung im Gedächtnis beziehen sich zunächst lediglich auf formale Veränderungen des Gedächtnismaterials. Nur andeutungsweise spielen hier bereits auch semantische Prozesse eine Rolle. Über den Prozeß der Zuweisung von Bedeutung selbst, d. h. über die Verbindung zwischen formaler Struktur und Inhalt, wissen wir noch sehr wenig. Es gibt jedoch einige Anhaltspunkte aus wahrnehmungspsychologischen Untersuchungen, wie die formale und die inhaltliche Ebene miteinander interagieren. Hier spielt insbesondere das Paradigma der *Multistabilität* visueller Strukturen im kognitiven System eine Rolle (Kruse 1988, Kruse und Stadler 1990). Es zeigt sich bei multistabilen Mustern, d. h. formalen Mustern, denen mehrere, zum Teil völlig unterschiedliche Bedeutungen zugewiesen werden können, daß Bedeutungen eine Rückwirkung auf die Struktur des zugrundeliegenden Musters haben können. Betrachten wir zunächst das semantisch bistabile Muster der Abbildung 6.

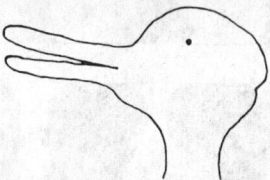

Abb. 6: Bistabile Bedeutungszuweisung an eine visuelle Struktur (nach Jastrow): Enten- oder Hasenkopf?

Nach links blickend können wir eine Ente sehen, nach rechts blickend einen Hasenkopf. Diese ursprünglich von Jastrow gefundene Figur hat schon Ludwig Wittgenstein fasziniert, und er erläutert anhand dieses und ähnlicher multistabiler Muster die Einheit von Sehen und Deuten (1971). Der Prozeß des Sehens ist also hier gar nicht von dem des Deutens zu unterscheiden, obwohl beide, wie zu Beginn dieses Beitrages ausgeführt, auf ganz unterschiedlichen Integrationsebenen nach eigenen Gesetzen stattfinden.

Hinsichtlich der *Figur-Grund-Verteilung* sind alle dem kognitiven System angebotenen Strukturen im Prinzip bistabil. Da die Figur und Grund trennenden Linien im Prinzip nur zur Figur hin eine Grenzfunktion besitzen und zum Grund hin durchlässig sind, muß in jedem Fall einer Grenze im Gesichtsfeld die Entscheidung getroffen werden, zu welcher Seite hin sich ein Objekt bzw. eine Figur erstrecken soll. Dies geschieht in der Regel nach den von Max Wertheimer entdeckten *Gestaltprinzipien* (vgl. Metzger [3]1975). Ein weiteres Gestaltprinzip wurde allerdings erst kürzlich gefunden: Es handelt sich um den Faktor der *Bedeutung*.

Abbildung 7 zeigt, daß – ceteris paribus – Flächen, denen leicht eine Bedeutung zugewiesen werden kann, bevorzugt Figurcharakter gewinnen gegenüber solchen, bei denen dies weniger leicht möglich ist (vgl. Kruse 1986). Daher springen uns in der oberen Doppelreihe der Abbildung 7 bevorzugt die Köpfe als Figuren in die Augen; in der unteren Doppelreihe dagegen dominieren die vasenförmigen Strukturen als Figur. Attraktoren im kognitiven

Abb. 7: Bevorzugte Figur-Grund-Differenzierung durch Bedeutungszuweisung (in: Kruse 1986, S. 142).

System, denen eine sehr feste Bedeutung zugewiesen ist, wie es
bei Gesichtsschemata mit Sicherheit der Fall ist, sind, wie in diesem Beispiel gezeigt, in der Lage, die Figur-Grund-Verteilung
größerer Flächen zu strukturieren. Damit gewinnt Bedeutung einen Einfluß auf die Struktur. Die scheinbare Unmöglichkeit, daß
Nichtmaterielles, wie Bedeutung, die materiell-energetischen
Prozesse des Gehirns beeinflußt, scheint durch Versuche dieser
Art nahezuliegen. Für eine konstruktivistische Gedächtnistheorie
ist dies ein Baustein der Evidenz.

Literatur

Bartlett, F.C. (1932), *Remembering*, Cambridge: Cambridge University Press.

Bischof, N. (1981), »Aristoteles, Galilei, Kurt Lewin – und die Folgen«, in: *Bericht über den 32. Kongreß der Deutschen Gesellschaft für Psychologie in Zürich 1980*, S. 17-39, Göttingen: Hogrefe.

Eckhorn, R. und Reitboeck, H.J. (1990), »Stimulus-specific synchronization in cat visual cortex and their possible role in visual pattern recognition«, in: Haken, H. und Stadler, M. (Hg.), *Synergetics of Cognition*, S. 99-111, Berlin: Springer.

Freeman, W.J (1990), »On the problem of anomalous dispersion in chaoto-chaotic phase transitions of neural masses, and its significance for the management of perceptual information in brains«, in: Haken, H. und Stadler, M. (Hg.), *Synergetics of Cognition*, S. 126-143, Berlin: Springer.

Goldmeier, E. (1982), *The Memory Trace: its Formation and its Fate*, Hillsdale: Lawrence Erlbaum.

Gray, C.M., König, P., Engel, A.K. und Singer, W. (1990). »Synchronization of oscillatory responses in visual cortex: a plausible mechanism for scene segmentation«, in: Haken, H. und Stadler, M. (Hg.), *Synergetics of Cognition*, S. 82-98, Berlin: Springer.

Haken, H. (1977), *Synergetics*, Berlin: Springer.

Haken, H. (1984), *Erfolgsgeheimnisse der Natur*, Frankfurt: Ullstein.

Haken, H. (1988), *Information and Self-Organization*, Berlin: Springer.

Haken, H. und Stadler, M. (1990), *Synergetics of Cognition*, Berlin: Springer.

Kanizsa, G. und Luccio, R. (1990), »The phenomenology of autonomous order formation in perception«, in: Haken, H. und Stadler, M. (Hg.), *Synergetics of Cognition*, Berlin: Springer.

Köhler, W. und v. Restorff, H. (1933/1937), »Analyse von Vorgängen im Spurenfeld«, in: *Psychologische Forschung* (1) 18, S. 299-342; (11) 21, S. 56-112.

Kruse, P. (1986), »Wie unabhängig ist das Wahrnehmungsobjekt vom Prozeß der Identifikation«, in: *Gestalt Theory* 8, S. 141-143.

Kruse, P. (1988), »Stabilität – Instabilität – Multistabilität. Selbstorganisation und Selbstreferentialität in kognitiven Systemen«, in: *Delfin* 11, S. 35-57.

Kruse, P. und Stadler, M. (1990), »Stability and instability in cognitive systems: multistability, suggestion, and psychosomatic interaction«, in: Haken, H. und Stadler, M. (Hg.), *Synergetics of Cognition*, S. 201-215, Berlin: Springer.

Lashley, K.S. (1950), »In search of the engram«, in: *Physiological Mechanisms in Animal Behavior*, S. 454-482, New York: Academic Press.

Metzger, W. (²1962), *Schöpferische Freiheit,* Frankfurt: Kramer.

Metzger, W. (³1975), *Gesetze des Sehens,* Frankfurt: Kramer.

Metzger, W. (⁵1975), *Psychologie,* Darmstadt: Steinkopff.

Metzger, W. (1982), »Möglichkeiten der Verallgemeinerung des Prägnanzprinzips«, in: *Gestalt Theory* 4, S. 3-22.

Metzger, W. (1986), *Gestalt-Psychologie,* Frankfurt: Kramer.

Perkins, F. T. (1932), »Symmetry in visual recall«, in: *American Journal of Psychology* 44, S. 473-490.

Pribram, K. H. (1975), »Toward a holonomic theory of perception«, in: Ertel, S., Kemmler, L. und Stadler, M. (Hg.), *Gestalttheorie in der modernen Psychologie,* S. 161-184, Darmstadt: Steinkopff.

Rausch, E. (1966), »Das Eigenschaftsproblem in der Gestalttheorie der Wahrnehmung«, in: Metzger, W. und Erke, H. (Hg.), *Wahrnehmung und Bewußtsein. Handbuch der Psychologie,* Bd. 1/1, S. 866-933, Göttingen: Hogrefe.

Riley, D. A. (1964), »Memory for form«, in: Postman, L. (Hg.), *Psychology in the Making,* S. 402-465, New York: Knopf.

Skarda, C. A. und Freeman, W. J. (1987), »How brains make chaos to make sense of the world«, in: *Brain and Behavioral Sciences* 10, S. 161-195.

Stadler, M. und Kruse, P. (1990), »Über Wirklichkeitskriterien«, in: Riegas, V. und Vetter, C. (Hg.), *Zur Biologie der Kognition,* Frankfurt: Suhrkamp, S. 133-158.

Stadler, M., Stegagno, L. und Trombini, G. (1979), »Quantitative Analyse der Rauschschen Prägnanzaspekte«, in: *Gestalt Theory* 1, S. 39-51.

Stadler, M. und Wildgen, W. (1987), »Ordnungsbildung beim Verstehen und bei der Reproduktion von Texten«, in: *Siegener Periodikum zur internationalen empirischen Literaturwissenschaft* 6, S. 101-144.

Wertheimer, M. (1922/1923), »Untersuchungen zur Lehre von der Gestalt«, *Psychologische Forschung* (I) 1, S. 47-58; (II) 4, S. 301-350.

Wittgenstein, L. (1971), *Philosophische Untersuchungen* II. Frankfurt: Suhrkamp.

Wulf, F. (1922), »Über die Veränderung von Vorstellungen (Gedächtnis und Gestalt)«, in: *Psychologische Forschung* 1, S. 333-389.

Gebhard Rusch
Erinnerungen aus der Gegenwart

> »Was ist Erinnerung? Wissen wir's? Lebt
> das, was in uns lebt von unserem Vergan-
> genen, nur in uns, oder hat es noch eine
> andre Wirklichkeit?«
>
> Emanuel von Bodmann

In diesem kurzen Aufsatz soll es um das Phänomen der Erinnerung gehen. Zunächst wird der Versuch unternommen, genauer
zu bestimmen, um welche Art von Phänomen es sich bei Erinnerungen handelt. Dann werden Erinnerungen in ihrer Beziehung
zu Wahrnehmungen, Bewußtsein und Gedächtnis genauer untersucht. Schließlich soll der Frage nachgegangen werden, wie Erinnerungen unter gegebenen sozialen, sprachlichen und situativen
Bedingungen kognitiv ver- bzw. bearbeitet werden können.
Es liegt in ›der Natur‹ der Sache, daß viele der folgenden Überlegungen spekulativ sind. Ein genaues Verständnis all der hier thematisierten kognitiven Phänomene ist – trotz der gewaltigen
Fortschritte in den letzten Jahrzehnten – weder im Bereich der
Neurophysiologie noch im Bereich der Psychologie in Sicht. Es
soll demnach hier nur darum gehen, den Phänomenbereich Erinnerung zu sondieren, damit verbundene Vorstellungen zu präzisieren, und wichtige Fragerichtungen zu markieren.
Die zentralen Hypothesen, von denen die folgenden Überlegungen ihren Ausgang nehmen, sind konstruktivistischer Art.[1] Kurz-
gefaßt bedeutet dies die Grundannahme, daß die Erfahrungswirklichkeit des Menschen in allen ihren Aspekten als Resultat der
kognitiven (sensorischen, motorischen, emotiven und intellektu-
ellen) Leistungen des Menschen unter den seinem Leben gesetz-

---

1 Zur Kennzeichnung des Diskussionszusammenhangs: Maturana, H. R.
(1982), *Erkennen: Die Organisation und Verkörperung von Wirklichkeit*, Braunschweig/Wiesbaden: Vieweg; Foerster, H. v. (1985), *Sicht
und Einsicht*, Braunschweig/Wiesbaden: Vieweg; Glasersfeld, E. v.
(1987), *Wissen, Sprache und Wirklichkeit*, Braunschweig/Wiesbaden:
Vieweg; Schmidt, S. J. (Hg.) (1987), *Der Diskurs des Radikalen Konstruktivismus*, Frankfurt/M.: Suhrkamp.

ten (chemophysikalischen, biologischen, psychologischen und sozialen) Bedingungen anzusehen ist.[2]

I

Was sind Erinnerungen? Auf diese so einfach erscheinende Frage gibt es leider keine ebenso einfache Antwort. Mit der üblichen Auffassung von »Erinnern« als bewußtem oder willkürlichem »Zugriff zum Gedächtnis«[3] kommen nämlich gleich mehrere problematische Konzepte, insbesondere der Gedächtnisbegriff, ins Spiel, und es stellt sich die Frage, ob Erinnerungen etwa als im Gedächtnis abrufbereit gespeichert oder aber als Resultate des Erinnerns, als Resultate eines irgendwie systematischen Zugreifens auf dann unbestimmte Gedächtniselemente vorzustellen wären. Schließlich wäre auch zu fragen, ob Erinnerungen nur durch einen willentlichen Zugriff zum Gedächtnis wachgerufen werden können oder ob sie nicht auch spontan, d. h. scheinbar unmotiviert, ins Bewußtsein dringen können.

Im persönlichen Erleben und mit den Mitteln unserer Umgangssprache unterscheiden wir Erinnerungen als eine besondere Klasse von Bewußtseinsphänomenen, z. B. von Sinneswahrnehmungen, Träumen, Phantasien, Einbildungen, Vorstellungen, Vergegenwärtigungen unseres Weltwissens oder spezieller Kenntnisse und Fertigkeiten.

Dabei ist – auf den ersten Blick – der Unterschied zu Sinneswahrnehmungen zweifellos am deutlichsten, selbst wenn man einräumt, daß als Erinnerungen qualifizierte Bewußtseinsphänomene durchaus mit sinnlichen (z. B. visuellen, auditiven usw.) Anmutungen verbunden sein können, dies wahrscheinlich sogar in aller Regel sind. Redewendungen wie »etwas wieder vor Augen haben«, »etwas genau ›vor sich‹ sehen« oder auch die Metapher vom »inneren Auge« deuten auf diesen Umstand hin. Solchen

2 Wie dies im einzelnen verstanden werden könnte, ist in einiger Ausführlichkeit dargestellt in: Rusch, G. (1987), *Erkenntnis, Wissenschaft, Geschichte. Von einem konstruktivistischen Standpunkt*, Frankfurt/M.: Suhrkamp.

3 So z. B. bei Schmidt, R. F. (1979), *Biomaschine Mensch*, München/Zürich: Piper, S. 357; Roth, G. (1975), *Neurobiologische Grundlagen des Lernens und des Gedächtnisses*, Paderborn: FEoLL, S. 39.

sinnlichen Anmutungen fehlt gewöhnlich jedoch die Prägnanz, Brillanz, Farbigkeit und Intensität sinnlicher Wahrnehmungen. Ein weiterer Unterschied von Wahrnehmungen und Erinnerungen wird dadurch markiert, daß Erinnerungen im Gegensatz zu Wahrnehmungen eine gewisse Unabhängigkeit von jeweils aktuellem Verhalten und Handeln aufweisen, das heißt, sie sind nicht obligatorische Elemente unseres bewußten Erlebens.

Auch von der Aktualisierung von Wissensbeständen scheinen Erinnerungen weitgehend verschieden zu sein. So sagen wir üblicherweise, z. B. wenn uns die Vergegenwärtigung eines Wissens (etwa eines Personennamens, einer Jahreszahl, eines bestimmten Begriffes oder komplexerer Einheiten) nicht gelingt, nicht etwa, daß wir uns nicht daran erinnerten, sondern daß wir »gerade nicht darauf kämen«, daß »es uns gerade nicht einfiele«, daß wir »es nicht (oder nicht mehr) wüßten« oder daß es uns »entfallen« sei. Oft ist der Versuch, ein Wissen bewußt zu machen, von einem Gefühl der Sicherheit begleitet, daß dieses Wissen vorhanden ist (ein Name oder ein Begriff »liegt einem ›auf der Zunge‹«); ein Gefühl, das im Zusammenhang mit Erinnerungen wohl auch eher unbekannt ist. (Ein Satz wie: »Ich erinnere mich daran, komme aber gerade nicht darauf«, erscheint ziemlich sinnlos.) Schließlich wird mit zunehmender Abstraktheit des Wissens dessen Aktualisierung auch immer seltener oder gar nicht mehr mit sinnlichen Anmutungen verbunden sein, ein Umstand, der geradezu als ein kognitives Kriterium für Abstraktheit (für einen Mangel an Anschaulichkeit) fungieren könnte. Eine Ausnahme scheint jedoch im Zusammenhang mit biographischem, Ereignisse und Erfahrungen des persönlichen Lebens betreffenden Wissen zu bestehen. In diesem Fall können wir nämlich (in positiver und negierender Wendung) sowohl von »erinnern« und »Erinnerung« sprechen als auch Ausdrücke der Wissensaktualisierung verwenden. Darüber hinaus scheinen Erinnerungen an Ereignisse oder Begebenheiten das Wissen davon in ähnlicher Weise zu stützen bzw. zu bestätigen, wie dies für Sinneswahrnehmungen (bzw. Wahrnehmungssequenzen) und Elemente des allgemeinen Weltwissens gilt. Überhaupt scheint die Semantik von »Erinnern« und »Erinnerung« nahezulegen, daß es in erster Linie persönliche Erlebnisse und Erfahrungen sind, deren Bewußtheit als Erinnerung bezeichnet wird, während die Präsenz von Wissensbeständen nicht an diesen Zusammenhang gebunden scheint.

Und noch ein weiterer Unterschied sollte erwähnt werden: Erinnerungen können schwach oder undeutlich, stark oder klar sein; Wissensaktualisierungen scheinen dagegen nur vollständig, teilweise oder gar nicht gelingen zu können. Sehr viel schwieriger als im Falle von Wahrnehmungen und Wissensaktualisierungen ist die Unterscheidung der Erinnerungen von (Tag-)Träumen, Phantasien, Vorstellungen usw. Das mag dadurch begründet sein, daß diese Phänomene wohl in aller Regel mit sinnlichen Anmutungen verbunden sind und ein Konglomerat aus Erinnerungen und Wissensaktualisierungen darstellen. Darüber hinaus scheinen Vorstellungen eher als Erinnerungen denn als Wissen bezeichnet zu werden, wenn die vorgestellten Objekte, Vorgänge usw. unter dem Aspekt ihrer Erreichbarkeit bzw. Wiederholbarkeit als nicht mehr zugänglich bzw. unwiederholbar gelten (z. B. der letzte Urlaub).

Fassen wir diese einleitenden introspektiven und semantischen Überlegungen in einer ersten These zusammen, so lassen sich *Erinnerungen* vorläufig als solche *Bewußtseinsphänomene* kennzeichnen, die *persönliche Erlebnisse und Erfahrungen außerhalb jeweils aktueller Handlungszusammenhänge als sinnliche Anmutungen bewußt* werden lassen.

Der für das landläufige Verständnis vielleicht nächstliegende Hinweis darauf, daß Erinnerungen im Gegensatz zu Wahrnehmungen die Vergangenheit ins Bewußtsein rücken und im Gegensatz zu Aktualisierungen allgemeinen Wissens nur das Wissen von zur Vergangenheit gehörenden Erlebnissen, Ereignissen und Erfahrungen betreffen könnten, ist deshalb unterblieben, weil – wie noch gezeigt werden wird – das Konzept einer objektivierten, mit dem allgemeinen Zeitbegriff harmonisierten Vergangenheit zur genaueren Bestimmung des Phänomens der Erinnerung nicht erforderlich ist.

Mit dem Bewußtwerden solcher als Erinnerungen qualifizierter Anmutungen (und dies gilt wohl auch für Wissensaktualisierungen) kann ein Prozeß in Gang gesetzt werden, den man als *Elaboration von Erinnerungen* bezeichnen könnte. Dabei kann eine zunächst noch vage und undeutliche Vorstellung durch Assimilation an Schemata des allgemeinen Wissens (z. B. der Ausführung bestimmter Handlungen, der üblichen Abfolge bestimmter Geschehnisse usw.) kontextualisiert sowie durch Verbalisation stabilisiert und in semantische und narrative Rahmen integriert werden. Resultat solcher Bemühungen (das sind Überlegungen der Art »Wie war das noch gleich?« oder »Wie könnte das denn noch gewesen sein?«) kann eine subjektiv befriedigende, kohärente (und vielleicht durch weitere im Verlauf der Elaboration sich einstellende Erinnerungen gestützte) Geschichte/Erzählung sein, von der dann angenommen wird, sie sei ›als Ganzes‹ erinnert bzw. aus einem Gedächtnis ›abgerufen‹ worden, in dem die persönlichen Erlebnisse und Erfahrungen in ihren biographischen Zusammenhängen gespeichert seien.

II

Um nun eine etwas genauere Vorstellung von der Art von Vorgängen zu gewinnen, die im subjektiven Erleben zu solchen Bewußtseinsphänomenen führen können, die als Erinnerungen qualifiziert werden, sind ein paar Erläuterungen zu den physiologischen und psychologischen Bedingungen der menschlichen Kognition erforderlich.[4]
Aus konstruktivistischer Sicht wird der menschliche Organismus als ein autopoietisches (selbsterhaltendes) System modelliert, das durch ein operational geschlossenes, selbstreferentiell organisiertes Nervensystem integriert wird.[5] Dieses wiederum wird als aus Nervenzellen (Neuronen) bestehend vorgestellt, die zu Gruppen, Verbänden und Subsystemen zusammengeschlossen sind. Auf diese Weise sind spezialisierte sensorische und motorische Nervenzellen über verschiedene Zwischenstufen mit den entsprechenden Projektionsarealen sowie mit Nervenzellen in den übrigen Subsystemen des Gehirns sowie diese Subsysteme untereinander vernetzt. Nervenzellen bauen, abhängig u. a. von der Summe der einlaufenden (positiven) elektrischen Ladung, ein Aktionspotential auf, das über Nervenfasern (Axone) und deren Endigungen (Synapsen) abgeleitet wird und zu einer Veränderung des elektrischen Potentials (zur Erhöhung oder Verminderung positiver Ladung) der über die Synapsen verbundenen Neurone

4 Weil dies an dieser Stelle nur in sehr abkürzender Form möglich ist, bitte ich für ausführlichere Informationen zu den folgenden neurophysiologischen Ausführungen z. B. Schmidt, R. F. (1979); Roth (1975); Rusch (1987) heranzuziehen.
5 Vgl. Maturana (1982), besonders S. 32-80.

führt. Solche elektrischen Impulse sind die ›Sprache‹ des Nerven-systems; auch Sinneszellen leiten nur elektrische Ladungen ab. Erst in den entsprechenden Arealen des sensorischen Cortex er-halten einlaufende Impulse visuelle, auditive usw. Qualität. Das heißt, die Entscheidung, ob ein Impulsstrom z. B. visuell oder auditiv zu verrechnen ist, wird nicht durch die entsprechenden Sinnesorgane bzw. Sinneszellen vorgegeben (unspezifische Co-dierung).[6] Die aufsteigenden, Impulse in Richtung des Gehirns leitenden sensorischen Nervenbahnen verzweigen und verkop-peln sich (untereinander und mit den absteigenden, motorischen Bahnen), von den niederen Schaltstellen/Zentren ausgehend, in immer größerem Maße, so daß schließlich in den Gehirnarealen über Abermillionen von Nervenzellen ausgebreitete Impulsablei-tungen/Erregungsmuster entstehen, die sich in Sekundenbruch-teilen auf die mit den betroffenen Nervenzellen jeweils vernetzten Zellverbände und Gehirnareale »abbilden« usf. Während nun die neurophysische ›Hardware‹ (Nervenzellen und deren ›Verdrah-tung‹) die Voraussetzungen dafür bereitstellt, daß (1) Erregungs-ausbreitungen (ausgehend von jeweils einzelnen Nervenzellen) auf immer denselben Wegen (von einer Zelle zu vielen Zellen) erfolgen können, (2) einmal ›beschrittene‹ Wege sich bei erneuter bzw. wiederholter Nutzung schneller und zuverlässiger ebnen (wahrscheinlich aufgrund chemischer Veränderungen an den Synapsen), können repräsentationale Kopplungen zwischen Neu-ronen, Neuronenverbänden usw. ausgeprägt werden, so daß z. B. bestimmte Zustände der Sinneszellen in der Retina mit bestimm-ten Zuständen von Nervenzellen im visuellen Cortex usf. verbun-den sein können. Erst unter dieser Voraussetzung scheint es mög-lich, kognitive Strukturen wie z. B. sensorische Schemata (Aus-breitungsmuster neuronaler Erregung bzw. Erregungszustände neuronaler Verbände) anzunehmen, die in einer (mehr oder weni-ger) festen Verbindung zu z. B. motorischen Programmen stehen. Sensomotorische Koordinationen und die Ausbildung sensomo-torischer Schemata (i. S. J. Piagets), z. B. Fluchtverhalten von Tie-ren, Aufmerken und Hinwendung beim Hören des eigenen Na-mens, Benennung von gesehenen Gegenständen usw., werden als Beispiele für Verhaltensweisen angesehen, die mit solchen neuro-nalen Prozessen verbunden sind.

6 Vgl. z. B. Foerster (1985), S. 29.

In den Erregungen und Interaktionen der Nervenzellen und Subsysteme des Gehirns, in diesem »interacting game«, wie J. C. Eccles es einmal ausgedrückt hat,[7] stellen wir uns nun die Lebewesen und Gegenstände unserer Erfahrungswirklichkeit sowie die Eigenschaften, die wir diesen beilegen, *verkörpert* vor. Unser subjektives Erleben, das durch Sinnesempfindungen, Wahrnehmungen und Erfahrungen geistiger Tätigkeit geprägt ist und in dem wir unsere Körper und uns selbst von einer Umgebung/Umwelt unterscheiden, ist dann als eine Art ›Innenansicht‹ oder ›Betriebsmodalität‹ zu begreifen, die wir von den Aktivitäten unserer Nervensysteme haben. Auf welche Weise dieses Erleben zustandekommt, ist noch immer rätselhaft; nur daß es an bestimmte Aktivitätszustände in bestimmten Teilen bzw. an global ausgebreitete Erregungen gebunden und mit diesen zeitlich korreliert ist, gilt (wie von bestimmten Läsionen und Krankheiten des Gehirns sowie aus einer großen Zahl von Experimenten bekannt ist) als sicher.

Von der großen Zahl der in jedem Sekundenbruchteil im Nervensystem ablaufenden Prozesse wird durch einen unbekannten Mechanismus nur ein verschwindend kleiner Teil bewußt. Voraussetzung dafür ist aber offenbar eine gewisse Erregungsintensität bzw. -dauer und die Erregungsausbreitung über weite Teile des Gehirns.[8] So sind nicht schon Erregungen im sensorischen Cortex mit in ihrer Identität bestimmten Sinneseindrücken (Wahrnehmungen) verbunden, sondern erst sehr viel ausgedehntere, über Hirnstamm, sensorischen und motorischen Cortex, Thalamus, limbisches System und Stirnbereich der Großhirnrinde verbreitete, globale Erregungsmuster.[9] *Bewußtsein* ist dann als eine *dynamisch-prozessuale Eigenschaft* komplexer, selbstreferentiell organisierter Nervensysteme anzusehen, als eine Folge von *Zuständen*, die durch die Beteiligung weiter Gehirnareale und ihre damit verbundene Intensität gegenüber lokal umgrenzteren Erregungsverteilungen hervorgehoben ist.

Aus dem Jahre 1956 stammt eine berühmte und noch immer

7 Vgl. Popper, K. R. und Eccles, J. C. (1977), *The Self and Its Brain. An Argument for Interactionism*, Berlin/Heidelberg/London/New York: Springer, S. 369.

8 Vgl. z. B. Rusch (1987), S. 87 ff.

9 Vgl. Roth, G. (1987), »Erkenntnis und Realität. Das reale Gehirn und seine Wirklichkeit«, in: Schmidt, S. J. (1987), S. 250.

aktuelle Arbeit des amerikanischen Psychologen G. A. Miller, in der dieser die Weite bzw. den Umfang des Bewußtseins (als »immediate memory« bezeichnet) mit durchschnittlich sieben (plus/minus eins) Einheiten (»chunks« genannt) bestimmt: »The average span of immediate memory … is invariant in terms of independent units, or ›chunks‹, irrespective of the amount of information (number of ›bits‹) in each chunk.«[10] Diese im Bewußtsein verfügbaren Positionen werden im Prozeß des Erlebens (in einem bestimmten Takt) beständig durch neue oder wiederholt auftretende ›Inhalte‹ (ganzheitliche Elemente auf mikro- oder makrostrukturellen Integrationsniveaus) belegt, die nach einer gewissen Zeit ›verblassen‹ (in ihrer Intensität, Schärfe und Deutlichkeit nachlassen) und wieder andere ›Inhalte‹ bewußt werden lassen. Die Metapher vom Bewußtseinsstrom gibt einen anschaulichen Hinweis auf die dynamisch-prozessuale Charakteristik dieses Phänomenbereiches.

Für unsere Überlegungen ist nun der Umstand von besonderem Interesse, daß – folgt man den bisherigen Ausführungen – im Bewußtsein (bzw. im sogenannten Arbeitsgedächtnis) gleichzeitig sowohl als gegenwärtig oder aktuell qualifizierbare ›Inhalte‹ präsent sein können als auch solche, die als vergangen, und solche, die als zukünftig gelten. Die Ausführung eines Handlungsplanes, z. B. die Zubereitung einer Mahlzeit, wäre ziemlich unmöglich, wenn es nicht gelänge, die einzelnen Arbeitsschritte in einer der Erreichung des Zieles förderlichen Reihenfolge auszuführen. Dazu bedarf es eines *gleichzeitigen Bewußtseins* davon, was bereits *getan ist,* was gerade *getan wird,* und was als nächstes *zu tun ist.* Mit anderen Worten: die Vollendung der Ausführung eines Arbeitsschrittes, die Aktualität der Ausführung des darauf folgenden Arbeitsschrittes und die Erwartung oder Absicht der Ausführung des nächsten Arbeitsschrittes müssen gleichzeitig bewußt sein können, um planvolles, intendiertes Handeln zu ermöglichen. Unser alltägliches Handeln bietet dafür Abertausende von Beispielen, angefangen von der Morgentoilette und dem Weg zur Arbeitsstelle über die Zubereitung von Mahlzeiten bis zum Zubettgehen. In dem Maße nun, wie diese unterschiedlichen Be-

---

10 Vgl. Miller, G. A. (1956), »The Magical Number Seven, Plur or Minus Two: Some Limits on Our Capacity for Processing Information«, in: *Psychological Review* 63, S. 81-97.

wußtsheitsmodi ihrerseits zu Gegenständen der Selbstbeobachtung und Selbsterfahrung und schließlich konzeptualisiert werden, scheinen einerseits die kognitiven Bausteine zur Bildung der *Begriffe von Gegenwart, Vergangenheit und Zukunft,* andererseits aber auch bestimmte *Referenzwerte zur Qualifizierung/Identifikation von Bewußtseinsphänomenen* verfügbar zu werden. Dies aber könnte bedeuten, daß bestimmte ›Inhalte‹ (kognitive Schemata oder Konzepte) auch deshalb im Modus des Vergangenen bewußt bzw. erlebt werden, weil sie u. a. solche strukturellen oder prozessualen Merkmale (etwa gewisse Unschärfen, schwächere Intensitäten, mangelnde sensorische Referentialisierbarkeit usw.) aufweisen wie jene Bewußtseinsinhalte, in denen vollendete (vergangene) Elemente eines Handlungsvollzuges bewußt sind.

An diesen Überlegungen können wir eine weitreichende These zum Verhältnis von Erinnerung und Vergangenheit anschließen, die jene bereits am Ende des ersten Teiles gemachte Behauptung aufgreift, daß auf eine objektivierte Vergangenheit für die Bestimmung des Phänomens der Erinnerung nicht zurückgegriffen werden muß. *Erinnerungen sind Bewußtseinsphänomene, die deshalb mit der Vergangenheit assoziiert gedacht werden, weil sie von prinzipiell gleicher Art sind wie Bewußtseinsinhalte, in denen vollendete Handlungselemente bewußt sind.*

Diese These wäre geeignet, das gewöhnlich unterstellte Verhältnis von Vergangenheit und Erinnerung umzukehren: Nicht Erinnerungen entstammen der Vergangenheit, sondern die Vergangenheit (im Sinne eines Wirklichkeitsbereiches) verdankt sich der Erinnerung und Erinnerungselaboration.[11]

Wie groß der Unterschied zwischen Sinneseindrücken und sinnlichen Wahrnehmungen, z. B. zwischen Sehen und Wahrnehmen, ist, kann jeder ermessen, der schon einmal nach seiner Brille gesucht hat, obwohl er die Brillengläser und deren Einfassungen direkt vor seinen Augen hatte, oder der plötzlich einen gesuchten Gegenstand offen daliegend ausgerechnet an einer Stelle wiederfand, an der sie/er kurz zuvor noch gründlich nachgeschaut zu haben meinte (Abbildung 1 illustriert den Unterschied zwischen Sehen und Wahrnehmen sowie die Konstruktivität der Wahrnehmung auf eindrucksvolle Weise).

11 Die hier angedeuteten Zusammenhänge sind ausführlich dargestellt in Rusch (1987), Kap. 4.

Abb. 1: Photographie von R. C. James[12].

In der *Wahrnehmung* muß zur *Sinnesempfindung* noch eine Art *begrifflicher Identifikation* (mit vorsprachlichen oder sprachlichen Mitteln) hinzukommen. In neurophysiologischen und psychologischen Begriffen könnte man sagen, daß nur dann Wahrnehmungen zustandekommen können, wenn es kognitive Schemata (in diesem Zusammenhang: identifizierende, begriffliche Strukturen) gibt, an die Teile jener pulsierenden sinnessystemischen Erregungsmuster (im sensorischen Cortex) assimiliert werden können. Die große Selektivität der Wahrnehmung ließe sich zumindest teilweise so erklären. Ausgehend von den bisherigen neuropsychologischen Überlegungen zeigt sich aber auch, daß Wahrnehmungen nicht einfach Wiederspiegelungen einer ›äußeren Realität‹, sondern *konstruktive Leistungen* sind, die das Nervensystem aufgrund seiner organisationellen und funktionalen

12 Lindsay, P. H. und Norman, D. A. (1972), *Human Information Processing*, New York/London: Academic Press, S. 8. Für all jene, die nicht auf den ersten Blick erkannt haben, was die Photographie abbildet, hier ein Hinweis: Stellen Sie sich doch einmal einen Dalmatiner in einem Park vor.

Eigenschaften erbringt. Wahrnehmungen werden im und durch das Nervensystem erzeugt; sie sind als Bewußtseinsphänomene prozessuale Eigenschaften jenes »interacting game« der neuronalen Schaltelemente.

Die genannten identifizierenden Strukturen (kognitive Konzepte, Schemata, Frames) sind es auch, die ein *Wiedererkennen* (z. B. von Personen, Dingen, Sachverhalten usw.) ermöglichen. Dabei könnte das Gefühl der Bekanntheit oder Neuheit durch das Ausmaß bestimmt sein, in dem verfügbare Assimilationsschemata erfüllt bzw. Akkommodationsleistungen (Ausprägungen neuer Schemata) erforderlich werden. Die Erfahrung von Neuartigem, Unbekanntem wäre dann deshalb von Irritation und Unsicherheit geprägt, weil z. B. die wahrnehmungsmäßige Identifikation der sich ausbreitenden Sinnesempfindungen nicht oder nur sehr unvollkommen gelänge.

Auf Zusammenhänge zwischen Wahrnehmungen und Erinnerungen war schon oben aufmerksam gemacht worden. Die letzten Überlegungen weisen auf eine recht enge Beziehung zwischen Wahrnehmung und Erinnerung hin. Im allgemeinen werden Erinnerungen nicht als neuartig oder fremd, sondern im Gegenteil als bekannt und in gewissem Sinne vertraut konnotiert. Sie gleichen darin jenen Wahrnehmungen, deren ›Inhalte‹ wiedererkannt werden. Andererseits können Wahrnehmungen auf sensorische Impulse und Erregungsverteilungen im sensorischen Cortex ›rückverrechnet‹ werden, was für Erinnerungen *in demselben Maße* schon deshalb nicht zutreffen wird, weil sie sich dann womöglich nicht mehr von gewöhnlichen Sinneswahrnehmungen unterscheiden ließen, und folglich gar nicht als Bewußtseinsphänomene eigener Art erscheinen würden. Jedoch wäre zu bedenken, ob nicht die Eigenaktivität oder Autostimulativität des Nervensystems zu Erregungen auch in den sensorischen Systemen führen kann, von wo dann vielleicht schwächere Impulse ausgehen als im regulären Falle, so daß es auch zu einer Art ›schwacher Wahrnehmung‹ kommen kann. Die Erfahrung, daß als Erinnerungen auftretende sinnliche Anmutungen oft undeutlich oder fragmentarisch sind, würde dem nicht widersprechen.

Die Annahme, daß Erinnerungen sich unmittelbar der Aktivation jener identifizierenden Strukturen (kognitiver Konzepte, Schemata etc.) verdanken, würde schließlich zumindest jenen Teil kognitiver Strukturen ausschließen, die nicht selbst Aspekte sinnlicher Anmutungen verkörpern. Zieht man jedoch in Betracht, daß nicht nur eine gigantische Anzahl solcher Strukturen (auf den verschiedensten Komplexions- und Integrationsniveaus und mit den verschiedensten Spezialisierungen) ausgeprägt wird, sondern diese auch verschiedene Aspekte (z. B. sinnliche, figurative, sequentielle, Farbigkeit, Klang, Tasteindrücke usw. betreffende – Merkmale) bündeln können, so erscheint diese Annahme durchaus plausibel. Nimmt man weiterhin an, daß wahrscheinlich – um nur die ›Spitze des Eisberges‹ anzusprechen – mit jedem Namen, mit jeder Kennzeichnung und mit jedem Begriff, den wir kennen, eine spezifische kognitive Struktur bzw. ein Netz solcher Strukturen assoziiert ist, so könnten Erinnerungen als autostimulativ ausgelöste (partielle oder schwache) Aktivationen identifizierender Strukturen angesehen werden. Wie bereits im ersten Teil angedeutet, ergibt sich dann allerdings die Schwierigkeit, sinnliche Vorstellungen klar von Erinnerungen zu unterscheiden. Greifen wir die Ausführungen am Ende des ersten Teiles und die Überlegungen zur operativen (zeitmodalen) Differenzierung von Bewußtseinsinhalten auf, dann könnte ein Ansatz zur Unterscheidung von Erinnerungen und Vorstellungen darin gesehen werden, daß Erinnerungen stets im Modus des Vergangenen bewußt werden.

Als das wichtigste Differenzierungsmerkmal für Wahrnehmung und Erinnerung bliebe dann deren unterschiedlicher Grad der Verrechenbarkeit auf unterschiedlich intensive sensorische Erregungen. Ein weiterer Gesichtspunkt wäre der, daß z. B. als Erinnerungen qualifizierte visuelle Anmutungen anders als visuelle Wahrnehmungen nicht gegen z. B. taktile, auditive usw. Wahrnehmungen der visuell identifizierten Objekte getestet werden können, ein Aspekt der schon oben angesprochen war. Oft sind nämlich z. B. visuelle Anmutungen in Erinnerungen mit der aktuellen Körperstellung und Körperbewegung inkompatibel. Dazu kommt, daß sinnliche Anmutungen in Erinnerungen wohl kaum jemals jenes komplementäre Zusammenspiel unserer verschiedenen Sinne zustandebringen, dem wir unser komplexes Erleben verdanken.

Fassen wir auch diese Überlegungen in einer These zusammen, so könnten wir sagen: *Erinnerungen sind eine Art von Wahrnehmungen, deren Synthese nicht umstandslos mit sensorischen Sti-*

mulationen verrechnet werden kann. Sie ähneln dem ›Wiederer-
kennen‹ mit der Einschränkung, daß bestimmte charakteristische
Kontexte sinnlicher Wahrnehmung fehlen. Sie ähneln Vorstellun-
gen mit der Einschränkung, daß sie stets im Modus des Vergange-
nen bewußt werden.

All die bislang beschriebenen Phänomene und Prozesse würden
kaum denkbar erscheinen, wenn es im Nervensystem nicht Mechanismen gäbe, die kognitive Strukturen ausprägten, stabilisier-
ten und reaktivierten: das Gedächtnis. So schreiben wir die Fähigkeit, zu lernen, wiederzuerkennen, Gelerntes behalten und reproduzieren zu können, der Leistung des Gedächtnisses zu. Die
naive Vorstellung, die das Gedächtnis als eine Art Bibliothek
ansieht, in dem die Gedächtnisinhalte wie Bücher fein säuberlich
einer neben dem anderen nach einer Zettelkastensystematik je-
derzeit abrufbereit abgelegt sind, ist längst überholt. An die Stelle
solcher statischen Modelle sind mittlerweile Vorstellungen getre-
ten, die die Dynamik und Konstruktivität der Gedächtnisleistungen hervorheben. So stellte G. E. Müller schon in den zwanziger
Jahren unseres Jahrhunderts die Vorgäng im Gedächtnis als das
Zusammenwirken von Assoziationen vor und betonte die kreative, nicht bloß mechanische Rolle des Verstandes beim Erinnern.
Und in den dreißiger Jahren vertrat F. C. Bartlett die Ansicht, daß
»*longdistance* remembering is not the reexitation of innumberable
fixed, lifeless and fragmentary traces, but instead is *an imagina-
tive reconstruction* dependent upon ones *attitude* at the time of
recall in using only a few striking details which are actually re-
membered being determined by our *interests*«.[13] Seitdem ist die
konstruktive Rolle der Gedächtnisprozesse in zahlreichen Arbeiten untersucht und durch viele Experimente bestätigt worden.

So wird z. B. beim Vergleich einer Nacherzählung mit dem Aus-
gangstext eine Tendenz zur Generalisierung und die Bildung von
Makrostrukturen beobachtet, die vermuten lassen, daß nur ver-
gleichsweise allgemeine ›Informationen‹ wie die generelle Thematik und der Plot einer Geschichte längere Zeit behalten werden.[14]

Aus neurophysiologischer Sicht werden die Niederlegung, Kon-

13 Whitrow, G. J. (²1980), *The Natural Philosophy of Time*, Oxford:
   Clarendon, S. 89.
14 Vgl. z. B. Kintsch, W. (1974), *The Representation of Meaning in Memory*, Hillsdale, N. J.: Erlbaum.

solidierung und Reaktivierung kognitiver Strukturen im Zusammenhang mit zwei (auch experimentell voneinander trennbaren) Typen oder Stufen des Gedächtnisses gesehen: »Das Kurzzeitgedächtnis beruht auf einer vorübergehenden Veränderung der Übertragungseigenschaften der Synapsen (Habituation, Posttetanische Potenzierung), so daß sich innerhalb bestimmter Nervennetze charakteristische Erregungsmuster ausbilden, die sich für eine kurze Zeit stabilisieren können. Das Langzeitgedächtnis beruht hingegen nicht oder nicht wesentlich auf elektrophysiologischen, sondern auf makromolekularen Vorgängen. Es ist allerdings nicht wahrscheinlich, daß die Gedächtnisinhalte in makromolekularer Form, ähnlich dem genetischen Code, gespeichert sind. Vielmehr scheint auch im Langzeitgedächtnis die Information in Nervennetzstrukturen codiert zu sein, wobei jedoch die spezifische Verknüpfung im Gegensatz zum Kurzzeitgedächtnis stabil ist. Man nimmt an, daß die Stabilisierung der Nervennetzstrukturen durch Markierungsmoleküle an den Synapsen geschieht. Die Synthese solcher Marker geht während der Aktivität der *reverberating circuits* der Kurzzeitspeicherung vonstatten und drückt sich in einer erhöhten RNS- und Proteinsynthese aus. Auf der Basis der Produktion spezifischer Marker kommt es zu einer funktionalen Selektion von Synapsen und dadurch zu einer *Kanalisierung* des Erregungsflusses innerhalb der Nervennetze.«[15]

Wie diese Erläuterungen zeigen, ist es äußerst problematisch, von Gedächtnisinhalten oder codierten Informationen zu sprechen, weil diese Redeweisen eine noch viel zu statische Vorstellung vermitteln könnten. Man muß sich klarmachen, daß hier von kognitiven Strukturen (1) im Sinne von elektrophysiologischen Prozessen, z. B. Kreisläufen oder Rückkopplungen in der Erregungsausbreitung (reverberating circuits), (2) im Sinne von ›Brücken‹ oder ›Schildern‹, die Erregungsausbreitungen Wege durch ein Nervennetz ebnen, die Rede ist. Im ersten Fall hat man es mit Prozessen zu tun, im zweiten Fall mit einer Menge von möglichen Zuständen, die noch dadurch potenziert wird, daß die einzelnen, durch solche ›Brücken‹ verbundenen Schaltelemente nicht auf jedes, aus derselben Richtung kommende Signal in derselben Weise reagieren müssen.

15 Roth (1975), S. 28.

In funktionaler Hinsicht schließlich werden die Leistungen des Gedächtnisses in engem Zusammenhang mit der Synthese des jeweils gegenwärtigen Verhaltens oder Handelns gesehen. So vertritt z. B. J. M. Hunter die Ansicht, die primäre Funktion des Gedächtnisses sei es nicht, die Vergangenheit zu konservieren, sondern Abstimmungen/Anpassungen an gegenwärtige Anforderungen zu ermöglichen.[16] H. R. Maturana geht noch weiter, wenn er behauptet: »Ein Gedächtnis als einen Speicher von Repräsentationen der Umwelt, die für verschiedene Gelegenheiten abgerufen werden können, gibt es als neurophysiologische Funktion nicht.«[17] Nach seiner Meinung zeigt die Analyse des Nervensystems, daß die in diesem »durch jede Interaktion verursachten Zustände neuronaler Aktivität die in der Interaktion gegebenen Relationen verkörpern, und nicht Repräsentationen der Nische oder der Umwelt, wie der Beobachter sie beschreiben würde. Diese Analyse zeigt weiterhin, daß solche Verkörperungen, funktional gesehen, *Veränderungen der Reaktivität des Nervensystems* als eines in sich geschlossenen Systems auf die modulierenden Einflüsse weiterer Interaktionen darstellen. Was der Beobachter ›Erinnerung‹ und ›Gedächtnis‹ nennt, kann folglich kein Prozeß sein, durch welchen der Organismus jede neue Erfahrung mit einer gespeicherten Repräsentation der Nische konfrontiert, bevor er eine Entscheidung trifft, sondern muß Ausdruck eines modifizierten Systems sein, das bereit ist, ein für seinen gegenwärtigen Aktivitätszustand relevantes Verhalten zu synthetisieren« (Hervorhebungen G. R.).[18]

Dieses Zitat sollte nun nicht so verstanden werden, als würde Maturana die genannten Prozesse der Konsolidierung kognitiver Strukturen oder die Existenz der introspektiv evidenten Phänomene der Erinnerung bestreiten. Vielmehr macht er auf dreierlei aufmerksam:

(1) Der Beobachter fremden Verhaltens unterliegt den Bedingungen seiner eigenen Kognition (Wahrnehmung, Begriffsbildung, Bewußtsein usw.).

(2) Gewöhnlich wird die Rekurrenz von Phänomenen als Konstanz von Objekten konzeptualisiert bzw. auf als konstant ge-

16 Vgl. Hunter, J. M. (1964), *Memory: Facts and Fallacies*, Harmondsworth: Penguin, S. 203.
17 Maturana (1982), S. 62.
18 Ebd., S. 61.

dachte Entitäten zurückgeführt. Dementsprechend wird die Rekurrenz von gelernten Verhaltensweisen eines Organismus auf diesem Verhalten zugrundeliegende konstante Strukturen zurückgeführt, und das heißt auf Behaltens- und Reaktivierungsleistungen oder, mit anderen Worten, auf Gedächtnis und Erinnern.

(3) Um beobachtete Verhaltensrekurrenzen eines Organismus zu erklären, braucht man aber nicht auf Erinnerungen im Sinne von Bewußtseinsphänomenen der oben charakterisierten Art zurückzugreifen. Es genügt vielmehr anzunehmen, daß sich – z. B. aufgrund von Lernprozessen – die Reaktivität des Organismus (also der verhaltenssynthetische Zusammenhang zwischen Sensorik und Motorik, die sensomotorische Koordination) verändert hat, derart, daß andere (als die vor dem Lernprozeß etablierten) Verknüpfungen bestimmter sensorischer Prozesse mit bestimmten motorischen Prozessen ausgeprägt worden sind.

Ob es dabei ein sicheres Kriterium für eine Art ›Auswahl‹ von längerfristig zu speichernden Strukturen gibt, erscheint zweifelhaft. Einerseits ist mit der Bewußtheit bestimmter ›Inhalte‹ – wie jeder aus der eigenen Erfahrung weiß – nicht unbedingt auch eine Langzeitspeicherung der korrelierten Strukturen verbunden. Andererseits werden – und zwar in erheblichem Umfang – dauerhafte Strukturen ausgeprägt, ohne daß Bewußtheit für diesen Umstand von wesentlicher Bedeutung wäre.

Macht man sich zudem klar, daß – wie G. Roth es einmal sehr pointiert ausgedrückt hat – »durch nichts bewiesen (ist), daß unsere bewußte Wahrnehmung überhaupt einen Einfluß auf unser Handeln hat, wie ja auch völlig unbewiesen ist, daß es so etwas wie einen Willensakt gibt«,[19] dann verstärkt sich die Vermutung, daß es sich wie beim sogenannten ›freien Willen‹ und bei der Wahrnehmung (im Sinne von bewußten Sinneseindrücken) auch bei der Erinnerung um ein »Epiphänomen ... (vielleicht sogar nur ein sprachlich generiertes)«[20] handeln könnte. Und in der Tat wird man einräumen müssen, daß nicht nur der allergrößte Teil des menschlichen Verhaltens/Handelns ohne Initialisierung durch das Bewußtsein[21] und ohne das vorherige Auftreten von

19 Roth (1987), S. 251.
20 Ebd.
21 Diese Tatsache wird gewöhnlich durch die Unterscheidung von Bewußtsein und Unterbewußtsein bzw. von wachem Bewußtsein gegen-

Erinnerungen an frühere Ausführungen gleichen Verhaltens/ Handelns erfolgt, sondern daß auch jene als intendiert erachteten Handlungsausführungen und sogar die Bewußtheit der Intentionen selbst an zentralnervöse Prozesse gekoppelt sind, die dieser Bewußtheit vorausgingen und schon vor oder noch während deren Auftreten wieder andere zentralnervöse Vorgänge ausgelöst haben werden. Bewußtheit (in ihren bekannten Formen von Wahrnehmung, Denken, Vorstellung, Erinnerung usw.) ist dann ein Korrelat (und zugleich ein Element) des kognitiven Geschehens, das (im Verhältnis gesehen winzige) Ausschnitte eben dieses Geschehens begleitet. Dabei ist es schon schwierig, über die zeitliche Korrelation von Bewußtseinsphänomenen und neurophysiologischen Prozessen hinaus von einer Hervorhebung oder Betonung dieser Prozesse durch das Bewußtsein zu sprechen. Warum schließlich sollten Bewußtseinsphänomene, wenn der Ablauf des kognitiven Geschehens von deren Auftreten im wesentlichen unabhängig ist, eine besondere Akzentuierung bedeuten? Noch problematischer wird es aber dann, wenn man – wie es oft geschieht – das Bewußtsein als eine Art Mechanismus ansieht, der das ›Selbst‹ oder ›Ich‹ mit einem Teil der in seinem Nervensystem ausgeprägten kognitiven Strukturen bekannt bzw. vertraut macht, diese sozusagen vor Augen führt und erkennen läßt.[22] Je genauer man über diese Ansicht nachdenkt, desto unklarer wird die Bedeutung von »bekannt«, »vertraut«, »vor Augen führen« und »erkennen«.

Daß es schließlich dennoch gelingt, Vorstellungen und Erinnerungen scheinbar gezielt und absichtlich hervorzurufen, wider-

über anderen ›Formen‹ des Bewußtseins überdeckt. Der Begriff des Unterbewußtseins suggeriert dann eine Art ›Kontrollmöglichkeit des Selbst‹ auch im Hinblick auf (den allergrößten Teil) unbewußter Vorgänge. Auf diese Weise wird die Annahme einer weitreichenden Intentionalität des kognitiven Geschehens (mit anderen Worten, die aus Gründen der persönlichen Identität so wichtige Annahme eines freien Willens und der diesem Willen unterworfenen Handlungssteuerung) auch auf jene Elemente und Prozesse ausgeweitet, die im intro- und extrospektiven Erleben nicht (in welcher Form auch immer) in Erscheinung treten.

22 Diese verbreitete Annahme scheint durch den Wahrnehmungscharakter z. B. von Erinnerungen und Vorstellungen sowie durch deren vermeintliche Unabhängigkeit von aktuellen sensorischen Prozessen gestützt zu werden.

spricht alldem nicht. Wie die bekannten Mnemotechniken zeigen, kommt es nämlich darauf an, besonders zuverlässig funktionierende Assoziationsketten oder bildliche Vorstellungen (mit anderen Worten: Wege der Erregungsausbreitung) zu nutzen, indem man mit deren Elementen die zu memorierenden ›Inhalte‹ verknüpft. Solche Verknüpfungen können durch Verbalisierungen, durch sogenannte Eselsbrücken, durch Metaphorisierungen usw. etabliert und gefestigt werden. Je zahlreicher die zu einem Item führenden Querverbindungen werden, desto höher wird auch die Wahrscheinlichkeit, daß das Item über die Aktivierung der mit ihm ›verbundenen‹ Strukturen ebenfalls aktiviert wird. Dies bedeutet nun nicht eigentlich einen gezielten Zugriff zum Gedächtnis, sondern die Möglichkeit, die ›kognitive Maschine‹ an bestimmten als Ausgangspunkten genommenen Zuständen anzustoßen, indem z.B. durch Verbalisierung und bildliche Vorstellung der avisierten ›Inhalte‹ eine Wiederholung/Verstärkung bestimmter Erregungsmuster erfolgt. Ob ein solcher ›Zugriff‹ jeweils gelingt, bleibt in jedem Falle abzuwarten. Und daß die Ausgangspunkte solcher ›Zugriffe‹ nicht beliebig gewählt werden können, sondern vom jeweiligen Zustand des Nervensystems (das heißt von dem, was einem gerade durch den Kopf geht, von dem, was man sieht und hört usw.) abhängig gedacht werden müssen, sollte in den vorausgegangenen Überlegungen bereits klar geworden sein.

Fassen wir auch die Ausführungen zum Thema Gedächtnis in einer auf das Phänomen der Erinnerung bezogenen These zusammen, so könnte man sagen: *Erinnerungen sind (in der Form, in der sie im Bewußtsein auftreten) nicht Elemente des Gedächtnisses als einer neurophysiologischen und psychologischen Funktion. Sie werden vielmehr ebenso wie Wahrnehmungen und Vorstellungen in einem komplizierten Zusammenspiel kognitiver Strukturen und Prozesse als ein spezifischer Typ von Bewußtseinsphänomenen* synthetisiert. *Die zeitliche Stabilität jener, mit solchen Bewußtseinsphänomenen korrelierten kognitiven Strukturen (als andauernde Aktivität oder als andauernde Reaktivierbarkeit) ist dafür eine notwendige, jedoch keineswegs eine hinreichende Bedingung. Die Gedächtnisleistungen eines Organismus gehen weit über dessen Erinnerungsleistungen hinaus.*

Mit dem Auftreten von Erinnerungen (im Sinne von qualifizierten sinnlichen Anmutungen) im Bewußtsein kann, wenn entsprechende Verstärkungen, z. B. durch die Fokussierung der Aufmerksamkeit, durch Verbalisierungen usw. erfolgen, ein *Elaborationsprozeß* in Gang gebracht werden, dessen Verlauf – dem subjektiven Erleben nach – den Vorgang des Erinnerns im eigentlichen Sinne ausmacht. Demgemäß lassen die Resultate solcher Elaborationen, nämlich mündliche oder schriftliche Erzählungen aus der persönlichen Lebensgeschichte (und wenn man von der Form der Erzählung abstrahiert: Ausschnitte und Zusammenhänge der persönlichen Lebengeschichte), die Bewahrung der persönlichen Vergangenheit oft als das eigentliche Ziel oder den eigentlichen Zweck der Erinnerung und des Gedächtnisses erscheinen.

Erinnerungselaborationen könnten nun als Versuche aufgefaßt werden, die Undeutlichkeit oder Fragmenthaftigkeit der als Erinnerungen auftretenden sinnlichen Anmutungen und die daraus resultierenden Unsicherheiten, Inkonsistenzen oder Dissonanzen zu kompensieren. Dabei käme es darauf an, undeutliche Eindrücke klarer und fragmentarische Eindrücke vollständiger zu machen. In beiden Fällen bieten diejenigen Wahrnehmungsschemata, in deren Rahmen die jeweiligen ›Defizite‹ bestimmt sind, Anhaltspunkte für die weitere Elaboration.

Für die Darstellung und das Verständnis der Vorgänge in der Erinnerungselaboration ist eine graphische Veranschaulichung hilfreich. Darin werden – einem Vorschlag T. A. van Dijks[23] folgend – die bereits oben erwähnten Bewußtseinspositionen, G. A. Millers »chunks«, als durch sogenannte FACTs belegt vorgestellt (Abb. 2 zeigt den allgemeinen FACT-Graphen).

Wie G. A. Miller über die Einheiten des Bewußtseins gesagt hat, belegen sie, unabhängig vom Umfang der ›Inhalte‹, die in ihnen gebündelt sind, eine der sieben (plus/minus eins) Positionen des Arbeitsgedächtnisses. Das Modell der FACTs gestattet nun, unterschiedlich komplexe ›Informationen‹ in demselben Format zu repräsentieren. Auf diese Weise läßt sich ein anschauliches Analogon zu den als ganzheitlich erlebten einzelnen Bewußtseinsinhal-

23 Vgl. van Dijk, T. A. (1980), *Macrostructures*, Hillsdale, N J: Erlbaum.

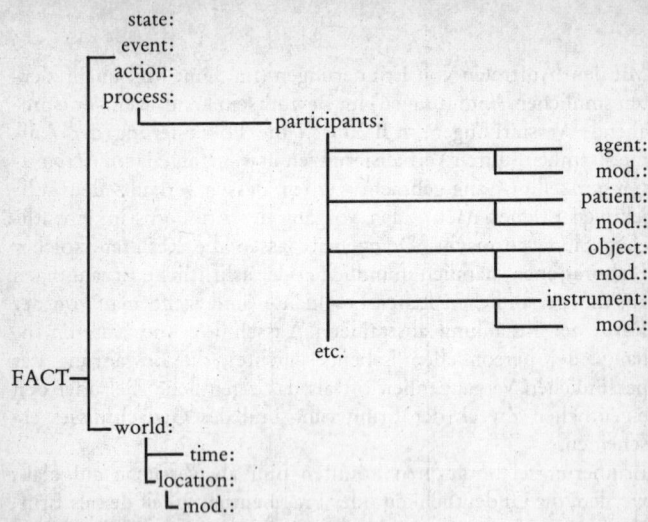

```
           state:
           event:
          action:
         process:
            └──────────participants:
                                   ┌──────────────────────┐── agent:
                                   │                      └── mod.:
                                   │                      ┌── patient:
                                   │                      └── mod.:
                                   │                      ┌── object:
                                   │                      └── mod.:
                                   │                      ┌── instrument:
                                   │                      └── mod.:
                              etc.
  FACT─┐
       └──world:
              ├── time:
              └location:
                 └mod.:
```

Abb. 2 FACT-Graph (nach T. A. van Dijk)

ten gewinnen. So lassen sich z. B. einfache Sachverhalte, wie sie in
Sätzen der Art: »Alf liest ein Buch.« ausgedrückt werden können,
ebenso darstellen wie komplexe Sachverhalte der Art: »An einem
regnerischen Morgen im Sommer des Jahres 1986 liest Alf in der
Bibliothek der Universität Siegen angeregt in einem Buch von
F. C. Bartlett über das menschliche Gedächtnis.« Repräsentieren
wir die beiden Sachverhalte als FACTs, so erhalten wir für den
ersten Sachverhalt die in Abbildung 3 wiedergegebene Darstellung.
Die Darstellung in der Abbildung 3 weicht von der Standardform
der FACT-Repräsentation ab. Hier sind auch die nicht belegten
Slots wiedergegeben; die belegten Slots sind kursiv hervorgehoben. Auf diese Weise ist leicht erkennbar, in welchem Umfang
das Format erfüllt ist und wo Ergänzungen welcher Art möglich
sind. Die Eintragungen in den einzelnen Slots stellen atomare
Propositionen dar und sind nach ihrer Reihenfolge numeriert.
Für den oben geschilderten komplexen Sachverhalt ergibt sich
dann die in Abbildung 4 wiedergegebene Darstellung.
Die zentrale Hypothese für den hier verfolgten Zusammenhang

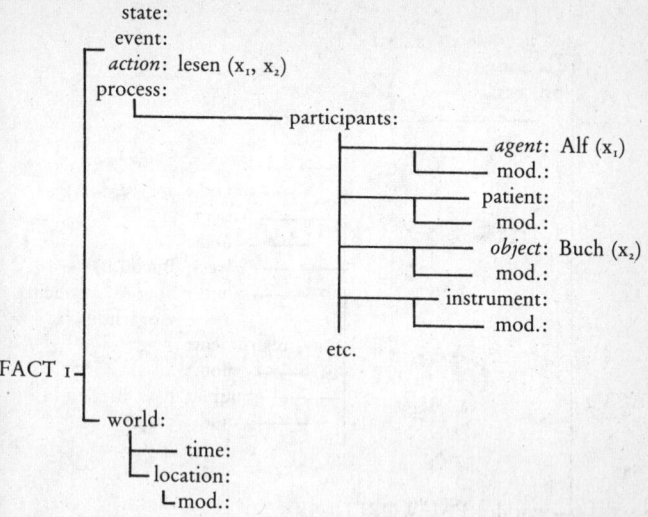

```
        state:
        event:
       action: lesen (x₁, x₂)
        process:
              └─────────────┐
                            participants:
                                       ┌──────────── agent: Alf (x₁)
                                       │    └──────── mod.:
                                       ├──────────── patient:
                                       │    └──────── mod.:
                                       ├──────────── object: Buch (x₂)
                                       │    └──────── mod.:
                                       ├──────────── instrument:
                                       │    └──────── mod.:
                                      etc.
FACT 1─┤
        └── world:
              ┌── time:
              ├── location:
              └─mod.:
```

Abb. 3 FACT-Repräsentation eines einfachen Sachverhaltes

ist nun, daß in der Erinnerungselaboration so etwas Ähnliches wie die Überführung von FACT 1 in FACT 2 usf. stattfindet. Die freien Positionen des FACT-Formats werden, assoziativen Verbindungen folgend, unter Verwendung allgemeiner und spezieller Wissensbestände (z. B. der Lektürepräferenzen von Alf) oder auch nur explorativ nach Maßgabe ihrer Möglichkeit/Denkbarkeit und Verträglichkeit besetzt. Dabei muß als das wesentliche Ziel solcher Bemühungen die Erzeugung einer konsonanten und kohärenten Struktur angesehen werden, die sowohl mit dem allgemeinen Weltwissen, als auch mit jenen sich im Verlaufe des Elaborationsprozesses möglicherweise noch einstellenden Erinnerungen kompatibel ist. Jeder neu in die Ausgangs-FACT-Struktur integrierte ›Inhalt‹ und jede Makrostruktur, an welche die modifizierte Ausgangsstruktur jeweils assimiliert wird, schränken dabei die Bedingungen für die Belegung der noch freien Slots ein.

Dieser Umstand sollte nicht unterbewertet werden; denn hier setzt sich so etwas wie eine ›normative Kraft‹ der sich zuerst ergebenden Konsistenzen und Slotbelegungen durch. Entschei-

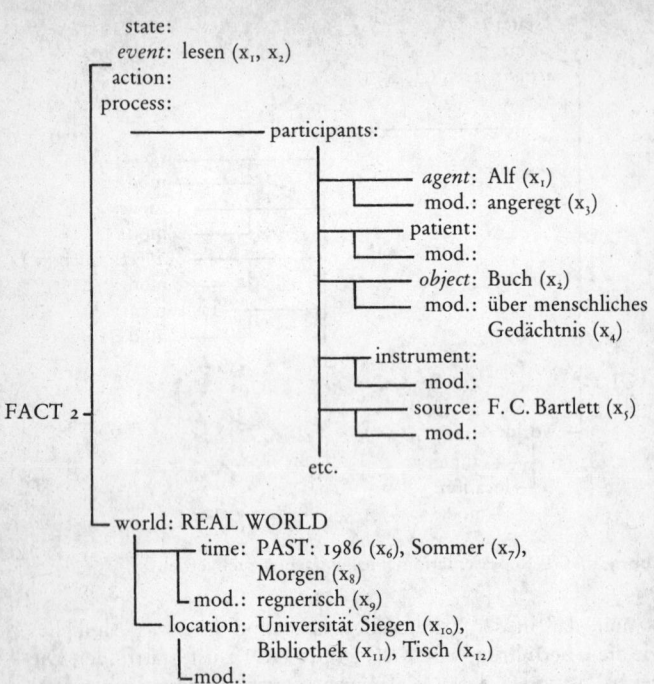

```
        state:
         event: lesen (x₁, x₂)
       ┌ action:
       │ process:
       │ ──────────────── participants:
       │                        ┌────── agent: Alf (x₁)
       │                        │ └──── mod.: angeregt (x₃)
       │                        ├────── patient:
       │                        │ └──── mod.:
       │                        ├────── object: Buch (x₂)
       │                        │ └──── mod.: über menschliches
       │                        │             Gedächtnis (x₄)
       │                        ├── instrument:
       │                        │ └──── mod.:
FACT 2 ┤                        └────── source: F. C. Bartlett (x₅)
       │                          └──── mod.:
       │
       │                     etc.
       │
       └ world: REAL WORLD
              ┌── time: PAST: 1986 (x₆), Sommer (x₇),
              │              Morgen (x₈)
              │ └── mod.: regnerisch (x₉)
              └── location: Universität Siegen (x₁₀),
                │              Bibliothek (x₁₁), Tisch (x₁₂)
                └── mod.:
```

Abb. 4 FACT-Repräsentation eines komplexen Sachverhaltes

dend ist dabei, daß der Verlust einer einmal erzeugten Konsistenz neue Unsicherheit und Offenheit bedeuten würde. Folgt man der Ansicht G. M. Schlesingers, daß es in der menschlichen Natur liege, semantische Vakui zu vermeiden,[24] dann ist auch anzunehmen, daß eine einmal erzeugte Konsistenz nicht ohne Not gefährdet oder gar aufgegeben wird. Aus diesem Zusammenhang ergibt sich, daß diejenigen kognitiven Strukturen, unter deren Mitwirkung zuerst eine konsistente Gesamtstruktur entsteht, auch als

24 Vgl. Schlesinger, I. M. (1971), »Production of Utterance and Language Acquisition«, in: Slobin, D. (Hg.), *The Ontogenesis of Grammar*, New York, S. 63-101.

diejenigen ›Inhalte‹ verrechnet werden, die die Erinnerung präzisieren und in den Details genauer bestimmen.[25]

Welche ›Inhalte‹ auf diese Weise selektiert werden können, wird auch davon abhängen, welche Elemente/Slots der FACT-Struktur jeweils ins Zentrum der Aufmerksamkeit gelangen, das heißt, welche Positionen/Elemente durch diese Art der Verstärkung hervorgehoben werden und folglich einen stärkeren Einfluß auf das mentale Geschehen gewinnen können. Im Prinzip kann jedes Element einer solchen FACT-Struktur fokussiert werden mit der Folge, daß die Elaboration sich dann von dort aus weiter verzweigt. So ließen sich für unser Beispiel weiterführende Elaborationen z. B. des Konzeptes Agent denken, in der Herkunft, Aussehen und Charakter von Alf, sein Studium, seine Kommilitonen, seine Studentenbude usw. thematisch würden, oder Elaborationen des Konzeptes Location, in denen die Lage der Universität auf dem Haardter Berg, die Öffnungszeiten der Bibliothek, besondere Universitätseinrichtungen usw. eine Rolle spielen könnten. In der Regel laufen Erinnerungselaborationen nicht ad infinitum weiter, sondern kommen – etwa wenn eine subjektiv befriedigende kohärente Struktur realisiert ist – an ein ›natürliches‹ Ende oder werden von aktuellen Wahrnehmungen und aktuellem Handlungsbedarf überlagert und verdrängt. Es dürfte eine allgemeine Erfahrung sein, daß im Verlaufe von Erinnerungselaborationen mitunter auch alternative, in sich jeweils konsistente Elaborationsvarianten erzeugt werden können. Dabei scheint es bezeichnend für die Bedingungen und Modalitäten der Erinnerungs*tätigkeit*, daß solche Ambiguitäten meist gar nicht anders als pragmatisch aufgelöst werden können, indem z. B. Doppellösungen toleriert werden (bzw. die Desambiguierung auf einen späteren Zeitpunkt verschoben wird), eine von der Sache her oft unmotivierte (und nicht weiter begründbare) Entscheidung für die eine oder andere Variante getroffen oder das Gespräch mit anderen Personen gesucht wird. Dies scheint bezeichnend, weil darin deutlich wird, daß es neben Konsistenz und Vertrautheit keine weiteren internen Kriterien der Evaluation gibt. Aus diesem Grunde müßten alternative Elaborationsvarianten das subjektive Vertrauen in das eigene Erinnerungsvermögen entsprechend nachhaltig verunsichern. Daß dies nicht immer geschieht (oder

25 Vgl. Rusch (1987), S. 362.

nur selten sichtbar wird), mag daran liegen, daß weitere kognitive Instanzen in das Geschehen eingreifen, z. B. in Form einer Art Verträglichkeitsprüfung mit aktuellen Selbst-Konzepten, mit dem Gewissen, mit den Erwartungen anderer, mit gesellschaftlichen Normen und Standards.

Wie bereits angedeutet, spielen sprachliche Strategien bzw. Verbalisierungsstrategien eine wichtige Rolle in der Erinnerungselaboration. Neben der Verstärkungsfunktion, die Verbalisierungen für die Präsenthaltung und assoziative Verknüpfung mentaler ›Inhalte‹ erfüllen, ist hier vor allem auch an die (aus der Wechselwirkung zwischen Bewußtseinsprozessen und wahrgenommenen Verbalisierungen resultierenden) strukturbildenden bzw. die Bildung komplexerer Strukturen fördernden Funktionen syntaktischer Grundmuster (auf Satz- und Textebene), an das Tempus sowie an relationale, konditionale und kausale Verknüpfungen zu denken.

Auf der Textebene werden in erster Linie jene Schemata zur Geltung kommen, die der produktiven und rezeptiven Organisation von Erzählungen dienen. Alltagserzählungen sind vor allem von W. Labov untersucht und in ihrer Struktur beschrieben worden. »Eine vollständige Erzählung beginnt mit einer Orientierung, geht über zu der Handlungskomplikation, wird an dem Fokus der Evaluation vor der Auflösung suspendiert, schließt mit dem Resultat ab und führt mit der Koda den Zuhörer in die Gegenwart zurück.«[26] So sorgt die Erzählung (als formaler Organisationsrahmen der Elaboration nicht nur für eine relativ bestimmte Form und Gestalt, sondern auch für eine bestimmte Richtung. In diesem Sinne führt das Erzählschema fast zwangsläufig zu einem kohärenten Entwurf einer Geschichte, der in dem Maße, wie ihm Schlüssigkeit, Wahrscheinlichkeit und Anschaulichkeit, schließlich auch Interesse und Zustimmung der Zuhörer zukommen, seinen Entwurfscharakter zunehmend verliert, »... weil es immer schwieriger wird, gegen die Überzeugungskraft eines komplexen konsistenten Systems zu denken, und weil es eine immer größere Anstrengung und schließlich eine Unmöglichkeit bedeuten würde, die durch ein solches System einmal gewonnene Konsonanz, die Sicherheit und das Vergnügen ohne Not preiszugeben.

26 Labov, W. (1980), *Sprache im sozialen Kontext*, Frankfurt/M.: Fischer Athenäum, S. 302.

Damit wird das kognitive System gewissermaßen ein Opfer seiner eigenen Verführungskünste; es kann die Kohärenz, die es erzeugt, nicht leugnen, und erliegt daher selbst der Überzeugungskraft, auf die hin seine Konstruktionen angelegt sind.«[27]

Neben solchen strukturellen Bedingungen kommen aber schließlich auch pragmatische Bedingungen ins Spiel, die sich mit den Äußerungssituationen, mit der Anwesenheit bestimmter Kommunikationspartner, mit bestimmten allgemeinen und speziellen Gesprächszielen oder Absichten (z. B. Information, Unterrichtung, anweisendes Beispiel geben, warnendes Beispiel geben, sich beliebt machen, Herstellung von Gemeinsamkeit usf.) ergeben. Außerdem spielen konversationelle Prinzipien, etwa die von H. P. Grice formulierten Konversationsmaximen[28] eine wichtige Rolle. Betrachtete man diese Maximen als konversationelle Konventionen, so würde leicht einsichtig, daß buchstäbliche Verbalisationen von Erinnerungen (kontextlosen Ereignisfragmenten) oder der Vorgänge in der Erinnerungselaboration (Revisionen, Relativierungen und Veränderungen) kaum eine Chance hätten, als Gesprächsbeitrag akzeptiert zu werden. »In diesem Sinne manifestieren oder bekräftigen die konversationellen Bedingungen jene, durch eine erste Verbalisation getroffene Festlegung auf eine bestimmte syntaktische und semantische Struktur; sie machen einen Verbalisations*entwurf* verbindlich und verstärken dadurch die für eine Erinnerungselaboration einmal gesetzten Konsistenzbedingungen (ebenso wie die einmal eingeschlagenen Richtungen, G. R.). Aber nicht nur das; sie üben auch einen gewissen Druck oder Zwang zur Elaboration und zur Vermeidung von Ambigui-

27 Rusch (1987), S. 374.
28 Als Konservationsmaximen nennt Grice:
   – Mache deinen Beitrag so informativ wie erforderlich
   – Mache deinen Beitrag nicht informativer als erforderlich
   – Versuche deinen Beitrag so zu machen, daß er wahr ist
   – Sage nichts, von dem du glaubst, es sei falsch
   – Sage nichts, wofür du keine angemessene Evidenz hast
   – Sei relevant
   – Vermeide Dunkelheit des Ausdrucks
   – Vermeide Mehrdeutigkeit
   – Sei kurz
   – Sei folgerichtig
   Vgl. Braunroth, M. u. a. (1975), *Ansätze und Aufgaben der linguistischen Pragmatik*, Frankfurt/M.: Fischer Athenäum, S. 180.

täten oder Unsicherheiten aus, d. h., sie forcieren die Konstruktion einer konsistenten Elaboration.«[29]

Mit einer letzten These kommen wir zum Schluß. *Der Vorgang des Erinnerns ist im wesentlichen nicht als ›Zugriff‹ zum Gedächtnis, sondern als ein Prozeß der Elaboration von als Erinnerungen qualifizierten sinnlichen Anmutungen aufzufassen. Dabei hängt er in erheblichem Maße von Bedingungen ab, die unabhängig von den ›erinnerten Inhalten‹ sind, z. B. von allgemeinem Weltwissen, von kognitiven Prinzipien der Verarbeitung von Bewußtseinselementen, von sprachlichen, narrativen und konversationellen Bedingungen und Modalitäten zum Zeitpunkt der Elaboration.*

29 Rusch (1987), S. 367.

Peter M. Hejl
Wie Gesellschaften Erfahrungen machen oder Was Gesellschaftstheorie zum Verständnis des Gedächtnisproblems beitragen kann[1]

1. Einleitung

Die Beschäftigung mit den Phänomenen, die wir als »Gedächtnis« bezeichnen, gehört traditionellerweise zur Domäne von Biologie, Medizin und Psychologie. Seit Entstehung der Computertechnik interessieren sich aber auch die daran arbeitenden Ingenieure für das Problem der Datenspeicherung. Weil das jedoch eine Ähnlichkeit mit Prozessen des Merkens und Erinnerns hat – und weil, worauf H. von Foerster[2] mehrfach verwiesen hat, die Neigung zur Verwendung anthropomorpher Begriffe auch in der Technik kaum zu kontrollieren ist –, wurden die elektronischen Speichereinrichtungen im angloamerikanischen Bereich[3] häufig »memory« (»Gedächtnis«) genannt. Da man zugleich, und noch für sehr lange Zeit, nur sehr wenig über die Funktionsweise des Gedächtnisses wußte, entwickelte sich rasch die verbreitete Überzeugung, auch das menschliche Gedächtnis funktioniere wie die »memory« genannten Speichereinheiten. Mit der Ausbreitung der Computertechnik, der Entstehung der Forschungen zur Künstlichen Intelligenz (KI-Forschung) und unter dem Einfluß einer

1 Die Argumentation dieses Beitrags verdankt viel den zahlreichen Diskussionen, die ich in den letzten Jahren mit H. von Foerster und R. Roth führte. Beiden sei herzlich gedankt. In diesen Diskussionen wurden gerade auch die Gemeinsamkeiten der Fragestellungen deutlich. Erst deren Erkenntnis ermöglichte die Neulektüre des Werkes von É. Durkheim unter dem Aspekt sozialer Selbstorganisation und damit auch die Konstruktion sozialer Differenzierungsprozesse als Ausbildung von Konnektivitäten im Rahmen von Selbstorganisation und Selbstregelung.
2 Vgl. H. von Foerster (1985, S. 95 ff.).
3 Eine Wortwahl, die von ihren deutschen Kollegen überwiegend nicht übernommen wurde, was ihnen einige Konfusion ersparte, obwohl auch hier das Konzept teilweise Anhänger fand.

fachlich meist wenig qualifizierten[4] journalistischen Behandlung des Themenkomplexes »Computer und Gehirn« wurde das Speichermodell für einige Jahre zur Vorlage des Nachdenkens über Gedächtnis. Dies galt sogar für Biologie, Medizin und Psychologie, obwohl man es dort hätte besser wissen können – und etwas außerhalb des »main-streams« ja auch wußte.

Unter dem Eindruck nicht zuletzt des Scheiterns der traditionellen KI-Forschung, die am Modell der von Neumann-Maschine orientiert war, sowie des Entstehens von leistungsfähigen Parallelrechnern, aber auch der erst damit Glaubwürdigkeit gewinnenden Kritik an der kognitionstheoretischen Verwendung der von Neumann-Maschine,[5] entstand eine stärker an biologischen For-

4 Fachliche Überforderung, journalistische Vereinfachungsnotwendigkeiten und der Druck, um des Verkaufens willen dramatische und/oder sensationelle Ereignisse berichten zu können (hierher gehört etwa die Rede vom »Elektronengehirn«, die gerade auch in einem so auf kritisch-intellektuelle Distanz stilisierten Publikationsorgan wie DER SPIEGEL immer wieder verwendet wird), führten zu oft zu einer dichotomen Berichterstattung. So wurde entweder unkritisch positiv über Fortschritte der Computertechnik und der KI-Forschung berichtet, oder es wurden vor allem negative Folgen der Computerausbreitung vorhergesagt. Dabei stellte man jedoch in der Regel die fundamentalen Modelle der KI-Forschung kaum in Frage. Die Autoren beschränkten sich vielmehr häufig auf eine positive oder negative Bewertung für sie evidenter (aber unbewiesener) Folgen. Zu dieser Berichterstattung trugen allerdings auch die Pioniere und frühen Propagandisten der KI-Forschung selber bei durch ihre häufig überzogenen Erfolgsmeldungen und Versprechungen künftiger Fortschritte. Vgl. als zwar parteiischen, aber vielfach informativen Bericht zur (Früh-)Geschichte der KI-Entwicklung P. McCorduck (1979). Als »Klassiker« der KI-Kritik sind vor allem zu nennen H. L. Dreyfus (1985) und J. Weizenbaum (1978). Die Vorlage für viele, allerdings vergröbernde Kritiken ist S. Turkle (1984). Für eine ausführlichere Darstellung und Analyse der Diskussion um die Computerwirkungen und die ihr zugrundeliegenden theoretischen Konzepte, aber auch verschiedenartigen Interessen vgl. P. M. Hejl (1988a).

5 Die Reorientierung der KI-Forschung belegt in besonderem Maße, daß die von Wissenschaftlern häufig und gernverbreitete Behauptung, Wissenschaft sei ein an Logik und Experiment orientierter rationaler Diskussionsprozeß, als idealisierte Selbstpräsentation zu verstehen ist. Durch sie werden die ganz anderen Mechanismen folgenden Prozesse wissenschaftlicher Selbstorganisation (vgl. dazu die Beiträge in

schungen, aber auch einfach an differenzierten Beschreibungen des Phänomens Gedächtnis orientierte neue Variante der KI-Forschung, der Konnektionismus.[6] Aus wissenschaftshistorischer Perspektive handelt es sich dabei freilich um einen *Neo*konnektionismus, schließen seine Vertreter doch mehr oder weniger deutlich an die Arbeiten der im Rahmen der Kybernetik entstandenen netzwerktheoretischen Arbeiten von W. S. McCulloch[7] und des von ihm begründeten ursprünglichen Konnektionismus an. Da gleichzeitig auch neue und für das Verständnis von Gedächtnis wichtige Arbeiten in der Biologie entstanden sind, besteht heute eine Situation, in der das Speichermodell der vergangenen Phase an Bedeutung verloren hat, ohne daß doch schon ein Nachfolger inthronisiert wäre, eine Umbruchsituation also, die ja auch der vorliegende Sammelband belegt.

In einer solchen Umbruchphase kann es hilfreich sein, statt in der *Technik* nach Modellen und Erfahrungen mit Prozessen des Merkens und Erinnerns zu suchen, einen Blick auf den *sozialwissenschaftlichen* Umgang mit vergleichbaren Phänomenen zu werfen. Hinter dieser Überlegung steht der aus der Wissenschaftsgeschichte leicht belegbare Befund,[8] daß eine erhebliche Reihe

W. Krohn, G. Küppers und H. Nowotny (Hg.) (1990) und Selbstregelung (s. P. M. Hejl (1990)) vernachlässigt und nicht zuletzt auch der öffentlichen Aufmerksamkeit entzogen.

6 Vgl. dazu D. E. Rumelhart und J. L. McClelland (Hg.) (1986) und zur Auseinandersetzung aus eher traditioneller KI-Perspektive die Beiträge in S. Pinker/J. Mehler (Hg.) (1988).

7 Vgl. als Sammlung wichtiger Veröffentlichungen W. S. McCulloch (1965a) sowie als teilweise Fortsetzung dieser Linie die Arbeiten von H. von Foerster (1985).

8 So entstammen der Klassenbegriff, der Struktur- und Funktionsbegriff ebenso wie das Differenzierungskonzept der Biologie, die dabei ihrerseits auf eine reiche Tradition sozialer Differenzierung und ihrer Aufnahme in die soziale Selbstbeschreibung zurückgreifen konnte. Ein Beispiel ist etwa die auch funktionalistisch begründete Einteilung in oratores, bellatores und laboratores (vgl. dazu O. G. Oexle (1988)). Umgekehrt wurde der Terminus Biologie vom Begründer der Soziologie A. Comte durchgesetzt (vgl. G. Canguilhem 1981), während das für die Evolutionstheorie zentrale Konzept der Konkurrenz sozialen und sozialwissenschaftlichen Ursprungs ist, um nur diese Beispiele zu nennen (vgl. als einen eindringlichen Beleg für diese Wechselwirkungen die Geschichte der Evolutionstheorie von O. Rieppel (1989)).

grundlegender Konzepte sowohl der Biologie als auch der Soziologie aus einem Transfer von Problemstellungen und Lösungsversuchen zwischen den Disziplinen entstanden sind bzw. daß die biologische Theoriebildung in besonderem Maße mit gesellschaftlichen Veränderungsprozessen verbunden war, die natürlich auch die Sozialwissenschaften umtrieben. Die Voraussetzung für diese besondere Beziehung zwischen den beiden Disziplinen war und ist die Überzeugung, daß Soziologie es mit einem natürlichen Gegenstandsbereich zu tun hat, eine Auffassung, die insbesondere bei Durkheim zu finden ist und seiner Proklamation eines soziologischen Gegenstandes sui generis zugrunde liegt. In diesem Sinne ist Soziologie seit ihrer Durchsetzung im 19. Jahrhundert[9] letztlich auch eine Wissenschaft »der« Natur. Damit steht sie konsequenterweise, und abstrakt genug gefaßt, in einigen ihrer Fragestellungen vor allem der Biologie nahe, insbesondere soweit beide Disziplinen sich mit Problemen der Organisation und Regelung komplexer und komplizierter Einheiten (Organismen, Organisationen, Systemen) auf unterschiedlichen Niveaus befassen[10].

Zunächst werde ich kurz das Speichermodell des Gedächtnisses skizzieren und bezüglich seiner zentralen Aspekte kritisieren. Danach werde ich der Frage nachgehen, wie Gesellschaften sich etwas merken und wie sie sich erinnern. Schließlich werde ich auf dieser Basis eine Alternative zum Speichermodell des Gedächtnisses umreißen.

Aus Platzgründen und weil das Problem gegenüber dem des Verständnisses von Gedächtnis theoretisch sekundär zu sein scheint, werde ich die Frage der Bedeutung schriftlicher und anderer Dokumente für den Prozeß gesellschaftlichen Erinnerns nur kurz streifen. Wenn auf den folgenden Seiten von »Bedeutungserzeugung« gesprochen wird, so ist das bezogen auf Prozesse sozialer Differenzierung und auf solche der Auslösung bereits früher aus-

9 Eben damit unterscheidet sich die nichtreduktionistische Soziologie, um die es hier geht, von ihren Vorläufern. Diese waren zwar auch von Natur ausgegangen, allerdings von der des Menschen, und hatten dann gefragt, wie Gesellschaft als Kunstprodukt aussehen müsse, um auf die menschliche Natur abgestellt zu sein.
10 Es ist hier nicht der Platz, diesen Aspekt weiter zu entwickeln. Der Verweis auf vergleichbare Problemstellungen sollte jedoch nicht als Begründung für einen Biologismus mißverstanden werden.

gebildeter Bedeutungen. Mitgedacht ist dabei, daß mit diesen Prozessen neue Bedeutungen auf der Ebene sowohl von Komponenten sozialer Systeme als auch auf der von Individuen im soziologischen Sinne ermöglicht werden. Ungelöst bleibt hier freilich weiter die für ein umfassendes Verständnis von Gedächtnis, Wahrnehmung und Denken fundamentale Frage, wie aus den physikochemischen Prozessen in unseren Gehirnen die Wahrnehmung unserer phänomenalen Welt entsteht. Wenn auch dieser Übergang ungeklärt bleibt, so kann man doch vermuten, daß die Überlegungen zur Funktion der Organisation und zum selbstorganisatorischen Interaktionsprozeß zwischen Komponenten und Organisation eine gewisse Entsprechung im menschlichen Gehirn bei der Erzeugung von Gedächtnisphänomenen findet.

2. Zur Problematisierung des Speichermodells von Gedächtnis

Ohne hier auf technische Details einzugehen, meine ich mit »Speichermodell« eine Gedächtniskonzeption, deren Vertreter davon ausgehen, daß das Gespeicherte unversehrt reproduziert werden kann. Dabei ist hervorzuheben, daß das Speichermodell die letzten Jahrzehnte in einer ansonsten eher exzessiv gegen das Ansammeln »reproduzierbaren« Wissens eingestellten »Fach-« und Laienöffentlichkeit überstehen konnte – was an sich bereits bemerkenswert ist –, weil es durch die Computertechnik und deren Erfolge in zahlreichen Gebieten gerechtfertigt zu sein schien. Freilich entstand das Modell nicht erst mit der Computertechnik. Es koinzidierte vielmehr mit deren technischen Möglichkeiten und gewann seine Plausibilität sowohl aus dem allgemeinen Erfolg der Computertechnik als auch aus viel älteren Vorstellungen. Lernprozesse wurden bereits seit Beginn einer professionellen Beschäftigung mit Lernen als Speicherprozesse verstanden. Dies belegen nicht nur der berühmte Nürnberger Trichter, sondern auch die vielen Lehrmethoden, in deren Mittelpunkt die Memoration steht, oder – wenn auch moderner – lerntheoretische Experimentalanordnungen, die ebenfalls mit Erinnerungsleistungen arbeiten.

Das beste Beispiel für das Speichermodell und seine Probleme ist ein Lagerhaus, d. h. ein Speicher für Güter. In einem Speicher werden normalerweise Gegenstände aufbewahrt, die unterschiedlich sind. Er muß also so eingerichtet sein, daß die gelagerten Güter geschützt werden und die Plätze festgelegt sind, an denen ein bestimmter Gegenstand abzulegen ist. Dies verlangt nach einer raumzeitlichen Ordnung, die einer Klassifikation der aufzubewahrenden Güter entspricht: Es muß bekannt sein, welcher Gegenstand wohin kommt und wo die zuerst eingetroffenen Güter abgelegt sind. Diese Ordnung ist jedoch nicht nur dafür notwendig, eintreffendes Lagergut ablegen zu können. Sie ist vielmehr auch Voraussetzung dafür, das Gelagerte wiederfinden zu können, wenn es benötigt wird. Wir haben also zwei Hauptmerkmale, die das Speichermodell kennzeichnen:

1. die gespeicherten Gegenstände sind gegen Einflüsse aus der Umwelt zu sichern;
2. es muß eine auf die eintreffenden Gegenstände abgestimmte Ordnung im Speicher geben, die Ablage und Wiederauffinden (»information storage and retrieval«) der gespeicherten Güter garantiert.

Betrachtet man das erste Merkmal in der Übertragung auf kognitive Prozesse so wird deutlich, daß zwei spezifische Annahmen aus dem Speichermodell folgen:

a) Alles Erinnerte wird als während der Speicherung möglichst *nicht zu Veränderndes* verstanden.

b) Gleichzeitig ergibt sich eine Tendenz, das zu Erinnernde bezüglich seiner Veränderbarkeit (Modus und Geschwindigkeit) zu *standardisieren.*

In marxistischer Terminologie formuliert, wird Wissen im Speichermodell implizite als Ware behandelt. Auf der technischen Ebene folgt dies natürlich schlicht daraus, daß physikalische Zustände konserviert werden. Gelingt das, so werden, aktiviert man die betreffenden Zustände erneut, die ihnen fest zugeordneten Symbole über die jeweilige Peripherie (meist ein Drucker oder ein Bildschirm) ausgegeben. Dabei berücksichtigt man auf der Speicherebene nicht die (letzlich physikochemischen) Prozesse, in die das Gespeicherte für biologische oder soziale Systeme funktional eingebunden ist. Der Grund dafür ist auch leicht einzusehen. John von Neumann und die an der Entwicklung der ersten Universalcomputer beteiligten Wissenschaftler[11] hatten deren »uni-

11 Wobei die »Vaterschaft« unklar ist. Während J. von Neumann nicht

verselle« Nutzung dadurch erreicht, daß sie eine Maschine konzipierten, die programmierbar war und so für verschiedene Aufgaben eingesetzt werden konnte. Waren die früheren Computer noch Spezialmaschinen, die *technisch* (durch Auswahl und Verdrahtung der Bausteine) auf die Erfüllung einer einzigen oder einer eng umgrenzten Menge von Aufgaben ausgelegt waren, so wurde diese Beschränkung nunmehr durch die *Trennung* von allgemein einsetzbarem Gerät (mit den Grundbestandteilen Recheneinheit, Speicher und Ein-/Ausgabegeräten) und speziellem Programm überwunden. Nicht nur aus technischen Gründen, sondern auch von dieser Konzeption her, durften weder gespeicherte Programme noch Daten in den Speichern ohne entsprechende Benutzeranweisungen verändert werden. Das Konzept basiert darauf, daß die materielle Grundlage, die Hardware, unverändert bleibt, während Veränderungen im Funktionieren der Maschine durch Auswahl unter den Möglichkeiten gewährleistet wird, die ein Programm bietet, oder, wenn das nicht ausreicht, durch Programmwechsel.

Damit sollte auch deutlich sein, warum im Speichermodell des Gedächtnisses impliziert ist, daß nicht unterschieden werden muß zwischen Wissen, das relativ unverändert bleiben sollte, und Wissen, das durchaus Veränderungen unterworfen sein kann. Die Trennung von »Speicherung« und »Verarbeitung« im Modell führt in der Anwendung auf lebende Systeme zur scharfen Unterscheidung zwischen Gedächtnis und Kognition, wobei Emotionen oft sogar ganz ausgeklammert bleiben. Die durch das Speichermodell nahegelegte Einschränkung der Veränderbarkeit auf den Typus der bewußten Veränderung (durch den Benutzer) bedeutet also auch eine auf das Erinnerte rückwirkende Standardisierung gegenüber der Vielfalt möglicher Veränderungsarten.

Das zweite Merkmal des Speichermodells, die zu erbringenden Ordnungsleistungen, sind jedoch nicht weniger wichtig. Damit Gegenstände wiedergefunden werden können, müssen sie einerseits *identifiziert* werden. Nur unter dieser Bedingung ist es mög-

beanspruchte, der Erfinder des ihm oft zugeschriebenen und jedenfalls nach ihm benannten Konzepts des sequentiell arbeitenden Universalrechners zu sein (vgl. P. McCorduck (1979, S. 62), beansprucht N. Wiener (vgl. 1969, S. 22 ff.) zumindest einer der Väter zu sein – ein Anspruch, für dessen Berechtigung es jedoch keine Belege zu geben scheint.

lich, den gesuchten Gegenstand von anderen zu unterscheiden und somit zu wissen, ob man gefunden hat, was man sucht. Außerdem müssen jedoch für alle zu lagernden Einheiten die Speicherplätze vorgesehen und reserviert werden, so daß man weiß, welcher Gegenstand wo hingehört und somit auch da gefunden werden kann. Bei der Planung und Organisation eines Speichers ist es überdies nützlich, *vorab* zu wissen, welche Gegenstände eintreffen werden, eventuell auch ihre Bedeutung zu kennen und zu wissen, mit welcher Häufigkeit sie eintreffen und/oder wieder benötigt werden. Weder bei der Planung eines Speichers noch bei der Konstruktion von Computern führt diese Notwendigkeit und das, was sie an Wissen und Erkenntnisleistungen voraussetzt, zu prinzipiellen Schwierigkeiten.

Betrachtet man jedoch auf der Grundlage dieser Skizze den Speicher als Modell des Gedächtnisses mit kritischem Blick, so werden einige zentrale Probleme schnell deutlich:

1. Das Speichermodell legt nahe, daß Erfahrungen, Gelerntes etc. als figürliche oder sprachliche Abbildungen im Gehirn aufbewahrt werden.[12] Das Modell fördert also eine objektivistische Epistemologie mit einer Tendenz zur Vergegenständlichung von Wahrnehmungen.

2. Gleichzeitig ist jedoch nicht ersichtlich, wo und wie im Gehirn Wahrnehmungen derart abgelegt werden, wie es das Speichermodell suggeriert.

3. Ebenfalls unverständlich ist, wo das Wissen vorhanden (gespeichert?) ist, das offenbar vor jedem Input schon präsent sein muß, um sowohl die Organisation des Gedächtnisses zu er-

12 Auf die in diesem Zusammenhang häufige Verwendung des Repräsentationsbegriffs wird hier bewußt verzichtet (s. aber unten). Wie E. von Glasersfeld (1984) dankenswerterweise in Erinnerung gerufen hat, entsprechen dem englischen Repräsentationsbegriff im Deutschen mindestens vier unterschiedliche Begriffe und Vorstellungen: »darstellen«, »vorstellen«, »vertreten« und »bedeuten«. Dem wäre als weitere wichtige Bedeutung noch »abbilden« hinzuzufügen. Angesichts der Vielfalt unterschiedlicher Konzepte ist der Repräsentationsbegriff sowohl im angloamerikanischen als auch im französischen Sprachbereich konzeptuell oft überfordert, wenn es auf die unterschiedlichen Bedeutungen ankommt, was bei erkenntnis-, lern- und kognitionstheoretischen Fragen in verschiedenen Zusammenhängen häufig der Fall ist. Die Verwendung des Begriffs führt demnach auch häufig zu epistemologischen Verwirrungen.

möglichen als auch um die Spezifität eingehender Inputs identifizieren zu können, was ja Voraussetzung für gezielte Speicherung ist.

4. Da für die Klassifikation eingehender Inputs zum Zwecke der gezielten Speicherung (und damit auch des Wiederauffindens) eine Entscheidungsinstanz angenommen werden muß, die die Klassifikation vornimmt und die dem zu Speichernden einerseits übergeordnet ist, andererseits aber auch von ihm verändert werden können muß (wenn man ihr kein a priori vollkommenes Weltwissen unterstellen will, was Speicherung obendrein überflüssig machen würde), muß auch nach dieser gefragt werden.

5. Schließlich ergeben sich theoretische Probleme aus dem empirischen Befund, daß wir offenbar in der Lage sind, Gedächtnis-»inhalte« in Bruchteilen von Sekunden zu aktualisieren, während nach jeder Berechnung, die die Menge der bei solchen Erinnerungsprozessen zu berücksichtigenden Details und die gut bekannte Übertragungsgeschwindigkeit neuronaler Bahnen zugrundelegt, erheblich längere Zeiten angenommen werden müssen.[13]

Bevor ich mich der Art zuwende, wie Gesellschaften Erfahrungen machen und sich erinnern, möchte ich zumindest kurz den mit Merken und Erinnern verknüpften Prozeß konzeptuell etwas schärfer fassen. Es bietet sich an, einen derartigen Versuch an den Phänomenen festzumachen, die wir normalerweise als gedächtnisabhängig verstehen.

Mit »Erfahrungen machen« bezeichnen wir normalerweise Prozesse, in denen wir uns so *verändern,* daß unser weiteres Handeln anders abläuft, als es ohne die betreffenden Erfahrungen vermutlich abgelaufen wäre. Es handelt sich also um Phänomene, die Lernprozessen sehr ähnlich, wenn nicht gar mit ihnen identisch sind. Wenn wir uns an erfahrene Ereignisse selber erinnern, dann sehen oder erleben wir sie unterschiedlich plastisch und intensiv aufs neue. Erinnerungen sind in der Regel, wie alles Erleben, selektiv. Dabei gibt es Erinnerungen, für die sich mit Hilfe zusätzlicher Kriterien feststellen läßt, daß sie sehr genau den Ereignissen entsprechen, aufgrund derer sie entstanden, während an-

13 Deshalb bezeichnet G. Roth (1987, S. 280) auch das Gedächtnis als das wichtigste Wahrnehmungsorgan.

dere Erfahrungen »in unseren Gedächtnissen« mehr oder weniger stark verändert worden sind. Die meisten *Erinnerungen,* die wir im täglichen Leben benötigen, *stehen uns* praktisch *sofort und meist mühelos zur Verfügung.* So bereitet es uns offenbar keine Schwierigkeit, die unglaublich komplexen Orientierungsleistungen zu erbringen, die erst den Umgang mit unserer normalen Umgebung und mit den Menschen ermöglichen, denen wir im Alltag begegnen. Dabei wird ganz offensichtlich ein erheblicher Teil der benötigten Wahrnehmungen dem wenigen Wahrgenommenen aus dem Gedächtnis hinzugefügt (woran etwa empiristische Wahrnehmungstheorien scheitern). Müßten wir die Wahrnehmung unserer alltäglichen Umwelt und die in ihr normalerweise auftretenden Menschen und unsere Interaktionen mit ihnen jeden Tag wieder neu aufbauen, wir wären hoffnungslos überfordert und handlungsunfähig. Offenbar stellt jedoch unser Gedächtnis all dieses Wissen in den Sekundenbruchteilen bereit, in denen wir uns in einem Raum orientieren oder aus einer Bewegung oder einigen Worten zutreffend auf einen bestimmten Menschen schließen. Wie wichtig für solche Prozesse unser Gedächtnis ist, zeigt die bei der Verkehrsregelung verbreitete Übung, auf veränderte Verkehrszeichen zusätzlich hinzuweisen mit Schildern oder Puppen, die wie Polizisten aussehen und deshalb bemerkt werden: weil wir »wissen«, daß dort ein bestimmtes Schild steht, meinen wir es beim Fahren auch zu sehen und benötigen deshalb einen Stimulus, durch den unsere Wahrnehmung von Erinnern auf Sehen gewissermaßen »umgestellt« wird.

Ähnlich wie das Erinnern ist auch das Merken ein keineswegs regelmäßig und einförmig verlaufender Prozeß. Während wir uns manche Dinge partout nicht merken können, selbst wenn wir sie häufig memorieren, genügt es manchmal, daß wir eine Szene nur einmal erleben oder von einem Sachverhalt nur kursorisch erfahren und ihn doch fast sofort für lange Zeit sehr genau »reproduzieren« können.

Zusammenfassend kann man also die wichtigsten mit Gedächtnis zusammengehenden Prozesse, nämlich Erinnern und Lernen (im Sinne von Merken), auf der phänomenalen Ebene als Veränderungen auffassen, die ausgelöst werden durch Ereignisse, die eine von uns und/oder anderen wahrgenommene Wirkung auf unsere weiteren Wahrnehmungen und damit auf unser Denken und Handeln haben. Die auslösenden Ereignisse selber können dabei sowohl als »intern« wahrgenommen werden, etwa im Falle von Denkerfahrungen, als auch als »extern«, wenn wir sie z. B. unserer Umwelt zuordnen. Jede Erklärung von Gedächtnisphänomenen muß diese, hier nur auf der Phänomenebene beschriebenen Eigenschaften möglichst vollständig im Modell reproduzieren können.

3. Das Gedächtnis von Gesellschaft

Im Vergleich zum Speichermodell ist der Prozeß des Merkens und Erinnerns in Sozialsystemen sehr viel komplexer, obwohl er durchaus auch Elemente von Speicherung enthält. Um die Besonderheit des gesellschaftlichen Gedächtnisses deutlich zu machen, bietet es sich an, mit einer kurzen systemtheoretischen Reformulierung der Gesellschaftsvorstellung zu beginnen. Erst so werden die analytischen Kategorien gewonnen, die die Spezifik des interessierenden Prozesses hervortreten lassen.

Systeme und die sie bildenden Einheiten betrachte ich mit T. Parsons als analytische Einheiten.[14] Im Falle sozialer Systeme bestehen sie, allgemein gefaßt, 1. aus Komponenten und 2. aus der Organisation, die die Komponenten bilden. Ein *soziales System* liegt dann vor, *wenn eine Menge von Individuen eine gemeinsame Wirklichkeitsfestlegung oder -konstruktion ausgebildet (oder übernommen) hat und mit Bezug auf sie direkt oder indirekt[15] interagiert.* Derartige Konstrukte resultieren aus Prozessen sozialer Wirklichkeitsfestlegung und sind, über die ihnen in aller

14 Das heißt, es liegt beim Beobachter festzulegen, was er in Abhängigkeit von seinen Erklärungsinteressen als die zusammengesetzte Einheit ausgrenzt, die er als System auffassen will. Dabei engt in vielen Fällen die Problemdefinition (je genauer sie ist, desto stärker) diese Freiheit des Beobachters ein. Werden Systeme als Modellierungen der Wirkungsmechanismen verstanden, die das zu erklärende Phänomen erzeugen, so sind klarerweise nicht beliebig viele derartige Mechanismen für ein gegebenes Phänomen zu erwarten.

15 Bei indirekten Interaktionen erfolgen die Beeinflussungsprozesse, die Interaktionen ausmachen, über eine unterschiedliche Anzahl von Komponenten, die als Zwischenglieder einer damit entstehenden Interaktionskette fungieren. Ihre Wirkung ist jedoch nicht auf die von Übertragungsgliedern beschränkt; vielmehr wirken sie unterschiedlich stark modifizierend auf den Interaktionsprozeß ein.

Regel zugeordneten Handlungsprogramme und häufig auch Normen, die für das betreffende System fundamentale Gemeinsamkeit der Menschen, die es bilden. Da sich alles systemische Handeln und seine Veränderungen auf diese sozial erzeugten und elaborierten Wirklichkeitskonstrukte und die ihnen zugeordneten Handlungsprogramme beziehen, bezeichne ich sie als *synreferentiell*. Sozialsysteme werden demgemäß als synreferentielle Systeme verstanden.

Individuen konstituieren Sozialsysteme also dadurch, daß sie *einen Bereich synreferentiellen Denkens, Kommunizierens und Handelns ausbilden und mit Bezug auf ihn interagieren*. Soweit dies der Fall ist, und nur soweit dies der Fall ist, werden Individuen *Komponenten* der Sozialsysteme, die sie bilden oder in die sie eintreten. Komponenten werden dabei als *aktive Einheiten* verstanden. Im Gegensatz zu wohl allen anderen Systemen sind die Komponenten sozialer Systeme durch eine folgenreiche Doppelmitgliedschaft charakterisiert. Einerseits sind sie konstitutive Bestandteile eines Sozialsystems. Als solche sind sie definiert durch die Handlungs- und Verhaltensweisen einschließlich der kognitiven Prozesse, die den für das System typischen synreferentiellen Bereich kennzeichnen.[16] Gleichzeitig existieren sie jedoch als Teilprozesse der kognitiven Systeme von Individuen. Als nur einer unter mehreren Wirklichkeits- und Handlungsbereichen der ja gleichzeitig in mehreren Sozialsystemen als Komponenten beteiligten Individuen werden spezifische Komponentenmerkmale (kognitive Teilprozesse) natürlich von anderen beeinflußt. Dabei ist die Aufrechterhaltung der Grenzen zwischen solchen Teilprozessen, und damit auch zwischen Sozialsystemen, ein sowohl sozial als auch individuell höchst voraussetzungsreicher Prozeß.[17] Da Individuen Komponenten in vielen unter-

16 Diese Bestimmung der Komponenten allein über die Interaktionen, die in das Systemverhalten eingehen, ist keineswegs trivial, wie ein Vergleich mit traditionellen Definitionen zeigt, bei denen unterschieden wurde zwischen Relationen zwischen den Komponenten und zwischen ihren Eigenschaften (vgl. A. D. Hall und R. E. Fagen (1969, S. 81)), ausführlich erörtert in P. M. Hejl (1988b, S. 15 ff.)).

17 Hier sind die seit Durkheim in der Soziologie und Anthropologie diskutierten Prozesse sozialer Differenzierung und Individualisierung zu nennen, in denen die Problematik von Differenzierung und Integration entsteht.

schiedlichen Sozialsystemen sein können (z. B. in einer Familie, einem Sportverein, einer Partei, einem Freundeskreis, einer Firma etc.), werden die Grenzen zwischen den unterschiedlichen Komponenten»rollen« immer wieder überschritten: es kommt innerhalb der umfassenden kognitiven Prozesse von Individuen zu Interaktionen zwischen den unterschiedlichen synreferentiellen Teilbereichen, die sie ausgebildet haben. *Sozialsysteme interagieren* demnach *auf doppelte Weise:* einerseits *direkt über Komponenten,* die als solche mit Komponenten anderer Systeme interagieren (etwa wenn ein Kommunalpolitiker als Vertreter seiner Stadt im Aufsichtsrat eines Atomstromproduzenten sitzt), oder *indirekt über Mehrfachmitgliedschaften von Individuen* in verschiedenen Sozialsystemen (etwa wenn der gleiche Kommunalpolitiker einer Partei angehört, die Kernkraftwerke schließen will).

Als die *Organisation* von Sozialsystemen bezeichne ich *das in einem Zeitintervall stabile Interaktionsmuster zwischen den Komponenten eines Systems.*[18] Jede Systemorganisation ist nun

18 Diese Bestimmung des Organisationsbegriffs unterscheidet sich von älteren Definitionen (vgl. z. B. als fast schon »klassisch« zu nennende Einführung in die Organisationssoziologie als der Unterdisziplin, in der der Organisationsbegriff innerhalb der Sozialwissenschaften im Mittelpunkt steht, R. Mayntz (1969), sowie den Überblicksartikel von R. König (1969)) vor allem in zwei Hinsichten. Sie besitzt einen größeren Allgemeinheitsgrad (indem sie nicht auf Ziele abstellt) und ist gleichzeitig gegenüber der Klasse der traditionell als »Organisation« bezeichneten Phänomene stärker eingeschränkt. Der ältere Organisationsbegriff litt darunter, daß einerseits die Beziehungen zwischen den Komponenten einer zusammengesetzten Einheit und die Festlegung dieser Beziehungen als »Organisation« bezeichnet wurden. In dieser Bedeutung bezog sich der Begriff auf ein Ensemble von Aktivitäten, wie es in der Tätigkeit des »Organisierens« auch angesprochen ist. Andererseits bezeichnete der Begriff aber auch »organisierte« soziale »Gruppen«, wie Firmen, Bürokratien, Interessenverbände usw., einschließlich der Gebäude, in denen sie untergebracht waren, und der Büroeinrichtungen, die sie verwendeten. Damit hatte man die unbefriedigende Situation, daß Organisationen in der zweiten Bedeutung dadurch gekennzeichnet waren, daß sie eben organisiert waren und eine Organisation im ersten Sinne hatten. Durch die hier verwendete Definition kann diese Schwierigkeit überwunden werden: Die zweite Verwendung des Organisationsbegriffs läßt sich durch den Systembegriff ersetzen, während »Organisation« in der vorgeschlagenen Fas-

durch zwei Charakteristika gekennzeichnet: Selektivität und relative Unabhängigkeit von einzelnen Komponenten. Sie bestimmen nachhaltig das Systemverhalten und gestatten, Systeme als zusammengesetzte Einheiten zu verstehen, deren Verhalten nicht auf das isolierter Komponenten zurückgeführt werden kann.[19] Um Mißverständnisse jedoch wenigstens einzuschränken, ist zu unterstreichen, daß beide Eigenschaften, obwohl sie jeden Reduktionismus unmöglich machen, »ohne Rest« erklärbar sind, also keinerlei mystifizierte »Systemeigenschaften« bezeichnen.

Vernachlässigt man als Grenzfall den Idealtypus der Gemeinschaft, so gilt, daß Organisationen durch das Merkmal der Selektivität gekennzeichnet sind. Damit ist gemeint, daß »Organisation« in aller Regel eine Situation bezeichnet, in der nicht alle Komponenten interagieren. Bezogen auf ein Beobachtungsintervall kann vielmehr festgestellt werden, daß es neben einer Menge eher zufälliger oder für das Systemverhalten unbedeutender oder nur marginal wichtiger Interaktionen (etwa wenn sich Angehörige einer Firma, die im Firmenrahmen direkt nichts miteinander zu tun haben, im Fahrstuhl über das Wetter austauschen) ein relativ stabiles Interaktionsmuster gibt, das meist nach Personen und/oder Themen strukturiert ist. Geht man nun von aktiven und einer Eigendynamik folgenden Komponenten aus, so bewirkt die Systemorganisation die selektive Aktivierung der den Komponenten jeweils aufgrund ihrer Eigendynamik möglichen Verhaltensweisen.

Damit erklärt sich auch das ja immer wieder und auf verschiedenen Systemniveaus diskutierte Ineinandergreifen von Eigendynamik und Umwelteinfluß: Damit ein spezifisches Verhalten erzeugt werden kann, muß es von der erzeugenden Einheit aufgrund ihres jeweils gegebenen Zustandes und ihrer Eigendynamik produzierbar sein. Die Eigendynamik legt also eine Klasse möglicher Inputs fest. Gleichzeitig ist jedoch die tatsächliche Verhaltenserzeugung oft von Auslösern abhängig, die aus der Umwelt der betreffenden Einheit kommen. Da Handeln aber über – wie

sung genauer auf den Beitrag der Interaktionen zum Systemverhalten abgestellt ist.

19 Diese Position schließt an die Durkheimsche Überzeugung an, Gesellschaft sei eine Wirklichkeit sui generis, ohne jedoch dessen verschiedentlich auch anklingende Überzeichnung dieser analytischen Position zu teilen.

auch immer zu verstehen – Lernprozesse zu Modifikationen der Dynamik führen kann, kommt es zu einem endlosen »Tanz« zwischen Handlungsauslösung durch die Umwelt und Festlegung möglicher Auslöser durch die Dynamik der Einheit selber. Auf diese Weise werden »viable«[20] synreferentielle Bereiche im System ausgebildet. Sie sind auf die erfolgreiche Handhabung der Systemumwelt abgestellt, ohne sie jemals »objektiv richtig« abzubilden.

Das zweite wichtige Merkmal der Systemorganisation ist ihre relative Unabhängigkeit – und damit die des Systemverhaltens – vom Verhalten einzelner Komponenten. Weil die Organisation aus stabilen Interaktionsbeziehungen besteht, führen Veränderungen einzelner Komponenten nicht notwendig auch zu Veränderungen anderer. Diese setzen vielmehr bereits ausgebildetes Verhalten fort, bis sie aufgrund veränderter Inputs selber ihre Dynamik so verändern, daß allmählich ein insgesamt verändertes Systemverhalten entsteht. Ohne hier auf Details einzugehen, ist es so möglich, daß sich das Systemverhalten proportional zur Menge der Verhaltensänderungen auf Komponentenebene wandelt, daß katastrophentheoretisch beschreibbare Kipphänomene auftreten oder daß chaostheoretisch faßbare Attraktorzustände ausgebildet werden.

Jede Erklärung von Systemverhalten muß mit den hier nur skizzierten »Bausteinen« von Systemen arbeiten, d. h. mit Komponenten und der von ihnen gebildeten Organisation. Das gilt natürlich auch für Prozesse, bei denen offenbar Erfahrungen eine Rolle spielen, d. h. Prozesse, die wir auf der individuellen Ebene mit Begriffen wie Merken, Lernen, Erinnern etc. beschreiben. Betrachtet man nun Gesellschaften[21] unter diesen Gesichtspunkten, so wird deutlich, daß das Hauptgewicht aus erklärungstheoretischen Gründen auf der Ebene der Organisation liegen muß. Will man nämlich die Eigendynamik und damit das Verhalten von Komponenten erklären, so ist man gezwungen, sie ihrerseits

20 Vgl. zum Konzept der Viabilität E. von Glasersfeld (1987, S. 137 ff.).
21 Dabei gehe ich von einem weiten Gesellschaftsbegriff aus, der Gesellschaft als Synonym für (meist national-)staatlich verfaßte Sozialverbände nur als Grenzfall begreift. Dieser Gesellschaftsbegriff erscheint insbesondere problematisch in der Anwendung auf die Situation vieler moderner Staaten mit ihrer charakteristischen internationalen Verflechtung.

als Systeme aufzufassen. Dafür müßte man sie in eine (untersuchbare) Organisation und in lediglich durch beschreib-, aber auf dieser Ebene nicht erklärbare Komponenteneigenschaften zerlegen. Trotzdem sind die Komponenten wichtig, besteht die Organisation doch allein aus ihren Interaktionen.

Vor diesem Hintergrund ist es für das Gedächtnisthema interessant, daß sich die Soziologie schon relativ früh ausführlich mit der Entstehung sozialer Organisation und mit dem Problem ihrer Veränderung beschäftigt hat. Vorläufer wie Hobbes, Rousseau oder auch Kant waren noch von Annahmen über die menschliche Natur ausgegangen und hatten nach den Folgen gefragt, die aus diesen Annahmen für die Organisation des Sociallebens gezogen werden konnten. Gesellschaft war in dieser Sicht menschliches Produkt, artifice oder Kultur, nicht aber Natur. Mit Comte, vor allem aber mit Durkheim änderte sich diese Betrachtung. Gesellschaft war nicht länger ein durch mehr oder weniger ausgeklügelte Verträge begründeter und erzeugter Verbund freier Individuen, sondern wurde, in Anlehnung an biologische Organismusvorstellungen, zu einer eigenen Wirklichkeit, die in ihrem Verhalten nicht länger auf das von Einzelmenschen reduziert werden konnte. Gesellschaft als eine nunmehr natürliche Einheit konnte erstmals auch in einem strengeren Sinne wissenschaftlich analysiert werden.[22] Das aber bedeutete sofort und gleichzeitig die Auseinandersetzung mit dem politisch und sozial brennenden Problem der Arbeitsteilung, d. h. mit der Problematik des Zerbrechens gemeinschaftlicher und ihrer Ersetzung durch arbeitsteilige, das heißt »gesellschaftliche« Sozialformen. Seit den Anfängen der Soziologie stand diese damit vor dem Problem, soziale Veränderungen und die Rolle zu verstehen, die die soziale Organisation als Ergebnis und Mitursache von Veränderungen spielt. Es ist diese Auseinandersetzung mit dem Differenzierungsproblem, die auch für das Verständnis von Gedächtnis von Interesse ist. In geradezu paradigmatischer Klarheit läßt sich das an der fast hundertjährigen Theorie Durkheims zum Übergang von Gemeinschaft zu Gesellschaft zeigen.

Obwohl Durkheim den Begriff der sozialen Differenzierung nur

22 Nur wenn dies vorausgesetzt wird, macht es Sinn, soziale Prozesse als erklärbar zu betrachten, d. h. anzunehmen, daß sie einer ja zu unterstellenden Gesetzlichkeit raumzeitlich kontinuierlicher Ursache/Wirkungs-Ketten unterliegen.

wenig verwendete, ihn sogar ausdrücklich von dem der sozialen Arbeitsteilung als einer kooperativen Beziehung unterscheidet,[23] bezeichnet dieser Terminus doch genau den Prozeß, den er beschreibt mit seinem Modell des Überganges von primitiven, das heißt für ihn intern nicht oder nur gering differenzierten, Gesellschaften zu solchen, in denen die »soziale Arbeit« arbeitsteilig organisiert ist. Um dieses Modell zu skizzieren, was für den hier interessierenden Zweck ausreicht, verwende ich die skizzierte Konzeption sozialer Systeme. Durch die so erreichbare größere Präzision können einige Ambiguitäten vermieden werden, die beim Stand der Theorieentwicklung zur Zeit Durkheims noch kaum zu umgehen waren.

Schematisch lassen sich die Charakteristika von *Gemeinschaften*[24] im verwendeten systemtheoretischen Rahmen wie folgt skizzieren:

Auf der *Ebene der Systemorganisation*, d. h. der Interaktionen zwischen den Komponenten, ist der Idealtypus der Gemeinschaften durch eine nahezu vollständige Vernetzung aller Komponenten gekennzeichnet, d. h. durch eine nur minimale Selektivität der Organisation: Alle Gesellschaftsmitglieder interagieren direkt und aufgrund der geringen Größe, die für diesen Gesellschaftstyp zu unterstellen ist, auch häufig miteinander. Fast alle Erfahrungen

23 Vgl. É. Durkheim (1988, S. 421 f.). Da É. Durkheim Arbeitsteilung als eine kooperative Beziehung von einem lediglich Unterschiede ausbildenden Prozeß der Differenzierung unterscheidet, kann die *interne* Differenzierung, da sie notwendigerweise kooperativ ist, als Synonym zum Durkheimschen Begriff der Arbeitsteilung verwendet werden.

24 Da es um die Entwicklung der theoretischen Argumentation geht, braucht die empirisch-anthropologische Fundierung der Überlegungen Durkheims hier nicht thematisiert zu werden. Da der Bezug auf die Dichotomie der Idealtypen Gemeinschaft – Gesellschaft oft, manchmal auch gern mißverstanden wird, sei der Charakter dieser Gegenüberstellung als eines Arbeitens mit theoretischen Modellen nochmals unterstrichen. Sein Ziel ist es, durch die Verwendung theoretischer Modelle eine größere Klarheit der Argumentation zu erreichen. Der Rückgriff gerade auf das Modellpaar Gemeinschaft – Gesellschaft rechtfertigt sich überdies dadurch, daß es sowohl eine zentrale Verbindungsstelle zur Biologie markiert als auch das für Fragen der Gesellschaftstheorie bis heute dominierende Paradigma ist. An ihm können die meisten theoretischen Problemstellungen auch »moderner« Gesellschaftstheorie entwickelt und diskutiert werden.

der Gesellschaftsmitglieder sind somit mehr oder weniger geteilt. Diesen Organisations*typ* bezeichne ich im Anschluß an W. S. McCulloch[25] als *heterarchisch*. Ohne dies hier im Detail diskutieren zu können,[26] wird damit eine Organisation bezeichnet, die die Systemkomponenten nicht von Interaktionen ausschließt oder sie durch Sequentialisierung (wie bei Hierarchien) in selektiver Weise aktiviert.

In Gemeinschaften als Sozialsystemen mit dominant heterarchischer Organisation kommt es deshalb zu:
– geringer interner Differenzierung (primär nach biologischen Kriterien wie Alter und, in geringerem Maße, Geschlecht),
– weitgehender faktischer Gleichheit der Mitglieder.

Betrachtet man die *Ebene der von den Komponenten in diesem Zusammenhang erzeugten Realitätsdefinitionen und des Eigenverhaltens der Komponenten, das durch dieses geteilte Wissenssystem bedingt wird,* so folgt die bekannte Charakterisierung der »conscience commune« und ihrer Wirkung ganz zwanglos:
– Aufgrund des dichten Interaktionsnetzes erzeugen die Gesellschaftsmitglieder eine (und nur eine) von allen geteilte Beschreibung der Welt und der Gemeinschaft als Bezug synreferentiellen Denkens, Kommunizierens und Handelns.
– Weil der synreferentielle Bereich solcher Gemeinschaften das voraussetzt, was als die Wirklichkeit der betreffenden Gemeinschaft gilt, und festlegt, wie mit ihr angemessen umzugehen ist, zeigt das Eigenverhalten der Gemeinschaftsmitglieder (der Komponenten) nur geringe Unterschiede und ist geregelt bzw. charakterisiert durch:
  – eine dominierende Rolle von Religion und Tradition,
  – die Integration aller Lebens- und Erfahrungsbereiche sowie der Normen individuellen und sozialen Handelns,
  – geringes internes Konfliktpotential,
  – keine oder nur geringe Individualität der Mitglieder im Denken und Handeln.
– Mit den geteilten Erfahrungen sind gleichzeitig auch gute Voraussetzungen für erfolgreiche Kommunikation gegeben.

»Gemeinschaft« bezeichnet also einen Idealtypus, der aufgrund seiner Organisation nur relativ klein sein kann, seinen Mitgliedern ein hohes Maß an Konformität abverlangt und insgesamt

25 Vgl. W. S. McCulloch (1965b).   26 Vgl. P. M. Hejl (1990b).

außerordentlich konservativ im Sinne ständiger Selbsterhaltung des sozialen Miteinanders ist.

Aufgrund der dadurch bedingten *geringen Individualität* der Mitglieder von Gemeinschaften, d. h. ihrer hohen (kognitiven und emotionalen) Ähnlichkeit, unterscheiden sie sich kaum in der Wahrnehmung von Ereignissen oder der Lösung von Problemen. Aufgrund dieser Gleichheit der Gemeinschaftsmitglieder kommt es zu einer spezifischen Art sozialen Zusammenhalts, die Durkheim bekanntlich als »mechanische Solidarität« bezeichnete.

Gesellschaft bezeichnet demgegenüber das zum Idealtypus der ›Gemeinschaft‹ konträr organisierte Sozialsystem mit entsprechenden Folgen für die Komponenten und ihr Eigenverhalten. Wieder schematisch zusammengefaßt, läßt sich sagen:

Auf der *Ebene der Systemorganisation* sind Gesellschaften vor allem durch eine hoch selektive Vernetzung der Komponenten gekennzeichnet. Der Organisationstypus der Heterarchie wird in Gesellschaften durch eine große Anzahl von Hierarchien ergänzt. Da beide Organisationstypen sowohl nebeneinander (etwa bei Verzweigungen von Prozessen) als auch nacheinander (bei Hierarchien) auftreten,[27] können durch die Variation weniger Grundmuster außerordentlich variable und hochkomplexe Organisationen mit sehr spezifischen Selektivitäten und Stabilitätsbedingungen ausgebildet werden. Der selektiven Vernetzung in Gesellschaften entspricht, daß:

– Interaktionen nur zwischen wenigen Systemmitgliedern stattfinden (wenn man von der Menge aller Mitglieder ausgeht) und
– Komponenten in sehr unterschiedlichen Interaktionszusammenhängen stehen, was zu einer starken internen Differenzierung (die prinzipiell nach allen denkbaren Kriterien möglich ist) und weitgehender faktischer Ungleichheit der Mitglieder führt.

27 Wie in P. M. Hejl (1991) gezeigt, können heterarchische und hierarchische Organisationsformen nicht gleichzeitig in der gleichen Einheit auftreten. Hierarchische Organisationsformen wechseln jedoch häufig in der Zeit (und als systemspezifische Reaktionen auf unterschiedliche Problemlagen) auch innerhalb der gleichen Einheit mit hierarchischen ab, etwa beim Wechsel von Routineproblemen zu solchen, die als neu wahrgenommen werden. Generell gilt jedoch, daß Selbstregelungsleistungen eine heterarchische Organisation benötigen, wenn man die Vorstellung der Selbstregelung in einem strengen Sinne versteht.

Betrachtet man nun die von den *Komponenten* (d. h. den Gesellschaftsmitgliedern) *ausgebildeten Realitätsdefinitionen und die
durch diese synreferentiellen Bereiche mitdefinierten Eigenverhalten* der Komponenten, so entsprechen beide der Situation, die
die Systemorganisation ausdrückt:

- Es gibt eine deutliche Tendenz zum Verschwinden (bzw. zur
  Entleerung durch Verallgemeinerung) generell gültiger und
  konkreter Beschreibungen der Welt und der Gemeinschaft. An
  ihre Stelle tritt eine Vielzahl partikularer Welt- und Selbstbe-
  schreibungen, die nur noch von ausdifferenzierten Gruppen
  geteilt werden oder die gar individuenspezifisch sind: der vor-
  mals weitgehend uniforme und gesellschaftsweit geteilte synreferentielle Bereich mit seinem Bezug auf sozial erzeugte
  Selbst- und Umweltbeschreibungen erfährt mit diesen eine
  Differenzierung, die der des Sozialsystems zumindest teilweise
  entspricht.[28]

- Das Eigenverhalten der Komponenten zeigt deshalb starke Unterschiede und ist geregelt bzw. charakterisiert durch
  – den Rückgang der dominierenden Rolle von Religion und
    Tradition,
    – die Auflösung der Integration aller Lebens- und Erfahrungs-
      bereiche sowie der Normen individuellen und sozialen Han-
      delns,
    – die Zunahme des internen Konfliktpotentials,
    – eine große Individualität der Mitglieder in Denken und Han-
      deln.

- Schließlich sind gute Voraussetzungen für erfolgreiche Kom-

28 Es wäre falsch, hier von einer »analogen« Differenzierung zu sprechen. Vielmehr werden durch diese Differenzierungsprozesse die Er-
fahrungsgrundlagen auch für die Differenzierung und Entkopplung
von Handeln und Handlungsbeschreibungen innerhalb der gleichen
Gesellschaft erzeugt. Damit können Handlungs*beschreibungen* sowohl – trotz veränderter Handlungspraxis – konstant gehalten als
auch – bei unveränderten Handlungen – geändert werden. Ebenfalls
ist darauf zu verweisen, daß der Differenzierungsprozeß in Gesellschaften sowohl auf der kognitiven als auch auf der Ebene sozialer
Interaktionen stattfindet, während in Gemeinschaften zwar der jeweilige synreferentielle Bereich stark differenziert sein kann, prinzipiell
aber allen Gesellschaftsmitgliedern zugänglich ist (wobei zu unterstreichen ist, daß es hier um Idealtypen geht!).

munikation aufgrund geteilter Erfahrungen nur noch in ausdifferenzierten Subsystemen gegeben. Gesellschaftsweit wird es schwieriger, erfolgreich zu kommunizieren, weil dafür die Voraussetzungen zwischen ausdifferenzierten Subsystemen immer weniger erfüllt sind.

In Analogie zum Idealtypus der »Gemeinschaft« kann man sagen: »Gesellschaft« bezeichnet einen Idealtypus, der aufgrund seiner Organisation fast unbeschränkt viele Mitglieder haben kann, denen er nur ein geringes Maß an Konformität abverlangt (dem durchaus statistisches Gleichverhalten entsprechen kann). Bezüglich seiner Selbsterhaltung ist auch dieser Typus wie alle Sozialsysteme konservativ, das heißt er reproduziert (und verstärkt zumindest tendenziell) das ihn charakterisierende soziale Nebeneinander. Aufgrund der Individualität der Mitglieder von Gesellschaften, das heißt ihrer hohen (kognitiven und emotionalen) Unterschiedlichkeit, nehmen sie Ereignisse verschieden wahr und lösen Probleme auf vielerlei unterschiedliche Weisen.

Fragt man nach der Mechanik des Überganges von Gemeinschaften zu Gesellschaften, so wird man auf die Darwinsche Evolutionstheorie verwiesen, zumindest was Grundannahmen angeht. Unter Verweis auf Darwin argumentiert Durkheim nämlich mit dem Konkurrenzprinzip, das Darwin seinerseits von Malthus und der Natürlichen Theologie W. Paleys übernommen hatte und aus dem sich das »Prinzip der Divergenz« ableiten läßt.[29] Es besagt, daß Konkurrenzdruck zwischen Arten zu ihrer Differenzierung führt. Daraus wiederum folgt, daß aufgrund der Differenzierung die somit unterschiedlichen Arten auch unterschiedliche Lebensgrundlagen benötigen, was zur Folge hat, daß insgesamt mehr Individuen auf dem gleichen Areal überleben können. Demnach fördern Bevölkerungswachstum und -verdichtung Differenzierungsprozesse.

Obwohl jedoch Durkheim mit einer biologischen Analogie argumentiert, verwendet er sie lediglich als Heuristikum, wie bereits die wenigen Hinweise (s. o. die Skizze von Gesellschaften) zur Analyse des sozialen Prozesses zeigen, in dem aufgrund sozialer Veränderungen das individuelle Wahrnehmen und Denken der Gesellschaftsmitglieder modifiziert wird, was wiederum auf die

29 Vgl. dazu ausführlich die Darstellung bei O. Rieppel (1989, S. 135 ff.), auf die ich mich hier stütze.

sozialen Prozesse zurückwirkt. Die Beschreibung dieses Wechselverhältnisses enthält faktisch ein Modell, das soziale Selbstorganisation in einer auch für das Gedächtnisproblem interessanten Weise faßt.

Wie oben dargestellt, hatte Durkheim den Idealtypus der Gemeinschaft gekennzeichnet durch den Grenzfall von Organisation, in dem fast alle Gesellschaftsmitglieder interagieren und deshalb die Selektivität der Organisation gegen Null geht. Trotzdem ist auch in diesem Fall die Organisation nicht unwichtig, erklärt ihre geringe Differenzierung doch gerade sowohl die Uniformität des Handelns und die Abwesenheit einer über biologische Unterschiede hinausgehenden Individualisierung als auch die Annahme eines zwar als *Ensemble von Vorstellungen* differenzierten Bereiches (die »conscience commune«), der aber nicht in dem Sinne differenziert ist, daß es *sozial unterschiedlich verteilte* Wissensbestände und Zugänge zu ihnen gibt. Die schwierige Frage ist nun, wie die konservative – und das heißt Individualisierungen verhindernde – Wirkung der Conscience commune so verringert wird, daß Differenzierungsprozesse stattfinden können. Durkheim geht hier, ganz Malthusianer bzw. Darwinist, vom Faktum des Konkurrenz erzeugenden Bevölkerungswachstums aus. Er ergänzt es jedoch durch die Annahme, daß Gesellschaften gleichzeitig immer größere Territorien besiedeln. Damit entsteht aus dem Zusammenwirken der beiden Ursachen »räumliche Mobilität« und »Bevölkerungswachstum« die doppelte Wirkung, daß 1., weil nicht mehr alle Gesellschaftsmitglieder interagieren können, die Interaktionen mit den wichtigsten Bezugspersonen seltener und/oder weniger intensiv werden und damit die soziale Kontrolle geschwächt wird, und daß 2. damit gleichzeitig von den Gesellschaftsmitgliedern Leistungen übernommen werden müssen, die früher im Rahmen der Conscience commune sozial gelöst wurden. Das Ergebnis ist die Entstehung und Stärkung nunmehr sozial erzeugter Individualisierung und damit gleichzeitig sozialer Differenzierung, da das Überschreiten der Grenze, von der an nicht mehr alle interagieren können, den Übergang zu selektiven Interaktionen kennzeichnet.

Ist auf diese Weise aus Bevölkerungswachstum/-verdichtung und räumlicher Mobilität ein Beginn sozial bedingter Individualisierung entstanden, so kommt es zu den bereits angesprochenen selektiven Interaktionen und ihrer relativen Stabilisierung, das heißt zur Ausbildung einer gegenüber Gemeinschaften zumindest minimal veränderten Organisation. Die wichtigsten Merkmale dieser Veränderungen sind die Zunahme der Selektivität der Interaktionsmuster, aus denen die Organisation besteht und deren ebenfalls größer werdende Autonomisierung gegenüber Einzelhandlungen. Geht man nun, entsprechend der Charakterisierung der Komponenten sozialer Systeme, von deren dynamischem Charakter aus, so folgt, daß jede Interaktion in den Komponenten die Kognitionen und die Handlungen auslöst, die den Komponenten aufgrund ihrer jeweiligen Eigendynamik möglich sind. Aufgrund der organisatorisch bedingten Selektivität von Interaktionen wird die Dynamik der Komponenten entsprechend ungleichmäßig durch Interaktionsereignisse moduliert. Damit wird der Differenzierungsprozeß zwischen den Komponenten, ihre sozial bedingte Individualisierung, weiter vorangetrieben. Gleichzeitig haben diese Veränderungen aber auch Folgen für die Systemorganisation. Die Modulation der Komponentendynamik, das heißt die aus sozialen Erfahrungen resultierenden Veränderungen von Sichtweisen und von in ihrem Licht als angemessen erscheinenden Handlungen, bleibt für die Systemorganisation unbedeutend, solange nicht Auffälligkeitsniveaus überschritten werden, die, je nach System, unterschiedlich festgelegt sind. Eben dies führt zu Phänomenen der Autonomisierung der Organisation gegenüber dem Einzelhandeln der Komponenten. Werden diese Schwellen aber überschritten, ohne daß dies zum Ausschluß der betreffenden Systemmitglieder führt, so kommt es zu Reorganisationsprozessen. Sie können aus einer einfachen Veränderung von Interaktionsbeziehungen bestehen, etwa wenn eine Forschergruppe Kontakte zu einem institutionellen Kooperationspartner durch Kontakte zu einem anderen ersetzt. Sie können aber auch zu einer mehr oder weniger umfassenden Neustrukturierung der internen Interaktionsbeziehungen führen, etwa wenn bereits vorab informell ausgebildete Kontakte oder aufgrund diverser Überlegungen etc. als wünschenswert erachtete Kontakte nunmehr tatsächlich eingerichtet und auf Dauer gestellt werden. Derartige Veränderungen führen oft zu ganzen Kaskaden von Anpassungsprozessen, etwa wenn ein labiles Beziehungsgeflecht durch unter Umständen nur geringe (oder kumulierte) Veränderungen so aus dem Gleichgewicht gebracht wird, daß es zu längeren Folgen *lokaler* Optimierungen kommt. Als Folge solcher Prozesse werden natürlich größere Anzahlen von Komponenten in den Veränderungsprozeß einbezogen, erhalten veränderte Inputs, die in ebenfalls veränderter Weise auf die Komponentendynamik wirken und so auch weitere neue Verhaltensweisen entstehen lassen, die wiederum auf die Organisation wirken. Zusammenfassend kann man sagen: Die von Durkheim skizzierte Mechanik der Selbstorganisation sozialer Systeme besteht darin, daß Veränderungen des Komponentenverhaltens zu Veränderungen der Systemorganisation führen, was wiederum Veränderungen des Komponentenverhaltens auslöst. Das läßt sich auch umgekehrt formulieren: Veränderungen der Systemorganisation führen zu Veränderungen der Komponenten, was weitere Veränderungen der Organisation auslöst. Damit ist eine Mechanik skizziert, die um so stärker wirkt, je größer und differenzierter die betreffenden Systeme sind. Sie erklärt, warum intern differenzierte Sozialsysteme die Dynamik entwickeln können, die in traditionalen Gemeinschaften nicht vorhanden war.

Wie stellen sich in diesem Zusammenhang die Prozesse des Merkens und Erinnerns dar? In primitiven Gesellschaften, d. h. in Gemeinschaften, scheint das, was gemerkt und erinnert wird, ausschließlich von den Gedächtnissen der individuellen Gesellschaftsmitglieder abzuhängen. Die mehr oder weniger periodisch wiederkehrenden sozialen Anlässe und Notwendigkeiten, wie Feste, Initiationsriten, Vorbereitungen von Kriegszügen, Ratsversammlungen etc., sind dabei die Gelegenheiten, anläßlich derer die Stammes- oder Clangeschichte erneut erzählt wird (was über die Aktualisierung von Gemeinsamkeiten nicht nur den sozialen Zusammenhalt stärkt, sondern auch in Erinnerung ruft, wie in der Vergangenheit Probleme gelöst wurden). Dieses soziale Erinnern hängt vor allem von den Memorationsfähigkeiten der Ältesten ab. Aufgrund der organisatorischen Spezifika dieses Sozialtyps ist das in Gemeinschaften vorhandene Wissen jedoch dadurch von dem in intern differenzierten Gesellschaften unterschieden, daß es gewissermaßen komplett in jedem Vollmitglied[30]

30 Vorhandene Differenzierungen folgen vor allem biologischen Kriterien wie Alter und Geschlecht. Vor allem Kinder und Jugendliche gelten nicht als Vollmitglieder, solange sie nicht die dazu erforderlichen Initiierungs- und Übergangsriten durchlaufen und das dazu nötige Wissen und Können erworben haben. Vgl. dazu trotz gewisser Idealisierungen St. Diamond (1976) und P. Clastres (1972, 1976).

der Gemeinschaft vorhanden ist, was Voraussetzung für die segmentierende Differenzierung solcher Sozialverbände ist.[31] In diesem Sinne gibt es also einen wichtigen Einfluß der sozialen Organisation auf die Gedächtnisprozesse auch in Sozialsystemen mit nur rudimentärer Organisation. Ereignisse nun, die die Gesellschaft betreffen, werden aufgrund ihrer Organisation allen Gesellschaftsmitgliedern zur Kenntnis gebracht, die angemessene Reaktion wird vor allem in deliberativen Prozessen oder/und mit Hilfe anderer, aber allgemein anerkannter Verfahren getroffen und damit zur Reaktion aller Gesellschaftsmitglieder, d. h. sie wird Teil ihres synreferentiellen Handelns.

In schriftlosen Gesellschaften – und Gemeinschaften im hier betrachteten idealtypischen Sinne sind ausnahmslos schriftlos – reichen die kollektiven Erinnerungen z. B. wenig mehr als sechs bis acht Generationen zurück.[32] Das hat den Effekt, daß solche Gesellschaften ihr Wissen, meist vorgestellt als zeitlich vollständig und inhaltlich im wesentlichen unverändert, faktisch wie ein Paket auf dem Zeitpfeil mit sich ziehen: weiter zurückliegende Begebenheiten werden vergessen und jüngere Ereignisse in das Wissen integriert. Es kommt also zu den bekannten Phänomenen der Modifikation erinnerter Vergangenheit unter der Wirkung des aktuellen Erlebens. Wissen ist in solchen Gesellschaften kein Gut, das gespeichert und nach Belieben wieder hervorgeholt wird. Vielmehr durchlaufen Erfahrungen einen Prozeß periodischer Aktualisierung, in dem sie einerseits wiederholt der Gemeinschaft präsentiert, andererseits aber auch unter der Einwirkung aktuellerer Erfahrungen verändert werden. Schließlich sind die betreffenden Ereignisse als distinkte Erfahrungen überhaupt nicht mehr erinnerbar. Trotzdem bleiben sie noch lange präsent, etwa in Form bzw. als Teile von Mythen oder als kollektive Wirklichkeitsannahmen, als Evidenzien verschiedenster Art oder als Einstellungen. Auch in diesen »Verkörperungen« können sie Anlässe dafür sein, die soziale Wirklichkeit in einer spezifischen Weise zu strukturieren und das Handeln entsprechend zu organisieren.

31 Die bereits anfangs angesprochene Beeinflussung soziologischer Konzepte durch die Biologie wird hier sehr deutlich, etwa wenn Durkheim (1988, S. 230) diesen Differenzierungstyp durch Verweis auf den Ringelwurm erklärt, aus dessen Teilung zwei Ringelwürmer entstehen.
32 Vgl. J. Goody/Watt (1963, S. 307).

Anders und sehr viel komplexer laufen diese Prozesse in intern differenzierten Gesellschaften ab. Konzipiert man sie auf der Basis der systemtheoretischen Reformulierung des Durkheimschen Modells, so kann man sie als Netzwerke[33] von Individuen oder sozialen Subsystemen verstehen. Wie die Organisation auch immer konkret ausgebildet sein mag, immer kennzeichnen sie die Eigenschaften der Selektivität und der Autonomisierung vom Einzelverhalten der Komponenten. Beides beeinflußt unmittelbar die Erfahrungsverarbeitung in Gesellschaften.

Durch die Selektivität der Sozialorganisation werden gesellschaftlich relevante Ereignisse nicht mehr allen Mitgliedern bekannt. Hier liegt vielleicht der wichtigste Unterschied zu Gemeinschaften. Auch wenn in unseren Gesellschaften durch die Massenmedien eine Situation der ständigen Information aller über alles gegeben zu sein scheint, ist doch nur ein Bruchteil dessen Anlaß einer Meldung oder gar eines genaueren Berichtes, was direkt, im Zusammenwirken mit anderen Prozessen oder durch schiere Akkumulation, Folgen für einen erheblichen Teil unserer Gesellschaften hat.[34]

Die Differenzierung auch der Wahrnehmung von Ereignissen und der Reaktion auf sie folgt dabei dem bereits diskutierten Schema: Ereignisse lösen als Inputs in den sie wahrnehmenden Komponenten oder Subsystemen die Verhaltensweisen und Handlungen aus, die den Komponenten oder Subsystemen aufgrund ihrer Eigendynamik zum Zeitpunkt des Inputs möglich sind. Es ist diese Eigendynamik, die festlegt, was ein Input aktuell bedeutet. Versteht man unter »Erfahrungen machen« (s. o.) eine

33 Einem Hinweis von H. Schwegler folgend, ist am Netzwerkkonzept zu kritisieren, daß es – historisch wohl bedingt durch seine Herkunft aus der Elektrotechnik – mit festen Einheiten arbeitet. Sie können allenfalls inaktiv sein, nicht aber verschwinden. Demgegenüber ist in der Verwendung des Konzepts im vorliegenden Zusammenhang die Möglichkeit der Auflösung von Komponenten mitgedacht, wie aus ihrer Definition folgt.

34 Die Erfüllung des Anspruchs auf umfassende Information findet ihre absolute Beschränkung spätestens dann, wenn mehr Berichtenswertes produziert wird, als wir aufnehmen können. Diese Grenze wäre längst überschritten, würden die journalistischen Nachrichtenmacher nicht mit Änderungen der Relevanzkriterien und durch weitere Spezialisierung auf diese Situation antworten.

durch ein Ereignis ausgelöste Veränderung, so folgt aus der hier vertretenen konstruktivistischen Auffassung von Wahrnehmungs- und Denkprozessen, daß die Möglichkeit der Wahl einer konkreten Anschlußhandlung vom »Zeitpunkt« der Handelnden zum Zeitpunkt des Auftretens des Ereignisses abhängt. Haben z. B. die Eigentümer eines Unternehmens ihre Finanzmittel aufgebraucht, so *bedeutet* etwa eine technische Innovation die Notwendigkeit, sich durch den Gang an die Börse oder durch Zusammenschluß mit vormaligen Konkurrenten, das heißt durch Aufgabe der Selbständigkeit, die Möglichkeit des Mithaltens zu sichern. Sind hingegen genügend Finanzmittel vorhanden, so *bedeutet* die gleiche Nachricht eventuell die Entscheidung, die innovative Firma aufzukaufen und die eigene Position erheblich zu stärken.

Die angesprochenen »Zustände« sind jedoch, wie die im Beispiel angesprochenen möglichen Verhaltensweisen andeuten, keine isolierten Phänomene. Vielmehr resultieren sie aus den Interaktionsgeschichten der jeweils betrachteten Einheiten. An ihnen sind notwendigerweise die Komponenten beteiligt, mit denen die jeweilige Komponente in Interaktionsbeziehungen steht. Die im Zusammenhang mit (idealisiert betrachtet) einem Ereignis von einer Komponente ausgehenden Aufnahmen oder Aktivierungen von Interaktionsbeziehungen seien als »Konnektivität« bezeichnet.[35] Sie verbinden Komponenten mit anderen und bilden dabei mehr oder weniger komplex verzweigte, lineare oder rückgekoppelte Ketten sowohl der Weiterleitung von Berichten über Ereignisse als auch von Aktivitäten (Ereignissen) selber. Diese Kon-

5 Im Gegensatz zum Konnektionismus der Forschungen zur Künstlichen Intelligenz als auch zum Begriff der Konnektivität in der Hirnforschung wird hier mit dem Terminus nicht die Menge der Interaktionen bezeichnet, die *eine* Einheit *direkt* mit anderen verbindet, sondern die durch solche Verbindungen gebildeten *Wirkungsketten über zum Teil sehr viele Komponenten*. Konnektivitäten in diesem Sinne verbinden letztlich die Komponente, »an« (oder »in«) der ein Ereignis zuerst aufgetreten ist, mit der, durch die die »Antwort des Systems« wirksam wird. Erzeugt wird diese Systemantwort qua Modifikationen des Ereignisses während seiner immer (qua Auslösung von Eigenverhalten der beteiligten Komponenten) »verarbeitenden Weiterleitung« entlang der betreffenden Konnektivität. Vgl. dazu ausführlich P. M. Hejl (1991).

nektivitäten stehen zur Systemorganisation im Verhältnis von Teilen zu einem Ganzen. Konnektivitäten sind die Wirkungszusammenhänge, durch die einerseits externe Anforderungen an ein Sozialsystem (so wie sie wahrgenommen werden) zu einer Systemreaktion führen (Konnektivitäten 1. Ordnung). Erzeugt wird diese Systemreaktion dadurch, daß aufgrund der historisch ausgebildeten Selektivität der jeweiligen Konnektivität (gekennzeichnet durch Nacheinander, Parallelität, Linearität oder Rückkopplung von Interaktionsbeziehungen in unterschiedlichen Verkettungen) die Eigendynamiken der Komponenten ausgelöst werden. Andererseits gibt es aber auch (als Konnektivitäten 2. Ordnung) Wirkungszusammenhänge, durch die verschiedene Konnektivitäten so verknüpft werden, daß externe Ereignisse auf die Bedürfnisse, Ziele etc. des Systems abgestellt werden. Damit wird verhindert, daß Umweltereignisse das Systemverhalten *determinieren*. Durch die Ausbildung von Konnektivitäten dieser Art schaffen Systeme die *organisatorische Basis ihrer Autonomisierung gegenüber der Umwelt.*[36]

Der oben diskutierte Zustand von Komponenten ist also immer *auch Resultat der organisatorischen Eingebundenheit der Komponenten.* Daraus folgt, wenn man Prozesse der Selbstorganisation zunächst vernachlässigt, daß Ereignisse auf der Ebene von Komponenten ihre Bedeutung durch deren Zustände erhalten, die in ihrer Vergangenheit ausgebildet wurde. Die *Bedeutung stammt* also *auf der Komponentenebene aus vergangenen Veränderungen der Komponente.* Ob das jeweils als Komponente betrachtete Individuum sich dabei an die Ereignisse tatsächlich erinnert oder ob das, was es erinnert, einer externen Überprüfung standhält, is dafür im Prinzip gleichgültig. *Auf der Systemebene* hingegen *wird die Bedeutung festgelegt durch die* zum Zeitpunkt eines Input ausgebildete und aufgrund der spezifischen Komponentendynamik *aktivierte Konnektivität.* Ein außenpolitisches Ereignis z. B wird zwar in einem allgemeinen Sinne von vielen Bürgern wahrgenommen, seine besondere Bedeutung hat es jedoch (zumindest sollte man das erwarten) für den Außenminister. Ist er Mitglied einer Koalitionsregierung, so folgt aus den daraus sich ergeben

36 Mit der hier nur knapp skizzierten Konzeption von Konnektivitäten erster und zweiter Ordnung wird also eine Präzisierung des insbesondere von F. J. Varela (1979) in die Diskussion gebrachten Konzepts der Autonomie von Systemen vorgeschlagen.

den Verbindungen, daß das betreffende Ereignis, wenn in außen-
politischen Fragen zwischen den Partnern keine umfassende
Übereinstimmung besteht, seine besondere Bedeutung für die
Regierung durch diese Situation erhält. Sie kann weiter dadurch
modifiziert werden, daß etwa die beteiligten Parteien aus ganz
unterschiedlichen Gründen – die wiederum mit deren Geflecht
von Konnektivitäten zu tun haben – auf einer bestimmten Regie-
rungshaltung bestehen etc. Ereignisse lösen also in einem Netzwerk ganze Serien von Aktivitäten aus, die sich entlang immer
historisch ausgebildeter Interaktionsbeziehungen im System fort-
setzen bis hin zu den Systemmitgliedern oder Subsystemen, die
schließlich durch Entscheidungen zum (vorläufig) endgültigen
Handeln veranlaßt werden. Was das betreffende außenpolitische
Ereignis für das beteiligte politische System bedeutet, wird also
festgelegt durch die Gesamtkonnektivität aller beteiligten Komponenten und deren Eigenverhalten.
Fragt man demnach, wie eine Gesellschaft sich etwas merkt oder
sich erinnert,[37] so verweist die Analyse auf das bereits in der
Diskussion sozialer Selbstorganisation angesprochene Wechsel-
verhältnis von Komponenten und Organisation. Damit etwas gemerkt wird, muß es die Systemkomponenten verändern. Veränderungen der Komponenten sind, da diese über ihr Interaktionsverhalten bestimmt werden müssen, Veränderungen in eben
diesem Interaktionsverhalten. Ändert sich jedoch das Interaktionsverhalten in einer muster- oder strukturbildenden Weise, so
ändert sich die Systemorganisation. Damit führt »Erfahrungen
machen« oder »Merken« zu *Komponentenveränderungen*, die ihrerseits, wenn sie stabilisiert werden, in Veränderungen der Konnektivität, das heißt in Organisationsveränderungen münden.
»Erinnern« bezeichnete dann den Prozeß der Auslösung von
Komponentenaktivität durch die *Aktivierung einer bereits bestehenden Konnektivität.*
Die beiden Prozesse sind übrigens nicht symmetrisch. Wenn Er-

37 Dabei ist an Gesellschaft im soziologischen Sinne gedacht und nicht an
die Phänomene eher kollektiver, das heißt gemeinschaftlicher Einstellungen zur eigenen Vergangenheit, wie sie sich in mehr oder weniger
ritualisierten Bekenntnissen zu bestimmten Werten oder Vergangen-
heiten äußern. Beispiele sind die (auch in Europa immer noch) gegenüber Kritik eher unduldsamen Bekenntnisse zur jeweils eigenen Na-
tion.

fahrungen gemacht werden, verändern sich die die Komponenten charakterisierenden Input/Output-Zuordnungen. Dadurch ändert sich ihr Interaktionsverhalten: es kommt unter Umständen zu den angesprochenen lokalen Reorganisationsprozessen und schließlich zu einer mehr oder weniger stabilen neuen Organisation. Beim Prozeß des Erinnerns dagegen wird eine bestehende Konnektivität aufgrund der jeweils gegebenen Komponentendynamik aktiviert. Als Ergebnis kann es sich dann zeigen, daß die den Ereignissen zugeordneten kognitiven Konstrukte und Handlungen unangemessen sind, sei es, daß das aktualisierte Wissen sich weiterentwickelt hat und deshalb nicht mehr »paßt«, sei es, daß es gerade deshalb zu Problemen kommt, weil die Weiterentwicklung nicht schnell genug oder nicht in der richtigen Richtung erfolgte.

Lösen solcherart »erinnerte« Realitätskonstrukte und Handlungen hingegen ihrerseits Reorganisationsprozesse aus, dann entsteht eine Situation, in der Erinnern zu einem spezifischen Typ von Erfahrung wird, nämlich dem der *Selbsterfahrung*. Er liegt etwa vor, wenn Gesellschaften sich freiwillig oder gezwungenermaßen mit dem auseinandersetzen, was sie als ihre Vergangenheit aktualisieren oder konstruieren können. Beispiele sind die Auseinandersetzung des Katholizismus mit seiner Tradition der Unterdrückung Andersdenkender, die Selbstzweifel der US-Amerikaner anläßlich ihrer Rassenprobleme, die Auseinandersetzung der Deutschen mit ihrer faschistischen Vergangenheit, der Kommunisten mit dem Gulag etc. Daß in solchen, wie wohl in den meisten Gedächtnisprozessen, nicht Abbildungen der ursprünglichen Ereignisse reproduziert werden, sollte bereits aus den wenigen Beispielen deutlich werden. Dies kann auch schon deshalb nicht der Fall sein, weil aufgrund der Mehrfachmitgliedschaften von Komponenten in mehreren Sozialsystemen gleichzeitig oder/und auch nacheinander, es natürlich zu den bereits angesprochenen intersystemischen Einflüssen kommt, die Modifikationen erzwingen.

Obwohl gerade das Phänomen der Selbstorganisation auf organisatorische Veränderungen verweist, sind Sozialsysteme doch notwendigerweise konservativ, auch bei der Modifikation ihrer Organisation. Das gilt unabhängig davon, ob Gesellschaften intern differenziert sind oder nicht. Auf der Komponentenebene bedeutet jede Organisationsform die Festlegung von Interaktionspartnern. In diesem Sinne entlastet sie von Entscheidungen und etabliert ein Netz von Erwartungen, angesprochen zu werden, und von Bereitschaften, zuzuhören bzw. für gemeinsame Aktivitäten bereit zu sein.[38] Isolierte Verhaltensänderungen stoßen deshalb auf Unverständnis und werden oft abgewehrt: es werden in weiten Teilen des Systems die gleichen Verhaltensweisen weiter erzeugt. Für den Prozeß sozialen Erinnerns heißt das, daß Ereignisse oder Situationen, die aus der Sicht einiger interner oder externer Beobachter[39] neuartig sind, weiterhin vom Gesamtsystem als kaum verändert und deshalb mit den alten Methoden handhabbar wahrgenommen werden. Daß solche Prozesse sehr stark sein und Sozialsysteme an den Rand der Funktionsunfähigkeit mit der Gefahr der Desintegration bringen können, zeigen zur Zeit insbesondere die politischen und ökonomischen Systeme, die sich auf den Kommunismus berufen. Ihr Hauptproblem ist eben dieser Konservatismus der etablierten Machtapparate, in denen die Kritik und Veränderungswünsche sowohl der Bürger als auch einer internen Minderheit vor allem die in der Vergangenheit ausgebildeten Verhaltensweisen der Kontrolle und Unterdrückung auslösen.

Zusammenfassend kann man festhalten: Gesellschaften produzieren ein Gedächtnisphänomenen sehr ähnliches Verhalten, indem

1. sich ihre Komponenten verändern und entsprechend veränderte Verhaltensweisen (Outputs) erzeugen;
2. veränderte Verhaltensweisen sich als veränderte Inputs der Komponenten auswirken und im Zuge selbstorganisierender

38 Vgl. dazu N. Luhmann (1968, 1970).
39 Entsprechend dem, was oben über das Verhältnis von Komponenten und Individuen gesagt wurde, können Individuen auch als interne und externe Beobachter verstanden werden, deren Überlegungen auf ihr Verhalten als Komponente einwirkt. Sicherlich ist ein zentraler Unterschied zwischen biologischen und sozialen Systemen, daß in Sozialsystemen a) alle Komponenten direkten Zugang zur Systemumwelt haben und b) als Teile von Individuen aus Sozialsystemen gewissermaßen zurückgezogen werden können. Dies passiert, wenn z. B. die Individuen, zu denen die Komponenten gehören, als Systeme eigener Art einen derartigen Beschluß fassen. Dieser Beschluß selber kann natürlich seinerseits wiederum sozialen Ursprungs sein, etwa aufgrund ihrer Teilnahme an anderen Sozialsystemen. Der klarste und einfachste Fall ist der formal festgelegter Unvereinbarkeiten von Systemmitgliedschaften, etwa in verschiedenen politischen Parteien.

Prozesse zu einer Differenzierung zwischen den Komponenten, das heißt deren Veränderung, führen (die bereits biologisch vorgegebene Differenzen sozial überformen bzw. durch soziale ergänzen);

3. sich im Zuge der Komponentendifferenzierung auch eine Differenzierung der Systemorganisation ausbildet, die in ihren spezifischen Konnektivitäten Resultat sozialer Erfahrungen ist;

4. bei Ereignisverarbeitungen über die jeweils bestehenden Konnektivitäten (singuläre, parallele, verzweigte, rückgekoppelte) Ketten von Komponenten aktiviert werden, was zu dem Verhalten führt, das den jeweils betroffenen Komponenten aufgrund ihrer vergangenen Transformationen möglich ist.

Das »Gedächtnis von Gesellschaft« ist dementsprechend

1. als gemäß dem sozialen Differenzierungsprozeß partikulares und nur teilweise zwischen den Komponenten übereinstimmendes Wissen über alle Komponentenindividuen verteilt und

2. in der zwischen ihnen bestehenden Organisation verkörpert.

Daraus folgt, daß es in Gesellschaften keinen Wissensspeicher im Sinne des Speichermodells von Gedächtnis gibt. Wissen ist vielmehr primär verkörpert in Erfahrungs-, Kognitions- und Handlungsmöglichkeiten der Gesellschaftsmitglieder und in der Organisation ihrer Interaktionen entsprechend dem jeweiligen Stand der sozialen Differenzierung. Gesellschaften erinnern sich, indem Ereignisse entlang den jeweils organisationell vorhandenen Konnektivitäten von Komponenten diese aktivieren, was schließlich in einen Prozeß heterarchischer Selbstregelung[40] mündet.

40 Damit wird ein Typus der Selbstregelung bezeichnet, bei dem auf der Basis einer heterarchischen Organisation Entscheidungen durch die Bildung temporärer Hierarchien getroffen werden. Durch den temporären Charakter dieser Hierarchiebildungen, der im Gegensatz zu permanenten Hierarchien aufgrund einer entsprechenden Selektivität der Systemorganisation steht, kann das für Selbstregelung notwendige und für externe Beobachter häufig »widersprüchliche« oder »opportunistische« Verhalten erzeugt werden.

4. Produktion statt Speicherung

Vergleicht man das, was zu den Prozessen des »Erfahrens« oder »Merkens« bzw. zu denen des »Erinnerns« gesagt wurde, mit der Kritik des Speichermodells von Gedächtnis, so wird deutlich, daß eine im Vergleich mit dem Speichermodell ganz andere Erklärung der als »Gedächtnis« bezeichneten Prozesse möglich ist. Das resultierende Modell kann man als »Produktionsmodell« von Gedächtnis bezeichnen und es damit deutlich von der Orientierung an der Speicherung abheben.[41] Es bietet gegenüber dem Speichermodell den Vorteil größerer Allgemeinheit, da es, bei der notwendigen Beachtung der Differenzen, sowohl gedächtnisabhängige Phänomene in Gesellschaften als auch im Gehirn erklären kann.

Zentrales Charakteristikum des Produktionsmodelles ist die Auffassung, daß Gedächtnisleistungen von historischen Systemen erbracht werden, d. h. von Systemen, deren Veränderungsdynamik nicht auf einen reversiblen Zeitparameter bezogen werden dürfen. Gedächtnisleistungen sind dann, auf dem allgemeinsten Niveau betrachtet, aktuelle Leistungen eines Systems, deren Ausprägung durch vergangene Interaktionen mitbestimmt sind. In diesem Sinne ist jedes scheinbar bloße Wahrnehmen eine Erinnerung. Ohne sie könnten die Ereignisse in unserer Umwelt zwar eventuell direkte Auslöser für Verhaltensreaktionen sein, wir könnten aber nichts wissen, denken oder erwarten. Schlimmer noch, ohne Gedächtnis hätten wir keinerlei auch nur minimale Autonomie unserer Umwelt gegenüber. Diese Behauptung mutet sehr stark an. Betrachtet man etwa Einzeller, so scheint es naheliegend, ihnen ein gewisses, jedenfalls aber sehr effektives Ausmaß an Autonomie zuzusprechen. Wo und wie sollen sie aber Gedächtnis haben, erfordert das doch (nach dem Speichermodell) offensichtlich Ablagemöglichkeiten, d. h. so etwas wie Zellen usw.

Die Überlegungen zum Verhältnis von Komponenten und Organisation helfen hier jedoch weiter. Sie erlauben nämlich ein *Gedächtnis ohne Speicherung*. Das Produktionsmodell begreift Erfahrungen als Veränderungen der Outputerzeugung aufgrund vergangener Interaktionen. Erfahrungen, Gelerntes, hinterlassen

---

41 Vgl. dazu auch H. v. Foerster (1985, S. 133 ff.).

also ein »Spur« im System, die an die »Engramme« von R. B. Cattell[42] erinnert. Diese Spur entsteht aufgrund von Interaktionen des lernenden oder wahrnehmenden Systems mit seiner Umwelt und/oder mit eigenen Zuständen bzw. mit selbsterzeugten Prozessen. Nimmt man an, daß Interaktionen zu Komponentenveränderungen führen, so läßt sich sagen, daß es bei genügend lernfähigen Systemen einen Zeitpunkt geben muß, von dem an sowohl die Komponentenzustände als auch die zwischen ihnen bestehende Organisation in einem gewissen Ausmaß verstanden werden kann als Folge sukzessiver Auslösungen dynamischer Veränderungen durch interne oder externe Ereignisse. In der Tat kann man annehmen, daß Ereignisse, die von einer gewissen Regelmäßigkeit sind (oder sich in spezifisch labilen Phasen ereignen), im Sinne dessen, was über Entlastung durch Routinisierung gesagt wurde, dazu führen, daß spezifische Input-/Outputtransformationen der Komponenten stabilisiert werden. Das bedeutet aber die Ausbildung von Konnektivitäten bzw. einer Organisation, wenn davon alle Komponenten betroffen sind. Nimmt man nun an, daß jede Wahrnehmung notwendig über unterschiedliche komplexe Konnektivitäten verläuft und schließlich – wie auch immer – dazu führt, daß wir einen bestimmten Gegenstand oder ein Gefühl etc. wahrnehmen, so folgt, daß auch die Aktivierung einer historisch oder ontogenetisch modifizierten (aber phylogenetisch zumindest teilweise vorgegebenen) Kette, etwa neuronaler Komponenten, zur »Reproduktion« der Wahrnehmung führen kann, durch die die spezifische Konnektivität ausgebildet wurde. Die Aktivierung führt also zu einer Wahrnehmung von Ereignissen, die nicht als Symbolsequenzen gespeichert sind, sondern als spezifische Veränderungen der die Wahrnehmungen, d. h. die Erinnerungen, produzierenden »Hardware«. *Das Produktionsmodell von Gedächtnis postuliert* also, *daß Gedächtnis in der Veränderung des »Hardware-Systems« und seiner Organisation besteht.*

Faßt man Merken (und soweit auch Lernen) als Ausbildung spezifischer Komponentenzustände und einer spezifischen Selektivität der Organisation, so erlaubt dies konzeptuell, die Probleme des Speichermodells zu überwinden.

Wird »Gedächtnis« verstanden als erfahrungsbedingte Modifika-

42 Nach H. Stachowiak (1969, S. 38 ff.).

tion eines Systems, das (unter anderem) Wahrnehmungen *erzeugt*, dann ist es naheliegend, daß Wahrnehmung ein Prozeß ist, der vielfältigen Einflüssen unterliegt. Die Konzeption von Erinnertem als immer *aktuell* produzierter Wahrnehmung aufgrund eines historisch modifizierten Produktionssystems legt nicht mehr den Gedanken nahe, Erinnerung sei – oder solle sein – getreue Reproduktion früherer Wahrnehmungen. Die im Speichermodell angelegte Tendenz zu einer objektivistischen Epistemologie wird also konzeptuell vermieden.

Der Übergang vom Konzept der Speicherung zu dem der Produktion erlaubt auch, die empirischen und logischen Probleme des Speichermodells zu lösen. Wenn Erinnern nicht mehr impliziert, daß ein abgelegtes Wissen wieder aus einer Schublade geholt werden muß, was bei komplexeren Vorgängen offensichtlich Myriaden von Vergleichs- und Entscheidungsoperationen erfordert, die alle bereits das Wissen voraussetzen, das durch diese Operationen erst erinnert werden soll, dann ist auch die Geschwindigkeit von Gedächtnisprozessen besser verständlich. Es »genügt« dann, daß Ereignisse oder Ereignismuster aufgrund ihrer Eigenschaften die »Wahrnehmungsproduktionsketten« aktivieren, die im Zuge früherer Verarbeitungen dieser Ereignisse ausgebildet wurden und die sich dabei als mehr oder weniger erfolgreich erwiesen haben.[43] Die Bedeutungszuweisung kann dann verstanden werden als Ergebnis einer historisch ausgebildeten Konnektivität: nur in einem Land mit einem staatlichen Hochschulsystem, in dem die verfassungsmäßig eigentlich verbindliche Trennung von Kirche und Staat aus historischen Gründen (die zu den bestehenden Konkordaten u. ä. Übereinkünften führten) nicht eingehalten wird, entsteht die Situation, daß Theologen immer noch, z. B. in multidisziplinären Fachbereichen, in wissenschaftlichen Fragen direkt Einfluß nehmen können. Die (hier nur als Beispiel genommene) Bedeutung der Kirchen für die Wissenschaft liegt nicht primär in dem, was einzelne Theologen sagen oder tun, sondern darin, daß sie aufgrund historischer Ent-

43 Damit wird also eine Beziehung zwischen Ereigniseigenschaften und Wahrnehmung angenommen. Diese Eigenschaften sind aber nicht im Sinne einer objektivistischen Abbildung zu verstehen. Es genügt vielmehr, daß Ereignisse aus der Sicht des Systems als mit früheren Ereignissen »gleich« identifiziert werden, was ja keineswegs impliziert, daß sie das Wahrnehmungsergebnis determinieren.

wicklungen sich in Positionen befinden, in denen sie Fragen mitentscheiden können, mit denen sie in anderen Systemen längst nicht mehr befaßt sind.[44] Weil Individuen oder soziale Systeme sich an bestimmten, durch eine entsprechende Konnektivität gekennzeichneten Positionen in der jeweils übergreifenden Systemorganisation befinden, erhalten Ereignisse, Probleme, Vorentscheidungen, Aussagen etc. die Bedeutung, die ihnen durch die betreffenden Individuen oder Sozialsysteme zugewiesen wird. Ob ein Problem, um ein weiteres Beispiel zu nennen, politischer oder juristischer Art ist, hängt überwiegend nicht vom Problem ab, sondern davon, ob sich die Politik oder die Justiz damit beschäftigt (oder auch davon, daß die Politiker zu keiner ihren Möglichkeiten gemäßen Behandlung in der Lage waren). Wenn Systeme aufgrund ihrer internen Differenzierung und damit der Selektivität ihrer Organisation Ereignisse spezifischen Subsystemen »zuführen«, in denen ihnen dadurch eine (prinzipiell auch anders mögliche) Bedeutung zugewiesen wird, müssen sie nicht das sehr viel schwierigere Problem der »richtigen« Bedeutungsidentifikation lösen, das das Speichermodell vorgibt. In diesem Sinne trägt die in den Zuständen der Komponenten und in der Organisation verkörperte Erfahrung des Systems dazu bei, Ereignisse als politische, rechtliche oder wirtschaftliche Probleme zu erkennen, das heißt auch: zu erinnern.

5. Zusammenfassung und Konsequenzen

Im Zentrum der Überlegungen dieses Beitrages stand die Kritik am Speichermodell von Gedächtnis und der Versuch, am Beispiel der Prozesse, in denen Gesellschaften Erfahrungen verarbeiten, eine Alternative zu entwickeln.
Die gewichtigsten Einwände gegen das Speichermodell richten sich dabei einerseits gegen seine Behandlung von Erfahrungen, Wissen oder Wahrnehmung als objektiv faß- und behandelbare – und eben auch speicherbare – Einheiten. Diese Kritik ist im Kern erkenntnistheoretischer Art. Sie unterstreicht den konstruktiven

44 So wie umgekehrt staatliche Stellen einen gewissen Einfluß bei der Ernennung von Bischöfen ausüben können, wie sich 1988 beim Konflikt zwischen dem Land Nordrhein-Westfalen und dem Papst anläßlich der Ernennung eines Bischofs für Köln zeigte.

Charakter unseres Wissens und damit seine Bedeutung für unser Handeln. Andererseits richten sich die Einwände gegen das Speichermodell aber auch gegen die Konzeption trivialer Maschinen,[45] die ihm zugrundeliegt. Diese Einwände sind zwar auch logischer Natur, gehen aber über die erkenntnistheoretischen Einwände hinaus, weil sie das im Rahmen des Speichermodells notwendig ungelöste Problem des Bewußtseins thematisieren.[46] Das Speichermodell setzt mindestens ein bewußt operierendes kognitives System voraus. Es muß die Organisation des Speichers festlegen und die Vergleichsoperationen durchführen, die für eine gezielte Ablage notwendig sind, da es sonst nicht gelingt, das gespeicherte Wissen wiederaufzufinden. Bei Gedächtnissen als »Teilen« lebender Systeme muß dieses Bewußtsein aber notwendigerweise im System enthalten sein, während es im Speichermodell in letzter Analyse das Bewußtsein des *externen* Speicherbenutzers ist und auch sein muß, will man nicht eine Maschine bauen, die, weil unkontrollierbar, nicht-triviales Verhalten zeigt.[47]

Auf das Problem der Verkörperung von Erfahrungen bezogen, entgeht das Produktionsmodell beiden Arten von Einwänden. Indem es »Erinnern« als aktuelle Produktion im Zusammenhang von jeweils wahrgenommenen *Handlungs*notwendigkeiten begreift,[48] was eine genaue Reproduktion früherer Erfahrungen

45 Vgl. H. von Foerster (1984).
46 Damit ist nicht das auch im Produktionsmodell ungelöste Problem der Entstehung einer phänomenalen Welt gemeint. Das Argument bezieht sich lediglich auf die für das Funktionieren der jeweiligen Modelle benötigten Bewußtseinsleistungen.
47 In diesem Sinne muß sich die KI-Forschung fragen, ob es im industriellen Zusammenhang überhaupt ein Interesse an der Aufhellung von Bewußtseins- und Intelligenzfragen gibt. Zu klären wäre vor allem, ob Anwendungen denkbar sind, in denen technischen Artefakten die für menschliche Intelligenz und menschliches Bewußtsein notwendige Autonomie zugestanden wird mit der »Gefahr«, daß Automaten eine Ethik entwickeln, durch die sie sich gegen ihre Nutzer wenden. Ist, so ist weiter zu fragen, das Interesse möglicher Nutzer nicht vielmehr auf die Erzeugung technischer Sklaven gerichtet?
48 In diesem Sinne ist zu unterstreichen, daß weder Lebewesen noch Sozialsysteme die Welt »objektiv richtig« erkennen müssen. Beide müssen erfolgreich handeln, was einen ganz anderen Umgang mit Wirklichkeit erfordert.

überflüssig macht, kann der Prozeß des »Erfahrens« als Veränderung der »Maschine« verstanden werden, die die Erinnerungen erzeugt. An die Stelle der Speicherung von Beschreibungen (in einem weiten Sinne) tritt also eine Veränderung des Apparates zur Wirklichkeitskonstruktion. Für solche Veränderungen sind all die bewußtseinsabhängigen Vergleichsleistungen und die langwierigen Such- und Syntheseoperationen nicht notwendig, die das Speichermodell verlangt. Mehr oder weniger mechanisch wirkende physikochemische Auslöser, die natürlich auch an allen über unsere Sinne laufenden Interaktionen bis hin zu philosophischen Disputen beteiligt sind, können im Produktionsmodell historisch ausgebildete Konnektivitäten aktivieren und damit ein Ereignis als ein bestimmtes Vorkommnis (wieder)erkennbar werden lassen. Solange die dabei unvermeidbaren »Irrtümer« (im Vergleich zu einer objektivistischen Betrachtung) nicht zu Problemen im Handeln und in der Kommunikation führen, sind sie auf beiden Ebenen faktisch vernachlässigbar und werden nicht wahrgenommen.

So, wie im Produktionsmodell »Merken« lediglich die Ausbildung einer Konnektivität meint, so bezeichnet »Vergessen« vor allem, daß Konnektivitäten aufgelöst oder verändert werden. Beide Prozesse müssen dabei keineswegs als in dem Sinne symmetrisch gedacht werden, daß »Vergessen« lediglich eine Negation der am »Merken« beteiligten Vorgänge ist. Beide können vielmehr auf unterschiedlichste Weisen von anderen Wissensbeständen über Querverbindungen zwischen ansonsten verschiedenen Konnektivitäten oder über Wirkungszusammenhänge (Konnektivitäten) höherer Ordnung beeinflußt werden.

Zum Abschluß sei auf eine wichtige Folge eingegangen, die aus der Annahme folgt, daß das Produktionsmodell von Gedächtnis sowohl für die Erklärung sozialer als auch individueller kognitiver Prozesse verwendet werden kann, soweit diese mit Gedächtnisproblemen verknüpft sind. Erst mit der Annahme, daß das vorgeschlagene Modell ebenfalls biologischen Gedächtnissen nahekommt, kann nämlich die Bedeutung schriftlicher Dokumente eingeschätzt und die Problematik der als »Textinterpretation« bezeichneten Realitätskonstruktionen schärfer gefaßt werden.

Denkt man in einem sozialwissenschaftlichen oder historischen Kontext an Gedächtnisphänomene, so drängt sich fast sofort die bisher fast ganz ausgesparte Explosion schriftlicher Dokumente

ins Bewußtsein. Tatsächlich gelten die Erfindung einfach zu erler-
nender Alphabetschriften und der Druck mit beweglichen Let-
tern als die Innovationen, die einerseits das menschliche Denken
durch die Förderung von Analytik und Logik revolutionierten
und die andererseits durch ihre massenhafte Verbreitung wesentlich zur Ausbreitung dieses Denkens und damit zu Individualisierung und weiterer Innovativität beitrugen.[49]

Angesichts der Bedeutung schriftlicher Dokumente entstand bereits sehr früh die Vorstellung, Ereignisse durch angemessene
schriftliche Beschreibungen konservieren oder etwa Überein-
künfte festhalten zu können. Dem entspricht die Praxis, Gesetze
schriftlich zu fixieren, die spätestens mit der Stele Hammurabis
eine erste Blüte erfuhr. Die begleitende Vorstellung war dabei,
daß die Texte ja nur gelesen werden bräuchten, um ihren Inhalt
(wieder) zu kennen. Sie hatten also immer auch die Funktion
eines Speichermediums für Wissen.[50] Als Kodierung gesprochener Sprache ist Schrift zunächst jedoch dadurch gekennzeichnet,
daß sie zwar eine sozial elaborierte und deshalb immer auch standardisierte, trotzdem aber durch Intonation und Gestik sehr dif-
ferenzierbare mündliche Sprache in einem Medium festhält, dessen Differenzierungsmöglichkeiten sehr viel ärmer sind.

Betrachtet man Texte demgegenüber als Auslöser kognitiver Prozesse,[51] so sind die Erwartungen an eine erfolgreiche Rekonstruktion dessen, was die jeweiligen Autoren intendierten, unter die
Vorbehalte zu stellen, die bereits im Zusammenhang mit der Diskussion von intern differenzierten Gesellschaften erwähnt wurden und die durch die Überlegungen zur Ausbildung von Kon-

49 Vgl. als Überblick H.-J. Martin (1988) und als Standardwerke zur
   »Papierexplosion« D. J. de Solla Price (1974). Zur Bedeutung des
   Buchdruckes s. vor allem E. L. Eisenstein (1979), während die kulturelle und intellektuelle Bedeutung von Alphabetschriften besonders
   eindrücklich bei J. Goody (1977) behandelt ist.
50 Dies scheint sogar der funktionale Ursprung von Schriftentwicklung
   im Rahmen der mesopotamischen Tempelwirtschaften gewesen zu
   sein (vgl. D. Schmandt-Besserat 1978).
51 A. Barsch (1988, S. 32 ff.) unterscheidet denn auch im Anschluß an
   S. J. Schmidt (1980) zwischen »TEXT« als der physikalischen Voraussetzung jeder Kommunikation, etwa den Schallwellen oder der die
   Buchstaben bildenden Farbkonfigurationen auf einem Blatt, und
   »Text« bzw. »Kommunikation« als den solchen »TEXTEN« in der
   Kommunikation zugeordneten Bedeutungen.

nektivitäten weitere Präzisierungen erfuhren. Aus ihnen folgt, daß durch soziale Differenzierung und damit bedingte Individualisierungen zwar einerseits die Bedingungen ausgebildet werden, unter denen Schriftlichkeit eine Lösung für verschiedene sozial erzeugte Problemlagen ist. Andererseits wird damit jedoch gleichzeitig die gemeinschaftliche Basis aufgegeben, auf der Kommunikation am wenigsten problematisch ist. Die entstehenden Folgeprobleme werden denn auch auf zwei unterschiedliche, aber aufeinander bezogene Weisen gemildert. Einerseits differenzieren Gesellschaften relativ standardisierte subsystemspezifische Sprachen (schichten- oder fach- bzw. berufsspezifischer Art) und die für ihre Erlernung benötigten Ausbildungsgänge aus. Andererseits entstehen aber auch soziale Subsysteme, die einen erheblichen Teil ihrer Aktivitäten der Handhabung solcher Spezialsprachen und der zu ihnen gehörenden Texte widmen (etwa Juristen, Theologen, Literaturwissenschaftler). Selbst innerhalb solcher Spezialistengruppen herrscht jedoch keineswegs Einigkeit über das, was in einem Text steht und was er bedeutet. Diese Einigkeit kann offenbar auch nicht über Ausbildungsgänge erreicht werden, die nicht zuletzt auf eine kognitive Standardisierung derer abzielen, die sie durchlaufen.[52]

In intern differenzierten Gesellschaften mit ausgeprägter Individualisierung ihrer Mitglieder gibt es keine Basis für gleiche Wirklichkeitskonstruktionen außerhalb sehr genereller gemeinsamer Überzeugungen mehr. Das Wissen solcher Gesellschaften und damit auch die gedächtnisabhängige Produktion von Bedeutungen ist über die Gesellschaftsmitglieder verteilt und in ihnen und in der Systemorganisation verkörpert. Individualität in sozialer Hinsicht bedeutet ja nicht zuletzt die Ausbildung unterschiedlicher Kombinationen von Systemzugehörigkeiten mit den ihnen entsprechenden Routinen der Bedeutungskonstruktion (durch

52 So ergab sich im Rahmen einer rechtssoziologischen Untersuchung zur »Konstitution des Rechtsfalles«, daß einige Richter eine Klage als »nicht substantiiert« zurückwiesen, während andere Richter im gleichen Fall und aufgrund der gleichen Klageschrift die Verhandlung durchführten und schließlich bis zu DM 150 000 zusprachen. Die Untersuchung wurde durchgeführt im Rahmen von Simulationen der Hauptverhandlung eines Zivilprozesses, die so angelegt waren, daß das Richterverhalten die zentrale Variable war (vgl. D. Simon und P. M. Hejl (Hg.) (1991)).

die Ausbildung von Konnektivitäten erster und zweiter Ordnung). Die so in ihrem Eigenverhalten individualisierten Mitglieder von Sozialsystemen stehen darüber hinaus jedoch ständig im selektiven Interaktionsnetz der Sozialorganisation, so daß sie an Prozessen sozialer Selbstorganisation teilhaben. Selbst angesichts sozialer Standardisierungen ist unter diesen Gesichtspunkten nicht zu erwarten, daß der Umgang mit Texten gleiche kognitive Prozesse auslöst.[53] Verschriftlichung führt demnach desto eher zu Verarbeitungen, die an Speicherung erinnern, je mehr Texte mit Datencharakter verwendet werden. Je weniger dies der Fall ist, desto mehr wird ihre Lektüre zur Aktivierung historisch ausgebildeter Konnektivitäten.

Begreift man vor dem Hintergrund dieser Überlegungen die Vorstellung von der Bedeutungsspeicherung in Texten als einen zwar ob seines Alters ehrwürdigen, theoretisch und empirisch aber kaum zu verteidigenden Topos, so wird der Weg für eine produktivere Sicht frei. Texte können dann verstanden werden als vielfältige Anlässe für Prozesse des Nachdenkens und des Erinnerns. An die Überlegungen J. Goodys anknüpfend, läßt sich der Umgang mit Schrift dann verstehen als eine Art kognitiver Selbstkonditionierung durch das Einüben von Linearität (Texte haben notwendigerweise eine sequentielle Ordnung) und Zweiwertigkeit (durch die Zweidimensionalität von Tafeln und Tabellen). Die Folgen dieser Selbstkonditionierung bereiten uns heute Probleme bei Versuchen, Phänomene zu verstehen, die gerade durch Nichtlinearitäten erzeugt werden, oder die aus einer anderen Ontologie resultieren, als sie die zweiwertige Logik beschreibt.[54] Trotzdem sind sie Teil der Basis unseres Denkens und verhindern letztlich auch nicht, daß in der Auseinandersetzung mit ihnen neue Fragestellungen und neue Antworten auf sie gefunden werden. Eben

53 Das gilt natürlich nicht oder nur eingeschränkt für Texte, die gewissermaßen nur Daten registrieren, also etwa viele der Quellen, die die Geschichtswissenschaft verwendet. Daß aber bereits der Inhalt relativ kurzer Texte mit scheinbar klar umrissenem Inhalt stark vom Leser bestimmt wird, ergab sich z. B. im Rahmen der bereits angesprochenen Untersuchung zur »Konstitution des Rechtsfalles«. In ihr zeigte sich etwa, daß der Inhalt textlich identischer medizinischer Gutachten zu einer Kunstfehlerfrage von Richtern zum Teil völlig unterschiedlich rekonstruiert wurde.

54 Vgl. G. Günther (1978).

hier scheint die wichtigste faktische Bedeutung von Schrift zu liegen: Statt Wissen und Erfahrungen zu speichern, bietet sie uns die Möglichkeit, Wahrnehmungen und Überlegungen zu objektivieren und zum Anlaß weiterer Wahrnehmungen und Überlegungen zu machen. Die individuell und sozial bedeutsame Funktion von Schrift liegt also nicht darin, daß sie uns erlaubt, unsere Erinnerungen durch Objektivierung zu verstetigen, sondern darin, daß wir mit ihrer Hilfe die Komplexität unserer Wirklichkeitskonstruktionen steigern und damit auch komplexer handeln können.

Literatur

Barsch, Achim (1988), *Metrik, Literatur und Sprache* (Habilitationsschrift am Fachbereich 3 der Universität Siegen).

Canguilhem, Georges (1981), »Auguste Comtes Philosophie der Biologie und ihr Einfluß im Frankreich des 19. Jahrhunderts«, in: Lepenies, Wolf (Hg.) (1981), *Geschichte der Soziologie.* Bd. 3, Frankfurt a. M.: Suhrkamp, S. 209-226.

Clastres, Pierre (1972), *Chronique des Indiens Guayaki. Ce que savent les Aché, chasseurs nomades du Paraguay,* (Terre Humaine) Paris: Plon.

Clastres, Pierre (1976), *Staatsfeinde. Studien zur politischen Anthropologie,* Frankfurt a. M.: Suhrkamp.

Diamond, Stanley (1976), *Kritik der Zivilisation. Anthropologie und die Wiederentdeckung des Primitiven,* eingeleitet von W.-D. Narr, Frankfurt a. M./New York: Campus.

Dreyfus, Hubert L. (1985), *Die Grenzen künstlicher Intelligenz. Was Computer nicht können,* Königstein/Ts.: Athenäum.

Durkheim, Émile (1988/1893), *Über soziale Arbeitsteilung,* mit einer Einleitung von N. Luhmann und einem Nachwort von H.-P. Müller und M. Schmid, Frankfurt a. M.: Suhrkamp.

Eisenstein, Elizabeth L. (1979), *The Printing Press as an Agent of Change. Communications and Cultural Transformations in Early Modern Europe,* 2 Bde., Cambridge/London/New York: Cambridge Univ. Press.

Foerster, Heinz von (1984), »Principles of Self-Organization – In a Socio-Managerial Context«, in: Ulrich, H. und Probst, G. J. B. (Hg.) (1984), *Self-Organization and Management of Social Systems. Insights, Premises, Doubts, and Questions,* Berlin u. a.: Springer, S. 2-24.

Foerster, Heinz von (1985), *Sicht und Einsicht. Versuche zu einer operativen Erkenntnistheorie,* Braunschweig/Wiesbaden: Vieweg.

Glasersfeld, Ernst von, o. J. (1984), *Preliminaries to any Theory of Representation,* Athens, Georgia: Univ. of Georgia.

Glasersfeld, Ernst von (1987), *Wissen, Sprache und Wirklichkeit. Arbeiten zum radikalen Konstruktivismus,* Braunschweig/Wiesbaden: Vieweg.

Goody, Jack und Jan P. Watt (1963), »The Consequences of literacy«, in: *Comperative Studies in History and Society,* Jg. 5, S. 304-345.

Günther, Gotthard (1978), *Idee und Grundriß einer nicht-aristotelischen Logik. Die Idee und ihre philosophischen Voraussetzungen,* zweite, durchgesehene und mit einem neuen Vorwort erweiterte Auflage und einem Anhang »Materialien zur Formalisierung der dialektischen Logik und der Morphogrammatik 1973-1975« von Rudolf Kaehr, Hamburg: Meiner.

Hall, A. D. und Fagen, R. E. (1969), »Definition of System«, in: Buckley, Walter (Hg.) (1969), *Modern Systems Research for the Behavioral Scientist. A Sourcebook,* Chicago: Aldine, S. 81-92.

Hejl, Peter M. (1988a), »Viel Lärm um nichts? Zur Diskussion um die kognitiven und sozialen Wirkungen der Computernutzung«, in: Hejl, Peter M., Klauser, Raimund und Köck, Wolfram K. (1988), *Computer Kids: Telematik und sozialer Wandel. Ergebnisse einer Pilotstudie in Nordrhein-Westfalen* (Lumis-Schriften, Sonderreihe Bd. 1/1988), Siegen: Universität Gesamthochschule Siegen/Lumis, S. 212-287.

Hejl, Peter M. (1988b), *Durkheim und das Thema der Selbstorganisation* (Lumis-Schriften 18/88), Siegen: Universität Gesamthochschule Siegen/Lumis.

Hejl, Peter M. (1990), »Self-regulation in social systems«, in: Krohn, Wolfgang, Küppers, Günther und Nowotny, Helga (Hg.) (1990), *Self-organization,* Dordrecht: Kluwer, S. 114-127.

Hejl, Peter M. (1991), *Autonomie und Kontrolle. Selbstregelung in kognitiven und sozialen Systemen* (in Vorbereitung).

König, René (1969), »Organisation, soziale«, in: *Handwörterbuch der Organisation,* Stuttgart: Poeschel, S. 1103-1109.

Krohn, Wolfgang, Küppers, Günther und Nowotny, Helga (Hg.) (1990), *Self-Organization – Portrait of a Scientific Revolution.* (Yearbook Sociology of Sciences, Bd. 14), Dordrecht: Kluwer (im Druck).

Luhmann, Niklas (1968), »Die Knappheit der Zeit und die Vordringlichkeit des Befristeten«, in: *Die Verwaltung* 1, S. 3-30.

Luhmann, Niklas (1970), »Lob der Routine«, in: Luhmann, Niklas (1970), *Soziologische Aufklärung. Aufsätze zur Theorie sozialer Systeme,* Bd. 1, Opladen: Westdeutscher Verlag, S. 113-142. Zuerst veröffentl. in: *Verwaltungsarchiv* 55, S. 1-33.

Martin, Henri-Jean (1988), *Histoire et Pouvoirs de l'Ecrit,* avec la collaboration de B. Delmas, Préface de Pierre Chaunu, Paris: Librairie Académique Perrin.

Mayntz, Renate (1969), *Soziologie der Organisation,* Reinbek: Rowohlt, 4. Aufl.

McCorduck, Pamela (1979), *Machines Who Think. A Personal Inquiry into the History and Prospects of Artificial Intelligence,* San Francisco: Freeman.

McCulloch, Warren S. (1965a), *Embodiments of Mind,* Cambridge, Mass.: M.I.T. Press.

McCulloch, Warren S. (1965b), »A Heterarchy of Values Determined by the Topology of Nervous Nets«, in: McCulloch, Warren S. (1965a), S. 40-45.

Oexle, Otto G. (1988), »Die funktionale Dreiteilung als Deutungsschemata der sozialen Wirklichkeit in der ständischen Gesellschaft des Mittelalters«, in: Schulze, W. (Hg.), *Ständische Gesellschaft und soziale Mobilität* (Schriften des Historischen Kollegs. Kolloquien 12), München: Oldenburg, S. 19-51.

Pinker, Steven und Mehler, Jacques (Hg.) (1988), *Connectionism and Symbol Systems. Cognition* (Special Issue) 28.

Rieppel, Olivier (1989), *Unterwegs zum Anfang. Geschichte und Konsequenzen der Evolutionstheorie,* Zürich/München: Artemis.

Roth, Gerhard (1987), »Autopoiesis und Kognition: Die Theorie H. R. Maturanas und die Notwendigkeit ihrer Weiterentwicklung«, in: Schmidt, S. J. (Hg.) (1987), *Der Diskurs des Radikalen Konstruktivismus,* Frankfurt a. M.: Suhrkamp, S. 256-286.

Rumelhart, D. E., McClelland, J. L. und The PDP Research Group (1986), *Parallel Distributed Processing: Explorations in the Microstructure of Cognition,* Bd. 1: *Foundations;* Bd. 2: *Psychological and Biological Models,* Cambridge, MA: Bradford.

Schmandt-Besserat, Denise (1978), »The Earliest Precursor of Writing«, in: *Scientific American* 128/6, S. 38-47.

Schmidt, Siegfried J. (1980), *Grundriß der Empirischen Literaturwissenschaft,* Teilbd. 1: *Der gesellschaftliche Handlungsbereich Literatur,* Braunschweig/Wiesbaden: Vieweg.

Simon, Dieter und Hejl, Peter M. (Hg.) (1991), *Die Konstitution des Rechtsfalls* (Arbeitstitel), (in Vorber.).

Solla Price, Derek J. de (1974), *Little Science, Big Science. Von der Studierstube zur Großforschung,* Frankfurt a. M.: Suhrkamp.

Stachowiak, Herbert (1969), *Denken und Erkennen im kybernetischen Modell,* Wien/New York: Springer.

Turkle, Sherry (1984), *Die Wundermaschine. Vom Entstehen der Computerkultur,* Reinbek: Rowohlt.

Varela, Francisco J. (1979), *Principles of Biological Autonomy* (North Holland Series in General Systems Research, Bd. 2), New York/Oxford: North Holland.

Weizenbaum, Joseph (1978), *Die Macht der Computer und die Ohnmacht der Vernunft,* Frankfurt a. M.: Suhrkamp.

Wiener, Norbert (1969), *Kybernetik. Regelung und Nachrichtenübertragung in Lebewesen und Maschine,* Reinbek: Rowohlt.

Dirk Baecker
Überlegungen zur Form des Gedächtnisses

>»Ce n'est pas le même être qui se souvient...«
>(Paul Valéry)[1]

I

Der Import des Autopoiesiskonzepts aus der Neurophysiologie in die soziologische Systemtheorie erschwert die Frage nach dem Gedächtnis eines psychischen oder sozialen Systems ganz erheblich. Für den Autor dieses Konzepts, Humberto R. Maturana, ist »Gedächtnis« nur als eine Kategorie denkbar, die von einem externen Beobachter eines Systems diesem System zugeschrieben wird, wenn er etwa »Lernen« erklären oder allgemein das Verhalten eines Systems beschreiben will, dessen gegenwärtiger Aktivitätszustand signifikant von einem früheren abweicht, obwohl die Umwelt dieses Systems sich (für den Beobachter) nicht wesentlich verändert hat.[2] Die Veränderungen eines Systems in der Reaktion auf seine Interaktionen mit seiner Umwelt sind Momente einer »Drift«,[3] die sich für das System selbst in der strikten Gegenwärtigkeit gelingender oder mißlingender Autopoiesis erschöpft. Erst der Beobachter kann verschiedene Momente dieser Drift voneinander unterscheiden und unterstellen, daß ein System sich an ein früheres Verhalten »erinnert«, wenn es in einer für den Beobachter identischen Situation anders oder auch vergleichbar reagiert. Die Zurechnung durch einen Beobachter (der das System selbst sein kann) bringt folgenreiche Unwägbarkeiten in die Gedächtnistheorie, denn ein »Gedächtnis« ist relativ beliebig unterstellbar, weil je nach Einstellung oder Bedarf des Beobachters das rekurrente Verhalten dem Erinnern (und Lernen) und das variierte Verhalten dem Lernen (und Erinnern) zugerechnet werden kann. Ferner: Selbst wenn das System in ähnlichen Situatio-

---

1 *Cahiers*, Edition établie, présentée et annotée par Judith Robinson Valéry, Bd. 1, Paris 1973, S. 1221.

2 Vgl. Humberto R. Maturana, *Erkennen: Die Organisation und Verkörperung von Wirklichkeit*, Braunschweig/Wiesbaden 1982, S. 60 ff.

3 Vgl. dazu ders., »Reflexionen: Lernen als ontogenetische Drift«, in: Delfin 11, 1983, S. 60-71.

nen überraschend anders reagiert, muß das nicht heißen, daß es sich erinnert oder eben nicht erinnert, daß es in dieser Situation früher auf eine bestimmte Weise reagierte; denn unter Umständen handelt es sich bei dem System um eine sogenannte Nicht-Trivialmaschine[4], die alle ihre eigenen Reaktionen vom eigenen Zustand abhängig macht, eben diesen Zustand jedoch durch ihre Reaktionen laufend verändert, so daß sich das System in wiederholt auftretenden ähnlichen Situationen jeweils in anderen Zuständen befindet, also auch anders reagiert. Nicht-Trivialmaschinen sind von der Vergangenheit abhängig, ohne über ein Gedächtnis zu verfügen. Vielleicht sind sie gerade darum unvorhersehbar. Man kann aus diesen ersten Überlegungen schließen, daß autopoietische Systeme, die nicht nur Nicht-Trivialmaschinen, sondern, wie wir sehen werden, auch selbstbeobachtende Systeme sind, erst dann (auch für sich selbst) vorhersehbar wären, wenn a) die Erinnerungsleistungen des Beobachters (der das System selbst sein kann) mit denen des Systems identisch wären und b) das System sich an seine eigenen Erinnerungen gebunden fühlte. Man kann sich vorstellen, wie unwahrscheinlich beides ist. Autopoietischen Systemen steht ein Gedächtnis nach der Auffassung Maturanas nicht zur Verfügung, noch sind sie überhaupt in der Lage, verschiedene Momente ihrer Autopoiesis in der Auseinandersetzung mit ihrer Umwelt voneinander zu unterscheiden, geschweige denn, sie auf einer Zeitachse abzutragen. (Es ist daher nur konsequent, wenn Maturana auch die »Zeit« mit ihren Horizonten Vergangenheit, Gegenwart und Zukunft als eine Kategorie des Beobachters denkt.[5]) Und dies aus einem einfachen Grund: das autopoietische System sei unfähig, sich selbst zu beobachten. Es sieht sich nicht, weder in seiner Gegenwart noch in einer Vergangenheit oder Zukunft. Es kann sich nicht selber unterstellen, was ihm ein Beobachter unterstellt.

4 Vgl. zu den Konzepten Trivialmaschine und Nicht-Trivialmaschine Heinz von Foerster, »Principles of Self-Organization – in a Sociomanagerial Context«, in: H. Ulrich und G. J. B. Probst (Hg.), *Self-Organization and Management of Social Systems: Insights, Promises, Doubts, and Questions,* Berlin etc. 1984, S. 2-24, insbes. S. 9-13; vgl. auch Lynn Segal, *Das 18. Kamel oder Die Welt als Erfindung: Zum Konstruktivismus Heinz von Foersters,* dt.: München/Zürich 1988, S. 146 ff.

5 Vgl. Maturana, *Erkennen,* a.a.O. (1982), S. 233 f.

Die soziologische Theorie teilt die Prämissen des Autopoiesis-konzepts und denkt das »Gedächtnis« strikt als eine *Kategorie* wenn nicht des Beobachters, so doch *des Beobachtens*. Die Beschreibung der operativen Ebene der Autopoiesis eines Systems, das heißt der Reproduktion der Elemente des Systems durch die Elemente des Systems, muß ohne die Annahme auskommen können, daß das System ein Gedächtnis hat. »Das System selbst reproduziert sich nur in der Gegenwart und braucht dazu kein Gedächtnis.«[6] Allerdings ist es dem Soziologen nicht möglich, das Verdikt des Biologen, der, wenn er von Systemen spricht, vornehmlich an Zellen denkt, zu akzeptieren, daß ein System sich selbst nicht beobachten kann.[7] Die Theorie sozialer Systeme verlöre ihren wichtigsten Impetus und fiele auf den Reflexionsstand der von Heinz von Foerster eindrucksvoll genug überwundenen Kybernetik beobachteter (und nicht: beobachtender) Systeme[8] zurück, wenn sie den Beobachter und die Möglichkeit der Beobachtung aus den sozialen Systemen herausnähme. Wenn die Soziologie von der Autopoiesis eines sozialen Systems spricht, muß sie gerade dessen Selbstreferenz ernst nehmen. Es muß daher vom sozialen System gelten, was Niklas Luhmann im Anschluß an den soeben zitierten Satz schreibt: »Es kann sich unter Umständen aber selbst beobachten und sich selbst dann ein ›Gedächtnis‹ oder sogar ein ›schlechtes Gedächtnis‹ zuschreiben.«[9]

6 So Niklas Luhmann, *Soziale Systeme: Grundriß einer allgemeinen Theorie*, Frankfurt am Main 1984, S. 103, Anm. 19. Die Frage nach dem Gedächtnis scheint im übrigen jeder »Systemtheorie« Schwierigkeiten zu bereiten. Paul Valéry, *Cahiers*, a.a.O. (1973), S. 1210, etwa schreibt: »La mémoire serait une inélégance dans mon système. Rien dans ce qui est à chaque instant ne la présente, et cependant, elle est.«

7 Um diese Frage kreisen denn auch die Diskussionen zwischen Maturana und Luhmann auf einem von beiden veranstalteten Seminar an der Universität Bielefeld im Wintersemester 1986/87.

8 Vgl. Heinz von Foerster, *Observing systems*, Seaside, Cal. 1981; dt.: *Sicht und Einsicht: Versuche zu einer operativen Erkenntnistheorie*, Braunschweig/Wiesbaden 1985.

9 *Soziale Systeme*, a.a.O. (1984), S. 103, Anm. 19. Und weiter, ebd.: »Aus der Selbstbeobachtung kann man dann wieder aktuell überraschende Information über den eigenen Zustand gewinnen. Das ändert aber nichts daran, daß es das, was als Gedächtnis bezeichnet wird, *nur für einen Beobachter gibt*. Wer das nicht akzeptiert, kann den hier vorgestellten Informationsbegriff nicht verwenden.« Dieser Begriff definiert

Eine Theorie des Gedächtnisses kann daher nur innerhalb einer Theorie der Selbstbeobachtung geschrieben werden, die wiederum nicht nur integraler Bestandteil einer allgemeinen Systemtheorie ist, sondern möglicherweise auch einen Unterschied zwischen der neurophysiologischen Theorie lebender Systeme (Zellen, Nervensysteme) und der soziologischen Theorie sozialer und psychischer Systeme bezeichnet. Da dieser Unterschied hier weder zu klären noch auch nur zu beschreiben ist,[10] möchte ich im folgenden lebende Systeme außer acht lassen[11] und von einer Vergleichbarkeit der Gedächtnisproblematik in psychischen und sozialen Systemen ausgehen. Ein solches Vorgehen ist natürlich nur auf der allgemeinen Ebene der Systemtheorie gerechtfertigt und kann sich zudem einstweilen nur auf die Vermutung berufen, daß soziale Systeme ebenso wie psychische Systeme Sinnsysteme sind, das heißt Sinn als »unerläßliche, unabweisbare Form ihrer Komplexität und ihrer Selbstreferenz«[12] voraussetzen, konstitu-

eine Information als ein Ereignis, »das Systemzustände auswählt« (ebd., S. 102). Dieser Begriff kann nur formuliert werden, wenn man annimmt, daß ein System seine eigenen Operationen beobachten kann. Für ähnlich gelagerte Einwände gegen Maturana vgl. auch N. M. Vaz und F. J. Varela, »Self and Non-sense: an Organism-centered Approach to Immunology«, in: *Medical Hypotheses* 4, 1978, S. 231-267; Edgar Morin, »Self and Autos«, in: M. Zeleny (Hg.), *Autopoiesis: a Theory of Living Organization*, New York/Oxford 1981, S. 128-137.

10 Vgl. jedoch für den Fall psychischer Systeme, wo die Differenz möglicherweise auszutragen wäre und wo sich die Forschungen des Biologen und des Soziologen begegnen: Maturana, »Biologie der Kognition«, in: ders., *Erkennen*, a.a.O. (1982), S. 32-80; und Niklas Luhmann, »Die Autopoiesis des Bewußtseins«, in: *Soziale Welt* 36, 1985, S. 402-446.

11 Vgl. dazu jedoch Gerhard Roth, »Die Entwicklung kognitiver Selbstreferentialität im menschlichen Gehirn«, in: D. Baecker, J. Markowitz, R. Stichweh, H. Tyrell, H. Willke (Hg.), *Theorie als Passion: Niklas Luhmann zum 60. Geburtstag*, Frankfurt am Main 1987, S. 394-422.

12 Luhmann, *Soziale Systeme*, a.a.O., S. 92. Man wird bemerken, daß mit einer solchen Vermutung in die Erklärung hineingeholt wird, was erklärt werden soll, aber dies ist nicht die einzige Komplikation, auf die eine Erklärung stößt, die es mit selbstreferentiellen Systemen zu tun hat. Es führt weiter, eine solche Komplikation als zusätzliche Information zur Kenntnis zu nehmen und stehen zu lassen, als sich von ihr etwa so weit irritieren zu lassen, daß man die Erklärung abbricht. Luhmann legt die Komplikation offen, indem er den Sinnbe-

ieren und verwenden. Das heißt aber zugleich, daß sowohl für soziale als auch für psychische Systeme eine Form und, wenn man so sagen darf, eine Methode der Selbstbeobachtung zur »notwendigen Komponente autopoietischer Reproduktion«[13] wird, der über Sinnverweisungen die Differenz von System und Umwelt zugänglich und für die Genese und Bewältigung von Systemkomplexität einsetzbar wird. Erst wenn man die Ebene der allgemeinen Systemtheorie verläßt und die Formen und Methoden der Selbstbeobachtung in sozialen und psychischen Systemen eingehender untersucht, wird man damit rechnen können, auf je nach Systemtyp unterschiedliche Phänomene und Probleme zu stoßen. Aber ein solcher Vergleich der Eigenarten des Gedächtnisses in einem Kommunikationszusammenhang oder in einem Bewußtseinszusammenhang setzt eine elaborierte Theorie des Gedächtnisses voraus, die gegenwärtig in keiner wissenschaftlichen Disziplin befriedigend vorliegt.[14]

II

Nach diesem ersten Abschnitt beginnen wir unsere Überlegungen mit der Vermutung, daß sich die Frage nach der Form des Gedächtnisses autopoietischer Systeme nur innerhalb der Frage nach den Möglichkeiten der Selbstbeobachtung dieser Systeme klären läßt. Das heißt jedoch nicht, daß die beiden Fragen als identisch gesetzt werden, sondern nur, daß die Gedächtnisfähigkeit die Fähigkeit der Selbstbeobachtung selbst dann voraussetzt, wenn sich das System selbst erst innerhalb einer wie auch immer unwillkür-

griff als einen »›differenzlosen‹ Begriff, der sich selbst mitmeint« (ebd., S. 93), einführt. Er startet paradox: er unterscheidet einen Begriff, der sich von nichts unterscheidet, und kann dann nur die Theorie so komplex werden lassen, daß sie das Paradox zumindest im Nachhinein bearbeiten kann.

13 Ebd., S. 64.
14 Vgl. die jüngste Formulierung dieses Befundes bei Larry R. Squire, »Mechanisms of Memory«, in: Science 232, 1986, S. 1612-1619. Sehr lesenswert und kritisch gegenüber an Bewußtseinsmodellen der Repräsentation und Gehirnmodellen der Engramme orientierten Gedächtnistheorien ist Norman Malcolm, *Memory and Mind*, Ithaca/London 1977.

lichen Erinnerung zum ersten Mal selbst beobachtet. Denn die Erinnerung ist die allerdings und nur unwillkürliche *Reflexion* der Selbstbeobachtung bei Gelegenheit der Erinnerung *an etwas anderes*.[15] Die Funktionsfähigkeit eines Gedächtnisses setzt nicht voraus, daß die Selbstbeobachtung expliziert wird und in Form einer (reflektierten) Erinnerung vorliegt. Schon die bei allen Systemoperationen mitlaufende Konsistenzprüfung der jeweils anschließenden Operation setzt ein Gedächtnis in dem Sinne voraus, wie ein implizites Wissen im Sinne Michael Polanyis[16] eine immer mitlaufende Selbstbeobachtung, ein immer mitlaufendes Sich-selber-Wissen voraussetzt.

Wir akzeptieren damit, daß das Gedächtnis eine Form der Beobachtung der Autopoiesis ist, vermuten aber abweichend von Maturana, daß zumindest bestimmte Typen autopoietischer Systeme über diese Möglichkeit der Beobachtung selbst verfügen. Die Selbstbeobachtung wie dann auch das Gedächtnis fügen der Selbstreproduktion sinnhaft operierender Systeme etwas hinzu, was nicht trivial ist. Wir vermuten, daß die Form des Gedächtnis-

15 Gebhard Rusch, *Erkenntnis, Wissenschaft, Geschichte: Von einem konstruktivistischen Standpunkt*, Frankfurt am Main 1987, S. 346, beschreibt den neurophysiologisch zugrundeliegenden Sachverhalt treffend mit der Formulierung, daß »Erinnerungsphänomene (...) nun nicht eigentlich vergangene Erlebnisse vergegenwärtigen, sondern auf eine spezifische Weise mit einem Teil derjenigen kognitiven Strukturen bekannt machen, die in einem Nervensystem ausgeprägt sind«.

16 *Implizites Wissen*, dt.: Frankfurt am Main 1985. Wie weit das neurophysiologische System und das Bewußtsein innerhalb des psychischen Systems jeweils unterschiedlich an der Gedächtnisfähigkeit beteiligt sind, müssen wir hier offen lassen. Gleiches gilt für die Frage, ob ein soziales System jeweils unterschiedliche Gedächtnisleistungen aus dem je aktuellen Kommunikationsprozeß einerseits und aus Substraten wie Schrift oder Organisation bezieht. Siehe zu letzterem Maurice Halbwachs, *Das Gedächtnis und seine sozialen Bedingungen*, dt.: Frankfurt am Main 1985; A. und J. Assmann, Chr. Handmeier (Hg.), *Schrift und Gedächtnis: Archäologie der literarischen Kommunikation*, München 1983. Die soziologische Analyse kann allerdings heute über die von Halbwachs angebotene Unterscheidung zwischen individuellem und kollektivem Gedächtnis, wobei letzteres die Bedingung des ersteren ist, hinausgehen. Für den Fall eines Sozialsystems vgl. Dirk Baecker, »Das Gedächtnis der Wirtschaft«, in ders. u. a. (Hg.), *Theorie als Passion*, a.a.O. (1987), S. 519-546.

ses die Form der Verarbeitung dessen ist, was durch die Möglichkeit der Erinnerung in autopoietischen Systemen zum schlicht gegenwärtigen Operieren hinzutritt. Mit Hegel[17] könnte man dieses Nicht-Triviale dadurch bezeichnen, daß man das Gedächtnis als die Identität der Differenz von Name und Bedeutung bezeichnet, die als solche (nämlich als Differenz!) der Übergang zum Denken ist – oder diesen Übergang zumindest nahelegt und ermöglicht.

Selbstbeobachtung erschöpft sich nicht in der einfachen Frage, wie das sich selbst reproduzierende System von einem Ereignis zum nächsten kommt. Wie zunächst beiläufig auch immer, steht in der Selbstbeobachtung immer schon mehr auf dem Spiel. Man muß nicht Marcel Proust heißen, um den Sog zu spüren, der in dieser nur scheinbar einfachen Frage steckt. Man kann sich in ihr rettungslos verlieren; und das heißt umgekehrt: aus einer Antwort auf diese Frage kann man alles, das heißt sich und seine Umwelt, vollständig entwickeln – wie bei Proust nachgelesen werden kann. Wie beiläufig auch immer aktualisiert die Selbstbeobachtung die Differenz, die das System konstituiert. Daher ist die Gewohnheit, die Bestätigung der Identität, der Feind jeder wirklichen Erinnerungsleistung; denn die wirkliche Erinnerungsleistung tendiert dazu, die Momente der Gefährdung als die eigentlichen Momente der Selbstwerdung aufzusuchen.[18] Auf der Suche nach der »unwillkürlichen« Erinnerung kommen Literatur und Psychoanalyse überein.

Vielleicht können wir an dieser Stelle unsere Vermutung zu einer These zuspitzen, die freilich erst später durch weitere Belege erhärtet werden kann: Was auch immer im System erinnert wird, zumindest miterinnert wird die das System selbst konstituierende Differenz zu seiner Umwelt. Da wir uns in diesen Überlegungen nicht um eine Rekonstruktion der Inhalte des Gedächtnisses, sondern nur um eine Rekonstruktion seiner Form bemühen, können wir die These auch so formulieren: Jede Erinnerung ist die Erinnerung der die Selbstreferenz des Systems setzenden Differenz. Anzumerken ist freilich, daß diese Erinnerung der das System konstituierenden Differenz nicht die Erinnerung seiner Le-

17 Siehe Georg Wilhelm Friedrich Hegel, *Enzyklopädie der philosophischen Wissenschaften im Grundriss* (1830), Hamburg 1975, S. 377.
18 Siehe dazu Samuel Beckett, *Proust*, dt.: Frankfurt am Main 1989.

bens- und Überlebensbedingungen im umfassenden Sinne seiner physischchemikalisch-biologisch-neurophysiologisch-psychisch-sozialen-etc. Konstitution bedeutet, sondern nur die Miterinnerung jener Operationsbedingungen, die seine eigene Autopoiesis im Raum, den es jeweils einnimmt, sichern.

Jede Selbstbeobachtung eines Systems ist formal die Beobachtung der Unterscheidung von System und Umwelt. Und in dieser Unterscheidung wurzelt die Selbstreferenz des Systems, die in der Selbstbeobachtung sowohl aktualisiert als auch expliziert wird. Diese Aktualisierung und Explizierung der Selbstreferenz nun wiederum setzt voraus, daß das System die es konstituierende Differenz als Einheit beobachtet. An dieser Einheit, die die Daueroszillation der Beobachtung zwischen System und Umwelt zugunsten des operativen Orts der Beobachtung (also zugunsten des Systems) unterbricht und asymmetrisiert, orientieren sich die Operationen und Beobachtungen des Systems.

Wenn die These zutrifft, wäre die Erinnerung der Differenz immer auch Erinnerung der Einheit. Allerdings wäre das Gedächtnis niemals Arbeit an der Identität des Systems, sondern immer Kontrastierung dieser Identität mit der Umwelt, gegen die sie sich zu behaupten sucht. Erinnerungsarbeit wäre der Musterfall des Differenzdenkens. Leitet man die Form des Gedächtnisses derart aus der Möglichkeit der Selbstbeobachtung ab, dann gilt sicherlich die Formulierung von Ranulph Glanville, daß das System sein Gedächtnis und der Adressat seines Gedächtnisses zugleich ist.[19] Aber es gilt zusätzlich auch, daß das System als Adressat seines Gedächtnisses immer auch etwas anderes als es selbst ist. Wir müssen uns auf einige Umwege einlassen, um die Berechtigung nicht nur dieser überraschenden Folgerung, sondern auch der These, aus der sie gewonnen wurde, einzusehen.

Interessanterweise kommt Jacques Derrida in seiner Lektüre von Freud zu einem ähnlichen, wenn allerdings dann auch fundamental widersprechenden Ergebnis: »Das Gedächtnis ist also keine psychische Eigenschaft unter anderen, sie ist das Wesen des Psychischen selbst. Widerstand und darin Öffnung für die Brechung

19 »What Is Memory, That It Can Remember What It Is?«, in: R. Trappl und G. Pask (Hg.), *Progress in Cybernetics and Systems Research*, Bd. IV, Washington, D. C./London 1978, S. 27-37; dt. Übersetzung in: Ranulph Glanville, *Objekte*, Berlin 1988.

der Spur.«[20] Derrida denkt das Gedächtnis nicht als eine irgend lokalisierbare und von anderem unterscheidbare Einheit, sondern als »différance«, als Aufschub und post-scriptum.[21] Derrida fragt jedoch nicht nur danach, welche Erinnerungsleistungen ein Gedächtnis erbringt, sondern auch und vor allem danach, wie es möglich ist, daß ein Gedächtnis sich etwas merkt. Im Gedächtnis werden Spuren nicht nur gelesen, sondern auch erzeugt. Und das Eingraben (»Bahnen«) der Spuren, wenn man einen Moment der Engramm-Metaphorik folgen darf, hat ganz andere Folgen als ihre Lektüre. Denn es begründet und es gefährdet das Psychische und das Leben des Psychischen. Das Gedächtnis, sowohl als Anamnese wie auch als Mnemotechnik, tendiert dazu, das System zu absorbieren. Es beansprucht alle Erinnerung für die Leistung des Aufbewahrens und stellt das System selbst zur Verwaltung des als bewahrenswert Aufbewahrten ab.

Das System hat nur eine Möglichkeit, dieser Absorption durch sein eigenes Erinnerungsvermögen zu entgehen: Es muß als seinen »Ort« jenes Zwischenstadium zwischen Aufschub und post-scriptum wählen, das nur als unmögliche Mitte, als prekäre Gegenwart ausgezeichnet werden kann. Besetzt durch sich selbst, durch das, was es aufschiebt, ebenso wie durch das, was es laufend nachträgt, bleibt ihm nur ein noch nicht bestimmter Ort: die Gegenwart. Das aber setzt voraus, daß das System Zeitverhältnisse konstituiert, um den Aufschub mit dem Index der Zukunft und den Nachtrag mit dem Index der Vergangenheit, die beide gleichwohl nur von der Gegenwart her gedacht werden können, zu versehen. Wie diese Konstruktion von Zeitverhältnissen möglich ist, wird bei Derrida nicht deutlich. Vielleicht liegt das daran, daß er allzu umstandslos Gedächtnis und Zeit als Figuren der Markierung von Differenzen gleichsetzt;[22] statt dessen käme es darauf an zu sehen, daß Gedächtnis – und Vergessen – zu den

20 »Freud und der Schauplatz der Schrift«, in: ders., *Die Schrift und die Differenz*, dt.: Frankfurt am Main 1972, S. 301-350, S. 308.
21 Vgl. ebd., S. 310, 323 f. Um die, wenn man so will, existentiale Bedingung der Möglichkeit des Gedächtnisses zu analysieren, könnte man auch an die von Martin Heidegger, *Sein und Zeit*, 12. Aufl. Tübingen 1972, S. 382 ff., beschriebene vorlaufende Entschlossenheit, »in der das Sein auf sich selbst zurückkommt« (S. 383) denken.
22 Siehe dazu auch Jacques Derrida, *Mémoires: Für Paul de Man*, dt.: Wien 1988, insbes. S. 86.

Markierungen der Zeit nicht nur parallel, sondern auch gegenläufig angelegt sind, also in einem komplexen, diskontinuierlichen und diskontinuierenden Verhältnis zur Zeit stehen.

Wenn man ihn allerdings systemtheoretisch liest, dann erkennt man, daß Derrida die Frage der Konstruktion von Zeitverhältnissen durch den Aufweis eines Freudschen Paradoxons ersetzt, das genau das leistet, worauf es ankommt: Orientiert an den beiden Seiten der différance, deutet das System seine dauernde Verspätung als ursprünglich. »Die Irreduzibilität des ›mit Verspätung‹ ist zweifellos die Entdeckung Freuds.«[23] Um die Paradoxie zu unterstreichen, hebt Derrida hervor, daß die ursprüngliche Verspätung nicht mit der Vorstellung eines »präsenten Ursprungs« in eins gesetzt werden darf. Eine solche Vorstellung sei ein Mythos und huldige noch einmal der »Autorität der Identitätslogik«,[24] die Husserl längst verabschiedet habe. Statt dessen müsse man davon ausgehen: »Die Ursprungslosigkeit ist es, die ursprünglich ist.«[25]

Die Psyche (und wir sagen: das System) schiebt auf, was es nachzutragen gilt und daß es etwas nachzutragen gilt. Und umgekehrt trägt es nach, daß es etwas aufzuschieben gilt. Im Lichte einer noch zu schreibenden selbstreferentiellen, also paradoxieträchtigen Logik der Differenz erscheint dieses Manöver als eine geniale Wende, und zwar als eine Anwendung der différance auf sich selbst: Das System ist nicht mehr eingezwängt in die raumlose Mitte zwischen Vergangenheitsbezug und Zukunftsverweis, sondern gewinnt eine grenzenlose Weite, indem es die Zukunft in die Vergangenheit trägt und die Vergangenheit in die Zukunft auf-

23 Derrida, »Freud und der Schauplatz der Schrift«, a.a.O., S. 310.
24 Ebd., S. 311, Anm. 11.
25 Ebd., S. 312. – Nur angemerkt sei hier, daß man noch diese Verabschiedung des Mythos als Arbeit am Mythos deuten kann, wenn man René Girard, *La violence et le sacré*, Paris 1972 (dt.: Zürich 1987), folgt. Denn für Girard gibt es einen Ursprung, einen Anfang: die arbiträre und »katastrophale« Setzung der ersten Differenz im Gründungslynchmord. Und dieser Ursprung ist als laufend verkannter und verklärter, ebenfalls von Freud und Derrida verkannter, auch heute präsent: und zwar eben als jene Aufforderung zur Erinnerungsarbeit, die in einem prekären Balanceakt zwischen Opferung der Vergangenheit (Vergessen) und Opferung der Gegenwart ihren eigenen Grund nicht kennt.

schiebt. Vielleicht kann man auch sagen, daß die Grenzen durch die Horizonte ersetzt werden, die bekanntermaßen ebenso präsent wie unerreichbar sind. Und dann ist die Gegenwart nur darum so schwer zu bestimmen, weil es unmöglich ist, sie zu verlassen.

Droht das Gedächtnis bei dieser Operation nicht verlorenzugehen? Kann das System sich beide Möglichkeiten bewahren, sowohl sich etwas merken und sich erinnern als auch sich in einer unbehelligten, weder erinnerungslastigen noch festzuhaltenden Gegenwart aufzuhalten? Kann es wählen, ob es sich im »Zustand« der offenliegenden und zu bedienenden différance oder im »Zustand« der befreienden Paradoxierung durch Selbstapplikation der différance befindet? – Sind das überhaupt Fragen, die man stellen, geschweige denn beantworten kann? Natürlich könnte man eine systemtheoretische Übersetzung anbieten und dabei davon ausgehen, daß die »différance« im Gegensatz zu dem, was sie sagt, nur die Einheit des Systems im Auge haben kann und das System gerade dadurch gefährdet, daß sich die Identität des Systems an die Stelle des Systems zu setzen droht. Die Selbstapplikation der »différance« wäre dann nichts anderes als der Aufschub der différance, das Wiederauftauchen der Differenz im Sinne des Unterschieds von System und Umwelt, der dem System in der autopoietischen Reproduktion der Ereignisse durch Ereignisse wieder neues Leben einzuhauchen in der Lage ist. Aber ist mit dieser Übersetzung viel Klarheit gewonnen?

Kann man bei allen Fragen, die das Gedächtnis betreffen, überhaupt Klarheit erwarten und gewinnen? Offensichtlich hängen von der Gedächtnisleistung zu viele andere Leistungenn ab und setzt das Gedächtnis zu viel anderes voraus, als daß hier eine einfache Entschlüsselung erhofft werden könnte. Im besten Sinne des Wortes ist das Gedächtnis ein Knoten. Und dieser scheint sich gerade nicht beschreibbaren Klarheiten, sondern einer bestimmten Verwirrung zu verdanken, wie es auch Michel Serres vermutet: »Les gestes spatiaux de la séparation donnent lieu à connaissance, les gestes spatio-temporels de la confusion donnent occasion à la mémoire.«[26] Im Knoten, in der Verwirrung, steckt

26 *Les cinq sens*, Paris 1985, S. 187. Vgl. zum Problem der Konfusion auch Dirk Baecker, »Ranulph Glanville und der Thermostat: Zum Verständnis von Kybernetik und Konfusion«, in: *Merkur*, Juni 1989.

das Fruchtbarste, steckt die Möglichkeit, verschiedene Wege ein-
zuschlagen, steckt die Ahnung einer selbst zu schaffenden Zeit.
Versuchen wir lieber, die Einsichten beziehungsweise Warnun-
gen dieser Freudlektüre durch die Diskussion eines Punktes für
die Systemtheorie fruchtbar zu machen, der zwischen Derrida
und Luhmann strittig ist. Dieser Punkt betrifft die nur scheinbar
einfache Frage, ob es etwas geben kann, was zum ersten Mal
passiert. Wenn Derrida die Bedrohung eines Systems durch sein
Gedächtnis systemtheoretisch gesprochen gerade darin sieht, daß
exakt die Anschlußtechniken in der Reproduktion der Ereignisse
durch Ereignisse so zugriffssicher und allgegenwärtig ausgestaltet
werden, daß externe und interne Störungen keine Chance mehr
haben und schließlich im allzu Gelungenen die Ereignishaftigkeit
der Systemelemente gar stillgestellt wird, dann allerdings ist es
zweifelhaft, woher Neues die Chance nehmen soll, zum ersten
Mal zu passieren. »Die Vorstellung eines *ersten Mals* ist es, die an
sich rätselhaft wird.«[27] Wenn Luhmann dagegen schreibt: »Mit
Hilfe eines Gedächtnisses können Erstvorfälle das System binden«,[28] dann scheint das schon fast fahrlässig formuliert zu sein,
hält man sich die Warnung Derridas vor Augen.
Tatsächlich jedoch kann Luhmann die Drohung der Absorption
des Systems durch sein eigenes Gedächtnis gar nicht so ernst
nehmen wie Derrida, weil die Systemtheorie bei der Beschreibung sinnhaft operierender Systeme immer schon mit einer Differenz arbeitet, die das dekonstruktivistische Unternehmen offensichtlich nicht kennt: die Differenz von Operation und Beobachtung. Während sich für Derrida die Realität eines Bewußtseinssy-
stems in der Operation Beobachtung erschöpft und daher auch
nichts die Selbstbeobachtung daran hindern kann, sich in einer
Erinnerungsleistung des Typs Gertrude Stein: Rose is a rose is a
rose is a rose, festzufahren, weiß Luhmann, daß in Systemen, die
sich und anderes beobachten, zugleich immer auch Operationen
ablaufen, die wieder ablenken und anderes intendieren – und
seien es nur Beobachtungsoperationen, die erstere Beobachtungen beobachten. Mit anderen Worten: die Gleichzeitigkeit des
Verschiedenen, die Gleichzeitigkeit von Operationen und Beobachtungen ist die Rettung des Systems und zugleich auch die

27 Derrida, a.a.O., S. 310.
28 A.a.O., S. 504.

Erklärung dafür, daß es Dinge gibt, die ein erstes Mal passieren. Denn parallel zu allen Beobachtungen, die sich in der Tat festfahren können, passiert dann irgendetwas, ereignen sich Operationen, die auf neue Gedanken bringen. Darum auch konnte die Stein zu ihrem berühmten Satz erklären, »daß in dieser Zeile die Rose zum ersten Mal seit hundert Jahren in der englischen Dichtung rot ist.«[29] Die wiederholte Rose kann gar nicht anders: sie beginnt zu blühen oder zu welken. Und in beiden Fällen sieht man, daß sie rot ist. Die Beobachtung reagiert auf sich ereignende Operationen. Sie nutzt eine kleine zeitliche Differenz zwischen sich und der Operation. Denn Operationen, wenn sie nicht sowieso ins Leere laufen, ereignen sich wesentlich und immer »zu früh«: sie müssen auf Anschlüsse »warten«. Andernfalls löst sich das Rätsel des Letztvorfalls – ohne daß es jemand merken würde. Und die Beobachtung, gar im Extremfall des Verstehens, das anders gar nicht möglich wäre, kommt immer »zu spät«.[30]

Die Einführung der Differenz von Operation und Beobachtung löst das Problem der sich scheinbar ausschließenden Systemzustände der différance und der Selbstapplikation der différance. Im Zustand der différance kapriziert sich das System ganz auf das Raffinement aufschiebender und nachtragender Beobachtungen. Im Zustand der Selbstapplikation der différance, des Aufschubs des Aufschubs, setzt es ganz auf die gelingende Gegenwärtigkeit, auf die weiterlaufenden Operationen. Und das Zauberwort, das den Zustandwechsel ermöglicht, heißt »Rekursivität«. Denn selbst wenn unklar wäre, ob eine Beobachtung allein für sich genommen irgendwelche Folgen hätte, dann wäre spätestens die Beobachtung von Beobachtungen, die aus beidem wirkungsvolle Operationen macht, als folgenreich einsichtig. In der Beobachtung von Beobachtungen ist der Zustandswechsel immer schon, wenn auch immer schon als sowohl vorläufig wie nachträglich, enthalten. Das gibt Zeit.

Auf der operativen Ebene des Systems, diesseits und jenseits aller Beobachtungen, sind durchaus Ereignisse möglich, die erstmalig vorfallen und die erst überraschen können, seit man sie zu erin-

---

29 Zit. nach Richard Kostelanetz, *American Imaginations*, Berlin 1983, S. 29.

30 Luhmann, *Soziale Systeme*, a.a.O., S. 198: »Die Kommunikation wird sozusagen von hinten her ermöglicht, gegenläufig zum Zeitablauf des Prozesses.«

nern und zu antizipieren gelernt hat, das heißt, seit man sie in ihrer Differenz zu anderen Ereignissen und in ihrer Neuartigkeit beobachten kann. Ein erstes Mal kann es immer dann und nur dann geben, wenn es mit anderen, früheren oder späteren Ereignissen verglichen werden kann. Die Frage nach dem Erstvorfall kann demnach ebenso wie viele andere Fragen nur durch die Beobachtung des Beobachters beantwortet werden. Auch hier greift die allfällige Antwort des Konstruktivisten, daß man den Beobachter beobachten muß, um herauszufinden, wie etwas für ihn zum ersten Mal geschehen kann. Für die Beobachtung löst sich das Rätsel des Erstvorfalls dann, wenn sie darauf aufmerksam wird, daß auch sie eine Operation ist: sie kann sich folglich auch selbst beobachten, mit anderen Beobachtungen vergleichen und sich durch diesen Vergleich auffordern, das Neuartige an sich selbst zur Kenntnis zu nehmen. Das nimmt natürlich Zeit in Anspruch, bringt das System ein Stück weiter und prolongiert die vorlaufende Verspätung. Mit anderen Worten: sowohl Operationen als auch Beobachtungen sind für sinnhaft operierende Systeme kognitiv. Der Widerspruch zwischen Luhmann und Derrida löst sich auf und wird zum Merkmal des Systems selbst: er wird zur Differenz, die das System kennzeichnet und die im System verwendet wird: als Differenz von Beobachtung und Operation, die keinen ontologisch vorab fixierbaren Zeitmoment besetzt und somit die Unmöglichkeit wie auch Unvermeidbarkeit jeder Gegenwart bedingt.

Auch Freud, in dessen Werk Derrida im Interesse seiner Erkundung der »différance« die Spuren einer Gedächtnistheorie liest, geht von einer Differenz aus, um die Problematik des Gedächtnisses zu erfassen. Das Psychische, der »seelische Apparat«, muß aus zwei Teilen bestehen, aus einem Wahrnehmungssystem und einem Erinnerungssystem, wenn er die doppelte Aufgabe lösen soll, »unbegrenzte Aufnahmsfähigkeit und Erhaltung von Dauerspuren«[31] zugleich zu gewährleisten. Es muß Veränderungen bewahren und neue Veränderungen erfahren können. Es ist nicht nur »Drift«, sondern auch Erinnerung an diese »Drift« beziehungsweise an einzelne ihrer Momente. Die Annahme, daß das

31 Sigmund Freud, »Notiz über den ›Wunderblock‹« in: *Gesammelte Werke,* hg. von Anna Freud u. a., Bd. 14, London 1948, Reprint 1955, S. 1-8(4).

Gedächtnis als diese Differenz von Wahrnehmungs- und Erinnerungssystem das psychische System selbst ist, klingt auch in Freuds Vermutung an, »das unerklärliche Phänomen des Bewußtseins entstehe im Wahrnehmungssystem *an Stelle* der Dauerspuren«,[32] also wohlgemerkt: *im* Wahrnehmungssystem *an Stelle* des Erinnerungssystems. Über der Differenz von Wahrnehmung und Erinnerung und gebunden an beides wie auch unabhängig von beiden operiert das Bewußtsein ausschließlich gegenwärtig. Es sucht und besetzt die Gegenwart. Es akzeptiert die Differenz und lehnt sie gleichwohl mit der Berufung auf die Gegenwart, die sich in der Wahrnehmung ja nicht erschöpft, ab. Es stilisiert die Differenz zum Rejektionswert der Differenz – und es fällt schwer, dafür noch eine Logik zu zitieren.[33] Daß dieser Entstehungsprozeß des Bewußtseins die Differenz von Wahrnehmung und Erinnerung nicht aufhebt, sondern in das psychische System wiedereinführt und dort fruchtbar werden läßt, wird auch Freud geahnt haben. Denn er postuliert eine »periodisch eintretende Unerregbarkeit des Wahrnehmungssystems«,[34] die dem System jeweils Zeit gibt, sich zu erinnern. Und Freud geht noch einen wichtigen Schritt weiter: »Ich vermute ferner, daß diese diskontinuierliche Arbeitsweise des Systems *W – Bw* der Entstehung der Zeitvorstellung zugrunde liegt.«[35]

Diese Vermutung von Freud deckt sich mit Überlegungen, die gegenwärtig in der Kybernetik und in der Systemtheorie kursieren und die den Ursprung der Zeit, wenn man so sagen darf, in der Bistabilität des Systems beziehungsweise in der Oszillation des Systemverhaltens zwischen zwei einander komplementären und gleichwohl sich ausschließenden Aktivitätszuständen sehen. So kann etwa ein System, das erinnerungsfähig ist, also sich selbst beobachten können muß, immer nur zwei Rollen einnehmen: die Rolle des Beobachters und die Rolle des Beobachteten. Die bei-

---

32 Ebd., S. 4 f.
33 Vgl. jedoch zur Logik der Rejektionswerte Gotthard Günther, Das metaphysische Problem einer Formalisierung der transzendental-dialektischen Logik: unter besonderer Berücksichtigung der Logik Hegels, in: ders., *Beiträge zur Grundlegung einer operationsfähigen Dialektik*, Bd. 1, Hamburg 1979, S. 189-247.
34 Ebd., S. 8.
35 Ebd. Mit dem »System W – Bw« ist das System Wahrnehmung – Bewußtsein gemeint.

den Rollen können nur alternieren, denn jede der Rollen verweist
sofort auf die andere und in keiner der beiden Rollen kann das
System verharren und sich einrichten, »the taking on of the one
role leaving the other role location empty, waiting to be fulfilled,
and vice versa.«[36] Die Selbstbeobachtung ist ein unruhiges Geschäft. Sie generiert eine Unruhe, die nur gebändigt und damit
zugleich auf Dauer gestellt werden kann, wenn sie in die Zeit
hinein entfaltet wird.[37] Was aber hält sich durch in diesem umtrie-
bigen Geschäft? Abgesehen von den möglichen Inhalten des Gedächtnisses, die uns hier nicht weiter interessieren müssen, weil
sie wie in jeder »art of memory«[38] austauschbar sind, wohl nur
eins: die Selbstreferenz, der Bezug auf sich selbst, der den Beobachter und den Beobachteten eint, obwohl sie, kaum geeint, wieder zwei werden.
Die Selbstreferenz bekommt immer nur die Differenz zu fassen.
Darum ist »the sense that the self was there«[39] diejenige Empfindung, die Beobachtung und Selbstbeobachtung vereint, die sich
im Gedächtnis durchhält, solange es ein Gedächtnis gibt, das
einem System erlaubt, sich zu erinnern.[40] Das ist im übrigen eine
Erkenntnis, die nicht neu ist. Schon Augustinus schrieb zum Gedächtnis: »*Ibi mihi et ipse occurro . . .* Dort begegne ich auch mir
selbst und erlebe es noch einmal, was und wann und wo mein
Tun gewesen und was ich bei diesem Tun empfunden.«[41] Und
auch die Differenzerfahrung findet sich hier schon formuliert:

36 Glanville, a.a.O., S. 29.
37 Vgl. dazu auch Henri Bergson, *Materie und Gedächtnis: Essays zur
Beziehung zwischen Körper und Geist*, dt.: Jena 1908, S. 62.
38 Siehe zur Beschreibung topologisch ausdifferenzierter, jedoch nicht
temporal reflektierter Gedächtnisformen Frances A. Yates, *The Art of
Memory*, London 1966.
39 William James, *The Principles of Psychology*, 1890, Reprint New York
1950, Bd. 1, S. 654.
40 Wegen dieser Empfindung kann man der Überlegung von Maurice
Merleau-Ponty, *Vorlesungen* I, Berlin/New York 1973, S. 81 (in einer
Zusammenfassung einer Vorlesung am Collège de France zum »Problem der Passivität: der Schlaf, das Unbewußte, das Gedächtnis«),
folgen, daß das Gedächtnis, obwohl selbst nicht Leib, doch leibgebun-
den ist. Vgl. auch ders., *Phänomenologie der Wahrnehmung*, dt.: Berlin 1966, S. 215.
41 *Confessiones. Bekenntnisse. Lateinisch und deutsch*, München 1955,
2. Aufl. 1960, S. 506 f.

»Diese Kraft [des Gedächtnisses, D. B.] gehört meinem eigenen Ich hier an, sie ist in meiner Natur gelegen, und gleichwohl fasse ich selber nicht ganz, was ich bin. Wo aber ist es, was er an Eigenem nicht fassen kann? Ist es etwas außer ihm, nicht in ihm selbst? Wie also faßt er's nicht? Ein groß Verwundern überkommt mich da, Staunen ergreift mich über diese Dinge.«[42] Die Selbstreferenz ist im Gedächtnisakt aufgehoben und hat nur dort ihren Ort. Und umgekehrt ist jede Erinnerung nur am Leitfaden der Selbstreferenz möglich. Gerade darum ist es so schwer, ein System von seinem Gedächtnis zu unterscheiden, denn, so William James: »The *effective* consciousness we have of our states is the afterconsciousness.«[43]

III

Dennoch gibt es einen Unterschied zwischen System und Gedächtnis, denn die Verspätung ist zwar unaufhebbar, aber sie ist als solche auch beobachtbar. Die Verspätung vollzieht sich aktuell, das heißt, etwas geht weiter, an das man sich gegenwärtig zumindest nicht erinnert und nicht erinnern kann. Die Erinnerung ist und bleibt eine zusätzliche Leistung: sie holt in das System hinein, was im System stattfindet. Dennoch muß das Gedächtnis das System auch gegenwärtig begleiten. Es wird gegenwärtig in das Gedächtnis hineingeschrieben und gegenwärtig in ihm gelesen. Wie ist das möglich? Ein Gedächtnis entsteht offensichtlich nicht aus Beobachtungen, denn diese vollziehen sich jeweils nur gegenwärtig und verschwinden. Beobachtungen werden systematisch vergessen. Erst wenn Beobachtungen ihrerseits beobachtet werden, können sie behalten werden. Aber die Beobachtung von Beobachtungen macht aus letzteren bereits etwas anderes: Ereignisse, oder sogar: Operationen.
Entscheidend für die Möglichkeit jeder Differenzsetzung wie

---

42 Ebd., S. 509. Die moderne Psychologie beginnt, dieses Erstaunen wiederzuentdecken: vgl. etwa Robert A. Wicklund, Dieter Frey, »Selfawareness Theory: When the Self makes a Difference«, in: D. M. Wegner (Hg.), *the Self in Social Psychology,* New York/Oxford 1980.
43 James, a.a.O., S. 644. Und S. 652: »There is nothing unique in the *object* of memory, and no special faculty is needed to account for its formation.«

auch des Gedächtnisses selbst ist demnach die Einsicht von Bernhard Groethuysen, daß das Gedächtnis selbst nicht Teil der Serie von Ereignissen sein kann, die es abschließt.[44] Dieser Abschluß einer Serie von Ereignissen ist aber eben nicht eine Ineinssetzung von Vergangenheit und Gegenwart, ist nicht der Abschluß aller Zeit. Sondern ganz im Gegenteil ist dieser Abschluß die Zusammenfassung aller vergangenen Ereignisse zur *Vergangenheit,* von der sich der Moment der Gegenwart, in dem diese Zusammenfassung geleistet wird, markant unterscheidet. Die Erinnerung ist nicht nur Wissen um die Vergangenheit, sondern auch ein Wissen um die Vergangenheit, das sich selbst als gegenwärtig, also als unterschieden von der Vergangenheit weiß. Das Gedächtnis schließt eine Zeit – und öffnet eine andere. Die Erinnerung setzt mit dem Ende zugleich einen Anfang. Erst diese am Inhalt des Erinnerten sachlich orientierte Setzung einer zeitlichen Differenz befreit die Gegenwart aus dem Zugriff der Vergangenheit. Das ist das Problem jeder Erinnerung auch und gerade dann, wenn aus der Vergangenheit verpflichtende Gehalte für Gegenwart und Zukunft gewonnen werden sollen. Die Verpflichtung muß, wenn sie denn greifen soll, anders begründet werden als aus der Erinnerung selbst. Die Erinnerung setzt frei, oder, mit Husserl: »Die Retention konstituiert den lebendigen Horizont des Jetzt.«[45] Und bei Derrida liest man ganz ähnlich: »Die ideale Jungfräulichkeit des Jetzt wird durch die Arbeit des Gedächtnisses geleistet.«[46]

44 »De quelques aspects du temps: Notes pour une phénoménologie du Récit«, in: *Recherches philosophiques* 5, 1935/36, S. 139-195 (163). »La mémoire a donc comme point de départ la priorité de l'événement. Tout doit être passé pour que j'en sache. Et tout ce qui s'est passé, je puis le savoir, est matière à savoir. La mémoire sous sa forme objective signifie toujours fin. Elle clôt une temps.« (S. 161)

45 *Zur Phänomenologie des inneren Zeitbewußtseins,* Husserliana Bd. x, Den Haag 1966, S. 43.

46 A.a.O., S. 343.

IV

Das Gedächtnis ist zwar nicht das System, aber es ist auch kein
Speicher, der etwa, wie zugänglich oder unzugänglich auch immer, im System verfügbar wäre, um vergangene Erfahrungen und
Beobachtungen aufzubewahren und für das Wiedererkennen und
Sortieren neu anfallender Ereignisse bereitzuhalten. Heinz von
Foerster hat diese Vorstellung eines Gedächtnisspeichers, die sich
von den auf Gott vertrauenden Anamneseideen Platons und Augustins bis in die allzu gläubig am Modell des Computers orientierten Kognitionstheorien durchgehalten hat, immer wieder kritisiert und hebt dagegen hervor, daß das Gedächtnis eines Systems »überall« ist.[47] Das Gedächtnis eines Systems ist zunächst
nichts anderes als das Produkt der Auseinandersetzungen des Systems mit seiner Umwelt, und zwar insofern und nur insofern als
die Geschichte dieser Auseinandersetzungen dem System, wie
selektiv auch immer, als Grundlage seiner gegenwärtigen Auseinandersetzungen verfügbar ist.[48] Daraus folgt aber ferner, daß das
Gedächtnis eines Systems dieses befähigt, induktive Schlüsse aus
vergangenen Ereignissen auf zukünftige Ereignisse zu ziehen.
»Gedächtnis« ist dann nur ein anderes Wort für jene »Zunahme
an innerer Organisation«, die es einem System ermöglicht, »Un-
gewißheiten hinsichtlich der Vorhersagen zukünftiger Ereignisse
in seiner Umwelt« zu beseitigen.[49] Das Gedächtnis eines Systems
ist dessen Fähigkeit, den Ereignissen, die es entweder sich selbst
oder seiner Umwelt zurechnet, Generalisierungen derart zu ap-
plizieren, daß Abstraktionen gewonnen werden können, die zur

---

47 Von Foerster, *Sicht und Einsicht,* a.a.O., S. 168 f. Zur Kritik der Spei-
    chervorstellung vgl. S. 48, 99 f. et passim; vgl. auch Malcolm, a.a.O.,
    S. 206, und Rusch, a.a.O., S. 344.

48 Vgl. ebd., S. 152 f.

49 Ebd., S. 138. Vgl. hierzu und zum folgenden vor allem den Beitrag
    »Gedächtnis ohne Aufzeichnung«, in: *Sicht und Einsicht,* a.a.O.,
    S. 133-171, und Heinz von Foerster, Alfred Inselberg, Paul Weston,
    »Memory and inductive inference«, in: H. L. Oesterreicher,
    D. R. Moore (Hg.), *Cybernetic Problems in Bionics,* New York/Lon-
    don/Paris 1968, S. 31-68; ders., »What is Memory that it May Have
    Hindsight and Foresight as Well?«, in: S. Bogoch (Hg.), *The Future of
    the Brain Sciences,* New York 1969, S. 19-95.

Unterscheidung und Identifikation weiterer Ereignisse verwendet werden können.

Auf diese Generalisierungen und diese Abstraktionen kommt es an. Sie heben das System, wenn man so will, aus seiner eigenen Autopoiesis heraus und erlauben ihm, momentweise anfallende Beobachtungen durch deren Beobachtung zu »sammeln« und zu einer von der Autopoiesis unterschiedenen und in der Autopoiesis einsetzbaren Referenzebene zu destillieren. Das System gewinnt so außerordentlich folgenreich die Möglichkeit, nicht nur auf seine Umwelt, sondern auch auf sich selbst zu reagieren, und vor allem: die Umwelt in Distanz zu setzen und fast nur noch auf sich selbst (wenn auch hier nur selektiv!) zu reagieren.[50] Es erinnert sich und gewinnt aus den Erinnerungen die Informationen, an denen es sein gegenwärtiges Verhalten orientiert. Und es beginnt, seine Umwelt zu trivialisieren und seine Umweltkontakte auf wenige Interdependenzen in ausgewählten Hinsichten einzuschränken. Oder noch einmal mit Hegel: es beginnt zu denken. Diesen Rekurs des Systems auf sich selbst formuliert von Foerster mit Hilfe des mathematischen Kalküls rekursiver Funktionale, der ihm eine überraschende und wichtige Einsicht beschert.[51] Der Rekurs des Systems auf sich selbst erstreckt sich, glaubt man diesem Kalkül, nicht nur auf die in der Vergangenheit tatsächlich vorgefallenen Ereignisse, sondern auch auf die Geschichte der *potentiellen* Aktionen des Systems. Das Systemgedächtnis rekonstruiert mit der Geschichte des Systems auch die Selektivität dieser Geschichte und vergegenwärtigt sich die den Selektionen des Systems selbst oder der Umwelt zum Opfer gefallenen Möglichkeiten. Erinnert wird auch das, was hätte geschehen können. Die gegenwärtige Erinnerung versorgt die Vergangenheit und über diese auch die Gegenwart mit Modalisierungen des Systemverhaltens. Der Rekurs legt das System gerade nicht auf Wirklichkeiten und Notwendigkeiten fest, sondern auf Kontingenz. Mehr noch: rekurriert das System primär auf die Zeitverhältnisse seines bisherigen Verhaltens, dann verliert die tatsächliche Geschichte, soweit sie vorgefallen ist, zunehmend an Relevanz und die Geschichte

50 Luhmann, *Soziale Systeme*, a.a.O., S. 69, Anm. 84, kann daher anregen, das Gedächtnis als »ausdifferenzierte Strukturkausalität« aufzufassen.
51 Ich verzichte hier auf die Wiedergabe dieses mathematischen Kalküls. Man vergleiche von Foerster, *Sicht und Einsicht*, a.a.O., S. 192 f.

der potentiellen Aktionen wird zum Dreh- und Angelpunkt der Selbstreferenz. Im Kalkül rekursiver Funktionale erscheinen die Möglichkeiten des Systems als dessen »eigen-values«. Und alle inhaltliche (sachliche und soziale) Respezifizierung des System-verhaltens schreibt sich ein in den Horizont dieser in die Zeit hineingearbeiteten »eigen-values«.

Mit anderen Worten: das System stabilisiert sich über seine Mög-lichkeiten, auch wenn und gerade weil diese (noch) nicht realisiert wurden. Mit dem Blick in die eigene Vergangenheit beginnt es, da die Vergangenheit immerhin festliegt, eine andere Zukunft zu imaginieren.[52] Es kompensiert die ihm durch sein Gedächtnis auf-genötigte Kontingenzerfahrung dadurch, daß es die Irreversibili-tät der Zeit unterstellt und akzeptiert. Und dies erschließt ihm eine Zukunft, die dennoch unzugänglich bleibt. Korrelat einer konträr zu jedem Mythos am Leitfaden der Kontingenz erinner-ten Vergangenheit ist eine offene Zukunft.[53] Der Rekurs auf eine eigene Vergangenheit und eine eigene Zukunft bedingt, daß das System nur noch in selektiven Hinsichten von der Umwelt ab-hängig ist. Das System wird damit unvorhersehbar für Beobach-ter in seiner Umwelt und wohl auch für sich selbst.

Will man die Genese und Funktion des Gedächtnisses mit einem Wort beschreiben, so kann man vom *Wiederholen der das System*

52 Oder, anders herum gesehen: »Es muß eine grundlose Vergangenheit vorhanden sein, die in einem umgekehrten Verhältnis zu unserem willkürlichen Gedächtnis steht.« So Merleau-Ponty, *Vorlesungen*, a.a.O., S. 80 f. Dies eröffnet der Geschichte einen Raum, der von kei-ner Geschichtsphilosophie wieder geschlossen werden kann. »Dieses Schaffen der Vergangenheit gegen die Gegenwart endet nicht mit einer geschlossenen Universalgeschichte, einem vollständigen System aller menschlichen Kombinationen in einer bestimmten Institution, wie zum Beispiel der Verwandtschaft, sondern mit einer Tafel verschiede-ner komplexer Möglichkeiten. Diese sind immer an örtliche Umstände gebunden und durch einen Faktizitätskoeffizienten beschwert. Wir können nicht sagen, daß die eine wahrer sei als die andere, obwohl wir sagen können, daß die eine falscher, ränkevoller, geschlossener oder zukunftsärmer sei.« (S. 77)

53 »Peut-être avons-nous une resistance invincible à croire au passé, à l'Histoire, sinon sous la forme du mythe.« So Roland Barthes, *La chambre claire: Notes sur la photographie*, Paris 1980, S. 136. Dt.: *Die helle Kammer*, Frankfurt am Main 1985.

konstituierenden Differenz sprechen[54] oder, mit Heidegger, vom »vorlaufend sich überliefernde(n) Wiederholen des Erbes von Möglichkeiten«.[55] Die Wiederholung ist keine einfache Wiederkehr des Vergangenen. »Die Wiederholung *erwidert* vielmehr die Möglichkeit der dagewesenen Existenz. Die Erwiderung der Möglichkeit im Entschluß ist aber zugleich *als augenblickliche* der *Widerruf* dessen, was im Heute sich als ›Vergangenheit‹ auswirkt. Die Wiederholung überläßt sich weder dem Vergangenen, noch zielt sie auf einen Fortschritt. Beides ist der eigentlichen Existenz im Augenblick gleichgültig.«[56] Dieses Wiederholen oder Wiedereinführen einer Differenz konstituiert die Selbstreferenz als Differenz und setzt Selbstbeobachtung und damit eine wie auch immer nur momenthaft aufblitzende Unterscheidung von Operation und Beobachtung voraus. Das System muß sich selbst in irgendeiner Art von Spiegel erkannt haben,[57] um seine Selbstreferenz über der Differenz von System und Umwelt installieren zu können.[58] Es muß diese Differenz, das heißt sich selbst, sich verfügbar halten, um sich ein Gedächtnis zu machen. Innerhalb der Operationsvernetzung des Systems muß es »re-entrant paths«[59] geben, damit sich jene Rekursivität entfalten kann, die das Gedächtnis konstituiert und nutzt.

Die eigentliche Form des Gedächtnisses ist diese Rekursivität als Bezugnahme des Systems auf sich selbst und Wiederholung von sich selbst unter anderen Bedingungen. Elemente dieses Rekurses

54 Vgl. auch Eva Meyer, »Für eine Architektur des Gedächtnisses«, in: dies., *Architexturen*, Basel/Frankfurt am Main 1986, S. 75-92.

55 *Sein und Zeit*, a.a.O., S. 390.

56 Ebd., S. 386.

57 Siehe auch Jacques Lacan, »Le stade du miroir comme formateur de la fonction du Je«, in: *Ecrits*, Paris 1966, S. 93-100 (96): »La fonction du stade du miroir s'avère pour nous dès lors comme un cas particulier de la fonction de l'*imago*, qui est d'établir une relation de l'organisme à sa réalité – ou, comme on dit, de l'*Innenwelt* à l'*Umwelt*.« Hier wie beim ›Wunderblock‹ gilt dann in der Tat: »Im Innern dieser Szene ist die punktuelle Einfachheit des klassischen Subjekts unauffindbar.« (Derrida, a.a.O., S. 344 f.)

58 »Ainsi la rupture du cercle de l'*Innenwelt* à l'*Umwelt* engendre-t-elle la quadrature inépuisable du récolements du *moi*.« (Lacan, a.a.O., S. 97)

59 Warren S. McCulloch, *The Embodiments of Mind*, Cambridge, Mass. 1965, S. 256.

sind Generalisierungen und ineins damit Modalisierungen der eigenen Erfahrungen. Erst wenn dies alles gegeben ist, kann das Gedächtnis im System als eine Folie möglicher Beobachtungen genutzt werden, deren Referenz weder der Beobachter selbst ist noch ein aktuell Beobachtetes, sondern ein anwesend-abwesendes Drittes: ein Erinnertes. Dieses Dritte wird in das System wiedereingeführt und schafft in ihm eine Latenzebene, auf der alle denkbaren Manifestationen des Systems in Distanz gesetzt, unterlaufen und überlagert werden können. Auf dieser Latenzebene sind, so darf man vielleicht vermuten, jene »imaginary values« anzusiedeln, von denen Spencer-Brown behauptet, daß sie es einem System trotz und dank seiner unabdingbaren Oszillation zwischen den Rollen des Beobachters (»unmarked state«) und des Beobachteten (»marked state«) erlauben zu entscheiden, was es als nächstes tut.[60] Diese imaginären Werte sind dritte Werte, die immer dann, wenn eine Oszillation Zeit konstituiert und in Anspruch nimmt (und dies ist das Kennzeichen der Oszillation), angesaugt werden und die das Differenzgeschehen, das das System definiert und determiniert, allmählich mit Realität aufladen. Sie öffnen das System und sichern ihm jene Verfügung über Fremdreferenzen, die dem Gedächtnis nicht nur eine Form, sondern auch einen Inhalt geben.

---

60 Vgl. George Spencer-Brown, *Laws of Form*, London 1969, Reprint New York 1972, 1979, S. 60 f. und 99 f.

Anhang

Gerhard Roth
Die Konstitution von Bedeutung
im Gehirn

Im Zusammenhang mit der konstruktivistischen Gehirntheorie
herrscht eine ziemliche Verwirrung darüber, was mit den Begriffen der informationalen oder semantischen Geschlossenheit von
Wahrnehmungssystemen eigentlich gemeint ist. Ich verstehe hier
unter »Information« und »Bedeutung« (beide Begriffe, ebenso
der Begriff »Semantik«, werden im folgenden synonym verwendet) eines Signals die *Wirkung*, die dieses Signal auf die Struktur
und Funktion eines neuronalen kognitiven Systems hat, mag
diese Wirkung sich in Veränderungen des Verhaltens oder von
Wahrnehmungs- und Bewußtseinszuständen ausdrücken. Information/Bedeutung ist damit alles, was das Gehirn an und in sich
erlebt, also von der einfachsten Wahrnehmung bis hin zu »Bedeutung« im üblichen Sinn von geistiger und mentaler Konnotation.
Ich bin mir im klaren darüber, daß diese Definition von Information/Bedeutung von den meisten gängigen Definitionen dieser
Begriffe abweicht, die wiederum die Eigenschaft haben, daß sie,
wie zu zeigen sein wird, auf neuronale Prozesse nicht anwendbar
sind.
Es gibt bei der Behauptung des Konstruktivismus, das Gehirn als
Wahrnehmungssystem sei informational bzw. semantisch geschlossen, oft spontanen Widerspruch, weil man sich daran erinnert, daß lebende Systeme energetisch und materiell offene Systeme seien. Energetische und materielle Offenheit hat aber mit
informationaler bzw. semantischer Offenheit überhaupt nichts zu
tun. *Offenheit* im informationalen/semantischen Sinne würde
heißen, daß das Gehirn als Wahrnehmungssystem aus der Umwelt Signale empfängt, die als solche, d. h. unabhängig vom Gehirn, eine bestimmte Bedeutung/Information, d. h. Wirkung besitzen. Das Gehirn brauchte diese Information in der Tat nur

aufzunehmen bzw. sie »herauszufiltern« und seine Tätigkeiten danach auszurichten. Nur im Rahmen eines solchen Informationsbegriffs macht es Sinn, von einer Ordnung und von Gesetzen der Umwelt zu reden, an die sich ein Organismus anzupassen hat.

Ein solcher Begriff von Information deckt sich aber nicht mit dem in der Nachrichtentechnik angewandten, von Shannon und Weaver entwickelten formalen Begriff von Information. Zur Bestimmung dieses letzteren Begriffs von Information gehört bekanntlich die Existenz eines Senders, eines Empfängers, eines Nachrichtenkanals und eines zwischen Sender und Empfänger verabredeten festen Signalrepertoires. Der Informationsgehalt eines Signals bezieht sich immer auf dieses feste Repertoire und wird über die Auftrittswahrscheinlichkeit des Signals definiert. Der Shannonsche Informationsbegriff kann durchaus sinnvoll in der Neurobiologie angewandt werden, wenn man z. B. die Signalübertragungskapazität und Filtereigenschaften von Rezeptoren und Nervenleitungen bestimmen will. Er ist aber, zumindest in der bisherigen Form, unbrauchbar, wenn es um die *Bedeutung* von neuronalen Signalen geht, wie Shannon selbst feststellte. So läßt sich mit Hilfe der Shannonschen Informationstheorie der mittlere Informationsgehalt des Wortes »Geist« in der deutschen Sprache über die Auftrittswahrscheinlichkeit der einzelnen Buchstaben errechnen. Dadurch ist aber die Bedeutung des Wortes (ob »Geist des Weines«, »Geist von Camp David«, »Heiliger Geist«, oder »Geist« als mentaler Zustand oder im Sinne von »geistreich« gemeint ist) überhaupt nicht definiert.

Den Sinnesphysiologen und Psychophysikern ist aus zahllosen Untersuchungen klar, daß den physikochemischen Umweltereignissen, die auf die sensorischen Epithelien auftreffen, als solchen keinerlei objektive Bedeutung für das Nervensystem zukommt. Das heißt, was die Sinnesorgane reizt, hat keinerlei fest vorgegebene Wirkungen. Bedeutungen von Signalen werden erst durch das Gehirn konstituiert. In diesem Sinne ist das Gehirn kein informationsaufnehmendes, sondern ein informations*schaffendes* System. Eine bestimmte Bedeutung erhält die Einwirkung von Umweltereignissen ausschließlich durch den Kontext der zur Zeit herrschenden neuronalen Aktivität im Gehirn. Daher haben, wie jedem geläufig, dieselben Umweltereignisse in der Regel für verschiedene Organismen und Gehirne ganz verschiedene Bedeutungen und Wirkungen, und ebenso können dieselben Umweltereignisse für dasselbe Gedächtnis zu verschiedenen Zeiten ganz verschiedene Bedeutungen und Wirkungen haben, da sie auf verschiedene neuronale Kontexte treffen. Diese unbezweifelbare und eigentlich triviale Tatsache, daß nämlich die Umweltereignisse nicht ihre Wirkungen auf das Gehirn selbst festlegen, sondern daß diese Wirkungen ausschließlich durch den neuronalen Kontext festgelegt werden, bestimmt den Begriff der informationalen oder semantischen Geschlossenheit.

Überhaupt nicht trivial ist aber die Antwort auf die Frage, wieso das Gehirn, wenn es denn semantisch von der Umwelt abgeschlossen ist, seinen Organismus trotzdem erfolgreich an der Umwelt orientieren kann. Oft wird »semantische Abgeschlossenheit« mit Abgeschlossenheit der Umwelt gegenüber mißverstanden. Natürlich ist das Gehirn nicht in physikalischer Hinsicht von der Umwelt abgeschlossen, denn es wird von Umweltereignissen über die Sinnesrezeptoren gereizt, z. B. durch Lichtquanten, Schalldruckwellen, Moleküle; nur muß es aufgrund eigener Kriterien festlegen, was diese Reizeinflüsse bedeuten.

Woher kommen aber diese Kriterien, nach denen das Gehirn Bedeutungen generiert? Es ist ein tiefer Irrtum zu glauben, daß Konstruktivität des Gehirns zugleich eine freie Erfindung von Bewertungskriterien bedeutete, denn dann wäre in der Tat keine sinnvolle Orientierung an und in der Umwelt möglich. Wenn aber nicht frei erfunden, kommen sie dann nicht doch aus der Umwelt, aus der Anpassung an sie?

Die Antwort darauf lautet, daß die Kriterien der Bewertung der sensorischen Erregung teils angeboren sind, teils aus der individuellen Auseinandersetzung mit der Umwelt stammen. Diese Auseinandersetzung mit der Umwelt durchbricht aber nicht die grundsätzliche semantische Abgeschlossenheit des Wahrnehmungssystems. Die Entstehung der Kriterien der Bedeutungszuweisungen läßt sich in folgender Weise rekonstruieren. Jedes neuronale Wahrnehmungssystem kommt mit einem Satz primärer Kriterien auf die Welt. Dazu gehört zum Beispiel die Grundausstattung des Gehirns, wie etwa die Arbeitsweise der Sinnesorgane, die Grundbeschaffenheit und Grobverknüpfung der verschiedenen sensorischen und sensomotorischen Zentren. So ist weitgehend erfahrungsunabhängig (sei es genetisch oder epigenetisch) die Tatsache vorgegeben, daß sich die Netzhaut mit dem lateralen Kniehöcker in bestimmter Weise verknüpft, der laterale Kniehöcker mit der primären visuellen Sehrinde, die verschiedenen visuellen Rindenareale untereinander usw. Dasselbe gilt natürlich auch für die anderen Sinnessysteme. Dadurch ist bereits ohne vorhergehende Erfahrung festgelegt, welche Wege im Gehirn die modalitätsspezifischen Erregungen nehmen, die vom Auge, Ohr, von der Hautoberfläche usw. kommen. Auch scheinen die verschiedenen Sinnesqualitäten wie Farbe, Form, Bewegung, Tonhöhe, Lautstärke in ihren Verarbeitungsbahnen fest vorgegeben zu sein. Dieser feste Rahmen ist aber für das Gehirn primär bedeutungsfrei; d. h. Erregung, die von der Netzhaut kommt, ist nicht per se »Sehen«, und was vom Innenohr kommt, nicht per se »Hören«. Das sich entwickelnde Gehirn muß auf der Basis dieser Grundverdrahtung nach Versuch und Irrtum arbeiten und primäre Zuweisungen erstellen, d. h. definieren, was Sehen, Hören, Fühlen ist. Dies geschieht auf der Basis von offenbar ebenfalls fest vorgegebenen Lust-Unlustprinzipien und aufgrund von Koinzidenz- und Kohärenzkriterien.

So werden durch einen ständigen Vergleich zwischen visueller, vestibulärer und somatosensorischer Erregung und sensomotorischer Rückmeldung überhaupt erst die erlebten Unterschiede in den Sinnesmodalitäten und -qualitäten festgelegt. Zugleich werden der Raum und damit die elementaren Unterscheidungen zwischen Körper und Nichtkörper, zwischen Objekt und Hintergrund, Eigen- und Fremdbewegung usw. konstituiert. Das Gehirn gibt aktiv motorische Kommandos, z. B. für Extremitäten-, Kopf- und Augenbewegungen, und es stellt an sich und in sich bestimmte Veränderungen aufgrund sensorischer Rückmeldungen fest, die es provisorisch interpretiert und in rekursiver Weise zur Grundlage neuer Kommandos und Interpretationen macht. Die fest vorgegebene Grundausrüstung des Gehirns hinsichtlich der Modalitäten und Qualitäten schränkt dabei den Spielraum möglicher Interpretationen stark ein. Dies ist sehr deutlich hinsichtlich der Unterscheidung von Eigen- und Fremdbewegung, wo eine Differentialdiagnose zwischen visuellem, vestibulärem und motorischem System erfolgt. Dies ist der entscheidende Grund dafür, daß jedes Wahrnehmungssystem für sich die Raum- und Objektwelt, die Körperwelt usw. konstituieren muß, daß sich diese Welten bei verschiedenen Tieren und Menschen aber sehr ähnlich sind.

Das Gehirn stellt also trotz seiner semantischen Geschlossenheit in der Tat Fragen an die Umwelt, wie häufig gesagt wird (Singer), und es bekommt von der Umwelt über die Sinnesorgane Erregungsmuster zurück. Diese sind aber keine Antworten im Sinne von objektiven Informationen, sie sind nur Versatzstücke zu möglichen Antworten, die sich das System selbst geben muß.

Dies erklärt, was Anpassung an die Umwelt bedeutet. Anpassung kann niemals bedeuten, daß die Umwelt dem Gehirn sagt, was es tun soll. Die Umwelt redet nicht und belehrt nicht, sie repräsentiert die Gesamtheit der Bedingungen, unter denen ein Organismus überleben muß, und schränkt damit den Raum möglicher Interpretationen stark ein, genauso wie dies die Grundverdrahtung des Gehirns tut. Das Gehirn produziert Hypothesen über die Folgen des eigenen Handelns und muß an sich überprüfen, ob diese Hypothesen richtig oder falsch waren.

Es ergibt sich somit eine ständige Akkumulation von vorläufig bewährten Hypothesen, die jede weitere Hypothesenbildung im Durchschnitt erleichtert und eine radikal falsche Hypothese immer unwahrscheinlicher macht. Für den externen Beobachter sieht es allerdings so aus, als richte sich der Organismus nach dem, was die Umwelt ihm sagt. Was schließlich für den Beobachter als eine direkte Orientierung des Organismus an der Umwelt aussieht, ist vom Organismus aus gesehen eine interne Hypothesenbildung, die mehr oder weniger vollständig aus Routinen der Bedeutungszuweisung besteht.

Daraus ergibt sich ein scheinbar paradoxer Zusammenhang: Je konstruktiver das Gehirn wird, das heißt, je mehr Erfahrung aufgrund rekursiver Hypothesenbildung es besitzt, desto genauer kann es sich an der Umwelt orientieren. Dies bedeutet, daß das Gehirn aufgrund der internen rekursiven Bewertung der Folgen seines Handelns immer offener für die Umwelt wird, »offener« in dem Sinne, daß es Signalen aus der Umwelt immer schneller und eindeutiger Bedeutungen zuweist.

Wieso kommt es aber, daß Wahrnehmungstheoretiker wie Gibson und viele Evolutionäre Erkenntnistheoretiker trotzdem von dem Gedanken ausgehen, die Wahrnehmung sei deshalb geordnet, weil sie sich an die objektiv gegebene Ordnung der Umwelt anpasse? In der Tat erscheint uns die Umwelt geordnet und nicht chaotisch, und es ist offenbar eine natürliche Annahme, daß sich das Gehirn dieser Ordnung einfach anpaßt.

Eine solche Anschauung kann aber nur dann aufkommen, wenn man die Situation, in der sich der externe Beobachter befindet, mit der Situation verwechselt, in der sich das Gehirn als Wahrnehmungssystem befindet. Wir als Beobachter sehen einen Organismus oder dessen Gehirn in einer geordneten Umwelt, in einer natürlichen Situation oder in einer Reizsituation im Labor. Wir bewegen z. B. bestimmte geometrische Muster vor dem Auge eines Versuchstieres, messen die Reaktionen von visuellen Neuronen und sagen: aha, diese Neurone antworten auf das Reizmuster, sie haben dessen Ordnungsmerkmale »entdeckt« oder »erkannt«. Wir vergessen dabei aber, daß diese geordnete Umwelt bereits das Konstrukt unseres Wahrnehmungsapparates und nicht identisch mit den Zuständen derjenigen bewußtseinsjenseitigen Umwelt ist, die meine Sinnesrezeptoren wie auch die des Versuchstieres reizt. Wie jedem Neurophysiologen geläufig, sehen wir ja nicht den ganzen Prozeß der Wahrnehmungskonstitution von Retina bis hin zu den Hirnrindenarealen, sondern erfahren sozusagen nur das »Endprodukt« einer aus atomistischen Reizereignissen zusammengesetzten und geordneten Wahrnehmung. Nur so können wir tun, als würde diese konstruierte Ordnung »da draußen« existieren und käme über die Sinneswahrnehmung unmittelbar ins Gehirn herein. Dies ist aber nicht die Situation des Gehirns. Natürlich wird niemand ernsthaft daran zweifeln, daß die bewußtseins- und gehirnunabhängige Welt geordnet ist. Es ist aber klar, daß alle Aussagen über die Beschaffenheit und Gesetzmäßigkeit dieser Welt, wie sie die Naturwissenschaften machen, soziale Konstrukte, das heißt reziprok abgeglichene individuelle Konstrukte sind, die sich rekursiv bewährt haben.

Dem neurobiologischen Konstruktivismus wird häufig ein ständiges Hin- und Herspringen zwischen neurobiologischer und mentaler Beschreibung vorgeworfen, das den fundamentalen Unterschied zwischen beiden Beschreibungsebenen ignoriere. So werde – wie in der Tat auch hier geschehen – leichtfertig von der »Bedeutung« neuronaler Prozesse gesprochen, d. h. ein mentaler Begriff mit physikochemischen Prozessen direkt verkoppelt, anstatt einerseits im rein phsysikochemischen und andererseits im rein mentalen Beschreibungsbereich zu verbleiben.

Derartige Einwände sind sehr ernst zu nehmen. Sie besagen im Kern, daß das Gehirn ein System neuronaler Netzwerke ist und daß die Prozesse der Erregungsverarbeitung im Gehirn sich nur in physikochemischen Termini, ohne jeden Gebrauch mentaler und psychologischer Begriffe wie »Bedeutung«, »Bewertung«, »Repräsentation« beschreiben lassen, denn letztere Termini sind, so wird gesagt, nicht sinnvoll in die physikochemische Sprache der Neurobiologie übersetzbar. Das heißt, man beschreibt mit Worten wie Membran- und Aktionspotentiale, Transmitterausschüttungen usw. den gesamten Erregungsfluß von den Sinnesrezeptoren über die unterschiedlichsten Gehirnzentren bis zur motorischen Endplatte eines peripheren Nervs, und damit hat man alles getan, was neurobiologisch getan werden kann. Da unsere Wahrnehmung aber nicht aus Aktionspotentialen und Transmittern besteht, sondern aus Gesehenem, Gehörtem, Vorgestelltem, Erinnertem, aus Bewertungen und Bedeutungen, muß es einen entscheidenden ontologischen Unterschied zwischen dem Gehirn als neuronaler Maschine und der sich selbst bewußten Wahrnehmung geben. Wahrnehmung, Bewußtsein, Vorstellung, Erinnerung usw. sind Zustände, die nur dem kognitiven Gehirn als einem sich selbst erlebenden und beschreibenden System zugänglich sind. Maturana hat übrigens diesen Standpunkt vertreten, indem er sagte, daß die sogenannten höheren Hirnfunktionen nicht im neuronalen, das heißt dem Hirnforscher zugänglichen Gehirn angesiedelt sind, sondern im Bereich der Selbstbeschreibung des Gehirns.

Ich will im folgenden aber zeigen, daß auch in der Neurobiologie eine rein physikochemische Beschreibung des Gehirns für das Verständnis seiner kognitiven und verhaltenssteuernden Leistungen *nicht* ausreicht und Begriffe wie Bedeutungszuweisung und (Selbst-)Bewertung wesentlich sind für eine neurobiologische Gehirntheorie, und daß umgekehrt eine mentalistische Gehirntheorie ohne die Einsicht nicht möglich ist, daß das Gehirn, als ein neuronales Netzwerk, stets zugleich ein bedeutungszuweisendes und bewertendes System ist.

Ich beginne mit der Feststellung, daß nicht nur jedes Umweltereignis an sich bedeutungsfrei ist und Bedeutung nur durch seine Wirkung auf ein Wahrnehmungssystem erhält, sondern daß auch die neuronalen Prozesse im Gehirn als isolierte Prozesse bedeutungsfrei sind. Jeder Neurophysiologe weiß, daß man einer Aktionspotentialsalve nicht ansehen kann, zu welcher Modalität oder Qualität sie gehört, ob sie zur visuellen, auditorischen, somatosensorischen Erregungverarbeitung gehört, ob sie Farbe,

Form, Tonhöhe, Lautstärke »repräsentiert«. Wäre dies der Fall, dann wäre die Neurophysiologie nicht ein so mühsames Geschäft. Wie bekommt man aber heraus, zu welcher Modalität und Qualität ein einzelnes Neuron überhaupt gehört? Man präsentiert dem Versuchstier eine Auswahl von sensorischen Reizen und muß einen Reiz finden, auf den das Neuron mehr oder weniger spezifisch antwortet. Dies ist häufig schwer genug, denn oft reagieren Neuronen überhaupt nicht nur auf eine Modalität oder Qualität. Wir ordnen dann als externe Beobachter aufgrund des Experiments der vorerst neutral erscheinenden Erregung eine Bedeutung zu. Wir sagen: dies ist ein visuelles Neuron. Wir können dies aber nur deshalb tun, weil wir zugleich Zugang zur Umwelt des Versuchstiers und zu seinem Gehirn haben (natürlich innerhalb unseres kognitiven Bereichs) und nicht aus der bloßen Kenntnis der neuronalen Erregungen.

Sehr klar sehen wir die primäre Bedeutungsfreiheit von neuronaler Erregung im Gehirn anhand von Hirnstimulationen: derselbe Stromstoß löst in unterschiedlichen Teilen des Gehirns ganz unterschiedliche Reaktionen (Armheben, Augenbewegungen, Erhöhung des Adrenalinspiegels usw.) oder sensorische Halluzinationen aus (visuelle, auditorische, taktile, und innerhalb des visuellen Systems Farbe, Bewegung usw.). Demselbem Signal wird also vom Gehirn ganz unterschiedliche Bedeutung zugeteilt.

Die entscheidende Frage ist, wie das Gehirn Bedeutungen konstituieren kann, wenn jede neuronale Erregung für sich bedeutungsneutral ist, denn immerhin ist funktional das Gehirn die Gesamtheit aller neuronalen Erregungen. Wie z. B. wird eine Salve von neuronalen Impulsen zu einem visuellen Eindruck, zu einer Farb-, Form- oder Bewegungswahrnehmung? Wie bereits gesagt, hängt eine bestimmte Wahrnehmung wie Sehen nicht allein von einem spezifischen Reizmuster auf den Photorezeptoren im Auge ab. Wir können sogar Farben wahrnehmen, ohne daß die Photorezeptoren mit Licht bestimmter Wellenlänge gereizt werden (Phosphene bei Druck auf den Augapfel oder bei Migräne). Es gibt auf der Ebene der Photorezeptoren weder Farbe noch Form noch Bewegung, sondern nur Verteilungen von Lichtpunkten bestimmter Intensität und Wellenlänge. Ein erster Schritt zur Konstitution dieser elementaren visuellen Wahrnehmungsinhalte geschieht in der Retina, die ja ein ausgelagerter Teil des Gehirns ist, und zwar durch Interaktion zwischen den retinalen Interneuronen und den Retinaganglienzellen, die die Aktivität der Photorezeptoren miteinander vergleichen. Da aber auch die Retinanganglienzellen als Ausgangselemente der Netzhaut noch sehr überlappende Übertragungseigenschaften haben, kann man auch hier noch nicht einmal von elementarer Farb-, Form- oder Bewegungswahrnehmung sprechen. Dies ist auch für die nächsten Verarbeitungsstationen, den lateralen Kniehöcker und den primären visuellen Cortex, der Fall. Im letzteren gibt es zwar orientierungs-, wellenlängen-, bewegungs- und richtungsspezifische Zellen, diese Eigenschaften und Prozesse führen aber nur aufgrund der Interaktion mit vielen anderen visuellen Zentren über Kohärenzdetektion zu einfachen wie komplexeren Wahrnehmungen. Überdies ist das auch nur durch massiven Einfluß anderer Systeme möglich, die z. B. Augen- und Kopfbewegung steuern, das heißt durch sensomotorische Rückmeldung. Die Erforschung des visuellen Systems bei Primaten und Menschen hat gezeigt, daß ein Hirnrindenareal um so eindeutiger an komplexer visueller Wahrnehmung beteiligt ist, je mehr es mit anderen sensorischen und sensomotorischen Systemen der Rinde und mit dem Gedächtnissystem interagiert, wie dies für die Areale des Schläfenlappens und des Scheitellappens der Fall ist. Es ist das Eigentümliche des in den letzten Jahren so häufig herausgestellten Prinzips der hochgradigen Distributivität des Gehirns, daß nichts für sich eine Bedeutung hat, sondern immer nur im Gesamtkontext. Eine sensorische Erregung hat demnach eine bestimmte Bedeutung dadurch, daß sie an einem bestimmten Ort stattfindet, während an anderen Orten andere Erregungen stattfinden; das heißt, jede Erregung hat eine Bedeutung nur relativ zu anderen Erregungen; die Bedeutung hängt weiterhin davon ab, welche sensomotorischen Rückmeldungen zugleich ankommen; und schließlich hängt die Bedeutung davon ab, welches die früheren Aktivitäten und deren Folgen an diesem bestimmten Ort im Gehirn waren (und natürlich an anderen Orten). Da die früheren Bedeutungen wiederum von noch früheren abhängen, besteht die Ontogenese des Wahrnehmungssystems aus einer kontinuierlichen Sequenz von Bedeutungszuweisungen.

Für das Gehirn besteht eine unauflösliche Einheit zwischen Veränderungen der neuronalen Erregungen und Veränderungen der Bedeutungen dieser Erregungen. Zum einen gibt es keine Veränderung der Bedeutungen ohne Veränderung der neuronalen Erregungen. Wenn eine gleichbleibende neuronale Erregung eine andere Bedeutung erhält, so deshalb, weil der Kontext dieser Erregung sich geändert hat. Zum anderen sind es nicht die neuronalen Erregungen allein, die über die sensomotorische Rückkopplung verändernd auf das Gehirn einwirken, sondern deren Bedeutungen im Sinne von Verhaltenskonsequenzen, die bewertet werden.

Wir müssen daraus den Schluß ziehen, daß Bedeutungen genauso konstitutive Elemente des Gehirns als eines kognitiven und verhaltenssteuernden Systems sind wie neuronale Erregungen.

Daß uns dies alles relativ fremd klingen mag, liegt daran, daß wir zum einen als Neurobiologen nur die neuronalen Ereignisse direkt registrieren können und nicht deren Bedeutungen; diese müssen wir, wie geschildert, erschließen. Zum anderen erleben wir in uns nur die Bedeutungen, die mentalen Ereignisse, und nicht die damit verknüpften neuronalen Erregungen. Die hier vorgestellte Analyse zeigt aber, daß beides eine Einheit ist, die jedoch nicht als solche von uns erlebt werden kann, weil wir selbst ein von unserem Gehirn konstituierter Komplex von Bedeutungen sind. (Ich habe das an anderer Stelle das »Florey-Paradox« genannt.)

Mein Fazit ist, daß wir in der Tat bei der Beschreibung von Gehirnprozessen nicht ohne die Begriffe »Bedeutung« und »Bewertung«, also nicht-physikochemischen Begriffen, auskommen. In der Tat benutzt zumindest jeder organismische oder systemische Neurophysiologe solche Termini, denn er beschränkt sich nicht auf die Wiedergabe der elektrophysiologischen Prozesse, sondern spricht ganz selbstverständlich von visuellen, auditorischen usw. Verarbeitungsprozessen. Daß es sich um visuelle oder auditorische Prozesse handelt, weiß er aber nicht von den Prozessen selbst, sondern aus dem anatomischen, physiologischen und verhaltensbiologischen Gesamtkontext des Gehirns und des Organismus. Nur wenn man diese Tatsache unter den Tisch fallen läßt, kann man so tun, als sei das Gehirn eine rein physikochemische Maschine.

Der von vielen Philosophen beschworene ontologische Sprung zwischen der neuronalen Maschine Gehirn und dem Bereich der bewußten Wahrnehmung wäre nur dann in der Tat ein ontologischer Sprung, wenn sich (1) das Gehirn als eine rein neuronale Maschine beschreiben ließe, was – wie gezeigt – nicht möglich ist, und wenn (11) diese neuronale Maschine in einer bewußtseinsunabhängigen Welt existierte, die in der Tat dann ontologisch von der Bewußtseinswelt getrennt wäre. Das Gehirn, so wie es dem Neurobiologen (und jedem anderen) zugänglich ist, ist aber ein Teil der kognitiven Welt, der Bewußtseinswelt, und damit nicht ontologisch von ihr verschieden. Einen ontologischen Sprung bekommen wir, wenn wir die Aussagen der Wissenschaft einschließlich der Hirnforschung als Aussagen über eine bewußtseinsunabhängige Welt mißverstehen.

suhrkamp taschenbücher wissenschaft
Soziologie, Theorie der Gesellschaft

Adorno: Prismen. stw 178
– Soziologische Schriften I.
  stw 306
Assmann/Hölscher (Hg.): Kultur
  und Gedächtnis. stw 724
Beck/Bonß (Hg.): Weder Sozial-
  technologie noch Aufklärung?
  stw 715
Bendix: Freiheit und historisches
  Schicksal. stw 390
Bonß/Honneth (Hg.): Sozialfor-
  schung als Kritik. stw 400
Bourdieu: Entwurf einer Theorie
  der Praxis. stw 291
– Die feinen Unterschiede.
  stw 658
– Sozialer Raum und »Klassen«.
  Leçon sur la leçon. stw 500
– Zur Soziologie der symboli-
  schen Formen. stw 107
Bourdieu u. a.: Eine illegitime
  Kunst. stw 441
Brandt: Arbeit, Technik und ge-
  sellschaftliche Entwicklung.
  stw 780
Cicourel: Methode und Messung
  in der Soziologie. stw 99
Cremerius (Hg.): Die Rezeption
  der Psychoanalyse in der
  Soziologie, Psychologie und
  Theologie im deutschsprachi-
  gen Raum bis 1940. stw 296
Donzelot: Die Ordnung der Fa-
  milie. stw 890
Dreeben: Was wir in der Schule
  lernen. stw 294
Durkheim: Erziehung, Moral
  und Gesellschaft. stw 487
– Die Regeln der soziologischen
  Methode. stw 464

– Der Selbstmord. stw 431
– Soziologie und Philosophie.
  stw 176
Edelstein/Habermas (Hg.):
  Soziale Interaktion und sozia-
  les Verstehen. stw 446
Edelstein/Keller (Hg.): Perspek-
  tivität und Interpretation.
  stw 364
Edelstein/Nunner-Winkler (Hg.):
  Zur Bestimmung der Moral.
  stw 628
Eder: Die Vergesellschaftung der
  Natur. stw 714
Eder (Hg.): Klassenlage, Lebens-
  stil und kulturelle Praxis.
  stw 767
Eisenstadt (Hg.): Kulturen der
  Achsenzeit. 2 Bde. stw 653
Elias: Engagement und Distan-
  zierung. stw 651
– Die höfische Gesellschaft.
  stw 423
– Über den Prozeß der Zivilisati-
  on. 2 Bde. stw 158/159
– Über die Zeit. stw 756
Korte (Hg.): Bochumer Vorle-
  sungen zu Norbert Elias' Zivi-
  lisationstheorie. stw 894
Materialien zu Norbert Elias'
  Zivilisationstheorie. stw 233
Macht und Zivilisation. Materia-
  lien zu Norbert Elias' Zivilisa-
  tionstheorie 2. stw 418
Evers/Nowotny: Über den Um-
  gang mit Unsicherheit.
  stw 672
Ferguson: Versuch über die Geschichte der bürgerlichen
  Gesellschaft. stw 739

suhrkamp taschenbücher wissenschaft
Soziologie, Theorie der Gesellschaft

Foucault: Sexualität und Wahrheit 1. Der Wille zum Wissen. stw 716
– Sexualität und Wahrheit 2. Der Gebrauch der Lüste. stw 717
– Sexualität und Wahrheit 3. Die Sorge um sich. stw 718
– Überwachen und Strafen. stw 184
– Wahnsinn und Gesellschaft. stw 39
Gerhardt/Schütze (Hg.): Frauensituation. stw 726
Geulen: Das vergesellschaftete Subjekt. stw 586
Geulen (Hg.): Perspektivenübernahme und soziales Handeln. stw 348
Giddens: Die Klassenstruktur fortgeschrittener Gesellschaften. stw 452
Goffman: Das Individuum im öffentlichen Austausch. stw 396
– Interaktionsrituale. stw 594
– Rahmen-Analyse. stw 329
– Stigma. stw 140
Goudsblom: Soziologie auf der Waagschale. stw 223
Granet: Die chinesische Zivilisation. stw 518
Greiffenhagen: Das Dilemma des Konservatismus in Deutschland. stw 634
Groethuysen: Die Entstehung der bürgerlichen Welt- und Lebensanschauung in Frankreich. 2 Bde. stw 256
Habermas: Theorie und Praxis. stw 243

– Zur Logik der Sozialwissenschaft. stw 517
– Zur Rekonstruktion des Historischen Materialismus. stw 154
– *siehe auch Edelstein/Habermas*
– *siehe auch Honneth/Joas*
– *siehe auch McCarthy*
Haferkamp/Schmid (Hg.): Sinn, Kommunikation und soziale Differenzierung. Beiträge zu Luhmanns Theorie sozialer Systeme. stw 667
Haferkamp (Hg.): Sozialstruktur und Kultur. stw 793
Hahn/Kapp (Hg.): Selbstthematisierung und Selbstzeugnis: Bekenntnis und Geständnis. stw 643
Halbwachs: Das Gedächtnis und seine sozialen Bedingungen. stw 538
Hausen/Nowotny (Hg.): Wie männlich ist die Wissenschaft? stw 590
Hirschman: Engagement und Enttäuschung. stw 729
– Leidenschaften und Interessen. stw 670
Höffe: Strategien der Humanität. stw 540
– *siehe auch Oser/Fatke/Höffe*
Honig: Verhäuslichte Gewalt. stw 857
Honneth: Kritik der Macht. stw 738
– Die zerrissene Welt des Sozialen. stw 849
Honneth/Jaeggi (Hg.): Theorien des Historischen Materialismus 1. stw 182

suhrkamp taschenbücher wissenschaft
Soziologie, Theorie der Gesellschaft

Honneth/Jaeggi (Hg.): Arbeit, Handlung, Normativität. Theorien des Historischen Materialismus 2. stw 321

Honneth/Joas (Hg.): Kommunikatives Handeln. Beiträge zu Jürgen Habermas' »Theorie des kommunikativen Handelns«. stw 625

Joas: Praktische Intersubjektivität. stw 765

Joas (Hg.): Das Problem der Intersubjektivität. stw 573

Joas/Steiner (Hg.): Machtpolitischer Realismus und pazifistische Utopie. stw 792

Joerges (Hg.): Technik im Alltag. stw 755

Jokisch (Hg.): Techniksoziologie. stw 379

Kern/Schumann: Industriearbeit und Arbeiterbewußtsein. stw 549

Kettler/Meja/Stehr:Politisches Wissen. stw 649

Kippenberg/Luchesi (Hg.): Magie. Die sozialwissenschaftliche Kontroverse über das Verstehen fremden Denkens. stw 674

Kocka (Hg.): Interdisziplinarität. stw 671

Lenhardt: Schule und bürokratische Rationalität. stw 466

Lenk: Zur Sozialphilosophie der Technik. stw 414

– Zwischen Sozialpsychologie u. Sozialphilosophie. stw 708

– Zwischen Wissenschaftstheorie und Sozialwissenschaft. stw 637

Lenski: Macht und Privileg. stw 183

Lepenies (Hg.): Geschichte der Soziologie. 4 Bde. stw 367

Lüderssen/Sack (Hg.): Vom Nutzen und Nachteil der Sozialwissenschaften für das Strafrecht. 2 Bde. stw 327

Luhmann: Funktion der Religion. stw 407

– Legitimation durch Verfahren. stw 443

– Soziale Systeme. stw 666

– *siehe auch Haferkamp/Schmid*

– Zweckbegriff und Systemrationalität. stw 12

Luhmann/Fuchs: Reden und Schweigen. stw 848

Luhmann/Pfürtner (Hg.): Theorietechnik und Moral. stw 206

Luhmann/Schorr: Reflexionsprobleme im Erziehungssystem. stw 740

Luhmann/Schorr (Hg.): Zwischen Intransparenz und Verstehen. stw 572

– Zwischen Technologie und Selbstreferenz. stw 391

Luhmann/Spaemann: Paradigm lost: Über die ethische Reflexion der Moral. stw 797

– *siehe auch Goldschmidt/ Schöfthaler*

Mannheim: Konservatismus. stw 478

– Strukturen des Denkens. stw 298

McCarthy: Kritik der Verständigungsverhältnisse. stw 782

205/3/8.90

suhrkamp taschenbücher wissenschaft
Soziologie, Theorie der Gesellschaft

Mead: Geist, Identität und Gesellschaft. stw 28
– Gesammelte Aufsätze. Bd. 1.
stw 678
– Gesammelte Aufsätze. Bd. 2.
stw 679
– siehe auch Joas
Meja/Stehr (Hg.): Der Streit um
die Wissenssoziologie. stw 361
Mommsen: Max Weber. Gesell-
schaft, Politik und Geschichte.
stw 53
Moore: Ungerechtigkeit. stw 692
Münch: Dialektik der Kommu-
nikationsgesellschaft. stw 880
– Theorie des Handelns. stw 704
Niemitz (Hg.): Erbe und Umwelt. stw 646
Oakes: Die Grenzen kulturwis-
senschaftlicher Begriffsbildung. stw 859
Oser: Moralisches Urteil in
Gruppen. stw 335
Oser/Fatke/Höffe (Hg.): Trans-
formation und Entwicklung.
Grundlagen der Moralerzie-
hung. stw 498
Otto/Sünker (Hg.): Soziale Arbeit und Faschismus. stw 762
Parsons: Gesellschaften. stw 106
– siehe auch Schluchter (Hg.): Verhalten
– siehe auch Schütz/Parsons
Rammstedt: Deutsche Soziologie
1933-1945. stw 581
Rodinson: Islam und Kapitalis-
mus. stw 584
Rosenbaum: Formen der Familie. stw 374

Rosenbaum (Hg.): Familie und
Gesellschaftsstruktur. stw 244
Roth: Politische Herrschaft und
persönliche Freiheit. stw 680
Schluchter: Aspekte bürokrati-
scher Herrschaft. stw 492
– Rationalismus der Weltbeherr-
schung. stw 322
Schluchter (Hg.): Max Webers
Sicht des antiken Christentums. stw 548
– Max Webers Sicht des Islam.
stw 638
– Max Webers Sicht des okziden-
talen Christentums. stw 730
– Max Webers Studie über das
antike Judentum. stw 340
– Max Webers Studie über Hin-
duismus und Buddhismus.
stw 473
– Max Webers Studie über Kon-
fuzianismus und Taoismus.
stw 402
– Verhalten, Handeln und System. Talcott Parsons' Beitrag
zur Entwicklung der Sozialwissenschaften. stw 310
Schöfthaler/Goldschmidt (Hg.):
Soziale Struktur und Vernunft.
stw 365
Schröter: »Wo zwei zusammen-
kommen in rechter Ehe ...«
stw 860
Schütz: Das Problem der Relevanz. stw 371
– Der sinnhafte Aufbau der
sozialen Welt. stw 92
– Theorie der Lebensformen.
stw 350

suhrkamp taschenbücher wissenschaft
Soziologie, Theorie der Gesellschaft

Schütz/Luckmann: Strukturen der Lebenswelt. Bd. 1. stw 284

– Strukturen der Lebenswelt. Bd. 2. stw 428

Schütz/Parsons: Zur Theorie sozialen Handelns. Ein Briefwechsel. stw 202

Seyfahrt/Sprondel (Hg.): Religion und gesellschaftliche Entwicklung. stw 38

Simmel: Aufsätze 1887-1890. Über sociale Differenzierung (1890). Die Probleme der Geschichtsphilosophie (1892). stw 802

– Einleitung in die Moralwissenschaft. stw 803

– Philosophie des Geldes. stw 806

– Das individuelle Gesetz. stw 660

– Schriften zur Soziologie. stw 434

Simmel und die frühen Soziologen. stw 736

Georg Simmel und die Moderne. Hg. von H.-J. Dahme und O. Rammstedt. stw 469

Soeffner: Auslegung des Alltags – Der Alltag der Auslegung. stw 785

Sorel: Über die Gewalt. stw 360

Stolk/Wouters: Frauen im Zwiespalt. stw 685

Stubar (Hg.): Exil, Wissenschaft, Identität. stw 702

Tibi: Der Islam und das Problem der kulturellen Bewältigung sozialen Wandels. stw 531

– Die Krise des modernen Islam. stw 889

Ullrich: Technik und Herrschaft. stw 277

Wahl: Die Modernisierungsfalle. stw 842

Wahl/Honig/Gravenhorst: Wissenschaftlichkeit und Interessen. stw 398

Weingart (Hg.): Technik als sozialer Prozeß. stw 795

Weiß, J. (Hg.): Max Weber heute. stw 711

Welker (Hg.): Theologie und funktionale Systemtheorie. stw 495

Wiggershaus (Hg.): Sprachanalyse und Soziologie. stw 123